杨洁勉　等著

体系改组与规范重建

中国参与解决全球性问题对策研究

上海人民出版社

目录

绪　论

进入21世纪以来，国际社会充满挑战，“全球性挑战成为世界主要威胁”。[1]全球性问题的挑战和解决需要跨国合作和国际共同努力。面对日益突出的金融和经济问题、传统和非传统安全问题，整个国际社会，特别是大国更具有不可推卸的义务和责任。国际社会又处于剧烈变动的时代，国际力量对比持续地向不利于西方传统大国而有利于以发展中大国（新兴大国）为代表的非西方世界发展，从而导致西方五百年来对世界政治、经济和文化事务的主导权的削弱。国际社会还处于国际体系改组和规范重建的时代，二十国集团（G20）在国际经济体系改组中的作用表明，一个朝着更加公正、合理的国际体系的建设正在加速进行。而且，国际社会的理念和规范更新将具有更加深刻和长远的影响。

在此背景下，历经三十多年的改革开放，特别是加入世界贸易组织（WTO）和成为二十国集团核心成员之后，中国不仅全面融入当今国际体系，而且在国际体系中越来越占据并分享核心地位。与此相伴而生的是，中国的国际责任和义务不断上升，在参与解决全球性问题的进程中，要在自我定位、建章立制、理论创新、战略运筹和政策规划方面作出更大的努力，贡献于21世纪，乃至更长时期的世界和平、发展和合作。

第一节　全球性问题及其解决的实践与理论发展

一、全球化与全球性问题的兴起

对于世纪之交成为时代重要特征的全球化趋势，国际学术界有三种看法，即极端全球主义者、怀疑论者和变革论者。[2]极端全球主义者包括新自由主义者和西方马克思主义者。他们肯定全球化现象和趋势的存在，只不过前者强调新自由主义议程的主导性和去国家化，而后者强调全球资本主义的强势扩张。怀疑论者强调国家的权威，质疑全球化的影响程度。极端全球主义者和怀疑论者由于观点偏颇而广受质疑。相对折中的变革论者在全球化理论中占据主流地位，它同时看到全球化的挑战与机遇，主张通过变革与转型来适应全球化时代的到来。[3]该流派肯定了全球化是一个客观的现象与历史进程，有着超国家的历史倾向，塑造着人类社会新的文明。面对全球化带来的一系列挑战，国际社会需要通过多主体、多层次、网络状的全球治理体系来应对。全球化已经成为当今国际关系理论与实践的重要视角，正如基辛格所言"国际前沿的关键问题本质上都是全球性的"[4]。

21 世纪，全球性问题已经成为人类社会文明进步的重要挑战，国家议程的全球化势所必然。英国学者戴维·赫尔德(David Held)认为全球性挑战带来了三个核心问题：全球共同关心的生态和环境问题、人类可持续发展问题，以及全球竞赛规则。[5]从这个界定来看，全球性问题不仅包括生态问题和人类可持续发展等客观挑战，也包括全球治理机制与规则创新的主观挑战。更进一步来看，生态问题本质上仍然是人类可持续发展问题，因为地球样态的变化不会损及这个星球的存在，它影响的只是生存其中的生物的类别和存续。因此，全球性问题是指在世界范围普遍存在、关系到全人类根本利益、威胁人类生存与发展及未来命运的重大问题，它具有复杂性、超越意识形态性和长期性的特点。[6]事关人类社会存续的全球性挑战正在塑造着世界各国的政治议程，各国正在就与此相关的全球治理机制与规则的形成与创新加强互动。

二、全球性问题的解决之道

全球性问题的解决之道在于围绕全人类的可持续发展，以国家为主的行为体协同其他非国家行为体，建立相关的价值、规范、机制来合作应对全球性问题，这主要体现为国际社会就全球治理实践与理论进行的相关努力。全球治理的比较有代表性的理论主要包括全球治理委员会对全球治理的界定、詹姆斯·罗西瑙(James Rosenau)的两枝世界理论、罗伯特·基欧汉(Robert Keohane)和约瑟夫·奈(Joseph Nye)等的新自由制度主义理论等。[7]这些理论意识到，在全球性问题的应对中，国家已经不再是唯一的行为体，国际因素与国内因素的相互渗透也日趋紧密，台球式的相互撞击模式已经不能准确描述国际政治的现状，国内政治因素和跨国行为体的作用日趋重要，跨国网络、机制与规则对于维持新的世界秩序至关重要。值得注意的是，全球治理理论20世纪90年代发端于欧洲，研究议程长期被西方发达国家学术界主导，随着我国综合实力和全球联系的进一步提升，我国学者逐渐开始从全球公共事务合作管理的类似视角对全球治理进行了总结。[8]

从实践层面来看，“二战”后建立的国际安全机制、国际贸易机制和布雷顿森林体系仍然是当今世界全球治理的主体机制。在核不扩散、能源、卫生和气候变化等领域还有区域层面新发展的部分国际机制对联合国机制起到很好的补充作用。[9]国际金融和国际发展的话语权主要被七国财长会议和经济合作与发展组织掌控。以美欧为代表的西方大国在全球治理中相同的地方是在全球推行新自由主义议程；不同之处在于美国更加重视利用其首要地位和硬实力加以推广，特别是小布什总统执政期间更为明显，欧盟则注重推广其区域合作的经验，同时在气候变化和国际发展等议题领域发挥其软性领导作用。新兴大国作为发展中国家中具有较大影响力的国家，近年来加强了对全球治理的关注和参与，表现出联合自强、务实上进的态势，但在全球治理中的话语权仍有待加强。广大中小发展中国家在全球性挑战面前处于弱势地位，在全球治理中缺乏话语权。全球治理的进程与国际体系转型同步进行，这是特别值得注意之处。

三、当前全球性问题解决面临的挑战

全球问题治理需求加大与治理能力不足之间的矛盾是当前全球治理的主要矛盾，集中表现为主要国际行为体缺乏贡献全球公共物品的意愿和能力，以及国际治理机制改革滞后于国际权力格局转移与全球治理的需求。全球性问题的严重性常常超越我们的预判能力。[10]受2008年以来国际金融危机的冲击，世界经济结构处于深刻调整的阶段，技术创新和产业转型仍处于孕育期，经济复苏的产业基础尚未真正建立，主要经济体在宏观经济政策协调、平衡国内发展议程与加强国际经济合作等方面的困难增加。这进一步影响了其向全球治理提供公共物品的意愿与能力。全球治理机制滞后于国际力量格局的变化，在后冷战时代并未得到实质性的加强；联合国安理会改革步履维艰，国际气候变化谈判前景不明，只有国际经济机制受金融危机冲击发生某些积极变化，但能否持续仍有待观察。面对全球性挑战，国际社会在全球结构层面缺乏长远的设想与行动计划。国际机制之间缺乏明确的分工，常常出现功能重叠、指令冲突的弊病，诸如全球变暖或生物多样性缺失等全球公共事务尚缺乏明确的国际机构予以管理。相互依存的世界必须找到融合共同需求的机制。[11]在传统大国作为主要治理能力供应方、新兴大国作为治理能力潜在供应方格局不变的情况下，全球治理机制的能力仍难以满足解决全球问题的需求。

大国关系加速调整和曲折发展是影响全球治理进程的另一个重要因素。新兴大国群体性崛起是全球治理的积极因素，它们可以提供全球治理所需能力、知识和价值的增量贡献，并且为此加强了包括基础四国、金砖国家峰会等在内的新兴大国间机制性合作。作为全球治理的存量因素，传统大国意识到其在全球治理中相对能力下降，迫切希望纳入新生力量并规范新兴大国在全球治理中的行为，二十国集团峰会是一个在世界经济管理方面的尝试。2008 年金融危机的冲击是全方位的，美国并未找到解决赤字问题的长远方法，欧盟则由于欧元区经济体的债务问题其未来的发展方向呈现高度的不确定性。双方虽然意识到合作应对全球性问题的必要性，但由于在对全球问题及其解决的认识、能力和方法上存在较大差异，特别是就治理风险控制、成本分担、利益分配和发展空间等问题分歧较大；而且全球机制并未在机制上纳入这些新兴大国的力量，大国关系需要围绕全球问题及其解决进行持续互动，形成某种具有前瞻性和可行性的合作议程仍然有待时日。

当今国际社会依然由国家占据主导地位，这与全球性问题的跨国界、非国家行为体参与其中的特征形成结构性冲突，并且由于国家所处情势的差异极易导致对全球性问题解决的不同视野，以及部分政治家缺乏对全球层面问题的基本认知从而未能就全球性问题的紧迫性达成共识等因素对全球性问题解决所需的国际合作产生重大消极影响。2008 年以来的金融危机表明，国家对金融机构的管理由于现代金融体系的不断创新而处于失范状态；金融机构的行为不仅对国家的治理权威提出挑战，而且由于世界经济高度的相互连接与相互依赖，而导致国际金融体系的危机。要成功应对此危机，不仅要求国家重建治理能力，而且要求国家与金融机构之间建立健康的合作关系。在处理世界经济难题的过程中，二十国集团峰会应运而生，反映了世界主要经济体应对危机的合作精神；然而又因为国家能力、利益和认知的不同，导致未能有效地协调各自的宏观经济政策和建立有效的国际金融监管机制。此外，受到本次国际金融危机影响的广大中小发展中国家根本无缘二十国集团峰会这一重要平台。可见，全球性问题解决需要国家发扬合作精神，既能包容非国家行为体的有序参与，又能在国家之间建立对全球性问题所含之共同利益与威胁的认知，兼顾各国的具体情况，在追求共同利益之时承担起共同但有区别的责任，防止狭隘的国家利益妨害全球问题的治理。

全球治理机制内需的主权让渡与国际社会对主权原则的严格信守之间存在某种紧张关系，特别是保护的权利、政权改变等有争议的观念和做法更是如此。虽然欧盟等区域组织以及“二战”后国际机制的成长发展为我们描述了一幅后威斯特伐利亚体系的图景，然而对大多数“二战”前后赢得民族独立的发展中国家来说，崇尚绝对的主权依然是当今国际政治的一个重要特征。为了更加有效地应对全球性问题的挑战，全球治理机制需要全方位地加强其合法性。[12] 世界各地的反全球化浪潮表明，国家政府在全球化环境中的治理能力欠佳。同时，全球治理机制的治理能力、代表性，以及合法性都面临着新的挑战。

第二节　全球性问题解决与中国的作用

一、全球性挑战与中国

中国既是全球性问题的一部分，也是全球性问题解决之道的一部分。深刻把握这一双重性是理解中国在全球治理中所处情形的关键。改革开放头三十年,中国大体解决了融入西方主导的国际体系的问题,并日益成为影响当前国际体系转型的最有影响力的变量之一。随着中国综合实力和国际影响力的大幅提升,中国与国际社会其他成员之间围绕身份定位,利益结构,行为准则,责、权、利关系等展开互动,其中的一个重要方面就是如何界定中国在全球治理中的角色与作用。或好或坏,在设想未来的全球秩序时不考虑中国在其中的核心角色,以及中国在塑造该秩序上的主要影响是难以令人信服的。[13]由于中国崛起的体量和影响前所未有,加上部分媒体的错误引导,这一过程在国际社会产生"全球问题中国化"的舆论效应,随之而来的是国际社会对中国在全球治理中的责任期待大幅提升至超越中国实际能力的程度。面对这种局面,中国没有简单地回避自身在全球性问题中的责任与作用,而是力求历史地、科学地和前瞻性地加以自主界定,根据我国的基本国情、国际形势和发展需求,有选择地为国际社会合作解决全球性问题的努力贡献中国的力量。

观察全球性问题与中国关系的一个重要视角是分析中美关系这一重要的双边关系所日益呈现的全球性特征。小布什执政以来,美国政府的一项长期战略就是通过努力塑造北京领导层来使用中国日益增长的地区和全球影响力,增进亚洲和世界的安全前景与经济繁荣。[14]在西方战略家看来,小布什政府中国政策的创新之处在于与北京就如何更好地协调中美两国在全球各种政策问题上的反应进行持续而密集的互动,这一战略转变集中体现在美国前副国务卿罗伯特·佐利克(Robert Zoellick)关于"利益攸关方"的著名演讲中。[15]中方对此的回应是中美不但是负责任的利益攸关方,而且是建设性的合作伙伴。在全球化时代,中美关系已远远超出双边范畴而具有地区和全球意义,共同应对层出不穷的全球性问题和重要热点问题成为两国合作的议题性动力。[16]中美双方在全球性问题上的合作发挥着稳定双边关系的重要作用。鉴于中美两国在国际体系中的重要性,中美两国在该领域的合作从一个侧面反映了中国在全球性问题中的重要影响。

二、中国参与全球性问题解决

长期以来，中国担忧全球治理是西方国家推动其新自由主义议程国际化的理论和实践工具；然而“9·11”事件、全球公共卫生危机、气候变暖、国际金融危机、能源安全与食品安全等现实挑战迫使中国理论界重新认识全球治理，进而认识到全球性问题挑战的不是个别国家，而是整个地球和人类社会的生存空间与样态。在全球化、多极化深入发展，以及中国海外利益不断成长的背景下，中国参与全球性问题的解决已经不再是单纯的外部压力所致，而是本国在新的条件下实现可持续发展的战略需求。中国学术界就此不断进行思考，球权、负责任大国、海外利益、全球共治等理论思考相继出现；中国在国际体系转型中的作用、中国特色外交理论、中国的发展道路，以及对未来国际社会的设想成为中国国际关系理论建设的重要支柱。中国对全球性问题及其解决的认识已达到一个崭新的历史高度。[17]可以说，在当前及今后的全球性问题解决中，缺乏能力或者无所作为的国家将是未来在挑战面前最脆弱的国家，这样的国家显然缺乏长期可持续发展的前景。

中国在致力应对全球性挑战和参与相关的“国际—跨国”合作方面进展夺目，但同时中国的相关动态政策又有显著的精致性和复杂性，需要按照中国的具体动态和政策大多含有的两难性来予以评价。[18]中国开始真正进入全球治理体系应该从 1971 年联合国恢复中国合法席位算起，但是受自身实力、海外利益、意识形态以及历史经验的影响，中国在全球治理中的积极性并不太高，主要还是致力于国内经济建设以及为此创造较好的国际环境。直到加入世界贸易组织之前，中国一直在完成参与、融入现存国际体系的任务。目前中国已经超越这个阶段，进入主动完善和塑造现存国际体系的新进程。[19] 2008 年金融危机以来，中国在国际金融体系和规范建设中的积极作为是中国全面、深入参与全球治理的一个重要事件。中国无论是参与全球治理的领域，还是参与全球治理的主体，都达到了史无前例的程度。中国对全球治理的参与已经超越了物质性公共物品供给的阶段，进入探索向国际社会贡献思想性公共物品的新层面。

三、中国与世界的重新定位与相互调适

当前一个重大的国际趋势是力量消长朝着有利于新兴大国的方向发展,但以美国为首的发达国家正在进行战略和政策调整以维护其对国际事务的主导权。由于金融危机的冲击,国际体系改革面临前所未有的挑战与机遇,各主要行为体正进行新一轮的调整以推进国际体系改革,同时保持国际体系的稳定与持续。中国作为当前国际体系历史性转折和转型中的核心变量,面临着自身全球利益管理和应对国际社会更高期待的挑战。世界和周边对中国的关切继续提升,中国和世界进入新一轮的相互关系适应与调整期。一方面,中国成为世界经济增长的主要贡献者,峰会外交和世博外交硕果累累,各种文化年和语言年等活动为世界文化外交注入强劲的中国因素。另一方面,国际社会开始以新的眼光和要求看待中国,既存在对中国如何使用其持续增长的外部影响力的担忧,也存在对中国促进全球性问题解决的期待。中国需要审视自我定位和适应世界对中国的重新定位,妥善应对来自西方大国和周边邻国的质疑与期许,这种相互适应与调整将是一个必要、长期和艰难的进程。

中国与世界相互定位与调适的核心内容是定义中国在世界的角色。以美国为首的西方世界质疑的是“崛起的中国是推翻现有的国际秩序还是以该秩序为基础演变”。关于中国模式及其影响力的全球讨论反映了这方面的思考与担忧。中国是维持现状国家还是激进地颠覆现存秩序国家,大多数战略学家的判断是中国和世界会选择一条中间道路,即中国扮演着现存秩序受益者和改革者的双重角色。[20]以中国为代表的新兴大国将会相对积极地参与全球治理,并在其中增强其对现存治理机制的参与和贡献,贡献其思想性公共物品并与西方形成某种竞争关系。例如,中国如何使用其对国际金融体系和国际安全体系的影响力成为西方关注的焦点问题。[21]对于中国积极参加全球治理的态势,西方总体保持谨慎欢迎的姿态,更多地强调治理成本分担而对权力分享则重视不够。为适应中国参与全球治理和定义自身国际角色的需要,中国学者也就此问题进行了相当数量的探讨,与西方形成了思想对话的态势。[22]

有鉴于此，中国需要加强中国特色外交理论建设，丰富“中国坚持走和平发展道路”的内涵，在全面、协调、可持续的科学发展观的基础上建构“协调发展理论”，为国际社会提供具有普遍意义的公共物品。中国提出“和谐世界”的思想，为全球治理理念作出了贡献，在中国特色外交理论建设上有所突破；同时还要确立“下先手棋”的战略思路和规划适应形势变化的相关政策，加强全球战略的制定和实施，积极稳妥推进外交体制与机制改革，从而提升中国开展全球性大国外交的战略和统筹内外两个大局的能力。此外，还要加强前瞻性的政策规划，抓住和利用好机遇，创造有利于中国发展的国际环境。中国在走向世界大国和强国的历史进程中，还会遇到各种挑战，但机遇大于挑战。中国将在与世界的重新定位和相互适应中不断成长壮大。

第三节　本书的结构与主要内容

本书从全球性问题挑战切入，重点讨论相关的国际体系改组和国际规范重建问题。“绪论”部分阐述全球性问题及其解决的实践和理论，强调深入研究全球性问题的历史背景和时代特点，从战略和政策的高度深化全球治理的理论建设。站在历史新起点的中国，在研究中国参与解决全球性问题的进程中，要在中国和世界的相互定位、建章立制、理论创新、战略运筹和政策规划方面作出更大的努力。

第一章“全球性问题的挑战”首先全面回顾和分析了全球性问题的缘起、特点、新安全观、国家的作用以及发展趋势。全球性问题肇始于工业革命，全球化是其时代背景，它是困扰人类社会综合安全的问题。最近数十年来，全球性问题出现了安全化的趋势，世界呼唤一种兼顾国家、人类社会和大自然的全球安全观或整体安全观，即以人类和地球为本的新安全观。全球性问题与国家之间存在着体制性冲突，国家难以独立应对全球性挑战且存在多重视野，国家议程出现全球化趋势，新兴大国融入全球治理，全球性问题的超越性有利于国际谈判取得成功。全球性问题在国际发展、碳政治、资源争夺、恐怖主义和网络政治方面的发展趋势对世界大局至关重要。未来全球性问题的严峻性、渗透性和综合治理难度要求国际体系的重组与规范重建，进而实现全球合作共治。

第二章“全球治理的理论、规范与模式”首先通过分析全球治理理论兴起的时代背景和基本内涵、廓清全球治理理论与传统国际关系理论之间的区别与联系，以及分析“全球治理”与“建设和谐世界”之间的互动，比较全面地探析了全球治理的理论。在此基础上进一步研究、分析和探讨全球治理的规范与模式，包括对国际规范、国际制度与全球治理关系的理论回顾，从国家和非国家行为体两方面探讨了全球治理规范的建设，总结分析了全球治理的多边主义和多元多层模式。最后，通过考察中国对全球治理理论的思考与贡献，以及对全球治理规范和模式建构的探索，较为系统地分析了中国如何与国际社会共同努力应对全球治理理论与实践的发展与变化。

第三章“全球安全问题”重点讨论了全球性安全挑战及其治理体系和中国的作用。全球安全问题更多涉及高政治领域，特别是关乎全球体系和国际体系自身及其组成单元的生存与稳定等安全问题。就当代安全挑战及其与治理的相互关系而言，总体上可概括为安全需求的激增与变异导致的对治理机制、体制等的需求增加和变异；尽管全球安全治理机制一方面尝试在应对传统安全时加入非传统手段，另一方面试图通过有限度地将非传统安全问题纳入视野而拓展自身的管理范畴，但安全挑战与治理机制之间的供需失衡仍在很大程度上暴露出全球安全治理的理念、机制和能力的有限。对于综合国力快速提升的中国而言，这一供需矛盾或失衡既提供了重大机遇，也带来了严峻挑战。

第四章“全球经济问题”重点讨论了全球经济治理体系的挑战、二十国集团的作用、国际贸易体系改组以及中国的应对。全球经济治理体系面临的挑战包括：发达国家主导的全球经济治理模式面临崛起的新兴市场国家的挑战；经济全球化面临区域经济一体化趋势加强的挑战；以新自由主义为核心价值观的经济发展模式面临新凯恩斯主义的挑战；国家经济主权面临跨国公司的挑战。二十国集团成为全球经济治理的核心平台是世界经济格局调整的必然结果，它将扮演国际金融体系改革推动者的角色。尽快结束多哈谈判，对世界贸易组织进行适当的改革，建立一个更加公正、合理、稳定的多边贸易体制，对全球贸易和经济发展来说至关重要。二十国集团的机制化以及今后的走向对于中国来说机遇与挑战并存，中国如何协调更加广泛的经济利益，并在全球经济治理体系中贡献力量引人注目。

第五章“能源安全与气候变化”主要从能源与气候角度探讨了该领域治理体系的建设，并分析中国的形势。伴随着全球气候变化问题的出现，以及以低碳为核心的新一轮工业革命的涌现，气候变化和能源安全合作正在成为世界政治、经济秩序调整和大国合作的新领域，并且日渐影响国际体系变革和规范的重建。涉及气候变化的重要国际规范是共同但有区别的责任，公平原则和保证发展中国家权益，全球市场制度与技术转让。当前国际社会的主要任务是遵循公开透明、广泛参与、协商一致的原则，发挥发达国家和发展中国家的共同作用，合作应对不断加剧的气候变化和能源安全威胁，在全球治理中追求规范和价值的建构和创新。中国参与全球气候变化和能源治理的原则是坚持维护中国核心利益、积极融入国际能源体系并在气候变化谈判中采取灵活务实的态度。

第六章“极端主义的兴起与应对”论述了全球化条件下宗教、政治和社会等领域的极端主义思潮和运动的发展，及其对当前国际关系的挑战。在全球化的新条件下，极端主义思潮和运动出现明显的全球和地方的两分属性、相当强的传导性，与影响的不对称性。进入 21 世纪以来，极端主义的发展还出现了多元化、社会化和分散化的发展趋势。极端主义的兴起和国际关系的互动主要通过以下三种途径来实现。一是极端主义，尤其是恐怖主义，与各国的政策之间存在一种相互塑造和建构的关系，是一种自我实现的预言。二是内外互动，即全球治理的失败成为极端主义滋生的根本原因，而极端主义又会产生相当的外溢效应。三是极端主义既影响国家的传统安全，又影响到文化、理念和价值观之争。极端主义已不仅仅是需要各国及时应对的现实问题，更是涉及人类文明、文化和理念的深层次问题，是人类必须共同应对的新挑战。

第七章“新兴大国与全球治理”认为新兴大国呈现群体性崛起的特征，并选择了改善发展而不是对抗既有国际体系的做法，作为全球治理新角色的作用日益重要。新兴大国不仅通过二十国集团等机制积极参与全球治理实践，而且贡献了和平、包容、共赢和合作等新的全球治理理念。新兴大国需要协调好与传统大国的关系、新兴大国内部关系，以及与广大发展中国家的关系。新兴大国不仅需要全面融入主要由西方发达国家创建的国际机制而且需要对其加以完善，新兴大国群体如何在全球治理议程设置和机制建设上达成共识也是一项艰巨的任务。中国作为新兴大国的领头雁，应在构建解决全球性问题挑战的机制建设中，引领新兴大国和广大发展中国家与国际社会其他成员一道共同建设一个持久和平、共同繁荣的和谐世界。

"结语"对未来40年的国际体系的样貌进行了展望。在日益增多的全球性问题和体系风险面前，国际社会应当推动现行的基于自我利益的国际体系向追求共同利益的共同体转型。这种新的国际体系须以多元多极的力量结构为基础，以法治和合作为治理方式，以民主、包容和能动为规范和制度，唯此才能解决人类所面临的困境。

注释

1. 国务院新闻办：《中国的和平发展》(2011年9月)。

2. 参阅蔡拓：《全球化争论中的变革派》，《中国社会科学报》2010年3月23日第13版。

3. 参阅 David Held, David Goldblatt, Anthony McGrew and Jonathan Perraton, "Global Transformations: Politics, Economics and Culture," in Chris Pierson and Simon Tormey, eds., *Politics at the Edge: The PSA Yearbook 1999*, UK: Macmillan in association with Political Studies Association, 2000, pp. 14—28; David Held, ed., *A Globalizing World? Culture, Economics and Politics*, London: Routledge, 2000。

4. Henry Kissinger, *On China*, New York: Penguin Group Inc. 2011, p. 523.

5. 戴维·赫尔德：《重构全球治理》，《南京大学学报》2011年第2期，第19页。

6. 关于全球性问题的论述可参阅李少军主编：《当代全球问题》，浙江人民出版社2006年版；蔡拓：《全球治理的中国视角与实践》，《中国社会科学》2004年第1期。

7. 相关讨论可参阅：The Commission on Global Governance: *Our Global Neighborhood*, Oxford: Oxford University Press, 1995; James N. Rosenau, *Governance without Government: Order and Change in World Politics*, Cambridge: Cambridge University Press, 1992; [美]詹姆斯·罗西瑙：《全球新秩序中的治理》，龙虎译，载[英]戴维·赫尔德、安东尼·麦克格鲁主编：《治理全球化：权力、权威与全球治理》，曹荣湘、龙虎等译，社会科学文献出版社2004年版，第80—81页；Robert O. Keohane, *After Hegemony: Cooperation and Discord in the World Political Economy*, Princeton: Princeton University Press, 1984; Joseph Nye and Donahue eds., *Governance in Global World*, Washington: Brookings Institute Press, 2000。

8. 中方学者关于全球治理的讨论可参阅俞可平：《全球治理引论》，《马克思主义与现实》2002年第1期；蔡拓：《全球治理的中国视角与实践》，《中国社会科学》2004年第1期；李景治：《全球治理的困境与走向》，《教学与研究》2010年第12期；叶江：《"全球治理"

与“建设和谐世界”理念比较研究》,《上海行政学院学报》2010 年第 2 期;秦亚青等:《国际体系与中国外交》,世界知识出版社 2009 年版;苏长和:《中国与全球治理》,《国际政治研究》2011 年第 1 期等。

9. 这些机制包括但不限于:政府间气候变化专门委员会、国际能源署、国际可再生能源署、世界卫生组织、世界贸易组织、欧洲联盟、非洲联盟等。

10. Jim Whitman, *The Limits of Global Governance*, New York: Routledge, 2005, p. 114.

11. Michael Moore, *A World without Walls: Freedom, Development, Free Trade and Global Governance*, Cambridge: Cambridge University Press, 2003, pp. 220—223.

12. 关于全球治理机制合法性的论述可参阅艾伦·布坎南、罗伯特·基欧汉:《全球治理机制的合法性》,《南京大学学报》2011 年第 2 期,第 29—42 页。

13. Bates Gill and Michael Schiffer, "A Rising China's Rising Responsibilities," in Michael Schiffer and David Shorr ed., *Powers and Principles*, Washington, D. C.: Stanley Foundation, 2006, p. 99.

14. Thomas J. Christensen, "Shaping the Choices of a Rising China: Recent Lessons for the Obama Administration," *The Washington Quarterly*, Vol. 32, No. 3, 2009, pp. 89—104.

15. Robert Zoellick, "Whither China: From Membership to Responsibility?" Speech at National Committee on U. S.-China Relations, September 21, 2005, http://www.ncuscr.org/files/2005Gala_RobertZoellick_Whiter_China1.pdf.

16. 杨洁勉:《新时期中美合作的动力和阻力》,《国际问题研究》2010 年第 5 期,第 1 页。

17. 相关著述可参阅梁守德、洪银娴:《国际政治学理论》,北京大学出版社 2000 年版;王逸舟:《全球政治和中国外交:探寻新的视角与解释》,世界知识出版社 2003 年版;王缉思:《当代世界政治发展趋势与中国的全球角色》,《北京大学学报》(哲学社会科学版)2009 年第 1 期;杨洁勉:《改革开放 30 年的中国外交和理论创新》,《国际问题研究》2008 年第 6 期等。

18. 参阅时殷弘:《全球性挑战与中国》,湖南人民出版社 2010 年版。

19. 参阅王传剑:《全球治理新观察与中国角色再思考》,《当代世界》2010 年第 11 期;苏长和:《中国与全球治理》,《国际政治研究》2011 年第 1 期等。

20. 参阅 Gregory Chin and Ramesh Thakur, "Will China Change the Rules of Global Order?" *The Washington Quarterly*, Vol. 33, No. 4, pp. 119—138。

21. 相关论述可参见 Jonathan Holslag, "Embracing Chinese Global Security Ambitions," *The Washington Quarterly*, Vol. 32, No. 33; Daniel W. Drezner, "Bad Debts: Assessing China's Financial Influence in Great Power Politics," *International Security*, Vol. 34, No. 2 等。

22. 这些探讨包括庞中英:《全球化、社会变化与中国外交》,《世界经济与政治》2006 年第 2 期;苏长和:《中国与全球治理》,《国际政治研究》2011 年第 1 期等。

第一章
全球性问题的挑战

人类进入21世纪以来，“9·11”恐怖袭击、全球公共卫生危机、国际金融危机接踵而来，其影响直接、迅即扩展到整个世界。这些全球危机预示着全球性问题正发生着重大变化：挑战激增，议题转换，重点转移，后果严重。人类好像一夜之间突然发现自己正面临着史无前例的大量危机。这些危机从来没有像今天这样严峻，就其空间范围来说，具有不可分的全球性；就其严重程度来讲，已经紧迫地威胁全人类的生存底线；就其解决方式而言，具有全球协调一致性与合作性。全球性问题已经成为个人—国家—全球面临的共同困境，成为人类社会可持续发展的严重障碍，这自然引起世人对全球性问题及其影响的极大关注和深思。从某种意义上来说，21世纪是全球性问题的世纪。人类若跨不过这道坎，就无法再次实现文明的转型。20名诺贝尔奖获得者断言，地球已进入“人类世”新地质年代，地球身上发生的最重要的变化不是由自然现象、而是由人类行为造成的。他们吁请全球领导人采取紧急行动确保全球可持续性。因此，人们必然会努力揭示，全球化的负面影响如何聚焦于全球性问题，而全球性问题的持续发展又如何促使体系改组与规范重建，从而给世界经济、政治、外交以及人类社会生活带来日益深刻的影响。这种对历史大趋势的思考和把握，十分必要，也十分重要，因为全球性问题及其影响已经展现出重大发展变化，引发全球性紧张综合征，形成全球性的严峻挑战。

第一节　全球性问题的发展与特点

“人类不但分享着同一个生物圈，也共享着遍布全球的、支配和塑造全球生命的社会和政治力量。这些力量可以是积极的,也可以是消极的。无论积极或者消极,它们都更紧密地将全球人类联系在一起,人类分享积极的成果,同时联合起来对付消极的后果。”[1]这些消极后果的集中表现,便是全球性问题的浮现、形成和持续发展,以及破坏效应的特殊展示。

一、全球性问题的发展

所谓全球性问题,指20世纪后期以来人类社会面临的一系列关系到整个人类生存与发展的严峻问题,是人类社会的综合安全问题,它们跨越国家和地区,泛滥于全球。因此,从本质上来说,全球性问题不是单个国家面临的个体问题,也不是简单各国面临的共同问题,而是整个人类社会面临的共同问题或总体问题,是困扰当代人类的全球危机。它既关系到生态能否可持续发展,又关系到人类及其社会能否可持续发展。但是,归根结底,全球性问题是人的问题,它因人而起,因人而治。

全球性问题起始于工业革命。工业文明推动人类社会现代化,把人类的整体生活提升到一个前所未有的文明状态。但是,由于人类的不理智,追求无限制经济增长,追求无限制物质享受,追求无限制征服自然,追求无限制向自然索取,忽视了人类的精神追求,忽视了人文式发展,使得对地球的负面影响急剧增大,积弊日久,最终导致人与社会的异化,科学技术的异化与失控,以及人类与自然关系的全面紧张与对抗,从而招致社会危机的集中爆发和大自然的全面报复,人类赖以生存的社会环境和自然环境陷入全面危机。短短几百年间快速积累起来的全球性问题,到了20世纪末、21世纪初加速发展,终于全面爆发,酿成史无前例的人类生存与发展危机,它广泛涉及人、社会与自然的相互关系。其中,知识爆炸、信息革命所造就的高科技,一方面为解决全球性问题奠定了新的物质技术基础,另一方面又进一步加大了物质与精神的落差,人类缺乏以新思维与新价值重新审视生活方式和生命意义的积弊有增无减。尤其是全球化促使商品、服务、资本、技术、管理、信息、思想、文化、人员的密集交流,让“地理的终结”离我们越来越近,时间和空间被大大压缩。全球化在迅速地把现代文明带到世界各地的同时，也放大了其负面影响和消极效应。全球化构成了全球性问题的广阔时代背景。上述弊病带来了世界范围普遍存在的社会性问题，它已经无法在现有文明或体系框架内得到解决，从而导致全球公共事务管理危机。总之，全球性问题是历史的产物，也反映了时代的特征。

在威斯特伐利亚体系中，国际无政府状态造就了安全稀缺，主权国家陷于“安全困境”，军事安全条件下的生存成为国家的首要目标。在人类梦寐以求寻找解决之道未果之时，大量的全球性问题经过长期积累，逐渐激化，汇合成群，蜂拥而来，人类社会生活各个领域的全面危机正在快速酝酿之中，围绕着人、社会和自然形成了一系列全球性挑战。“安全困境”从唯一性走向普遍性。

这些全球性问题围绕着人与社会的生存与发展形成了一系列问题：人口问题，健康问题，毒品问题，食品安全问题，难民问题，犯罪问题，贫困与贫富差距问题，发展不平衡与可持续问题，冲突与战争问题，核扩散问题，网络安全问题，文化、思潮与道德问题等一系列社会问题。这些问题不仅腐蚀社会的机体，如得不到解决，最终将毁灭人类本身。

地球系统是由一系列相互作用的过程联系起来的复杂非线性多重耦合系统，有其完整的运行规律和机制。围绕着由人组成的社会共同体为了满足生存、发展和更高生活水平的要求，在与环境、生态、资源发生冲突的过程中，人类大规模改变地球系统，极大地破坏了地球的生态体系，导致一系列“地球病”的产生。人类行为正是隐藏在生态环境恶化现实背后的驱动因素。这种恶化牵涉到自然界的每一个组成部分，它所引发的全球变化，可能会改变生命赖以存在的地球承受力，其中包括气候、生态系统、海洋和其他水资源以及土地生产力等的变化。这些变化通过对社会经济和生态系统的深远而复杂的影响，正在改变，并将继续改变地球维持整个生命系统的能力。这里既包含业已形成的全球系统破坏，又包含在局部或地区大量累积而正在形成的全球系统变化；即使是小范围的破坏性活动，一旦在世界范围内反复出现，也可能产生全球效应。总之，全球变化包含全球议题的完整范围以及自然和人为因素诱发的地球环境变化之间的相互作用。具体而言，目前已经出现了气候变暖、臭氧层破坏、酸雨加剧、以厄尔尼诺和拉尼娜现象为代表的灾难性气候、大气污染、水源污染、海洋污染、土壤污染、土地荒漠化、物种灭绝、森林砍伐、资源短缺、能源危机等众多问题。世界观察研究所警告说，在新世纪开始之际，全球环境已到了危险的十字路口，全球生态系统正向危险的临界接近。

全球变化与人类的社会经济问题密切相关、互相牵动，处理不当会推波助澜，放大负面效应。比如，粮食问题贯通“人—社会—自然”整个大系统。而且，全球性问题的深度与广度不断地超越人类的视野。以气候变暖为例，研究表明，北半球极端恶劣降水、降雪和大洪水现象倍增的背后是全球变暖，而非地球气候系统内部的正常变动所能解释；当我们为气候变化给人类及其他陆地生物带来负面效应而担忧时，根本没有想到全球变暖会给海洋生命也带来灭顶之灾。随着大气热量源源不绝地渗入海洋，海水温度不断升高，氧气含量持续下降，海洋生物会因缺氧而窒息死亡。目前，在墨西哥湾已经出现一个上千平方公里的无氧“死亡地带”。仿真模拟结果表明，在未来 2 000 年里，温室效应将使这片“死海”的面积增加 7 倍。这一切构成了业已上升为安全事务的“存在性威胁”。著名科学家早就对人类提出警告，这可能使人类无法按照我们所知道的方式继续维持生命，他们对此深感不安。

我们生活在一个充满全球威胁的世界，警钟已经鸣响，严峻的全球性灾难临头，全球性问题的冲击波对人类社会生活产生了全面而深刻的影响。我们正迈入整体性的时代，在应对全球性压力面前，无论是整个人类社会，还是整个生态系统，都成了“超级有机体”，群体利益捆绑，整体应对是唯一的选择。地球村、全球公民意识和全球治理应运而生。

二、全球性问题的特点

随着全球性问题的全面和持续恶化，全球性挑战将进一步发展，呈现与传统挑战显著不同的特点和趋势。目前，全球性问题的鲜明特点已经充分展现。

第一，全球性问题形成了问题群。今天，在全球范围内形成的问题群，呈现从未有过的多样化形态。在政治安全方面表现为战争与地区冲突、大规模杀伤性武器扩散、国际恐怖主义、海盗；在经济方面表现为金融危机、经济衰退、经济不平等、贫富差距;在社会文化方面表现为大规模社会政治动乱、暴力极端主义、公共卫生危机、跨国犯罪;在生态环境方面表现为气候变化、环境污染、资源短缺、生物多样性减少,等等。相关挑战不是相继出现,而是集中显现,全球性问题群的全面性内涵日益显露;它涉及人类及其社会和自然,渗透人类社会各个领域,汇成人类社会的整体性问题,形成对人类社会的整体性挑战。联合国开发计划署发表的《人类发展报告》概括了由经济安全、粮食安全、健康安全、环境安全、人身安全、共同体安全和政治安全构成的人类安全问题群。全球性问题群已经成为全球冲突群、全球危机群。处于全球性问题群包围之中的国家和人类,已经开始拥有共同的危机意识,也开始确立解决问题群的目标和行动方针。

第二,全球性问题高烈度暴发,重点不断漂移。这一方面表现为暴发原因、规模、范围、结果的全球性,即使某些看似是区域或次区域问题,其根源、影响及解决途径都有全球维度,另一方面,在21世纪的头十年中,全球性问题呈现高烈度的集中性暴发和重点漂移。"9·11"恐怖袭击之后,又接连发生了伦敦、马德里、孟买、莫斯科等一系列恐怖袭击,国际反恐一时成为头号全球性问题。紧接着的是全球公共卫生危机高潮,"非典"、禽流感、"甲流"一波接着一波。然后,一场国际金融危机几乎使全球经济陷入瘫痪。而在整个世界聚焦于这场危机之时,本土化、年轻化的新一代恐怖分子又对"软目标"发动了血腥袭击,索马里海盗也乘机把"产业"做大,一跃成为一大全球性公害。美国、韩国等国海军采取突击行动,以武力的"铁腕"震慑海盗,企图终结"付钱赎人"的恶性循环。但是,冒险带来更大的风险,尤其是2009年美军武力解救被劫美国商船并对海盗进行审判之后,海盗加紧了对美国的报复。2011年2月22日在印度洋遭劫持的4名美国人质被索马里海盗杀害,这是美国人首次在海盗劫持中遇害。索马里海盗还威胁要对韩国人展开报复,并扬言,现在杀掉人质已经成为"潜规则":"从现在开始,想要武力拯救人质的行动都只能收到人质的尸体。"这不仅说明索马里海盗正在变得更加残暴和具有攻击性,还说明他们过去是"要钱不要命",现在更像恐怖分子。灾难性的地震、海啸、洪水、干旱、飓风更是连绵不断,核安全也一跃而成为全球性问题。联合国一项调查显示,2010年是过去20年来自然灾害最严重的一年，共造成近30万人死亡。这一切令世界穷于应付。

第三，全球性问题具有超越性。在人类历史上，全球性问题首次挑战人类生存底线，既严重，又紧迫，呈现全面暴发的危机性。这种严峻挑战指向人类文明的毁灭，而且把人类困境快速推向极限，毫不顾及体系的滞后和人类的迟疑。全球性问题就其本身而言，完全超越了冷战思维，超越了意识形态，超越了政治或社会制度，超越了民族国家。一句话，超越了现有的存在与思维。人类必须超越历史的狭隘与局限，学会从全人类的根本利益出发，重新思考，探寻新的路径，以寻求出路。

第四，全球性问题公共性凸显。全球性问题之所以通常被称为全球公共问题，就是因为它具有公共性，这种公共性是就全人类、人类社会而言的，它涉及人类的价值、生命、健康、幸福，也涉及人类社会的生存、繁衍、安全、可持续发展。全球公共问题最重要的特征是其不可分性。从总体上、本质上和趋势上来说，全球公共问题对世界各国的终极影响都是相同的，没有一个国家可以置身事外，其危害是边界割断不了的。全球公共问题就其范畴而言，它是个人、国家、全球社会面临的共同问题；就其性质来看，它需要全球公共政策、全球规划、全球管理和全球治理，而其基础是全球合作与全球行动。把全球性问题纳入普通的公共领域，是防止全球性问题被政治化的唯一有效办法。

尽管全球性问题有各种各样的特点，但可以归结到一点，即广义上的安全——围绕人类及本星球的整体安全。

三、全球性问题安全化

一般而言，安全是指主观上无恐惧，客观上无威胁、无危险的状态；本质上是指国家、人类的生存、发展、繁荣免受威胁。安全是人类社会永恒的主题。只要有国家存在，人类存在，就存在安全问题。无论是国家还是人类，首要的是保持自己有形本体的存在，这是最基本的要求。但是，安全问题的内涵和特点却是历史和时代的产物，不同时期各不相同，安全威胁往往受制于特定的社会环境条件。在全球化的时代背景下，安全问题出现了历史性变化，安全威胁越来越具有相对、相关、多样、复杂且不确定的一面。全球化推动全世界卷入一个相互依存的全球网络，安全被纳入开放的全球社会，使个体安全发展为整体安全、系统安全。安全威胁的性质发生了实质性变化，而应对的制度和能力却没有跟上。随着时代的演进，安全的概念必然发生重大变化，它越来越具有时代变迁的复杂内涵，成为一个变动中的概念，这不能不反映到人类的思维上来。

全球性问题全面挑战安全的严酷性，改变了世人观察安全的视角和思维。

在威斯特伐利亚体系中，主权、领土及边界的安全历来是国际关系和国家的唯一核心问题，维护国家安全成了体系的核心命题。《大不列颠百科全书》认为，一般来说，国家安全是指因外部强国的控制甚至侵略的危险所引发的民族安全。[2]基于此，传统的安全思维必然主要指向国家的军事安全，它集中关注外部军事威胁的策源地、意图、能力、形式和手段，以及自身的防御能力和进攻能力。因此，传统安全的核心是军事安全。传统安全以国家为中心，国际关系围绕国家安全而展开。国家以维护自身安全为宗旨，主要依靠建设一支强大的国防力量来消除别国的武力威胁和军事侵略，保卫国家主权、独立与领土完整，免遭侵害和蹂躏，捍卫自己生存、发展的权利，实现国家的安全利益。“在传统上，安全的指涉对象是国家，在更隐蔽的方式上是民族。”[3]因此，与传统安全博弈相联系的必然是注重军事手段的强化、控制与使用，军备竞赛的逐步升级，冲突与战争的不可避免，均势、联盟与霸权的运用，这一切构成了传统国际关系的主轴和核心内涵。而传统安全的体系背景是，国际社会总体上处于无政府及自助状态，既无法律保障，又无制度保证，安全成为一种稀缺品，结果是“如果你想拥有和平，请准备战争”；恐惧感如影随形，国家陷入“安全困境”。换言之，国际体系在安全问题上的基本缺失是固有的，它没有能力从根本上解决战争与和平的问题，哪怕这是唯一的全局性问题。

传统安全是狭义的安全。传统安全观是国家中心主义安全观。传统安全思维的视角是非常单一和狭窄的，通常考虑一般政治与安全意义上的国家安全，将国家当作安全的唯一指涉对象，完全没有虑及广义安全时代的来临。在全球化以及国际体系改组的历史背景下，越来越多的非传统安全问题闯进人类的生活，广义的安全问题迅速显现。21世纪的安全威胁突破了军事安全的框架，冲破了国家疆界的限制。恐怖主义、气候变暖、流行性疾病、金融危机……一个又一个全球性问题闯进了安全领域。安全问题指涉的范围，随着安全威胁来源的剧增，突破了主权、领土及边界等传统安全的维度，不断扩散到人类社会生活的各个领域，以及人的安全、地方安全、国家安全、区域安全、全球安全等所有层次，日趋尖锐，全面激化，非传统安全由此形成，并登上了全球政治的议事日程。

非传统安全是相对于传统安全的一个概念，指除军事、政治和战争以外的，对国家乃至人类整体生存、发展构成威胁的安全问题。这是人类社会过去没有遇到过的，或只是偶然、局部遇到过的非军事侵害性安全问题，现在逐渐凸现，成为新的安全威胁。安全特性变化最直接的后果就是带来了安全内涵的扩大，提出了一系列安全新议程。全球性问题呈现明显的安全化趋势。

全球性问题的安全化，给安全问题带来了多元化的巨大变化。

第一，安全主体的多元化。原先，在传统安全中，国家是唯一的安全主体。而今，非传统安全的加入带来了许多新的安全主体，从地球和整个人类到跨国公司、组织、地方、社区乃至人群都可以作为安全的指向，这突破了国家的局限，也突破了威斯特伐利亚体系的局限。从国家主体到非国家主体的转变，标志着安全问题的重大转折，它已经以新的方式发展了。

第二，安全目标的多元化。在新的安全形势下，安全目标也从单纯维护国家利益扩大为维护全人类及其家园的安全。目前，最重要的安全目标层次有三个：国家、区域与全球。这不仅表明安全目标的多元化，也表明了安全的变迁，即国际体系正在从长期的军事压力下逐步解放出来，安全的重心开始向区域和全球社会领域转移，人类安全最终将成为安全的核心。这与破坏性行为体的日益增多有关。这是当今世界安全问题的基本特征和最终目标。

第三，安全议程的多元化。在传统安全议事日程上，军备竞赛、军事冲突、军事危机、战争等军事安全问题往往是唯一的主题。非传统安全则不同，一是表现为威胁来源的多元化，既可能是国家，也可能是个人或组织，还可能是自然因素，或者是兼而有之，具有不确定性和多样性；二是安全领域的多元化，几乎囊括除传统安全领域之外的人类社会的所有领域。哥本哈根学派把安全领域界定为军事领域、环境领域、经济领域、社会领域、政治领域等五个互相联动的领域。[4]而《权力与责任：构建跨国威胁时代的国际秩序》一书则认为，21 世纪面临的严重跨国安全威胁，主要来自六个领域：(1)气候变化和能源安全、(2)核扩散、(3)致命性传染病和生物安全、(4)内战和地区冲突、(5)跨国恐怖主义、(6)经济安全和贫困问题。[5]联合国开发计划署 1994 年发表的《人类发展报告》认为，对人的安全威胁可以分为七大类：经济安全、食品安全、健康安全、环境安全、个人安全、社区安全和政治安全。总之，安全议程变得更加广泛、更加多样、更加凶险，而且不断向低级化、人文化方向发展，不断呈现"软化"之势、频发之势。这种"软安全"显然不同于传统的军事安全这样的"硬安全"。

第四，安全要素的多元化。传统安全要素主要是军事力量及其支撑点：人口、国土、战略资源、军事工业等。随着全球性问题的安全化，军事力量的作用有所下降，而经济、科技、环境、文化、信息、网络等成为新的安全要素。要素的排列开始出现重大位移，要素的综合运用凸显其功效。

第五，安全思维的多元化。虽然立足于军事力量和冲突的传统安全思维依然存在，但是统揽全局的综合安全新思维已经形成。这种安全新思维有非常全面和宽广的视野，既重视传统安全，更重视包括非传统安全在内的综合安全；注重通过多边协调、对话合作、机制建构、互利共赢的新方式来保障自身及他者乃至全球的安全。因此，与传统安全遵循的逻辑"国际无政府状态—自助—制衡—安全—零和博弈"，以及"公地悲剧"不同，非传统安全必须遵循合作的逻辑：安全是共同的、交错的，因而必须是合作的、共赢的，相互依存和彼此互动的多元安全主体是"安全复合体"，脱离人类及其家园共存整体的安全是不存在的，人类拥有同一个且相互依存的未来。安全主体间对于全球性问题安全化的认知，正塑造着全球范围内的安全互动和行动，指明了维护安全的有效途径。

第六，安全治理的多元化。传统安全问题的治理主要依靠国家，而且手段较为单一，持续时间大多较短；而非传统安全问题涉及社会性、综合性和关联性，无法靠国家用传统的方法来加以治理，由此决定了治理的多元化，必须采用多种手段，进行综合治理，又因其系长期积累而生成，急性发作，反复发作，治理必须长期坚持。但是，两种治理有一点是相同的，都是治标容易，治本困难。

在这种情势下，安全问题本身也发生了复杂的变化。就传统安全而言，其地位总体上有所下降，并且出现明显分化：大国间战争得到有效遏制；地区和国内动乱与冲突频发，联动性增强，难以控制；美国曾一度迷恋先发制人的军事打击和战争。而非传统安全问题则呈现快速上升势头，复杂多变，更具全球性、尖锐性和危害性，越来越引起重大关注，它会威胁安全，却又无法运用传统的军事解决方案。传统安全问题通常有一个较为明显的酝酿期，而且发生在特定地域，范围有限；而非传统安全问题的酝酿期较为隐秘，一旦爆发，立即演变成严重事态或危机，并迅速蔓延，还可能引发其他领域的连锁反应，表现出突发性、扩散性、嬗变性和多向度性。此外，传统安全和非传统安全的相互交织和相互转化，构成了整个人类社会的综合安全问题，造就了错综复杂的新安全环境，更增添了全球安全问题的复杂性。

观念与安全的关系问题是一个安全观的问题，它通常是指人们对安全的核心内涵、治理途径的理解和认识，包括对安全的评估、确定威胁来源及其优先次序、确立目标以及为实现目标所必须采用的原则和方法。全球性问题的安全化促使人们走出传统意义的安全理解，走出狭隘、封闭的安全结构。从传统安全到非传统安全，是安全观念上一次质的飞跃；非传统安全包括了远比国家层面及其传统军事和政治领域更广泛的范畴，延伸至地区乃至全球层面以及经济、社会、文化、生态、信息等领域，体现安全的社会性、全面性与交织性。两者的交织缠绕构成了一个多元的、不可分割的综合安全概念。综合安全观是一种兼顾国家、人类社会和大自然的全球安全观或整体安全观，即以人类和地球为本的新安全观。说到底，这是一种以人为本的安全观，而非以国为本的安全观。新安全观是一种以互信、互利、平等、协作为核心的安全观，也是一种合作共赢的安全观，更是一种人、社会、国家、自然和谐相处、共同发展的安全观，它涵盖国家安全、共同安全、合作安全、综合安全、人类安全、可持续安全等内容。这是对传统安全观的超越，也是对单方面安全的超越，它使安全的概念、主体、议程、目标、手段、机制和思维发生全面而深刻的变化，促进全球最广泛意义上的安全，并将引发 21 世纪人类社会大变革。

第二节　全球性问题与国家

全球性问题是在威斯特伐利亚体系建立后出现的，前者具有跨国性和全球性，后者以地域国家为中心，主权使国家成了“围城”。民族国家的形式远远不能适应全球性问题出现后的世界形势，其局部性与封闭性成了最大的障碍。因此，全球性问题与国家发生体制性冲突有其必然性，国家必定会受到全球性问题的重大冲击。

目前，全球性问题已经成为国家面临的最严峻的课题。尽管国家仍位居中心，但对来自全球性问题的众多挑战，它们无法独立应对，也难以控制，即便是超级大国也无法单独有效应对这些挑战。因为全球性问题破除了国际和国内的明确分野，在总体上突破了国家的疆界，不断跨越，不断挑战国家主权、意志、利益和能力，国家总是处在应战的被动地位。全球性问题与国家的关系比想象的更复杂、更纠结；两者的互动不仅直接关系国际体系的活动基础——民族国家的命运，而且还关乎体系改组和规范重建。对于国家来说，过去的最大困境是，担忧被看得见的敌人所消灭；而今最大的忧患是，担心被看不见的敌人淘汰出局。全球性问题超越地域国家，国家因其固定疆界与永续存在而形成的空间与时间两个观念建构已不符合全球性问题发展及治理进程中空间与时间的各种越界现象。国家的领土性和不可侵犯性，在全球性问题的不断冲刷下会遭到削弱。全球性问题的不断激化势必增强这种趋势。我们正生活在这样的时代：对旧国际政治空间那种坚定不移的确定性，正让位于新的，但仍然只是依稀可辨的制约性与可能性。全球性问题对国家的挑战及其解决方式，已经成为国家面临的核心问题。在全球性问题泛滥的时代，只有适应并成功应对的国家才能生存与发展。国家不应把全球性问题视为一个包袱而被动接受；相反，应将之视为一个转机，一个新生命诞生的机遇，积极面对与行动。关键是国家必须明白，过去独享的权力和空间已遭到侵蚀、制约与分享，现在必须知道自己的正确位置，知道自己的优势与劣势，以便扬长避短，趋利避害。为此，应当强调重新思考国家的特质与潜力的重要性，因为国家在全球性问题上具有根本利益和不可替代的独特地位，可以充当主动策划者和基础性支柱，至少在全球性问题治理的功能性领域中，在国界之外发挥作用。它的作用关键，但也不能独揽全局。随着新世纪的开始，国家必然扮演一个充满争议的新角色。

一、全球性问题的两种视野

由于全球性问题既表达为全球危机和全球挑战，又显示出全球机遇与全球潜益，全面涉及国家的根本利益，因此，世界各国在全球性问题上存在不同的视野是可以理解的。国家的属性、情势、发展程度，和社会忧患不同，导致它们对首要关切的差异和能力的差异以及对国际义务分配、代价分配的敏感度差异。它们对于全球性问题的威胁范围、破坏烈度、严重后果、形成原因、应对可能、预估代价，和自身利益的界定和判断有所不同。国家首先要判定威胁或危险的范围，以及是否会波及自身，其次要评估威胁或危险的紧迫性和严重性，再次应预估可能的后果和代价，还有对代价和利益的分配难题，对原因的理解则直接影响到对上述因素的认定，以及处理力度和方式。简言之，国家对这些全球性挑战属性的认知将决定它们在全球性问题上有多少共识和合作行动。

在全球性问题上，一些发达国家往往以绝对主义的方式看待世界和其他国家。它们崇尚普世价值，超越具体情势推行道德主义。它们有一种强烈的意愿和倾向，常常根据全球性问题对自身造成的威胁、破坏以及其他预判，宣告其为全球性严重挑战；要求世界各国成为追随其后的负责任的利益相关者，与它们一起克服挑战。这往往造成认识和实践上的一些重大错误和弊端。“9・11”事件是一个最典型的例证。恐怖袭击发生后，美国发动全球反恐战争。布什总统在国会演说中宣告：“反恐战争不只是美国的战斗，也是世界的战斗，文明的战斗。这是一切信仰进步、多元主义、宽容和自由的人的战斗。”他把恐怖主义者归结为仇恨美国的民主价值观。他要求每个国家现在都必须作出决定：

要么站在我们一边，要么站在恐怖主义者一边。结果造成了反恐的重大失误，越反越恐。

当然，像欧洲国家在气候、卫生等全球性问题上表现得比较积极，也是有目共睹的。它们对全球性挑战大声疾呼，积极行动，激起了全球应战意识和全球合作。

一些发展中国家则在全球性问题上珍视自己的价值，其中包括合理的主权权力、自主发展和文化传统等，重点放在特殊国情和特殊利益上。它们基于历史主义的认知，关注特殊情势和个别的存在，强调新鲜经验和创新实践，注重空间、时间和主体的相对性，认为变通和修正是常态，以此与全球性问题内在的复杂多变、相互缠结相吻合。但是，这种视野与其实践也包含着一种危险，它有时会低估共同威胁和共同利益，将全球性问题及其解决途径地方化。甚至在发展中国家群体内，也常常因自身的问题和缺陷以及彼此间的特殊利益，缺乏沟通协作的有效机制而往往影响到新兴国家的整体合力及其有效发挥。再加上新兴国家尤其是新兴大国与其他日益被边缘化的发展中国家之间的利益差异日趋扩大，如何协调两者利益和诉求，是一个新的难题。

因此，这两种视野强调的重点有所不同，各有所长，也各有所短；唯一的可行之路是加以超越，加以互补，既确认和重视全球性问题的普遍性、严重性、协调性和合作性，又肯定和重视全球性问题的具体性、特殊性、相对性和多样性。同时，两者都要克服共同的弱项，彼此之间多一点推心置腹的交流、沟通和理解，尽最大努力扩大追求共同利益的可能性，尽最大可能防止在狭隘国家利益观驱使下共奔毁灭；还要意识到全球性问题的治理，并非是对国家权力的一种剥夺，相反，它给予国家权力新的更大的发挥空间。发达国家和发展中国家还要扩大主体视野，吸纳和支持各种各样应对全球性问题的非国家力量，确立共同身份，确立共同利益和总体利益的一致性，确立共同但有区别的责任，形成合力，共同克服国家的重大局限性，共同有效应对全球性挑战。

二、国家议程的全球化趋势

世界各国正在经历着极其重要的国际体系转型的时期，国家政治和国际政治的重要发展趋势之一是国家议程的全球化。

国家议程上的重大事务，涉及国家重大利益，牵扯国家主要精力，向来为国家所重视。但是国家所面对的重大事项，是随着历史的变迁、世界大势的变化、体系的演进、国家的蜕变而发展变化的，演变的大方向、大趋势是从特殊到普遍，从个体到整体，从国家到世界。全球性问题的形成及其带来的世界影响给国家议程造成重大冲击，这不能不令国家议程呈现全球化的发展趋势。

长期以来，在国家传统议程上除了纯属国内事务外，涉外事务主要围绕政治、外交和军事，主题是领土边界、安全形势、冲突管理、外交折冲等，重点是消除国家的"安全困境"；为了维护国家的外部生存环境和发展环境，国家竭尽全力。

在全球化进程中，威斯特伐利亚体系不断被突破、被超越，国家的中心地位和垄断地位有所弱化，在主权问题上也发生了深刻的变化。这一切在相当程度上与全球性问题有关。在传统的国际体系中，国家议题的基本思考路径是界定个体及议题的边界，用以指导各种问题的解决；而当全球性问题跃上国家议事日程时，人们发现它们大多是全球范围的社会问题，如温室效应、全球变暖、极端天气、臭氧层破坏、生物多样性减少、资源枯竭、森林锐减、土地荒漠化、环境污染、疾病流行、贫困问题、人口问题、粮食供应、能源安全、恐怖袭击、跨国犯罪、海洋污染等等；这类全球挑战异军突起，在国家议事日程上和体系互动中趋于主流化。

在这类新的议题前，国家应当重新思考自己应该追求什么目标，怎么定义这些目标。国家目标必然指向人类生存与发展的核心价值，指向人类与大自然的和谐共处，指向社会的和谐相处与可持续发展。同时，国家也应重新思考从个体出发的思维方式碰到很大问题的原因。因为它所面对的议题性质已经悄然发生巨大变化，大多不再属于个体的范畴，而具有了公共的性质，这就需要国家有一种整体思维，或者说，要把各个个体考虑在内的系统思维。国家还要重新思考自己的局限性。它在应对具有全球性的议题时，遇到越来越多的困难。首先，国家囿于自身的弱点，无法有效应对层出不穷的复杂挑战，往往在全球风险面前无动于衷，致使全球危机暴发。其次，在一个新兴权力涌现的世界上，失去控制力的旧的国家权力中心必然与方兴未艾的全球参与者发生竞争与冲突。因此，全球性问题必然推动国家思维和行为的变化；而国家思维和行为的变化，又会促使国际规范重建和国际体系改组。同时，世界各国议程趋向全球化，必然反映到全球议事日程上来，全球议程全球化是必然的趋势，这更有利于体系及其规范的转型与超越。

总之，在当今令世人瞩目的议题上，全球性问题更新了国家与国际或全球的议事日程，也重新打通了国家与国际或全球议事日程，它们聚焦国家和世界的眼光，也会聚焦国家和世界的共赢利益。

三、新兴国家与全球性问题

在21世纪的头十年里发生了一些历史性的变化，全球性挑战风起云涌，不断深化的全球化浪潮也带来了前所未有的发展机遇，一些发展中国家抓住了重大的历史机遇期，一跃而成为新兴国家。“中国潮”就是伴随着新世纪汹涌而来的，中国崛起被视为这十年里影响世界最重要的事件。中国以其东方文化背景和综合国力，成为影响全球事务的重要力量。亚洲新兴国家崛起是新兴国家全球崛起的主要标志。亚洲以务实主义和集体主义应对全球性挑战，他们尊重多样性，强调建立共识而非制造矛盾，坚持原则而又务实地解决问题，推崇渐进主义的变革而非突变，越来越关注机制和结果。亚洲的成功不仅有助于全球性和区域性问题的应对，还将有助于推动拉丁美洲、非洲的崛起。标准普尔和世界银行认为，未来十年也可能是拉美时代。花旗银行则认为，非洲将接过亚洲的接力棒，最终崛起成为经济增长最快的地区。以中国和印度为核心的新兴大国群体以及中等新兴强国群体，即使在国际金融危机暴发的形势下，仍能保持经济增速和发展势头，在全球经济总量中占据越来越大的份额，成为全球经济的发动机和支柱。这大大加快了世界权力自西向东的转移，极大地改变了世界力量的对比，扩大了新兴国家在全球性问题上的话语权和决策权。当然，在全球事务中具有更大的发言权和影响力，也意味着承担更大的义务和责任。

“金砖四国”、“金钻十一国”……都指向一个共同的趋势，即全球经济增长热点从发达国家向发展中国家转移。普华永道预计，全球七个最大新兴经济体国内生产总值的总和，将在2032年超过西方发达国家“七国集团”。

2010年年末，中国邀请南非加入“金砖国家”集团。南非经济规模虽小，却成长快速。它代表了非洲，而非洲是未被开垦、快速起飞的大陆，具有巨大的潜力。加入“金砖国家”之后，南非可以带动非洲大陆，与全球新兴国家共同合作发展。由于南非的加入，“金砖四国”变成了“金砖国家”。这能更好地整合中国、俄罗斯、印度三国合作机制和印度、巴西、南非三国对话论坛两大机制，打通新兴国家内部的沟通渠道，形成一个新的、更大的机制平台，让主要新兴大国之间能够更为有效地进行政策沟通。扩充之后的“金砖国家”将会加快机制化和组织化进程，加速自身合力的形成及其影响力的提升；使之更具有地域的代表性，更能代表新兴国家及广大发展中国家的利益，更有利于在全球性问题上发挥新兴大国的作用。“金砖国家”是一个开放性的、包容性的组织，是南南合作的重要组成部分，也是南北合作的桥梁。在2011年达沃斯论坛上，新兴国家的领头羊“金砖国家”成为焦点。“达沃斯今年最强烈的气氛是世界权力中心向中国和金砖国家转移”，2011年4月发表的金砖国家三亚峰会宣言，明确表达了对全球性威胁和挑战的极大关切和行动决心。

富有深刻含义的是，在新兴国家中，被美国视为最大、最重要的四个“民主国家”巴西、南非、印度和土耳其，在一些重大的全球性问题上却常常不愿意与美国站在同一立场上，反而更愿意与中国站在一起。它们常常觉得，在一些全球性问题上与中国的共同点比与美国的多。这就是说，在全球性问题上，发展中国家的身份远比“民主国家”的身份重要得多，新兴国家在这点上有更多的共同利益。

在全球性问题上，广大发展中国家是受害方，承受着自工业革命以来发达国家所造成的祸害，并为此承担责任，付出代价，但却没有话语权和决策权。这个问题不解决，全球性问题就无法解决。同时，发展中国家在发展的进程中，也受到了社会和环境方面种种全球性问题的困扰，可持续发展问题亟待解决。它们必须参与到全球性问题治理的整个过程中去，反映自己的利益诉求，使之公平、公正、透明。

在这一背景下，首先是新兴大国的参与被提上了议事日程。由于全球性问题日益紧迫,新兴大国在此问题上扮演了越来越重要的角色,如何在结构上和决策上接纳新兴大国,成了问题的核心。

在 2007 年八国集团(G8)海利根达姆峰会上,考虑到需要一个接触新兴大国的有效战略,德国总理默克尔发起了海利根达姆进程,由主要发达国家与发展中大国就当前全球性问题展开结构性对话,即"八国集团加发展中五国对话会",前者包括美国、英国、法国、德国、日本、意大利、加拿大和俄国,后者是指巴西、中国、印度、南非和墨西哥。但是,双方的地位并不平等,进程非常复杂,达到最终目标的难度很大。其中,俄罗斯是个跨边缘的国家,既是八国集团成员国,又表现出某些新兴大国的特征,而身为发展中国家的墨西哥却是经济合作与发展组织的成员国。即便是新兴大国拥有共同特征,但它们之间的差异经常比相似性更加明显,有时要在它们之间保持并发展集体意识也面临着诸多挑战。而且,当这一进程将注意力转向敏感议题时,面临的压力会更大,这加大了对话的难度。即便如此,海利根达姆进程仍然获得一个突破性进展,这种从结构上扩展对话的特殊形式反映了在全球性问题上新兴大国是有影响力的角色,其意义在于全球性问题治理模式的转变;其中双方在全球性问题上的观念交流、话语权和决策权的转移及分享尤其重要,治理结构的变化及其引发的关于制度性替代选择的思考,也引起世人的关注。这一进程促进了上述"发展中五国"集体身份的初步形成。新兴大国成了结构变动的推动者和有身份、有地位的问题解决者,增加了全球性问题解决机制的有效性和合法性。海利根达姆进程定位为平等主体之间的对话,双方以两个核心小组进行低调的结构性对话,这一动力机制界定了它们相互关系的特征。双方弥合了一些分歧,取得了一些重要成果,确立起信心。2009 年在意大利拉奎拉召开的八国峰会将海利根达姆进程延长至 2011 年,并将其更名为"海利根达姆—拉奎拉进程"。不管"海利根达姆—拉奎拉进程"的最终历史命运如何,改革终会来临。在全球性问题上,新兴国家扩大参与,跻身决策,是题中应有之义,在这一点上海利根达姆进程至少应该被视作一种突出表现和推动力量。

哥本哈根气候峰会给予世界最深刻的印象是,一个发展中大国新的组织框架出现了。巴西、南非、印度和中国组成了"基础四国",其影响远远超越了气候变化谈判本身。正是由于“基础四国”和美国最后的共同努力，会议终于达成了《哥本哈根协议》，尽管它只是未来谈判的基础和路线图。

新兴大国参与全球性问题的治理因2008年国际金融危机暴发得到加强。金融全球化促使金融风暴形成并放大，不到一年半时间就从一场美国危机迅速转变成一场全球性危机。全球化负面效应和国际体系弊端集中爆发，深刻影响世界各国的理念、行为和政策的调整与变革，国际社会更加重视对全球性问题的合作共治。因此，这场危机的后续效应与1929年大危机大相径庭。特别是陷入困境的主要西方大国深知无法单独自救，不得不邀请新兴大国联手应对危机。新兴国家扮演了为全球经济“济危脱困”的角色。于是，2008年11月召开了二十国集团峰会。出席会议的巴西总统卢拉称之为“历史性的一天”。二十国集团在不到三年时间里举行了5次峰会。这意味着世界经济格局发生重大变化，在全球性经济问题上出现了机制性变化，它超越甚至取代七国集团或八国集团。也就是说，新兴大国首次和主要西方大国平起平坐，确定议程，制定救助方案，合作共商全球经济大计，及时制止危机的深化，防止了一场全球性灾难。由此，二十国集团成为应对重大经济和金融挑战的重要平台以及全球经济治理的平台，推动建设全球新型伙伴关系。

“金砖四国”升格为“金砖国家”，这一提升在二十国集团峰会上表现得最为明显。在二十国集团中，表面上双方席位相当，但仔细审视新兴经济体的十个席位不难发现，其中若干成员在经济、外交和安全上过分依赖以美国为首的西方国家；而南非的政治和经济独立性相对较强，能够摆脱西方大国的干扰，和“金砖四国”联合起来，共同从新兴国家的立场来提出政策倡议，并反对西方大国不合理的利益诉求。此外，南非加盟“金砖国家”还有一个重要作用，即能使“金砖国家”有效形成国际货币基金组织内的“份额联盟”。该国际组织份额改革后，有着较为一致意见的“金砖四国”总份额上升至14.18％，但尚未达到否决重大事项所需的15％，现在加上持有高度相似立场的南非的0.88％份额，就能跨过这一关键门槛，从而拥有实质意义上的影响力。同时，这也能大大降低由于需要更多成员所可能导致的协商成本增加以及搭便车等风险。“金砖国家”是新兴大国联合自强、跻身全球事务的合理选择。

由于金融危机中心在西方，主要西方大国受到重创，客观上为新兴大国在全球性问题上扩展空间创造了重大历史机遇，从而在应对全球性挑战方面取得更多话语权和决策权。新兴大国在世界银行、国际货币基金组织和世界贸易组织中发言权和决策权的增加，是一个有力的证明，其原因不辨自明。就像有着“末日博士”之称的美国经济学家努里尔·鲁比尼在2011年达沃斯世界经济论坛年会上所说的那样，全球经济就像是装了半杯水的杯子，装水的一半是新兴经济体，增长强劲，没装水的一半是发达经济体，增长乏力。其结果必然预示着一种新的全球秩序逐步到来。紧接着，在区域层面和次区域层面也出现了合作应对局面。世界开始发生深刻变化。

与此同时，在其他全球性问题上也出现了突破的迹象。奥巴马政府在气候变化问题上开始作出改变，愿意承担一定的责任，也愿意与新兴大国一起商讨和共同应对。2008年亚丁湾及索马里海域海盗袭击事件频频发生，严重威胁国际航运和海上贸易安全。海盗问题一跃而成为一大全球公害，美国、英国、法国、德国、中国、印度等国派出海军编队，为过往商船护航，共同打击索马里海盗。各国行动之迅速，态度之坚决，合作之顺利，前所未有。而传统大国和新兴大国合作得最好的领域是全球公共卫生领域和维和领域。

但是，这并不意味着前面是一片坦途。目前的世界，除了二十国集团之外，还没有一个能将主要国家集中在一起进行协商的场所；但随着全球经济复苏进入第二个年头，2011年2月18日二十国集团在经济不平衡预警指标问题上的争论，反映出新兴大国决心挑战西方对全球经济的操控模式。西方大国并没有意识到新兴世界崛起的全部结果，反而经常习惯性地在新兴大国中寻找替罪羊，自己却缺乏反思和负罪感。二十国集团更多地表现了一种愿望和危机意识，并没有形成一个机构，也没有从短期危机应对机制向长效经济治理机制转型。危机曾迫使各国为生存苦苦挣扎，强迫各国团结起来；一旦恐惧消失，利益聚焦点往往随之消失，各国注意力归于本位。因复苏步伐快慢不一，利益诉求逐渐分化，加上欧洲主权债务危机引发全面混乱，全球通货膨胀日趋上升，贸易和货币战烽烟再起，粮价上涨，金融体系亟待改革；再要在二十国内部达成重大而持久的协议并采取行动就十分困难，政治考虑又会重返会场，发达国家虽然陷入没落，但新兴大国也不具掌控议题的实力，它们更关注自身的发展。二十国集团这一平台开始从行之有效的应对危机之所，转向新兴大国与传统大国的角力场。德国《商报》首席经济学家迪尔克·黑尔曼对此作了一个有趣的比喻，（二十国集团）扑灭了火灾，但现在消防水池也干了。美国政治风险咨询公司"欧亚集团"总裁伊恩·布雷默等在《今日美国报》上载文认为，自第二次世界大战结束以来，第一次没有任何一个国家或国家联盟具有在国际舞台上为所欲为的实力和意愿，世界将进入零国集团"G0"时代，虽然这只是一个过渡时期。《纽约时报》预测，"G0"或将是今年"最流行的流行语"。它是国家合作共治的另一面，或许是某种"权力真空"。虽然如此，人们还是发现，在全球性问题上中美两国的权重超过其他力量，它们关系的走向将极大地影响全球性挑战的应对。

不管怎么说，在日益激化的全球性问题面前，新兴国家从未像现在这样如此深入地参与其中，如此深刻地影响国际体系的决策机制和游戏规则。它们有能力制止损害自己利益的行为，也是全球性危机管理不可或缺的力量。这既有利于全世界联合应对全球性危机，又会给新兴国家带来巨大的压力和挑战。

发达国家调整与新兴国家的关系，两者趋于合作共治共赢，有助于改善全球战略环境，这不仅使新兴国家在全球性问题治理机制中获得新的维度，也使国家在全球结构中获得新的维度，用以解决国家在全球性问题上的最大困惑和根本矛盾，即国家在治理范围上无法覆盖全球性挑战的问题。发达国家与发展中国家这两大国家群体，经由对合作共治共赢价值的认同，超越传统思维与零和博弈，开展多层次、多领域的谈判，就全球性问题进行磋商、决策、执行和监督，最终达成全世界所有国家的可持续发展。这是世界大调整大变革大发展的历史大趋势。

四、国际谈判出现新的变化

谈判是外交的核心功能，是一个讨价还价的过程，旨在化解国家间的矛盾与冲突，促进国家间的共同利益、共同决策与共同行动，解决彼此间的问题。在传统的国际关系中，谈判是国家的“专利”，是国家独占的领域。随着所有全球性问题在21世纪表现得更为显著，全球性问题对国际谈判产生了多重影响。谈判主体趋于多元化，谈判主题复杂而繁多，谈判进程频繁而长期，呈现更多的政策交换和更大的复杂性，但也有突破。

由于全球性问题不仅涉及国家，而且事关全人类的命运，因而关心和介入这一系列谈判的角色就绝不会仅仅是国家；具有全球意识、全球认同的广大民众及其组织，也要掌握自己的命运，决不会把它全部托付给国家。这就造成了国际谈判主体的多元化，非国家主体广泛而深入地参与谈判进程，形成强大的世界性压力和合力；这有利于推动国家达成妥协，有利于监督决议与行动的实施，从而奠定全球性问题治理的坚实基础。但是，谈判主体的多元化，必然导致国际谈判的多边化、全球化，其结果是国际谈判要取得成果变得更加艰难。

由于全球性问题全面而尖锐的爆发，国际谈判主题空前多样，突破原有狭隘框架，拓展到全球空间。当国家选择走向谈判桌时，通常有多个问题相互缠绕和利害相关，这种关联性直接影响国际谈判。很多问题是可以替代的，许多国家愿意在各种问题之间进行互换，以实现合乎自己意愿的结果。如果问题的可替代性较差，尤其是存在关乎国家安全关键利益的巨大风险则另当别论。在全球性问题的时代，谈判中的讨价还价变成了一个更为复杂的过程。

由于全球性问题本身往往可能是冲突的源泉，这些问题与冲突之间的关系十分复杂；而且，往往因为其他因素的介入而加剧谈判的冲突性，强势一方往往迫使弱势一方边缘化。

由于全球性问题直接挑战国家主权，因此国家在国际谈判中的底线是严防国家权威遭到侵蚀，严防国家权力被转移，严防别国干涉本国内政。在某些问题上，国家的控制和权威是有保障的，因而谈判容易达成妥协；而在另一些问题上，国家的权力是要与他者分享的，甚至是会遭到削弱的，因而谈判针锋相对，步履维艰，旷日持久。

由于围绕着全球性问题展开的国际谈判兼具整体性和联动性，知识跨度大，有别于传统国际谈判的单一性；因此，国家面对这种问题的谈判，既需要具体的谈判主张、谈判策略和谈判艺术，更需要统摄这些主张、策略和艺术的整体战略，以及为这套国家战略服务的总体战术和为国家战略奠定合法性基础的话语系统。这就大大提高了国际谈判的难度，也大大提高了对国际谈判者的素质和能力要求。

国际谈判要展开并取得成功，需要谈判各方之间同时存在冲突利益和共同利益，两者缺一不可，而秉性独特的全球性问题恰恰能够满足这一条件，因为国家在这一问题上的利益差异必然导致利益冲突，而在世界各国和人类未来这个问题上，只能强调共同利益和精诚合作。这样的话，一方面可以使协商谈判成为世界各国的理性选择，另一方面也使得谈判各方意识到尽管道路艰难，舍此却别无他途，只能在合作中博弈，在博弈中合作，积小胜为大胜，求得谈判的突破，求得共赢的利益。虽然大部分环境问题的谈判以“公地悲剧”的形式陷入困境，但是保护臭氧层和控制酸雨的谈判取得了成功。究其原因，是因为这两个十分紧迫的问题让国家跳出囚徒困境，作出了有利于全球利益的选择。

第三节　全球性问题的发展趋势

在未来十至三十年里，世界将依然充满全球性挑战，全球性问题的发展趋势对世界大局至关重要，对世界各国也同样重要。经过全球性问题的第一波浪潮冲击之后，全球性挑战将进一步发展，呈现与早期明显不同的特点和趋势；犹如潮起潮落，此起彼伏，新的热点正在浮现，加速发展，集中显现，不断深化，影响尤甚，挑战形势更加严峻，应对难度空前提高。新近激化起来的问题及其发展趋势，很可能成为中短期内全球互动的中心。

一、发展问题塑造首要议程

发展是人类面对的头号全球性问题，被联合国列为全球首要重大问题。持续升温的发展问题是产生全球性问题的根源之一。

全球性问题第一波冲击浪潮使人幡然醒悟，要应对全球性问题，归根结底是要将发展问题置于全球议程的首要位置，确保人类社会生产方式和生活方式的可持续性，确保所有国家都能获得均衡发展，确保发展中国家获得公平的发展机会和发展空间，确保缩小贫富差距。

经济全球化对于世界各国来说是无法更改的客观事实，无论是其正面作用还是负面影响都是如此。全球化风险之剑高悬头顶，世界各国概莫能外。几乎所有国家都遇到了发展瓶颈，即使是西方发达世界，也连遭国际金融危机、主权债务危机，陷入发展困境。其中，欧洲主权债务危机被认为是目前最大的隐患。而发展差距作为一个全球性问题并没有得到解决；全球化的好处也没有得到公平分配，全球化的缺陷和危险使弱者更弱。沿着发达—发展中或北方—南方的经济轴线彼此对立的双方，依旧充满政治争议。随着经济全球化的深入发展，不平等的全球劳动分工、全球贸易、全球金融体制，越来越成为南方世界发展的桎梏和症结。人类社会发展面临的一个十分突出的问题是经济全球化带来的发展不平衡与贫困问题，如何推动全球均衡发展成为全球关注的主要议题之一。

目前，国家之间和国家内部的贫富两极分化现象越来越趋于全球化，主要表现为发展不均衡导致国家间贫富差距持续扩大；分配不均衡导致国家内贫富差异愈加悬殊。联合国公布的《2005 年世界社会状况报告：不平等的困境》调查报告表明：世界财富的 80％由世界 20％的人口拥有，发展中国家 50 亿人口也只拥有 20％。最富有的 20％的人口拥有世界收入份额中的 86％，而最贫穷的 20％人口拥有的份额已经下跌到 1.1％；尽管所有人都同意，经济增长应缩小贫富差距。从 20 世纪 80 年代初到 90 年代初，撒哈拉以南非洲最不发达国家人均国民生产总值与发达国家的差距，从 16.3∶1 扩大到 51.7∶1。发展中国家，尤其是最不发达国家，面临的是绝对贫困。全球现有 48 个最不发达国家，其一半人口生活极度贫困。据世界银行 2008 年公布的最新测算数据，2005 年世界赤贫人口仍高达 14 亿。次年，该行公布的测算数据显示，仅 2008 年一年在国际金融危机以及粮价、能源价格飞涨的影响下，全球贫困人口就增加了 1.3—1.5 亿。发达国家内部不平衡加剧，贫富差距不断扩大，中下阶层收入普遍缩水，同样存在着严重的社会贫困群体问题，从而不断引起内部分化、利益冲突和社会动荡。美国是发达国家中贫富差距最大的国家，早在 20 世纪 90 年代中期，美国 26.1％的财富就集中在 10％的最富有者手中。据 2008 年美国人口普查局公布的统计数字，2007 年美国的贫困率为 12.5%，有 3 730 万贫困人口，比上年多出 80 万人。欧盟则有 16%的人口生活在贫困之中。40 年前，发达国家曾经因此暴发过城市骚乱和大规模游行示威；如今，似乎又走到了危险端口。许多国家在收入、财富和机会方面的不平等都要比 20 世纪明显。不同国家发展不平衡和不同阶层分配不均衡导致全球贫富鸿沟进一步扩大，给人类社会带来极大困扰。特别是贫困国家难以实现可持续发展，社会政治动荡风险陡然增大。而且，贫困问题的内涵越来越具有综合性，与全球发展困境相关的问题还包括全球人口增长、饥饿与城市贫困诸问题。

全球人口膨胀与饥饿现象几乎成了一对孪生兄弟。2011 年全球人口达 70 亿。[6] 10 年来增加了近 4 亿，其中 94%新增人口在发展中国家，预计到 2050 年，全球人口将突破 90 亿，且老龄化加剧，届时发展中国家人口占全球人口的比例将上升到 85%。人口膨胀意味着贫困和饥饿的扩大与蔓延，环境因不堪重负而加速恶化。严重的全球饥饿问题就是在这种背景下产生并发展的，其中以非洲国家最为严重。世界自然基金会的贾森·克莱在美国科学促进会的年会上说，为满足人口的食物需求，“我们在未来 40 年里需要生产和过去 8 000 年间(生产的)一样多的食物。”目前约有 10 亿人处在经常性的饥饿之中，有 37 个国家饥饿问题严重并需要紧急援助。世界银行 2011 年 2 月 15 日公布的数字显示，仅 2010 年 10 月至 2011 年 1 月，全球食品价格就上涨了 15%；2010 年 6 月至 2011 年 1 月，发展中国家因粮价飞涨而忍饥挨饿的极度贫困人口又增加 4 400 万人。穷人因涨价而买不起食品，引发“新型饥饿”。饥饿威胁着人类最基本的生存要求，直接或间接造成巨大的经济损失和社会代价，并使发展迟滞。

当今世界城市贫困问题是全球贫困与人口膨胀相结合的恶性产物。城市贫民及贫民窟大量出现、长期延续和持续扩大，代表了当前最为严重、最为刺目的贫困与不平等现象，集中显示与现代生活的尖锐冲突和当代社会高度文明之痛。它已构成重大社会问题，并成为当代世界面临的最严峻的全球性挑战之一。城市贫困大量引发各种犯罪，成为藏垢纳污之地或恐怖主义滋生的温床；更重要的是业已成为社会各种矛盾的聚焦点，只要一点火星，即刻就会爆发大规模骚乱、抢劫，引发社会动荡,甚至颠覆政权。

目前,全球贫困化加剧、社会阶层间矛盾和冲突已经成为困扰世界的最尖锐、最紧迫的全球性问题,以及关系到国家安全、社会稳定和世界大局的重要因素。在发展问题上陷入困境,已经成为世界各国社会经济发展面临的最为棘手的政治问题、敏感问题和难解问题;在发展问题上积累的矛盾,已经跨越临界点,它们首先在北非、西亚暴发,在未来一段时间里有可能蔓延至世界各地,演变成一场全球性的社会政治危机。

彻底消除全球人口膨胀及其贫困、饥饿问题的基点离不开发展和分享,发展是解决全球性问题的总纲,分享是发展成果的合理分配。在未来的一二十年间,发展问题将始终以非常尖锐的形式占据全球议事日程的首位。迫在眉睫的一个议题是,反对把经贸问题政治化,反对双重标准,反对歧视性待遇;尽快完成历经十年、历尽艰辛的多哈回合谈判,在农业、非农市场准入、服务贸易等诸多领域克服巨大分歧,使新增贸易为发达和发展中国家提供刺激,为全球经济增长提供可靠引擎,达到互利共赢的目的。这是一个巨大的挑战。

二、社会政治动荡风险增大

2011 年年初,在比利时人渴望得到一个政府之际,阿拉伯世界各地的示威者却试图推翻政府,引发西亚北非大动荡、大变局。风起云涌的社会政治动荡,成了全球普遍现象。酿成社会政治动荡的三大风险是:与贫困、犯罪相关的风险,与政府腐败、脆弱有关的风险,以及全球经济失衡、羸弱的风险。这三者结合起来会造成爆炸性后果。人类学家阿兰·贝尔托甚至断言,目前的时代是骚乱时代。2011 年达沃斯世界经济论坛发表的关于世界风险的年度报告对“社会危险”表示了不安,并指出世界没有准备好应对新的重大冲突;在未来一段时间里,世界将为此付出沉重代价。世界银行在《2011 年世界发展报告》中说,冲突和暴力使 4 200 万人背井离乡。

此次阿拉伯抗议浪潮既非伊斯兰极端势力所策动,也与“反以”因素无关,而是长期积累的社会政治矛盾的一次大暴发。从北非的突尼斯、埃及、阿尔及利亚、苏丹、摩洛哥、利比亚，到阿拉伯半岛的约旦、阿曼、巴林、也门、沙特阿拉伯、阿联酋、叙利亚，抗议浪潮自西向东，横扫阿拉伯世界，局势动荡，社会动乱，人民受难，发展受阻。西亚北非地区情况错综复杂，是全球恐怖主义最活跃的地方，民生问题、民主问题、宗教问题、民族问题等矛盾纠结在一起；如果局势失控，就会形成对地区及世界安全局势的严重威胁，还可能引爆新的石油危机；动荡加剧促使油价曾一度瞬间掠过每桶 120 美元，世界金融市场也发生动荡，进而削弱全球经济增长，更不用说一时引起世界各国侨民的海陆空大撤退、大混乱、大损失、大震撼，还催生了大量难民。此次阿拉伯风暴的国际效应不断扩散。

这场运动形式新，内容老。其起因看似民主缺失，实质是民生凋敝，主要是底层民众和中产阶级，特别是年轻人在经济上深受其害，在政治上厌弃腐败独裁，对前景极其悲观，而又无法自由地表达自己的诉求。于是，从网络自由切入，继而广场骚动，最后走上街头进行抗议，用直接民主的方式来干预国家的政治事务，几乎成了唯一的选择和出路。动荡发生前不久，一位中东著名企业家就忧心忡忡地告诫说，中东地区有一颗巨大的定时炸弹，这就是中东地区人口增长迅速，就业压力巨大。今后六七年，在中东需要创造一亿个就业机会，来吸收这些走向劳务市场的青年。要做到这一点，中东地区的经济必须保持每年 8%的增长率。然而，中东各国的经济增长率仅为 4%左右，远远满足不了就业大军的需求。事实正如他所预料，这颗定时炸弹随时可能爆发。[7]根据国际劳工组织的数据，中东是年轻人失业率最高的地区，失业率约在 24%。果然，年轻人起来了，他们不以政党为媒介，而是非常娴熟地运用年迈的掌权者不熟悉的高科技手段，尤其是利用互联网互相连接成个人对个人的网络发动了这场运动。这场运动最明显的标志是“广场运动”。各国示威者都选择首都的广场作为中心，如突尼斯的“11 月 7 日广场”，埃及的解放广场，利比亚的绿色广场，阿尔及利亚的公民和解广场，也门的解放广场，巴林的珍珠广场（珍珠塔），等等。

当中东乱局蔓延到利比亚时，原先这场动荡的“民主化”光环迅速消退，中东政治回归国际政治的真实，阿拉伯剧变迅速走向“国际化”，西方的双重标准登场；美欧在千方百计稳住具有战略意义的国家的同时，有选择性地颠覆利比亚、叙利亚和伊朗政权。美欧的套路是以人道主义危机为借口，促使安理会通过制裁决议，设立禁飞区，以军事干预、斩首行动、援助支持反对派打内战，推翻卡扎菲政权。紧接着又如法炮制，把矛头转向叙利亚。西方的军事干预会留下众多后遗症。首先是所谓"人道主义干预"的复活和对安理会决议的滥用后患无穷，将会加剧地区和世界形势的动荡；其次扩大了国际社会的分裂，"金砖四国"在安理会投票中弃权，实质上是南方国家对北方国家"人道主义干预"的拒绝；大多数南方国家及其区域性组织也表示了强烈的反感态度，南北分裂加深。此外，除了美欧时时不搭调之外，欧洲和北约在利比亚问题上的分裂同样令人瞩目。德国在安理会与"金砖四国"一起投了弃权票，并拒绝追随法国对利比亚动武，使德法两国越来越大的外交政策分歧公开化。这说明在德强法弱的背景下，德法轴心平衡失调，运转不妙。

自从苏东剧变以来，世界上还从来没有发生过规模如此之大、范围如此之广的社会政治风暴，这是进入21世纪第二个十年头一件改变一批国家政治生态、深刻影响国际地缘政治格局的大事。与苏东剧变相比，阿拉伯剧变并不能改变国际体系本身，其后果也不可同日而语；即使对于美国和欧洲来说，事态的未来走向也有不确定性，殊难预料。但毫无疑问，这场运动反映了阿拉伯世界深刻的社会政治变化：阿拉伯世界各国政局的前景变幻莫测，或是走向独创的伊斯兰民主体制，或是导向伊斯兰体制，或是被引向西方式体制，或是出现更加复杂的混合型体制。这一剧变的速度和终点充满了不确定性，整个地区进入了长期动荡、重大转变的阶段，这或将加深一系列全球性问题的危险挑战。如果阿拉伯世界出现一种全新的伊斯兰民主体制的话，一个独立而自信的阿拉伯世界将成为醒狮而崛起，这将有助于国际体系的改组和规范重建。

这场席卷阿拉伯世界的风暴是全球性社会政治动荡的一个缩影，动荡的起因在不少国家普遍存在。贫富差距持续扩大的激荡，民生政治、民主治理与绝对权力、绝对腐败的对抗，已经形成了大趋势。这些大趋势是世界性的，既存在于发达国家，也存在于新兴国家和其他发展中国家，只不过在发展中世界表现得更为突出，给人的感觉更加强烈而已。西亚北非局势动荡的震波正在向全球扩散，维稳很可能成为一项全球性的任务。这场风暴是否会刮到非洲其他地方和拉丁美洲有待观察。世界应当对此保持足够的警觉。或许西亚北非变局是当今国际体系及其世界秩序发生更大规模结构性变化的先兆。

三、碳政治：新型全球政治

碳政治起源于环境政治，实际上是围绕导致全球变暖的温室气体排放而形成的气候政治，即因全球气候问题政治化而主要表现为国家间政治，故又称国际碳政治，实质上它已蜕变为新型全球政治。碳政治的主要内涵是控制二氧化碳排放。但是，碳政治的本质特征是，有关气候变化的科学争论让位于全球政治辩论，因为它涉及全球政治和经济利益的再分配。

欧盟为了重返世界力量中心，极力占领全球气候问题的道德高地，强化布鲁塞尔政治的权威性，使其领先的新能源技术占领全球市场并获取巨大利益，故而采取基于规则和道义的话语系统，大力推进全球碳政治，注重法律、规则、跨国谈判与国际合作以及自我约束，强调采用协商谈判的方式解决全球气候问题。

鉴于《京都议定书》规定的第一期碳排放标准即将于2012年到期，2009年12月召开的哥本哈根气候峰会应就新的碳减排达成协议。世界各国围绕着第二期减排协议，展开了激烈的交锋，结果未能像《京都议定书》那样，就具体的减排目标达成强制性安排，只通过了一项不具法律约束力的《哥本哈根协议》。舆论普遍认为，“人类拯救地球的最后一次机会”可能失去了。可见在气候变化领域里利益冲突之深和问题之复杂。

由于全球气候问题牵涉到太多的国家利益、国家责任和国家压力，不同的国家，尤其是主要大国，往往根据自己的价值和利益偏好以及政治意图对有关气候变化的科学研究结论加以不同的选择、组合和评估，对碳政治作不同的解读。最典型的是关于全球变暖的科学确定性的争议，争议包括气候变暖的原因是人类行为还是周期性自然现象，温室气体的危害程度与速度，大量的不确定性使得客观性与道德性纠合在一起，而且，现有的新能源技术尚不能满足现阶段减排的需求。在这种情况下，动机与成本就成为国家在国际谈判中首先要考虑的问题，尤其是排放大户。由于减排涉及发展的各个领域，这一考虑仍将长期主导未来全球气候谈判中世界各国的立场。目前，发达国家要求为发展中国家设定具体的减排指标，而发展中国家坚持“共同但有区别的责任”的既定原则，愿意自愿减排，要求发达国家承担起相应的历史责任。

碳政治充满了利益博弈，目前碳政治的主导权掌握在欧盟手中。围绕着碳政治的主导权，世界形成了三大集团，除欧盟外，以美国为首的伞形集团是第二种力量。美国想转移欧盟的主导权。奥巴马政府积极介入碳政治，企图另辟蹊径，引导碳政治向有利于美国的方向发展。美国一方面邀请发展中的碳排放大国在联合国框架下重新讨论该问题，另一方面在国际谈判中，以征收碳关税为压力要求发展中国家承担减排义务。第三种力量通常是以七十七国集团加中国为核心的发展中国家集团。由于大幅度减排会对许多国家的发展造成致命的影响，因此发展中国家坚持发展优先，要维持现有的解决全球气候问题的框架和原则，建构自己关于碳政治的话语系统，赢得主动，以时间换空间，加速发展，促进自己的发展利益。但是，在哥本哈根会议上，利益博弈比人们想象的要复杂得多，其结果是欧盟被边缘化，发展中国家被分化。此外，非政府组织在气候变化领域力量最为强大，它们的强力介入，成为一个新的驱动因素。

碳政治的核心推动力之一是碳金融。这是由全球碳排放权交易而形成的，其中包括负有减排义务的发达国家之间的碳交易，以及它们与无减排义务的发展中国家之间的碳交易；尽管后者占很小比例，却能诱使发展中国家认同碳交易规则，从中尝到甜头，从而被裹挟到碳交易市场之中。随着谈判进程的推进，发展中国家迟早会进入发达国家掌控的碳金融游戏之中，承担减排义务。

碳政治的核心是新科技革命。目前，领导国与崛起国之间的科技创新竞争已经进入白热化阶段。基于对传统能源枯竭的担忧，新能源开发成为新一轮科技革命最重要的方向之一；碳政治恰好为此提供了重大契机，在战略上把气候问题与能源安全结合起来，从而引起新能源技术的全球性激烈竞争，大家都希望推进新能源技术及其扩散，消除贸易壁垒，占领全球市场。

碳政治是议题政治，是全球性问题政治化的集中表现。《哥本哈根协议》预示着一个新的谈判格局和一个关键的谈判时刻的来临，也预示着更加曲折的谈判进程将随之到来。技术减排只是气候谈判的表象，深层次问题是，处于不同发展阶段的国家都开始认识到这个问题关乎本国未来发展环境、长远发展空间和核心利益。随着全球气候谈判进入攻坚阶段，关键性的较量正在全面展开，重大利益的交换不可避免，碳政治游戏规则的调整也在所难免。对世界各国来说，这与其说是压力与考验，还不如说是一个绝好的机遇。后哥本哈根时代的全球气候谈判前景将取决于两个要素，一是碳排放能否像臭氧层破坏和酸雨危害一样，其危害性与紧迫性被世界各国所认同；二是新能源技术的发展能否有效降低减排成本并提高效能。2010 年坎昆大会所通过的《坎昆协议》在有关气候的资金、技术转让、森林保护等方面取得了一定成果，展现了一丝希望的曙光。

四、资源：国际冲突新源泉

美国未来学家迈克尔·克莱尔（Michael T. Klare）在《资源战争：全球冲突的新场景》一书中说，资源匮乏将成为国家之间冲突的最重要根源，未来的战争绝不是由于意识形态的分歧而爆发，而是为确保最宝贵并日益减少的自然资源的供应而爆发。这绝非危言耸听，资源问题很可能成为国际冲突的新源泉。

资源匮乏和紧张是一个日益紧迫的全球性问题。这个问题经历了逐步发展、逐步激化的过程。由于自然资源同全球人口、经济、社会、环境紧密联系，一直遭到无节制的过度消耗。进入 21 世纪以来，人口的急剧增加和经济的加速发展，迅速加大了对资源的压力，日益逼近我们赖以生存的资源基础所能承载的极限，业已构成全面的挑战：矿产资源严重短缺、矿物能源日渐枯竭、淡水资源严重不足、海洋资源遭到破坏，生物物种迅速减少，等等。联合国环境规划署新近的一份研究报告指出，到 21 世纪中期，全球消耗的资源将激增三倍。资源基础的持续制约给人类发展蒙上了阴影，它已成为当代全球性问题的基础，并形成全球各种冲突性危机。从某种意义上来说，资源问题的发展趋势将决定其他全球性问题的走势及命运，也将决定世界和平发展的大势。

未来全球资源及能源的争夺将更加激烈，局部性的动乱、冲突和战争恐难避免。世界舆论认为，美国插手阿拉伯世界动乱与那里有优质石油资源密切相关。中东、马格里布国家、苏丹和乍得之间的中心地带、里海周边地区、南中国海等将成为大国能源博弈的地缘政治战略区。美国国务卿希拉里着眼于南太平洋蕴藏的大量原油，夸大中美在该地区的竞争。北极将是21世纪一个新的争夺点，相关国家间存在着巨大的分歧和冲突。北极冰层下据估计埋藏着100亿吨石油，3.2万亿立方米天然气以及其他丰富矿产资源可供开采，而气候变暖正在加速北极融冰速度；这无疑加剧了各国对北极利益的争夺，有些国家立场强硬，甚至调兵遣将，准备为北极而战。这一切给这个资源丰富的地区带来了不祥的预兆，严重影响该地区的稳定。

粮食安全迅速上升为新的全球性问题，气温、水和污染三大因素将左右全球粮食产量，促使粮价飞涨，加剧粮食危机。全球粮食过剩时代或已终结，粮食安全形势越来越严峻。事实也许会证明，粮价高企而非油价上涨将成为全球经济头号威胁。世界银行行长佐利克在2011年2月15日就曾发出警告，称全球粮价已到危险水平，并有可能导致中东和中亚的政治社会局势更加复杂。他敦促各国关注这种风险。长期粮食短缺曾是苏联解体的催化剂，飞涨的粮价则是西亚北非社会动荡的催化剂。

水是生命之源、生产之要、生态之基，具有很强的不可替代性、基础性和战略性。淡水资源占全球水体总量的1%弱，且绝大部分冰封在南极等地的永久冰盖中，人类真正可以利用的淡水资源不足0.03%。更重要的是，全球气候异常导致全球水文循环发生变化，严重的干旱、沙尘暴、洪涝等极端天气现象更为频繁，从而给水资源利用和管理带来新的挑战。20世纪，全球水的消耗量上升了约7倍；预计未来20年对水资源的需求将再增加40%，一些发展中国家的需求可能增加50%以上，未来50年全球则需要增加80%水资源供应才能满足需求。在一些地区，水资源变得越来越稀缺，威胁到人们的生产和生活。这一切不能不引起人们的极大关注。2010年12月，世界银行联合其他一些国际机构共同发表了一份关于水资源状况的报告指出，现有约 20 亿人口生活在水资源紧张的地区，而到 2030 年全球将有三分之一的人口分布在水资源高度紧张的地区。全球共有 250 条国际河流，对这些河流中水资源的利用、水质的防护，已经成为相关国家以及全球社会高度关注的敏感问题和潜在的冲突根源。中东的约旦河是以色列、约旦和叙利亚三国的重要水源，因此该地区也常常成为国际敏感地区甚至冲突地区。这样的地区还包括南亚、东南亚、非洲及拉丁美洲的一些地区。因此，地球上清洁淡水资源短缺现象正日益突出，已经成为人类发展面临的重大挑战之一，水资源也迅速成为一种主要的战略资源。在这种情况下，水资源将成为引发新的国际冲突的根源之一。正如为了争夺能源这种越来越稀缺的资源一样，水资源的稀缺同样可能导致国家间的冲突与战争。

历史证明，资源通常是具有约束性的限制因素，资源日渐稀缺是历史的必然。如果所有人都像西方人那样生活，所有国家都像西方国家那样消耗资源，地球必将崩溃。所以，人类只有找到新的可持续的生活方式，世界找到全球资源供需平衡的路径，才能避免以战争的形式终结这一场资源之争和人类的悲惨结局。

五、国际恐怖主义组织转型

国际恐怖主义组织发动了一场特殊形式的非对称性袭击。这场较量通常是在力量悬殊的各方之间跨国展开的，恐怖主义组织作为弱方，试图通过利用强方的弱点来抵消对手的力量，包括其技术优越性和压倒性，从而达到克敌制胜的目的。国际恐怖主义组织越来越成为一种主要的国际安全威胁。

举世震惊的“9・11”恐怖袭击标志着世界范围的恐怖主义达到高潮，其破坏性甚至超过一场局部战争。国际恐怖主义成了“21 世纪的政治瘟疫”和全球一大公害，曾一度成为全球非传统安全议程上的首要问题。十年反恐，治标不治本，根源未除，越反越恐：2000 年全球发生 423 起恐怖袭击，而 2009 年发生 10 999 起。巴基斯坦和阿富汗部落地区仍将成为“基地”组织核心藏匿和发展的重要根据地。该地区的贫困落后和众多极端组织为“基地”组织提供广阔活动空间和像“巴基斯坦塔利班运动”这样的“同盟运动”。“基地”组织在阿拉伯半岛、伊拉克、马格里布地区和南亚发展了分支组织，有广泛的支持者网络，势力不减反增，比以往任何时候都要强。目前，席卷阿拉伯世界的社会政治动荡，使恐怖主义势力有了发挥作用的新空间，恐怖主义势力有可能借机壮大，进一步在全球蔓延。拉登之死并未使美国走出“越反越恐”的怪圈，反而可能触发新一轮恐怖主义袭击浪潮，巴基斯坦首当其冲。这充分说明，在动乱、贫困和部落地区，恐怖主义滋生的土壤不仅依然存在，而且依然肥沃。随着一些国家经济、政治、文化等矛盾不断积累和世界经济政治发展日趋不平衡的交互作用加剧以及高科技的普及，国际恐怖主义出现了新变化。

首先，在反恐形势下，国际恐怖主义组织开始转型，逐步形成一个松散的全球恐怖主义网络，其组织形式和威胁形式发生根本变化，越来越具有国际化的背景和特征。“基地”组织领导层构成了核心圈，它只要不断证明其领导力，以及提供战略指导能力，就能保持它的影响力，同时也会策划个别“能轰动世界”的大型恐怖活动，并进行战术指挥，其指挥网络在某种程度上仍在运转；具有跨国意识形态而又相对独立的本土化的恐怖主义组织组成了中间圈；外层圈是最重要的行动层，是由个人或集团构成的圣战分子，他们把本·拉登当作旗手，并以他的名义采取行动，但大多自行选择打击目标，筹划自己的袭击。这种松散的全球恐怖主义网络具有明显的后现代性，确立了一种新的行为模式。这一新的组织形式没有严密的等级制结构，没有明确的力量中心，也没有自上而下严格的指挥体系，而是建立在一些水平的、网络式的行为者上；它具有分散化、小型化的特征，具有快速学习和反应的能力，再加上不对称的手段，确立了自身的优势。尽管经历了近十年的“全球反恐战争”，但如今的“基地”组织比发动“9·11”袭击时更强大，拥有更多的成员、更广泛的分布、更成熟的意识形态、更大的影响力，这些都是它十年前所欠缺的。“基地”组织一直将扩展全球影响力作为重中之重。

其次，国际恐怖主义袭击发生明显转向，即由本·拉登的“基地”组织直接指挥的全球性攻击，主要转变为地方性恐怖主义组织或圣战分子策划的局部袭击；从袭击具有轰动效应的标志性目标，到遍地开花式的人弹攻击，这种袭击没有固定的时间、地点和方式。“人弹蛇头”编织的网络无处不在，从广场、市场爆炸到邮包炸弹，袭击行为更密集，更具“创新性”，更防不胜防。国际恐怖主义思想将在全球滋生更多危险的恐怖行为。

第三，国际恐怖主义组织越来越倾向于采用高科技手段为其恐怖活动服务，最明显的高科技特征是网络化，互联网已经成为恐怖主义组织极其重要的工具。据调查，被美国认定为活跃的恐怖主义团体的 40 个机构拥有超过 4 300 个网站。就目前而言，恐怖主义组织主要是利用互联网价廉高效的特点，把它作为传播和活动平台：一是向全球受众传播暴力信息，如自杀式袭击者的声明和行动，或令人毛骨悚然的斩首录像。二是进行网络募捐，筹集活动经费。三是通过网络招募新的恐怖分子。四是通过网络宣扬极端主义思想，煽动暴力，进行恐怖技能训练。如早在 2004 年，据一家阿拉伯报纸报道，“基地”组织在互联网建立了虚拟的“恐怖主义大学”，内设几个特殊的系：心理圣战、电子圣战、制造爆炸装置和在汽车及其他交通工具上安装，等等。五是通过网络进行联系和交流，收集有关袭击目标的信息，共同策划并实施恐怖袭击。随着一些技术专家加入恐怖网络，恐怖主义组织的活动器材和装备的高科技含量越来越高，发生超级恐怖袭击的可能性也越来越高，例如将互联网提升为恐怖主义战场，通过互联网本身来发动攻击，侵入核电站控制系统以及铁路、机场和供水、供电、供油、供气系统的计算机病毒不仅能瘫痪网络或重要公共设施等；而且可能导致生态灾难，他们甚至可能使用生化武器或核爆炸装置，其严重后果更不堪设想，令人不寒而栗。

六、网络安全问题日趋严重

国际恐怖主义组织利用网络进行恐怖活动，只是网络安全的一个漏洞而已。网络安全问题日趋严重，正在成为一个越来越严重的全球性问题。近来，引起全球对网络安全问题特别关注的有两件事。一件是 2011 年初开始的阿拉伯世界的社会政治动荡，另一件是维基解密(Wikileaks)。

在这次席卷西亚北非的社会政治动荡中，互联网、推特(Twitter)、脸谱(Facebook)、谷歌以及智能手机等，似乎成了“中东波”的时代标志。利用21世纪网络工具的年轻人几乎一夜之间促成了一场横扫地区的社会政治风暴。长期积累的民怨加上网络技术，引发了这场见所未见、闻所未闻的社会政治地震。

2011年伊始，暴涨的互联网用户躁动的情绪与快速的信息流动向人们展示了其所拥有的狂躁力量。继网络在突尼斯政局突变中显示了力量之后，走上开罗和亚历山大等地街头的人们毫不掩饰地称自己为“脸谱青年”，意为他们是完全依靠脸谱和推特网站组织起来的人，在街头围剿穆巴拉克。其中，由谷歌公司中东和北非地区市场经理瓦埃勒·古奈姆等人创建的网络组织“我们都是赛义德”，发挥了重要作用。

在突尼斯、埃及动荡中起到重要作用的社交网络脸谱，在利比亚动乱中又显现其独特的沟通和动员作用。利比亚抗议运动组织者借脸谱网站动员游行，呼吁抗议者在约定时间举行“愤怒日”抗议活动，而在抗议活动暴发后，该网站上鼓动游行网页的用户从两天前的4 400人暴增至9 600人。

与之相对，也有反证的经验教训。一些也门人要向突尼斯和埃及学习经验，用网络来发动更大规模的反政府广场示威，不过该国互联网普及率极低且网速不佳，使得通过网络串联力量不具可操作性。网络的作用由此可见一斑。

维基解密网站是一个国际性非营利组织，专事公布秘密文件，自2010年下半年以来，连续三次大规模公开了美国军事外交机密，霎时间在全世界掀起了轩然大波。维基解密及其创始人朱利安·阿桑奇成了世界关注和争议的焦点，对其评价走向了两个极端，意大利外交部长弗拉蒂尼甚至把它称之为“世界外交的‘9·11’事件”。其实，真正引发世界地震的是它解密的第三类文件，即会产生危险后果的泄密，因为它会危及情报、外交及其他相关人员的生命安全，也已经成为塔利班杀人的线索，还会毁掉国家间的信任，破坏有关国家之间的外交谈判，使世界各国的外交关系面临史无前例的变数。这次在由维基解密引发的后续效应中涉嫌公布的巴以谈判的巴方底线，不仅重创巴勒斯坦领导人阿巴斯的威望，还在阿拉伯世界各国引起极大的震荡。

电子时代的维基解密，以其密件数量和质量，涉及范围的广度和深度，失控和危害程度，产生了颠覆性效应，在世界外交史上前无古人。目前的困境是难以从法律上、政治上、经济上、技术上对其加以制止。人们注意到，阿桑奇与维基解密无关的刑事指控搏斗，却激发了整个揭秘团队的斗志，誓将揭秘进行到底。操盘手们踪迹难觅，他根本就不在你的制度逻辑之内。阿桑奇的副手又独立推出了新的解密网站"开放揭秘"。况且，欣赏其"透明"、"自由"、"敢干"的大有人在。阿桑奇声称，在高峰时期，他们一天之内就得到过10万欧元的民众捐款。在线"黑客分子"组成的"匿名者"组织，对反对维基解密网的网站发起了报复式的攻击。关键并不在于反对或赞同，技术发展已经把全球网络安全问题推到了超前的位置，超前到了谁也来不及应对的地步。据悉，美国专家已经发明了网络"数字大炮"，借助"僵尸网络"可摧毁整个互联网。全世界从维基解密事件中得到了一次严重的警告。一旦打开了潘多拉盒子，就不得不引起人们对自由与安全的反思，对网络技术异化的反思，对电子信息时代、核时代和恐怖活动时代叠加后果的反思。

网络安全问题还远不止此。因无法追责，"人肉搜索"、"网络虚构"、"网络恶搞"等网络行为在虚拟世界愈演愈烈。最为人们熟知的就是黑客的破坏性一面。近来，网络黑手引起人们的高度关注，他们在网上兴风作浪，不断制造谣言，侵害他人权利，欺骗广大公众，牟取一己私利，危害公共利益。众多集团性的网络水军是一支庞大的"网络雇佣军"，为了雇主自私的目的，策划并实施网络战。这种网络战拥有惊人的操纵民意的能力，能在短时间内大量散布虚假信息、制造假象、改变舆论、甚至造成恐慌，其破坏潜力极大；不仅影响了正常的网络秩序，而且破坏了社会稳定。网络水军有三级利益链条：顶层是网络公司，中间是网络包工头，底层是庞大的"水军"，似乎成了"网络黑社会"。在日趋盛行的网络交易平台上，大规模商业欺诈也日趋盛行，隐患和黑幕连连曝光，集中暴露了网络经济行业乱象丛生的状况。

国家介入网络战是全球网络安全问题中的另一个重要问题。在这一方面，美国是一个奉行信息战略，欲争信息空间主导权以博取国家利益的典型国家。美国采取工具性的、双重标准的"互联网自由"战略，把互联网作为"战略武器"，正是其单边主义心态的真实写照。美国对国内电子信息自由流动非常敏感，设立法律封锁以缓解维基解密网发起的挑战；同时却批评其他国家对网络的合法管理，并出资推动所谓全球“互联网自由”，运用社交网络媒体这一利器，大打心理战，对异己国家发动网络攻势，鼓动这些国家的民众起来造反。美国国务院在推特网上建立了自己的阿拉伯语和波斯语账户，不久还要建立中文账户。

美国引领的“网络战场”早已在全球政治、社会等领域硝烟四起。网络社交媒体在阿拉伯世界风暴中，起了催化剂和推波助澜的作用，在以前历次“颜色革命”中，也发挥了极其重要的作用。前不久美国秘密研究和测试的计算机蠕虫病毒“震网”攻击伊朗的离心机系统，导致多达两成离心机因转动失控而报废，阻延了伊朗核计划的进程。与此同时，各国、各路黑客也争相入侵美国政府机构，尤其是国防部的网络系统，盗取情报。美国与其他各国、各方之间的网络攻防战，促使网络战成为关注的新战略重点之一。2011 年 2 月 8 日，美国发表《国家军事战略》，战略重心发生明显转移，伊拉克和阿富汗战场战略比重下降，而网络战和亚太地区成为新战略重点。这是美国首次将“应对网络安全威胁”单列为一项军事战略。报告认为，“一些国家实施或默许网络攻击，预示着全球网络危机必将持续增加”，“由于缺乏国际条款约束，由于难以查找攻击源头，由于缺少可阻碍攻击的防护，网络威胁正在扩大和恶化。”美国将网络视为“新战场”，将使用系列网络武器，分级回击网络入侵，包括对对方发起传统方式的军事回击。同年 5 月 30 日，白宫等六部门联合发表《网络空间的国际战略》，力图凭借美国的技术优势，建立霸权主导型全球网络空间治理模式。这种把信息手段当作外交政策工具的做法，会破坏网络安全，从而引发网络空间领域的军备竞赛和网络战。全球网络空间应保持有利于信息自由流动的公开、有序、安全、稳定的环境，应对在联合国框架内建立在多边主义合作基础上的开放条件下的治理，进行创新。这是一项重大的任务。

总之，在各种因素综合作用下，全球网络安全问题已经严重威胁世界各国、各地区及全球的安全与稳定，迅速成为全球性新挑战。

未来全球性问题挑战的严峻性，第一在于上述问题本身的严峻性。第二在于这些问题的渗透性。这种渗透性主要表现为各种问题边界的相互跨越。尽管每个问题有其特定的内涵与特点，但往往有政治、经济、社会、文化等诸多因素渗透于其中，显示出综合性；同时，在全球化的时代，全球性问题已经从各自孤立存在的单一问题，走向密切联动、互相作用、互相制约的综合问题，具有不可分割性。发展、社会、环境、资源、人口、网络、思潮等问题互相缠绕，互相牵制，互为因果，互为解决前提，层层叠加，这就大大增加了解决难度，任何企图单独或孤立地解决某一问题的做法，必然碰壁。第三在于总体治理的难度。这是一个系统的治理，综合的治理，全面的治理，长期的治理，渐进的治理，“不积跬步，无以至千里；不积小流，无以成江海”，而要达到善治，就必须在新的基础之上，体系改组，规范重建，全球合作共治。

注释

1. 康威·汉得森：《国际关系》，金帆译，海南出版社 2004 年版，第 421 页。
2. *Encyclopedia Britannia*, Toronto: Encyclopedia Britannia, LTD, 1953, p. 263.
3. 巴瑞·布赞、奥利·维夫、迪·怀尔德：《新安全论》，朱宁译，浙江人民出版社 2003 年版，第 50 页。
4. 参阅巴瑞·布赞、奥利·维夫、迪·怀尔德：《新安全论》，朱宁译，浙江人民出版社 2003 年版。
5. 参阅布鲁斯·琼斯、卡洛斯·帕斯夸尔、斯蒂芬·约翰·斯特德曼：《权力与责任：构建跨国威胁时代的国际秩序》，秦亚青、朱立群、王燕、魏玲译，世界知识出版社 2009 年版。
6. 联合国秘书长潘基文 2011 年 11 月 1 日在《纽约时报》上撰文宣布世界人口在当年 10 月 31 日已达 70 亿。
7. 吴建民：《中东印证“发展是硬道理”》，《人民日报》(海外版)2011 年 3 月 3 日。

第二章
全球治理的理论、规范与模式

全球治理的理论与实践几乎与当代国际体系的转型相伴而行。在一定程度上，当代国际体系转型与全球治理是两个互为因果的过程，即国际体系的转型为全球治理创造了客观的条件，而全球治理理论与实践的发展则又进一步推动当代国际体系的转型。正因为如此，研究分析全球治理的发展和演变是探索当代国际体系转型十分重要的一环。本章将通过较为全面地梳理分析全球治理的理论、规范与模式，为接下来有关当代国际体系转型的讨论作铺垫。基本思路为：首先，通过分析全球治理理论兴起的时代背景和基本内涵、廓清全球治理理论与传统国际关系理论之间的区别与联系，以及分析"全球治理"与"建设和谐世界"之间的互动，比较全面地探析全球治理的理论；随后，在此基础上进一步研究、分析和探讨全球治理的规范与模式；最后，通过考察中国对全球治理理论的思考与贡献以及对全球治理规范和模式建构的探索，较为系统地分析中国如何与国际社会共同努力应对全球治理理论与实践的发展与变化。

第一节　全球治理理论

一、全球治理理论兴起的时代背景和基本内涵

（一）全球治理理论兴起的时代背景

全球治理理念肇始于20世纪冷战终结之际，已逐渐成为当今国际事务治理的新方式和建构世界秩序的新途径。全球治理的理念最先由社会民主党国际主席、国际发展委员会主席、德意志联邦共和国前总理

威利・勃兰特(Willy Brandt)在冷战即将全面终结之际,即 20 世纪 90 年代初提出并倡导;几乎同时,美国著名国际关系学学者詹姆斯・罗西瑙等在 1992 年出版的专著《没有政府的治理:世界政治中的秩序与变革》中也根据全球政治、经济乃至文化所经历的前所未有的一体化和碎片化,认为国际政治权威的位置发生了重大的迁移,对人类社会生活的治理也因此从以国家为主体的政府治理转向多层次的治理,并由此在学理的层面提出了全球治理的理念。从此,全球治理开始从理论和实践两个层面迅速在当代国际体系中展开。经过二十余年的发展和演变,全球治理已成为当今国际关系理论和实践领域不可回避的客观现实和理论范式。

全球治理的兴起常被认为是巨大的全球变革的结果,是对诸如冷战终结和全球化进程深化等事件的一种反应。[1]关于全球治理理论兴起的背景,归结起来,大致有以下几个方面因素:

第一,全球化深入发展的需要。第二次世界大战结束之后,尤其是冷战终结之后,不断深入发展的经济全球化形成了一个真正意义上的全球性市场,而这样的全球性市场需要世界性的管理和协调。在全球化深入发展的进程中,当国家的领土疆界与全球性市场产生矛盾、跨国私人资本与跨国公民社会形成冲突时,全球性市场的推动者——跨国公司,国家利益的守护者——国家,以及这两者利益的协调者或挑战者——国际政府间组织、国际非政府组织和跨国社会运动就需要通过一种新型的国际公共事务管理模式来协调各方的利益、寻求某种无序中的有序,于是全球治理便开始形成。也就是说,全球治理的理论实际上与全球化的深入发展紧密相关,而关于全球化的争论则是"全球治理理论兴起的一个重要根源"。[2]

第二,冷战终结的影响。全球治理理论的出台和全球治理实践的展开与冷战的终结紧密相关。在冷战高峰时期,国际政治的经典现实主义理论盛极一时,它相当有力地解释了东西方之间激烈对抗的国家利益根源。之后虽然新自由制度主义试图从国家间不对称相互依存的角度解释无政府国际体系的发展和演变,但是新现实主义也通过运用对国际体系结构的理论分析,把国家和以大国为主体的国际体系诸概念普遍化。冷战的终结对传统的国际关系理论研究形成明显的挑战,因为几乎没有哪个国际关系理论流派准确地预见了世界政治的内在发展趋势，即预测到冷战的“突然”终结。这使得相当部分的西方国际关系学者由现实主义和自由制度主义转向全球治理理论。同时，在操作层面则形成了诸如全球治理委员会这样跨国机构将全球治理的理念付诸实践并且同时推动全球治理理论的形成。

第三，全球性问题不断凸显的推动。所谓全球性问题，就是指当代国际社会所面临的一系列超越国家和地区界限，关系到整个人类生存与发展的严峻问题。[3] 当今，国际社会关注的南北问题、战争与和平、生态失衡、粮食危机、资源短缺、人口问题、难民、毒品、艾滋病、国际人权与民族主义、国际恐怖主义等都属于全球性问题。这些问题无论从规模、波及范围还是影响后果上来说都具有全球性，它们的解决途径与国际社会整体联系在一起，因而也就有了全球意义。全球性问题的性质决定了它们的解决需要的不是单边而是多边的联合行动，不是单方面的个体决策而是更多的建立在合作基础上的全球公共政策、规划和综合治理。全球性问题的凸显需要某种新型的国际关系理论来指导全球层面的治理，于是全球治理的理论便“应运而生”。

第四，非国家行为体兴起的促进。长期以来，在国际政治舞台上国家一直是最主要的，甚至是唯一的行为体。但“二战”以后，尤其是20世纪六七十年代以来，随着跨国公司影响力的不断增强，各种新社会运动的蓬勃发展，以及大量国际非政府组织的迅速兴起，国际政治中的行为体迅速增多，跨国公司、非政府组织，以及各种社会运动力量等日益扮演起令人关注的角色。由于跨国社会运动与国际非政府组织的蓬勃发展以及全球市民社会的崛起，国际体系中各个行为者之间的互动关系已产生明显的改变，从地方、国家、地区到全球层面的公共事务管理也随之发生重大的变化。全球治理的理论基础在很大程度上就是建立在国际体系因非国家行为体的兴起而发生重大变化的基础之上。

（二）全球治理理论的基本内涵

1. 全球治理的基本理念

全球治理的基本理念在于：为应对当前全球化世界所面临的一系

列挑战，以及指导由此而需要进行的任何国际制度变革；人们应当用一种新的全球视野来观察世界，并形成一种能联合所有不同文化、政治、宗教和哲学背景人们的全球核心价值，包括尊重生命、自由、正义、平等、人道、正直等。按照全球治理委员会的看法，世界各国和人民需要在全球化的世界中通过全球治理来“保障生命安全；实现平等对待；拥有获得美好生活和给自己提供福利的机会；通过和平的方式保存差异；参与各个层面的治理；能对重大的不公正进行自由和公平的请愿；有平等使用信息的权利；能平等使用全球公有物等。”[4]与此同时，不论是国际体系中的主要行为体国家还是非国家行为体，乃至单个的人都要共同承担以下责任：“为共同的利益作贡献；考虑自己的行为对他人的安全与福利所造成的影响；促进平等，包括性别平等；通过追求可持续发展和维护全球公有物，保护未来一代又一代人的利益；保护人类文化和知识遗产；在治理中成为积极的参与者以及为消除腐败而努力。”[5]

美国学者詹姆斯·罗西瑙在其著名的两枝世界理论（two worlds of world politics）中提出：“世界事务可以被概念化成通过一个二分体系管理——它可以被称为世界政治的两个世界——其一是长期以来支配事件进程的国家及国家政府的国家间体系，其二是由各种类型的其他集团组成的多元中心体系……它们共同组成了一个高度复杂的全球治理体系”。[6]英国学者戴维·赫尔德则指出，为了在世界政治中实现更多的责任、民主和社会公正，应该提倡一种世界主义的全球治理形式：“全球治理不仅意味着正式的制度和组织——国家机构、政府间合作等——制定（或不制定）和维持管理世界秩序的规则和规范，而且意味着所有的其他组织和压力团体——从多国公司、跨国社会运动到众多的非政府组织——都追求对跨国规则和权威体系产生影响的目标和对象”。[7]利昂·戈登克（Leon Gordenker）和托马斯·韦斯（Thomas G. Weiss）认为，全球治理“是对国家无力单独解决的政治和社会议题作出更有序和更可靠反应的努力。”[8]因此，全球治理理论的基本理念是：虽然国家依然是当代国际体系中的主要行为体，但是各国政府并不完全垄断一切合法权力和权威，国际社会中还有一些其他机构和组织具有维持秩序、参与经济和社会调节的功能。因此，在全球化的进程中，为应对全球性问题的挑战，国家以及国际政府间组织、国际非政府组织、私人企业和社会运动必须相互协调共同参与全球事务，在全球化的国际社会中实现善治。

2. 全球治理的定义

在具体界定全球治理的含义方面，学者们给出了诸多定义。比如罗西瑙强调全球治理是“通过运用控制手段追求具有跨国影响之目标的所有人类活动层面——从家庭到国际组织——的规则体系”。[9]新自由制度主义理论的代表人物罗伯特·基欧汉(Robert O. Keohane)和小约瑟夫·奈(Joseph S. Nye)则认为：全球治理是在全球化不断发展的条件下，当代国际体系中“正式和非正式的指导并限制一个团体集体行动的程序和机制。”[10]劳伦斯·芬克尔斯坦(Lawrence Finkelstein)认为，“全球治理是对超越国家边界的关系进行治理的无主权权威活动。”[11]这些不同的定义或是强调全球治理是一套跨国规则体系，或是突出全球治理是集体行动程序和机制，或是认定全球治理是一种跨国治理的活动，但是其中的共性则在于肯定全球治理是当代国际体系中多元行为体共同应对全球化所带来的全球性问题的集体行动。

总体而言，由全球治理委员会在1995年提出的报告《天涯成比邻——全球治理委员会报告》中所提出相关定义迄今依然具有相当的权威性。全球治理委员会是由治理推演出全球治理的定义：“治理是或公或私的个人和机构管理其共同事务的诸种方式的总和。它是使彼此冲突的或各不相同的利益得以调和并联合采取行动的一个持续的过程。它包括具有强制执行力的正式机构和机制，以及得到人民或机构同意或者符合其利益的各种非正式的安排。”而“从全球角度来说，治理过去一直被视为政府间的关系，而现在必须看到它还与非政府组织、公民社会运动、跨国公司以及全球资本市场有关。凡此种种均与具有广泛影响的全球大众媒体相互作用。”[12]全球治理委员会的定义相当明确而具有代表性。因为这个定义概括出了全球治理下述特征：(1)全球治理的主体同时包含公共部门和私有部门的行为体，即国家和非国家行为体都是全球治理的主体；(2)全球治理不是通过建立世界政府来统治或管理世界事务，而是通过各行为体之间的相互合作与协调来争取全球事务的良治；(3)全球治理既是一个实现良治的活动过程也是一套由规则和规范所构成的机制或制度；(4)全球治理并不能一蹴而就，而是依赖于各行为体从地方、国家、地区（区域）直至全球层面持续不断的合作与协调的互动。

3. 全球治理的内涵

根据当前各种有关全球治理理论的阐述，全球治理的内涵可以从全球治理的结构和过程两个方面分析。一般而言，在人类集体行动的过程中，存在并且被普遍认知的治理结构包括：科层（hierarchies）、市场（markets）、网络（networks），以及社群（communities）等体制，这些结构都各有其引导社会和经济的方法，且能解决某些治理上的问题，但同时也会引发另一些治理上的问题。值得注意的是，这些结构的同时存在致使传统的国家治理（科层体制和社群）有可能与全球治理（市场、网络等）同时并存。特别是在全球化不断深入发展的条件下，市场和网络的治理结构会产生巨大的作用，虽然科层体制和社群治理结构并不因此而被忽视。另外，一如全球治理委员会所强调的那样，治理过去一直被视为只是政府间的关系，但实际上，它同时也与非政府组织、各种公民运动、跨国公司，以及全球资本市场相关联。也就是说，从治理结构的角度看，全球治理的内涵既包括传统的以国家为主体的单向线性的统治或管理结构，也包含新型的多元行为体双向网状的治理结构，并且两者始终处于相互交织、相互作用的状态。

从过程来看，全球治理的内涵包括由国家、公司和市民行为体之间持续地和竞争性地互动所创立、维持和改造的一系列制度。[13]假定治理是社会和政治行动者之间一种互动的结果，那么治理途径时常被认为比较注重过程及其动态结果。由此，随着全球化的不断发展，在当代国际体系中的政治行动者的互动就始终处于多层次的动态之中，即各种不同行为者之间的互动是在地方的、国家的和区域的乃至全球的层面上交互地展开；而这样的互动过程，很难再用地方的或国家的治理来理解。这是因为治理大多围绕着政治和经济行为的实践议题，而随着这些实践议题超越地方、国家乃至区域，这样的治理过程就不可能仅限于地方、国家或区域，而必须用全球治理的过程来理解。由此可见，将“全球治理”理解为一种过程，是与将它作为一种结构相关联加以理解。在各种不同的治理结构中，制度的配置有十分重要的作用，因为制度决定了许多角色在治理结构中的安排，设定国家和其他行动者在治理过程中能够扮演何种角色。但是，治理概念既涉及结构的层面，还需要考虑结构之中的各类互动关系。而正是不同层次的治理结构中的各类互动过程使我们需要通过全球治理的概念意涵来讨论目前全球化环境中的治理问题。

二、全球治理理论与传统国际关系理论的联系与区别

（一）现实主义与全球治理理论

国际政治现实主义理论始终强调现代国际体系中的主权国家，尤其是大国，是国际政治中最重要的行为体，国际政治就是大国间的权力政治或干脆就是强权政治。现实主义认为，国家的物质性权力，例如经济、军事实力才是最为重要的，尤其是军事实力是决定国际政治行为的决定性变量。

现实主义理论认为，现代国际体系的结构是以主权国家作为单元构筑而成，且始终处于无政府状态之中。由于国家是国际体系中以自我利益为取向，通过权力来保障自身安全的单一理性行为体，因此国家之外的施动者在现代国际体系中基本没有什么活动的空间。由此，现实主义理论否认非国家行为体、市民社会和政府间组织等在现实国际政治中的实际作用。尽管有些现实主义者认识到其他行为体和国际制度也存在于国际体系中，但认为国际制度最终是由国家（尤其是创造国际制度的霸权国）决定和管理的；而且其他行为体的本源也在于国家，是为国家利益服务的。在相当程度上，现实主义理论对我们研究分析全球治理有一定的积极意义，它强调了国家在国际体系中的核心地位以及权力和私利在国际关系领域依然具有的重要性；然而其不足在于认为观念、市民社会、制度和跨国力量在其分析中无足轻重，除非作为权力政治的机制时才会稍稍提及。[14]

与现实主义不同的是，全球治理理论在承认国际体系中国家依然具有相当的统治能力的同时，更为注重当代国际体系中非国家行为体与国家以及它们相互之间的互动。全球治理理论强调，在全球化环境下，国际体系中参与国际事务乃至决定国际体系走向的行为体已不仅仅只有国家，跨国公司、国际政府间组织、非政府组织（包括国际的和地

方的非政府组织)等都成为参与国际事务的重要行为体;因此,“我们不能再把国际事务管理看作一种国家间的行为,而是应该当作一场发生在各种各样的参与者之间的磋商及互动。”[15] 如果说过去由于国家间尤其是大国间的互动决定着国际体系的走向,因而现实主义强调权力尤其是军事权力的决定性作用尚有一定的说服力的话,那么随着全球化的不断深入发展,参与国际事务的行为体不断增加,并且这些非国家行为体并非运用传统的权力(军事力量)来影响国际体系的走向,现实主义的强权政治理论必然面临来自全球治理理论的巨大挑战与否定。另一方面,全球治理理论强调国际事务管理从传统的统治向治理转化。随着国家之外的非国家行为体积极地参与全球层面的治理,以强制性权力为基础的国家统治权威虽然不可能迅速退出历史舞台,但是其在国际体系中的地位和作用却悄然地发生变化,不再能完全单独地主导国际关系的发展走向,而以认同和自愿为基础的治理权威在国际事务中发挥越来越明显的作用。在国内层面,治理是经济、政治和行政权威在各个层面对一个国家的事务进行的管理。它包括公民和社团表达其利益,行使他(她)们的法律权力,履行义务,并协调其差异的不同机制、过程和制度。而在国际层面,治理的主体既可以是拥有主权的国家,也可以是私人机构(如跨国公司)和公民社会(如非政府组织)。与统治的过程不同,治理不是依靠强权在无序的国际体系中追求均势,而是使相互冲突的或不同的利益,能通过利益的调和并且采取联合行动来追求无序中的有序。虽然在当代国际体系中治理的过程并不否定国家以及国家权力的作用,但是却在相当程度上限制了国家尤其是大国权力,主要是军事权力的影响力,因此全球治理的理论实际上是对现实主义强权政治理论的某种超越。

(二)制度主义与全球治理理论

新自由制度主义理论将制度视为推动国际体系发展演变的施动者;认为国际制度,即嵌入国际体系中的各种组织结构或政治经济中的正式或非正式的程序、惯例、规范和习俗框定了行为的范围。制度通过控制选项、分配资源和权力、形成激励和提供稳定的预期,提供了规范化的行为模式。虽然新自由制度主义理论也承认现代国际体系中的无政府状态，但该理论强调在相互依存不断发展和强化的过程中，在当代国际体系中逐渐地形成明确或暗示的影响国家行为的机制结构。新自由制度主义以国家间相互依赖为前提，重新认知国际体系无政府状态下的国家利益，提出国家在国际政治的自助体系内更加关注绝对利益的获取，同时运用制度经济学的“交易成本”等概念来解释当代国际政治新的发展方向；认为参与国际规制制定比游离在外更符合国家的利益，提出国际社会中应该是合作大于冲突。

在相当程度上，“制度主义范式对全球治理理论的贡献颇多，主要在于强调相互依赖、国际机制和(正式的和体系的/结构的)国际制度，超越了国家中心论现实主义范式，为理解国际关系提供了一个更为复杂和多层次的视角。然而，制度主义范式的不足在于，由于其强调连续性而对变革无法解释；对施动者的作用重视不够；对制度如何影响行为的因果关系缺乏关注。”[16]更为重要的是，新制度主义的研究分析重点依然在于国家，并且强调国家之间的相互依存对国际制度形成，以及国际制度对国家行为进行规范的作用。与之形成对照的是，全球治理理论既强调国际制度在当代国际体系中对国家行为尤其是国家间相互合作行为的十分重要的作用，也重视国际制度对国际体系中多元行为体在治理结构中的安排，设定国家和非国家行为体在治理过程中能够扮演的角色。

（三）建构主义与全球治理理论

建构主义理论“聚焦于行为体身份和利益的社会建构以及观念因素；更关注规范、规则和制度建构行为体身份和利益的方式以及依赖于人类行动的主体间维度。建构主义认为行为体的身份与利益不是外因导致和给定的，以此对国家中心主义的范式提出批判。”[17]从这一个角度看，建构主义理论对全球治理的理论贡献良多。由于建构主义理论强调诸如“霍布斯无政府状态”、“洛克无政府状态”或“康德无政府状态”的国际体系都是由认同和文化所构成的观念建构的，因此它否定国家中心主义，强调作为客体的国家对国际体系发展演变的绝对作用。

这就为重视用新的全球视野和全球核心价值观来建构全球治理体系，强调国家与非国家行为体共同协调应对全球性问题的全球治理理论提供了强有力的理论依据。

建构主义理论还强调，在国际体系中观念因素具有规范和制度两种维度，它们可以以个体也可以以集体的形式进行表达，并且不断地通过观念的建构而塑造国际体系。由此，建构主义的理论可以比新自由制度主义理论更为有效地解释国际制度对无政府状态下国际体系发展和演变的作用；即国际制度既是由观念所建构，同时又帮助建构国际体系中的行为体，以及它们的利益和社会目标。全球治理的理论恰恰也就是强调国家之间、尤其是大国之间在全球公民道德和规范基础上通过建立国际制度进行协调与合作。这一方面意味着全球治理理论从根本上否定了传统国际关系中"权力出真理"的强权政治逻辑，并以正义和道德等观念取代权力作为全球治理过程中处理大国关系的基础与标准；另一方面显示出全球治理理论非常重视国际制度建设的观念基础。正如全球治理委员会所提出的那样："要提高全球治理的质量，最为需要的，一是可以在全球之家中指导我们行动的全球公民道德，一是具备这种道德的领导阶层。我们呼吁共同信守全体人类都接受的核心价值，包括对生命、自由、正义和公平的尊重，相互的尊重、爱心和正直。"[18]

由于全球治理理论的内涵颇为广泛甚至庞杂，现实主义、制度主义、建构主义国际政治理论都只能从一个或几个侧面说明全球治理理论，或从某一个视角为全球治理理论的研究提供帮助。也就是说，"现实主义强调了国家的核心地位、国际领域中权力非对称性的重要性，以及国际社会的无政府状态。制度主义则将制度、规范、习俗和惯例视为治理施动者，通过强调相互依赖的类型揭示了国际政治多层属性，进一步拓展了全球治理概念。建构主义范式聚焦于观念因素，以及规范、规则和制度与行为体的身份和利益之间相互建构的方式，并提出了全球秩序的环境依赖性的观点。"[19]因此，对这些范式进行适当的折中和综合对理解乃至参与建构全球治理的理论有相当的作用。

概而言之，全球治理理论与其他重要的国际关系理论形成对照的基本特征如下：

(1) 全球治理理论并不否认当代国际体系结构的无政府状态，也不认为可以通过建立世界政府来对全球事务进行管理。在这一点上,全球治理理论与现实主义、新制度自由主义和建构主义理论几乎没有区别。但是,全球治理理论相当强调通过国际体系中诸行为体的协调可以在无序的世界中建构某种秩序。这种从无序中建构有序的过程就是全球治理。

(2) 全球治理理论也不否认国家,尤其是大国,依然是当代国际体系中关键的行为体,但是认为国家地位已经不再如同过去那样在国际事务中占绝对的统治地位,因为当代国际体系已经随着全球化深入发展的影响而成为一个多层的和复杂的体系。另一方面,国家之所以长期以来在现代国际体系中具有核心作用,其中很重要的原因在于国际社会中传统的国家观念的建构。因而,国家的权力、权威和功能会因国际社会中各行为体的观念的变化而变化,也会随着时间变化而再分配和再建构。

(3) 全球治理理论十分重视非国家行为体的作用,强调跨国公司、国际政府间组织、各种类型的非政府组织、跨国社会运动等国家之上和之下的非国家行为体的作用,并认为非国家行为体与国家一样,是塑造国际体系和国际制度的关键因素,并且这些非国家行为体的观念和认同是建构国际制度的关键。正是形形色色的行为体在主体间或观念层面的互动形成了全球治理体系,因为观念和认同建构了行为和目标,而后者又建构了全球政治和制度。

(4) 全球治理理论与新自由制度主义一样注重国际制度在全球治理结构中的重要作用,因为国际制度决定了国际体系中许多角色在治理结构中的安排,设定国家和其他行为体在治理过程中能够扮演何种角色。更为重要的是,正是通过国际制度,"全球治理"的理念才能有效地建构和规范迄今依然是国际体系中主要行为体——国家的行为,尤其是在规范大国的行为方面起作用,即促使当代国际体系中的各大国认识到"尽管国家依然拥有主权,但它们已经不是想做什么就能做什么的自由个体"[20];从而能主动地超越以国家为中心的传统观念,努力地克服现实主义的权力政治或通常我们所说的强权政治的影响,积极地参与全球治理。

(5) 全球治理理论认为权力在当代国际体系中依然起着重要的作

用，但是国际体系中的权力是由国际社会所建构，国家和非国家行为体通过掌控不同的权力而拥有不同的治理功能，这些功能性质上可以是经济的、社会的、政治的、环境的、行政的或司法的等等。[21]更为重要的是，在全球治理的过程中，特定行为体的相对权力和权力分配会随着国际体系的发展变化而变化。随着当代国际体系从传统的以国家为主导的线性结构向地方、国家、地区、全球等多层次的综合网状结构转化，国家和非国家行为体的权力结构也在通过观念和行为体之间的互动而不断发生变化。全球治理因此而成为一个动态的过程，国家和非国家行为体因此在不断发展变化的世界中，依据自身的权力发挥治理功能，努力通过合作与协调集体掌控全球秩序。

三、国际体系转型中的"全球治理"与"建设和谐世界"的互动

（一）国际体系转型是全球治理和建设和谐世界理念产生的共同背景

1. 全球化与世界体系的深刻变革

对整个现代世界体系而言，全球化是一大变局，它导致在世界范围一个地域发生的社会、政治和经济活动对于另一个地域的个人和社区会产生直接的影响，以至各个社会领域相互依存度不断地提高并且相互依存的范围日益扩大，国际政治、经济、社会、文化乃至军事的互动及其过程也因此不断加快，地方、国家与全球事务的联系也日益深化。

作为现代世界体系的一大变局，全球化造成的一个明显后果就是它不断地推动当代国际体系发生深刻的变化，其中最为引人瞩目的就是原本以国家为中心的国际体系因为全球化的巨大推动而正在不断地向一个由多元权威结构和许多不同集体构成的国际体系发展。虽然国家尤其是大国依然在这一发生巨大变化的国际体系中占有十分重要的位置，但是非国家行为体，其中包括国际政府间组织、国际非政府组织、跨国公司、行业协会乃至社会运动，在当代国际体系中发挥着越来越大的作用。多元中心的国际体系正在建构之中，尽管其最终的形态依然并不十分确定。虽然，全球化导致的当代国际体系转型还在发展过程

中，但是，全球化对当代国际体系中主要行为体国家的地位、作用的影响却是不言而喻的。在很大的程度上，正如一些研究全球化的西方学者指出的那样："全球化概念指出了一个方向，而且只有一个方向：经济活动的空间在扩大；它超越了民族国家的边界，因此重要的是政治调控的空间也在扩大。"[22]与此同时，全球化还导致一系列的全球性问题，如全球性的冲突、生态、人权、移民、毒品、走私、传染病等问题，而这一系列问题的解决需要国际合作，以及非国家行为体的参与。

当然，这并不意味现代世界体系中主要行为体国家，尤其是传统大国，就此将会退出历史舞台，或如某些西方学者所认为的那样：全球化就是"非民族国家化"的过程或"民族国家终结的时代"。[23]正如安东尼・吉登斯(Artony Grddens)指出的那样：

> 综观当今世界，许多学者把那一时期的背景称作民族国家终结的时代，但那是不正确的，不如说是全球化体系下民族国家的重构。民族国家在当今时代实际上变得更加重要。因为没有其他什么体系能够像民族国家那样具有赋权的权威。例如，有关气候变化的讨论必须达成国际性协议，但这些协议的大部分却必须在民族国家层面上才能得到执行。因为民族国家在当今世界仍然掌握着大部分合法性权力。即使在欧盟，这是当代民族国家所表现出来的最新变化趋势，民族国家和国家认同在那里仍然至关重要。在发展中国家也如此，中国、印度等都是民族国家。民族国家构成了现代世界的(政治)马赛克。[24]

2. 全球治理理论是对国际体系客观发展的反映

正是因为全球化一方面对当代国际体系中主要行为体国家形成巨大的冲击，另一方面则通过促使国家的重构而使得国家变得更加重要，所以在全球层面就需要一种新的治理模式来应对全球化不断深化带来的一系列全球性挑战。更值得注意的是，全球化不仅是一个趋向整合，而且是一个趋向破碎的过程；即全球化并不只是由一种趋势构成，而是包含好几种既互相关联又互相矛盾的趋势。为成功地应对这样的全球发展趋势，也即应对由全球化导致的这一系列世界局势巨大而又深刻的变化，全球治理理论便应运而生了。

毫无疑问，当代国际体系来自1648年在西欧形成的威斯特伐利亚体系。威斯特伐利亚体系的典型特征是无政府和非中心化，即国际体系中的主要行为体为主权国家，而在主权国家之上不存在更高的权威机构。以主权国家尤其是以传统大国为主体的国际体系的这种无政府和非中心化特征决定了核心公共权威中心难以形成，以致整个国际体系处于无序的状态。随着国际体系不断发展，尤其是随着当代全球化的发展，主权国家特别是大国虽然继续保持着国际体系中主要行为体的地位，但是在能力和作用上却发生了很大的变化。第一，国家相对全球性的事务显得太小，而相对某些重要的地方性的事务则又显得太大；第二，在全球化的发展过程中非国家行为体在国际体系中的作用显得越来越强大，尽管国家依然是主要行为体，但是却需要与诸如国际政府间组织、国际非政府组织、跨国公司、社会公民运动等协调行动才能维护国家利益，应对全球性的挑战。在全球化的国际环境中，"全球治理"就成为一种应对"无序"国际体系所产生的各种挑战的新途径。也就是说，在全球化不断深入发展的进程中，从无序的国际体系中寻求某种秩序，也就是寻求所谓的"无序中的有序"已经成为一种必需，而"全球治理"恰恰成为这种从"无序中寻求有序"的最佳反应。

由此，全球治理理论作为一种新的理论分析框架，将导致全球化过程中形成的国际体系中多元行为体相互作用，并将一系列相关的全球层面跨国家政治过程纳入一个相互联结的网络中来进行考察，并透过这样的理论化网络来进一步观察在全球经济、政治、环境、文化等政策议题中各类行为体之间的互动关系与这些政策议程发展的情况。

3. 全球化与"建设和谐世界"理念的发生与发展

众所周知，中国正是通过三十余年的努力成功地融入全球化而得以获得巨大的发展，成为以国家为单位的世界第二大经济实体。但与此同时，中国也不断地面临全球化带来的一系列挑战。首先，全球化导致国际体系发生巨大的变化，致使中国在融入全球化的过程中，不仅需要不断地调整与国际体系中传统的行为体——国家尤其是传统大国和新兴大国之间的相互关系，而且需要与非国家行为体进行全面的协调。

因此，中国如果希望继续不断地保持成功地参与全球化，就必须形成一种适应因全球化而引起的国际体系巨大变化的，新的参与国际事务的理念。

其次，中国在参与全球化的过程中，同样也面临全球化对国家主权、边界、能力、地位所带来的一系列冲击，比如中国成功加入世界贸易组织之后，就必须对一系列的国内法进行修改以适应世界贸易组织的法律和法规。同时，中国也十分需要在全球化不断深化的环境中加强国家适应全球性挑战的功能乃至权力。这也就意味着，中国必须在融入全球化的过程中，通过不断地调整内外政策以适应国家的权力既受到冲击又必须加强的全球化现实，而这恰恰需要一种全新的外交战略理念。

再次，中国在积极参与全球化的过程中必然不断地面临全球性问题的挑战，如全球的生态问题、跨国移民问题、毒品泛滥问题、国际恐怖主义问题、国际乃至洲际传染的各种疾病问题等。全球性的问题需要国际体系中不同行为体的紧密合作才能有效应对。在国家层面，需要国家能有效地统筹兼顾国内和国际事务；因此中国必须建构一种与处理国内事务紧密相关的处理国际事务的新理念，从而才能更好地统筹国内和国际两个大局，有效地应对参与全球化过程中面临的全球性挑战。

最后，中国通过改革开放不仅不再游离于国际体系之外，而且通过成功地融入全球化而成为当前国际体系中分量越来越重的行为者；因此一方面中国的行为对当代国际体系的影响日增，另一方面当代国际体系中其他的行为体不论是传统大国，还是新兴大国，或是非国家行为体忧虑中国的行为对国际体系走向的影响。“中国威胁论”、“中国挑战国际体系论”和“中国责任论”等就是在中国成为融入全球化和参与国际体系的成功者之后在全球范围内形成的各种舆论。为了应对这样的舆论，中国需要提出一种与原先游离于国际体系之外时期，乃至于介入国际体系但尚未发生重要影响时期不同的处理国际事务的纲领性理念。

总之，正是在参与全球化的过程中，为了迎接全球化带来的一系列挑战，中国自 2005 年正式提出了“建设和谐世界”的理念，并在此之后不断地丰富“建设和谐世界”的理论和展开“建设和谐世界”的实践。胡锦涛在中国共产党第十七次全国代表大会的报告中对“建设和谐世界”作了如下解释：“我们主张，各国人民携手努力，推动建设持久和平、共同繁荣的和谐世界。为此，应该遵循联合国宪章宗旨和原则，恪守国际法和公认的国际关系准则，在国际关系中弘扬民主、和睦、协作、共赢精神。政治上相互尊重、平等协商，共同推进国际关系民主化；经济上相互合作、优势互补，共同推动经济全球化朝着均衡、普惠、共赢方向发展；文化上相互借鉴、求同存异，尊重世界多样性，共同促进人类文明繁荣进步；安全上相互信任、加强合作，坚持用和平方式而不是战争手段解决国际争端，共同维护世界和平稳定；环保上相互帮助、协力推进，共同呵护人类赖以生存的地球家园。”[25] 由此可见，“建设和谐世界”的理念是从中国如何继续成功地融入全球化，积极地应对当代国际体系巨大变化的角度提出的中国和平外交的发展总纲。

（二）“全球治理”与“建设和谐世界”的互动

“建设和谐世界”理念与全球治理的理论一样，也是对全球化深入发展和国际体系转型的反应。在相当的程度上，“建设和谐世界”既是中国应对全球化进程的外交总方针，也是中国对全球化进程和当代国际体系产生影响的实践过程。然而，由于一方面“建设和谐世界”与“全球治理”理念都是对全球化的反应，并且都在当代国际关系事务中，尤其是在处理大国关系方面，否定国际政治现实主义的强权政治，另一方面，中国的“建设和谐世界”理念形成时，全球治理的理论与实践已经发生和发展十余年，并且已经成为从地方、国家、区域至全球层面客观的存在；因此，作为源自中国对全球化反应和反作用的“建设和谐世界”理念必然与“全球治理”理论在很大程度上形成交汇。

实际上，中国在推进“建设和谐世界”的实践过程中强调的一系列原则，如坚持以人为本处理国际事务，运用多边主义调整与各国尤其是大国之间的政治经济关系，重视国际制度尤其是联合国在处理国际事务中的作用，遵循联合国宪章宗旨和原则，恪守国际法和公认的国际关系准则，在国际关系中弘扬民主、和睦、协作、共赢精神，努力降低全球化的负面影响，推动全球化朝着均衡、普惠、共赢方向发展，合理协调与国际非政府组织及各类全球公民运动之间的关系等，都与全球治理理论相合拍。由此可见，在很大程度上中国的“建设和谐世界”理念与全球治理理论有异曲同工之处。

事实上，在“建设和谐世界”理念成为指导中国外交决策的总纲之后，中国的大国战略已经非常明显地主动与全球治理理论相协调。这在 2008 年全球金融危机爆发之后表现得尤为突出。在全球应对金融危机关键的 2009 年，中国的大国外交在参与经济全球治理方面取得非常显著的成就，显示出中国大国战略调整的巨大成功。通过在二十国集团峰会上的出色表现，中国开始进入经济全球治理的大国协调核心层，同时树立起了在全球化进程中负责任大国的形象。这很明显的是在为建设和谐世界作坚实的铺垫。由于全球治理理论强调全球治理是一个既包含经济也与政治、社会、文化等紧密相关的过程，因此中国建设和谐世界的外交战略与全球治理理论的融合恰恰与推进多边协调、参与国际制度等相互联动。同时，在后危机时期以及在应对全球气候变化的过程中，中国建设和谐世界的外交战略必须继续坚持以人为本，推动全球治理。只有这样才能真正实现建设和谐世界的伟大理想。

第二节　全球治理的规范与模式

一、国家行为体参与全球治理的规范

（一）国际规范、国际制度与全球治理

在国际关系理论中，美国学者彼得·卡赞斯坦(Peter Katzenstein)等人认为“规范是对具有给定认同所应该采取的适当行为的集体期望”。[26] 他将规范分成两类：管制性规范和建构性规范，前者制约行为体的行动，后者建构行为体的身份。[27] 玛莎·芬尼莫尔(Martha Finnemore)则把规范定义为“行为共同体持有适当行为的共同预期”。[28] 这种“集体期望”或“共同预期”会在塑造行为体的行动方面产生影响，使其符合一定的规律，并有较高的可预测性。她和凯瑟琳·斯金克(Kathryn Sikkink)在《国际规范的动力与政治变革》中进一步将规范界定为

"具有给定身份的行为体适当行为的准则"。[29]据此，可以将国际规范定义为"国际行为体在国际社会中所共有的行为准则"。

国际规范与国际制度紧密相关，基欧汉给制度作了如下定义："一系列约束行为、塑造预期、规定角色的规则"。[30]基欧汉进一步认为，国际制度是包括三个方面内容的体系：正式的政府间国际组织或跨国的非政府组织、政府间的明确规则和国际惯例。[31]从基欧汉对国际制度的定义中可见，国际制度既包括为约束国际关系某一领域的行为体而设立的原则、规范和程序，同时也包括为执行、监督和修改国际制度而设置的国际组织。

关于规范与制度的关系，根据玛莎·芬尼莫尔和凯瑟琳·斯金克的观点，制度实际上是规范的一种组合和表现形式。"政治学中的建构主义称之为规范的概念与社会学称之为'制度'的概念实际上是同样的行为准则……根据社会学理论，规范和制度的一个不同之处是聚合性问题：规范指的是单独的行为准则，而制度强调的是诸多行为准则的组合与汇聚(即一组实践活动和准则)"。[32]此外，她还用"规范制度化"来指代"规范内嵌于国际组织或制度的方式，这些规范或者规范群在国际组织(诸如联合国)中的制度化进一步使得规范主张更为细致、更有效力。"[33]

(二) 国家与全球治理规范的建构

鉴于统治与治理之间的不同，在处于无政府状态的国际社会中通过国际规范和制度来实现全球治理有着特别的意义。更为主要的是，国际规范和制度为全球公共问题的管理与治理提供了一条"法治"的途径。与强调大国或大国集团管理全球问题的精英主义的"人治"思维传统不同，通过国际规范和制度管理全球相互依赖并促进国际合作，是"法治"的途径。一方面绝大多数参与全球治理的国家基本上都是通过相互博弈和理性选择建构国际规范和制度；即使那些带有强制色彩的国际制度，如果它们要发挥正常的作用，一般来说也要在国际体系内主要行为体——国家接受的前提下才能实现。另一方面，也是最能体现制度治理的法治精神的，是国际社会中的国家行为体对自身利益的判定和认识、在国际体系中的定位、行动的态度和决策的过程，越来越处在国际规范和国际制度的框架下进行；换句话说，就是国家在国际社会中被“制度化”了。它们知道遵守既定的国际规范和国际制度行事会给自己带来利益，而违背既定的国际规范和国际制度自由行动会遭到制裁和惩罚；它们在处理冲突问题时，更多地借助国际制度来裁决和协调，在解决纷争问题时，更多地依赖或诉诸国际制度的武器而不是原始的暴力手段。[34]

全球治理需要国际体系中国家行为体尤其是大国的积极参与，国家参与全球治理的载体是国际制度，而国际制度的建构则离不开国际规范。对国家而言只要处于相互交往和相互依赖的国际环境中就会出现约束行为的国际规范，并且会产生将规范组合而建构国际制度的需求。因此，国家参与全球治理实际上就是一个不断建构国际规范和国际制度的过程。因为在全球化深入发展的条件下，国家之间的交往需要国际规范和国际制度的维护和保障。“为了实现在交往中所出现的共同利益，处于相互依赖关系中的各方必须作出一些双边或者多边的制度安排来调整和控制跨国关系，使相互依赖关系稳定在一个相对信任的阶段，以保证相关方安全持久地获益。”[35]这其实就是全球治理的发展过程，也是国家在参与全球治理的过程中建构国际规范的过程。

国际规范是为了在全球治理过程中满足国家对协调和稳定的预期的需求，国际规范往往是由国家通力合作在国际组织框架内制定的。主权国家所拥有的权威性使它可以直接向地区或国际政府间组织提出推动国际规范发展的提案，并且往往可以动员到很雄厚的资金和专业人才就某领域的国际规范的发展进行深入研究。在很大程度上，国家是全球治理规范的重要建构者。具体说，就是主权国家在彼此关注的领域，基于对共同利益的考虑，通过协商、谈判而相互合作，共同处理全球公共问题，进而产生一系列国际协议或规制。随着全球化的迅速发展，国家间相互依赖度不断增长；同时，全球不同层次的共同利益领域的出现使得无论是强国还是弱国，在一定意义上都形成了相互依存的命运共同体。许多国家越来越清楚地认识到，很多问题的解决单纯依靠一国力量是无法完成的，而是有赖于相关国家的合作与协调。现实中，越来越多的国家开始主动地在特定领域的决策方式和相互关系上作出调整。

在全球公共事务的管理，也就是在全球治理的过程中，主权国家不再享有纯粹排他性的传统主权，协商与合作是处理全球性问题的主要方式和规范，以强权为基础的行为和规范往往只能遭到排斥甚至报复。在这一意义上，国家参与全球治理的关键是主权国家之间的合作、协商和伙伴关系，以及公共利益和相互认同的共同目标。从治理效果上讲，由于主权国家有着自身独特的内在权威性和合法性，以及控制资源方面的优势，它们之间的合作往往有着较为明显的成效，并最终有可能促成相关国际条约和协定的达成从而加强全球治理。

《关于消耗臭氧层物质的蒙特利尔议定书》的签署是国家参与全球治理中建构规范的一个范例。自 1985 年《臭氧层保护维也纳公约》缔结之后，主动保护臭氧层成为各主权国家必须予以关注的国际规范，继而在两年后的 1987 年进一步签署了《关于消耗臭氧层物质的蒙特利尔议定书》。之后，全球臭氧层保护取得显著的进展。1987 年到 1995 年之间，全球主要的消耗臭氧层物质的生产和消费停止了增长并开始下降。到 1996 年，已有 156 个国家批准《蒙特利尔议定书》，大部分国家已经根据《蒙特利尔议定书》确定的国际规范停止了氟氯烃和哈龙的消费。在多边基金的帮助下，大多数发展中国家制定了 21 世纪头十年的计划。[36]这是国家行为体参与全球环境治理，建构环境治理规范的成功范例。

二、非国家行为体参与全球治理规范

（一）非国家行为体与国际规范的关系

政府间（国家之间）的协调与私人部门和第三部门（非国家行为体之间）的协调存在一种既竞争又合作的关系，这种竞争和合作的关系为全球政治中的某些问题提供了治理的形式，并且促进了国家与非国家行为体之间的协调。在这些治理机制中形成了一些半司法和“软立法”机制，如所谓软法规、软规范的形成，其发展速度已远远超过所谓“硬立法”机制或行政机制的发展。[37]“非正式的国际机制的发展远远超过了正式国际机制发展的速度”，反映了“国际体系的多边合作呈现出新的态势”。[38]

国际规范大多满足了国家对协调和稳定的预期的需求。尽管国际规范往往是国家通力合作在国际组织框架内制定的，然而非政府组织等非国家行为体也是“新规范的重要发起者和促进者”[39]；在围绕特定的规范性需求发起的运动中，关键的个人、非政府组织和跨国社会运动也扮演着“跨国道德事业家”(transnational moral entrepreneurs)[40]的角色，在全球治理的过程中发挥规范制定者的重要作用。

政府间组织尤其是联合国，由于其政府授权的权威性，是国际规范创建的最主要平台。其他行为体对于国际规范的推动通常最终都要上升到政府间组织这个平台上来。各类行为体推动的国际规范最后也常常要得到联合国的承认，联合国是创建国际规范的主要平台和推动行为体。但是，非政府组织对全球治理的国际规范创建也有作用，只是往往需要通过说服某些国家，并且通过国际政府间组织来实现。非政府组织在倡议乃至创建国际规范时，在取得广泛的民间力量支持的基础上，还必须广泛游说政府或政府间国际组织的代表以谋求国家的支持和认同。而且非政府组织有时为了国际规范能够在最大范围内实施，还会对主权国家作出某些妥协。

不过，越来越多的实证的和理论的文献认为，以非国家行为体为载体的全球公民社会对全球治理的过程和内容产生了影响。全球公民社会团体通过提供替代性的规范和动员对现存治理机构的政治支持与反对而作用于全球治理。公民团体(非政府组织)宣传与国家权力和经济自由化的规范不同的替代规范的努力在学术文献中几乎获得了最多的关注。20 世纪八九十年代，公民社会行为体在非正式地反对全球治理机构和国家间协议方面发挥着突出的作用。他们强调了一个把公民自治和安全放在治理问题的中心位置的日程的重要性。和平团体反对特定的武器体系和军事战略，禁止地雷的生产和使用的运动则是最近的例子。发展、妇女、环境和劳工团体反对源自国际经济机构的自由政策的垄断。反对世界贸易组织、国际货币基金组织和世界银行的街头抗议是这类活动中最显眼的一部分，不过也有相当的努力花费在政策和执行工作方面。公民跨国界克服反民主行为的行动被称之为“民主国际主义”。尽管全球公民社会的具体性质仍有争议,但认为全球公民社会行为体对世界政治和国家间关系具有重要影响则很少有异议。寻求社会变革的国际非政府组织在众多层面进行运作以影响全球治理:创造和激活全球网络、参与多边舞台、促进国家间合作、影响国家内部政策和促进公共参与等。[41]甚至在通常被认为是国家的专有领地如国际安全等领域,公民社会团体也在塑造日程和促进政策变革方面发挥着作用。公民团体不是全球治理的最终决策者,而是影响全球治理内容的重要角色。[42]同时,在此过程中非国家行为体也在该过程中建构自身的参与全球治理的规范。

(二) 非国家行为体与国家的互动规范

非国家行为体通过参与确立国际规范而有效地参与全球治理,对当代国际体系的发展产生了重大的影响,其中十分重要的一点在于非国家行为体与国家互动的国际规范的形成。传统上,国际体系是指国际关系中各行为体之间相互作用形成的既对立又统一的整体。一般认为,从国际政治层面看,国际体系是由主权民族国家所构成,其运作的基本动力在于国与国尤其是大国与大国之间的互动。也就是说,自1648年威斯特伐利亚体系建立之后,在相当长的一个时期内,主权国家之间的互动,尤其是大国之间的协调、对立、矛盾、斗争乃至战争,主导着国际政治体系的发展与演变。然而,从20世纪下半叶起,随着全球化的深入发展,当代国际体系的变化不断受到非国家行为体的重大影响,其中国际非政府组织的作用日益明显,以致在大国关系中深深嵌入了非国家行为体的影响。

正是在国际非政府组织通过各种途径积极参与全球治理的过程中,当代国际体系的发展开始从单纯以国家为主体的导向,转化为以多层次多行为体共同协调为导向。国际体系因此而开始向地方、国家、地区和全球不同层次的相互联结的网状结构发展。虽然主权民族国家依然是当代国际体系中的主要行为体,大国关系在国际体系中的作用也依然十分重要,甚至在相当程度上还保持着主导作用;但是,在全球化和全球治理环境中已经很难保持纯粹的大国关系,因为在当代的大国关系中，非国家行为体扮演着越来越重要的角色。国家与非国家行为体在全球治理过程中的互动也就在非国家行为体作用不断上升的过程中成为某种重要的国际规范。

由于在当代国际体系中，国家虽然依然是现代国际体系中的主要行为体，但是已经不再是单一的治理主体；因此国家必须通过与跨国公司、国际政府间组织、国际非政府组织、跨国公民社会运动等非国家行为体的多层次、多途径的互动才能有效地参与全球治理。当然这种国家与非国家行为体的互动本身即为一种国际规范，同时也在不断地规范国家和非国家行为体的治理行为。比如在作为全球治理载体的国际制度建设中，作为全球治理的规范，国家需要听取和接受非国家行为体的意见，而非国家行为体则必须通过国家在国际制度建设中发挥影响力。这种全球治理中的国家与非国家行为体的互动规范从一个侧面显示出，国际体系本身已经开始逐步超越传统的以国家为中心的结构状态，某种多行为体复合互动的国际体系结构状态正在发育的过程之中。

三、不断探索中的全球治理模式

（一）全球化时代的多边主义与全球治理

在很大的程度上，全球治理模式与多边主义有相当密切的联系。西方学者约翰·鲁杰(John Gerard Ruggie)认为："多边主义是基于普遍性的行为准则之上用来协调三个或者三个以上国家之间关系的制度形式。"[43] 鲁杰所谓的"普遍性的行为准则"(generalized principles of conduct)就是指参加多边协调的国家不能仅仅根据一方或两方的利益和原则行事，而是必须根据所有参与国家的共同利益，按照共同的准则来进行合作。这也就意味着，多边主义是现代国际体系中指导各国外交政策的一项重要原则，同时也是一项重要的制度形态。在国际政治领域，多边主义一般是指寻求由多个国家通过条约体系建立或加入联盟，或通过建立国际制度，或实施相对固定的机制化的多国协商和谈判来协调各国外交行动的外交政策。由此可见，多边主义是以国家为主体进行协调与合作处理国际事务的方式和方法。

在全球化不断深化的推动下，多边主义越来越成为当代国际体系中各国处理国际事务的重要外交手段。由于全球化的深化带来了一系列的全球问题，任何国家，即便是拥有超强实力的大国也很难通过单边或双边的外交手段来有效地解决诸如保护环境、应对气候变化、控制传染病、防范金融风险、打击毒品走私和其他跨国犯罪，以及对付国际恐怖主义和大规模毁灭性武器扩散等严重威胁人类安全的问题；因此，国际社会必须采取多边行动，实行多边合作，才能对这些跨国界威胁进行有效的全球治理。约瑟夫·奈（Joseph Nye Jr.）曾在其《软权力：世界政治中的取胜之道》（*Soft Power: The Means To Success in World Politics*）中提出：在毒品贸易、国际犯罪、气候变化、传染病的流传，以及国际恐怖主义等领域里，传统的国际关系权力结构就不存在了，不可能单凭一个权力中心解决所有这些问题，而"多边主义则能成为解决单个权力无能无效的良方，而单边主义则会产生敌对以致极大地增加行动的成本。"[44]

另一方面，在全球化不断深入发展的推动下，当代国际体系中国际关系利益尤其是大国关系格局发生深刻变动，国家利益相互交织，而从传统的零和导向发展为非零和导向。在这样的国际环境中，多边主义就成为不以人们意志为转移的制约冲突和对抗的最佳手段。与此同时，全球化时代的信息革命也对当代国际关系产生巨大的冲击和影响。信息革命导致通讯速度极大的提高以及信息传输成本的大幅度下降，促成了信息在当代国际体系中的快速流动、广泛分享和自由传播，为各种文化与文明的交融与碰撞创造了有利的条件。多边主义在文化与文明的交融中得以充分地发展，推动了国际关系民主化和发展模式多样化，使建立在国家权力关系基础上的传统国际关系行为准则，如单边主义、霸权主义和强权政治越来越难以畅行无阻。由此可见，多边主义成为国家行为体参与全球治理的重要模式。

然而，这种以主权国家之间的依存与合作为主要特征的多边主义全球治理模式正面临着挑战：一是国际体系的转型的挑战。近年来，包括中国、俄罗斯、巴西、印度等新兴国家群体崛起，促使国际体系由传统西方大国主导向新兴非西方国家的积极介入转型。[45]二是国际社会"民主赤字"的挑战。随着全球化的发展，全球性问题的凸显，国际社会要求多边主义全球治理的主要载体——国际政府间组织更为民主、负责和透明。但是,国际政府间组织的相关应对措施则往往滞后于全球治理的要求。三是非国家行为体作用上升的挑战。在全球化不断深化的过程中,非国家行为体的作用日益凸显,尤其是跨国公司、国际非政府组织和跨国社会运动,越来越活跃地参与到多边主义的全球治理模式之中,并且对传统的以国家为核心的多边主义合作模式发起了挑战。非国家行为体在全球治理中作用的上升或许是对传统多边主义全球治理模式构成挑战的更为主要的因素。

正是在以国家为核心的多边主义全球治理模式面临一系列挑战的环境中,一种新多边主义或多元多层多边主义合作的全球治理模式开始形成,并且与传统的以国家为核心的多边主义共同建构了新型的全方位全球治理模式。

(二)不断发展中的多元多层合作的全球治理模式

面对层出不穷的全球性挑战与国际体系的深刻变化,其中包括新兴大国群体性崛起,非国家行为体作用的不断上升等,在传统的以国家为核心的多边主义全球治理模式依然存在的同时,新型的多边主义全球治理模式开始形成和不断发展。根据德国前任国务部长格诺特·埃勒尔(Error)的说法,"传统意义上的多边主义主要局限于对国家间的互动进行调控。而最近,尤其是在近二十年中,多边主义又增加了两个领域:对国家内部的互动施加影响——比如发展、民主化、加强人权——和对国家与非国家行为体之间的互动施加影响。"[46]

很显然,新型的多边主义,即不仅在普遍性的行为准则之上用来协调三个或者三个以上国家,而且用来协调国家与非国家行为体之间以及非国家行为体之间关系的制度形式,越来越成为全球治理的重要模式。也就是说,在当代国际体系发生巨大转型的过程中,全球治理迫切需要通过新型的多边机制来协调不同行为体之间的关系以及发展国家行为体和非国家行为体之间的良性互动的制度性和规范性安排。所有的这一切不仅与单边主义和传统的双边主义所具有的针对性和排他性不同,而且与传统的以国家为核心的多边主义也不同;它具有更大的开放性和包容性,强调维护行为体之间的共同利益与安全,注重当代国际关系中多层次、多行为体的协调与合作。这样，“二战”后形成的传统以国家间协调为主的多边主义秩序开始走向更复杂的多元多层合作的全球治理模式，即从地方到全球的各层面中公共权威与私人机构之间一种逐渐演进的(正式与非正式)政治合作体系，其目的是通过制定和实施全球的或跨国的规范、原则、计划和政策来实现共同的目标和解决共同的问题。[47]

这一新型多边主义全球治理模式具有如下制度结构特征：第一，它是多层的。因为它是由五个主要的治理单元(或层次)组成的结构性网络，即超国家组织(如联合国)、区域性组织(如欧盟等)、跨国组织(如公民社会与商业网络)、次国家(如公共协会和城市政府等)，而夹在这些层级之间的则是民族国家。第二，它是多头的或者多元的，因为不存在单一的权威中心。这表明政治权威是分散的。第三，因为在全球范围内或者某些问题上这些宏观结构的相对重要性与控制能力存在极大差异，所以表现出结构的多样性。第四，该体系结构具有复杂性，因为除了具备不同的权力资源和能力，它还是由各种(功能和/或空间上的)管辖权重叠的机构与网络组成的。第五，这种复合体损害了政策连续性，因为它要求治理活动在横向的不同功能领域与垂直的不同治理层级两方面同步协作。第六，在这种体系中，国家政府远没有被降格，它们逐渐演变成关键的战略领域，将各种治理单元组合在一起，并使全球调控合法化。[48]

在这一新型的多元多层多边主义合作的全球治理模式中，虽然多数正式的全球治理活动是在或通过现有的国际组织进行的，但全球公共政策形成和实施的重要方面还是发生在政府间、第三部门(全球公民社会或非政府组织等)间，以及跨国网络等一系列不断发展的结构中。因此，“如果多边主义明确了战后国际治理的核心组织原则，那么，后冷战时代就会被界定为后多边主义秩序。全球化，以及作为其反应的治理已经将复杂的多边主义形式——一种发展的多层全球治理体系——制度化了。”[49]这一新多边主义或后多边主义秩序是一种还处于发展中的多元多层全球治理体系。它客观地反映了全球化条件下全球治理主体的多样化和多层性的实际情况。

尽管新型的多元多层的多边主义全球治理模式还在形成和发展之

中，并没有取代国际关系中传统的多边主义全球治理模式；然而全球治理向更加多元、更加民主、更为平等、更负责任和人性化的方向发展，似乎是当今全球治理的大势所趋。这主要是因为政府间的协调与私人部门和第三部门之间存在一种既竞争又合作的关系，这种竞争和合作的关系为全球政治中的某些问题提供了治理的形式。[50]这种三方合作的一个创举就是旨在为跨国大坝的规划建设和运营管理等方面制定国际认可的规范、准则和标准的世界大坝委员会（World Commission on Dams），该委员会非同寻常的一点是，它是“由分别来自政府、私营部门和公民社会的各4名委员组成”，[51]这种多元多层次的“混合治理模式”是史无前例的，并在一定的程度上代表着新型多边主义全球治理模式的发展方向。

（三）新型多边主义全球治理模式形成和发展的原因

1. 国际体系中安全威胁发生质变，治理体系和制度改革势在必行

当代国际体系在全球化影响下发生重大变化的标志之一就是国际体系中安全威胁发生质变。从2001年“9·11”事件和2008年全球金融危机以来当代国际体系的发展说明，在当今世界，安全威胁的性质、国际体系中的主要矛盾以及相应的治理方式都发生了重要的变化。旧的治理体系已经不能适应新的形势发展，全球治理模式的创新势在必行。所谓国际体系中安全威胁性质发生重要变化是指：传统的安全威胁是在国家间形成的，即国家的安全威胁主要来自他国，而新型的或非传统的安全威胁则是国际体系中各个国家乃至整个国际社会共同面临的安全威胁。直至冷战终结之前国际体系中的主要威胁是传统安全威胁，国家之间的战争是这种威胁的最高形式。所以，对国际事务管理的最重要制度性安排是势力均衡，是大国之间维持实力大致相当的状态以加大战争成本、抑制战争冲动。冷战终结后，国际体系中安全威胁的性质发生了重大变化，国家之间的相互威胁程度下降，国际社会的共同威胁不断增加。非传统安全问题的大量涌现，内战、贫困、灾难、流行性疾病、国际恐怖主义、气候变化与环境等问题，已经严重影响到世界的安全，威胁到任何一个国家及其国民的安全。美国经受的最严重安全

灾难是"9·11"恐怖袭击事件。近年来中国经历过的两场重大安全威胁是2003年的"非典"和2008年的汶川地震。1997年的国际金融危机使东亚国家受到重创,2008年的世界金融危机则给全球带来了前所未有的损失,这些都突出说明了这类威胁的严重性。

安全威胁性质的变化使得任何一个国家都无法单独消除自己面对的安全威胁,这就带来了国际主要矛盾的变化。当今国际体系中的一个主要矛盾,是针对新型安全威胁的治理能力的严重不足与全球治理需求日益增大的矛盾。冷战结束之前建立的国际制度主要是为了管理国家之间的关系,尤其是为解决国家间的战争与和平的问题。在全球化迅速发展和国际体系产生重大变化的形势下,这些国际制度在应对国际体系日益增多的跨国威胁方面已经表现出明显不足。改革原有的国际制度、创建新的国际制度,建构新型的多边主义全球治理体系便因此而成大势。

国际体系发生重大的转型也促使全球治理模式发生变化。冷战结束伊始那种以国家为核心,甚至基本上以西方大国为主体的多边主义治理体系的模式开始松动。虽然以国家为核心,西方大国为主导的多边主义全球治理模式还会持续;但是一方面非国家行为体已经开始在多边主义的全球治理进程中发生重要的作用,另一方面新兴国家主动积极参与多边主义的全球治理已经成为不争的事实。在相当程度上,世界金融危机促使这一新的全球治理模式显山露水。为讨论和解决金融危机而形成的二十国集团机制在匹兹堡峰会上被界定为"国际经济合作的主要平台"。当前任何全球治理方案都包括了新兴经济体、发展中国家,以及非国家行为体。

2. 国际体系行为体的变化:从国家主导到多元并存

自从威斯特伐利亚体系建立以来,国际体系中的基本单位没有发生根本的变化,国家依然是当今国际体系中最重要的行为体。但另一方面,国际体系演化的诸多迹象显示,国家已经不是唯一的国际力量,非国家行为体以及全球公民社会的力量展示了很大的影响力。这主要表现在社会力量加强、社会规范嬗变、社会网络形成三个方面。

国际体系中社会力量加强,行为体多元化趋向明显。过去对格局的界定仅限于国家力量的对比;如今社会性力量发展势头猛烈,成为人们在考虑世界格局的时候不容忽视的力量。国际组织、地区组织、国际公民社会等都成为影响国际事务的重要因素。在欧洲、北美、东亚的地区活动也十分活跃。非政府组织在设定议程、倡导规范、跨国网络方面也都起到了重要的作用。当今世界还远未脱离国家体系,但行为体多元化和主权原则松弛化的现象已经显现。有的时候,国家的力量甚至无法驾驭社会性力量,以国家之力应对社会力量也表现出明显的不足。

传统的国际社会是建立在国家基础之上的,其规范也主要是约束国家的行为。在这种传统国际社会中,主权、安全和实力均衡三大理念构成了基本的国际规范。在后冷战时期,一些新的规范开始传播,并在国际社会力量的大力推动之下形成势头、不断扩散。大国高度重视抢占国际规范的道义制高点,比如欧盟强调气候变化,美国倡导无核世界的做法。如何积极应对国际规范的变化已经成为新兴大国面对的重要课题。

国际社会的另一个变化就是社会力量会跨越国界,形成网络,在全球范围内蔓延发展。这些网络成形于社会,存活于草根,利用迅速发展的技术,大力推广自己的理念。非政府组织的跨国化就是一个明显的例子。它们的力量在于将自己倡导的理念变成社会性规范,并促成制度建立加以保障。也就是说,它们在打造国际社会文化。文化力量虽然是软力量,但其影响不可忽视。[52]

第三节　中国的应对

一、中国对全球治理理论的思考与贡献

(一) 学术层面

中国国内从20世纪90年代末到21世纪初开始展开对全球治理理论的研究和讨论,其中比较关注的方面为对全球治理含义的界定。俞可平是国内较早介绍“全球治理”理念的学者,他认为:“所谓全球治理,指的是通过具有约束力的国际规制(政体)解决全球性的冲突、生态、人权、移民、毒品、走私、传染病等问题,以维持正常的国际政治经济秩序……全球治理是各国政府、国际组织、各国公民为最大限度地增加

共同利益而进行的民主协商与合作，其核心内容应当是健全和发展一整套维护全人类安全、和平、发展、福利、平等和人权的新的国际政治经济秩序，包括处理国际政治经济问题的全球规则和制度”。[53]国内另一位较早关注全球治理问题的学者蔡拓也指出：“所谓全球治理是以人类整体论和共同利益论为价值导向的，多元行为体平等对话、协商合作，共同应对全球变革和全球问题挑战的一种新的管理人类公共事务的规则、机制、方法和活动。”[54]

一般而言，目前国内学术界认为，全球治理主要包括如下基本内容：

一是全球治理目标。全球经济治理的根本目标应当是推动经济全球化朝着均衡、普惠、共赢方向发展，致力于建立一个公平、公正、包容、有序的国际经济政治秩序。

二是全球治理体系。坚持全面性、均衡性、渐进性和实效性原则，改革、健全和完善联合国、世界贸易组织、国际货币基金组织、世界银行等现有组织机构，形成一个更有利于兼顾公平和效率的全球治理体系。

三是全球治理主体。全球治理主体主要包括各个国家的政府和政府机构、联合国等政府间国际组织、达沃斯论坛等非政府国际组织、跨国公司、公民社会团体等。就世界经济主体国家而言，全球经济治理应该由世界各国共同参与。国家无论大小、强弱、贫富，都应该以平等身份参与治理过程并享有相应的代表性、发言权、决策权。

四是全球治理领域。一方面，目前的全球化主要是经济全球化，全球治理也主要是全球经济治理，包括全球经济失衡、世界经济贫富两极分化、宏观经济政策协调、公共债务危机、国际货币体系、全球贸易体制、全球市场秩序和公平竞争规则、跨国企业监管等全球性经济问题；另一方面，全球治理还涉及气候环境变化、人口粮食危机、能源资源、公共卫生安全、减贫援助、网络安全、重大自然灾害、核扩散、恐怖主义等其他众多全球性问题。

五是全球治理方式。全球治理采取的基本方式应当是协商合作、尊重差异。全球经济治理需要各国通过协商合作，共同解决经济全球化面临的各种难题。应坚持民主原则，充分听取各方意见，照顾和体现各国特别是发展中国家的利益和诉求；坚持尊重差异，考虑各国不同国情，允许发达国家和发展中国家有不同做法；坚持倡导合作，鼓励各国加强沟通和协调，发挥各自优势，共同解决面对的难题。

六是全球治理机制。全球经济治理离不开合适的机制安排。世界经济发展使现有的一些机制难以充分反映国际社会诉求、有效应对全球性挑战，需要扩大代表性。应在不同层面和不同领域，针对不同问题展开治理。各种治理机制可以在所有利益攸关方平等协商并达成共识的基础上，制定有关国际标准和规范，推广相关经验和有效做法，促进各国交流合作，推动形成有效的全球经济治理架构。[55]

（二）实践层面

中国还通过主动参与全球治理的实践来丰富全球治理的理论。中国实行改革开放以来从游离于国际体系之外转变为积极地进入国际体系，并且逐渐地从国际体系的边缘走向核心而扮演起大国协调的重要角色，从而导致当前的国际体系发生复杂深刻的变化。在当代国际体系中，中国作为负责任的大国，开始积极地参与全球治理，并且用自己的全球治理实践进一步建构中国特色的全球治理理论。

中国参与全球治理的实践在应对 2008 年从美国刮起继而蔓延整个世界的金融海啸中表现得最为充分。面对“二战”后全球最大的金融和经济危机，中国积极地参与应对危机的全球治理，通过二十国集团峰会机制开展国际经济和金融合作，加强全球经济治理的有效机制，促进世界经济尽快复苏。不仅如此，中国还从加强全球经济治理，规范经济全球化发展的角度，力促二十国集团峰会机制向制度化方向发展，为全球经济治理作出了极大的贡献。

正是在积极参与全球经济治理应对全球金融经济危机的过程中，中国提出了四项主张：(1)在治理目标方面，全球经济治理的根本目标是推动经济全球化朝着均衡、普惠、共赢的方向发展。(2)在治理主体方面，全球经济治理应该由世界各国共同参与，国家无论大小、强弱、贫富，都是全球经济的组成部分，应该以平等身份参与治理过程，并享有相应的代表性、发言权、决策权，平等参与不仅是形式上的，更应是实质内容上和决策过程中的。(3)在治理方式方面，全球经济治理需要各国通过协商合作共同解决经济全球化面临的各种难题；要坚持民主原则，充分听取各方意见，照顾和体现各国特别是发展中国家的利益和诉求。(4)在治理机制方面，全球经济治理需要合适的机制安排；世界经济发展使现有的一些机制难以充分反映国际社会诉求、有效应对全球性挑战，需要扩大代表性；要在不同层面和不同领域针对不同问题开展治理，共同搭建有效的全球经济治理架构。[56]

二、中国对全球治理规范和模式建构的探索

改革开放三十多年来，我国的发展是在同世界紧密联系、积极参与全球化进程中实现的。一方面，在经贸往来上，我国通过商品、资本、技术、劳务的国际流动等，越来越深地融入世界经济；另一方面，在体制机制框架上，我国通过参加全球的、区域的、双边的组织和论坛，在国际事务中发挥作用，提出主张。可以说，改革开放以来，我国一直在参与着全球治理。近年来，随着经济全球化的发展，全球性矛盾、问题和危机彰显全球治理的重要性。随着经济社会的快速发展和实力地位的提高，我国以更加积极的姿态参与全球治理既是客观必然，又恰逢其时。特别是国际金融危机发生以来，我国在国际舞台上积极提出和采取全球治理尤其是全球经济治理的主张和行动得到国际社会的欢迎。这标志着我国参与全球治理进入一个新的阶段。当然，由于实力、地位和利益不同，各国对全球治理的理解还存在差异。我们应当以更加积极的姿态参与全球治理，努力扩大在全球治理中的话语权。[57]

2008 年，胡锦涛主席在日本北海道洞爷湖出席八国集团同发展中国家领导人对话会议上发表讲话指出：国际社会要致力于建设可持续的世界经济体系、包容有序的国际金融体系、公正合理的国际贸易体系，和公平有效的全球发展体系。国际金融危机的发生和蔓延深化进一步印证了加强上述体系建设的重要性和紧迫性。国际金融危机警示我们，在经济全球化深入发展的条件下，只有开展全球合作，才能化解全球性危机；只有加强和完善全球经济治理，才能从体制机制上促进世界经济协调持续发展。[58]很显然，这是中国官方对全球治理的规范和模式的探索。

在当代国际体系中，各大国和大国集团对未来的世界体系的走向提出了自己的设想，而这些设想与各国对全球治理模式的设计相互关联。美国主张美国领导下的“秩序世界”（world with order），其核心是市场与民主。为了实现“秩序世界”，有时甚至可以武力来维持美国的主导权，推进市场与民主。由此可见，美国官方所希望的全球治理模式是美国主导下的治理模式。欧盟及其主要成员国如英国、法国、德国等主张“规范世界”（world with norms），希望通过运用欧盟的规范外交，促使世界各国人民根据欧盟的规范来应对共同的挑战，不仅反对恐怖主义，更要从减贫、良治、福利、人权、法治等根本措施入手，解决国际体系面临的矛盾。这样的规范世界理念实际上体现了欧盟的全球治理观，也可以说就是欧盟所希望的全球治理模式。大多数发展中国家通过主张“公平世界”（world with fairness）理念来建构全球治理模式，它们希望通过全球治理促使发展中国家能在政治上获得更大的发言权，在经济上缩小南北差距，在国际体系中获得更大的尊重，西方大国不要对它们指手画脚，横加干涉。上述三种主张与中国主张建立的“和谐世界”设想既有交汇和重叠之处，也有差异和矛盾之处。中国的“和谐世界”的思想，在某种程度上与全球治理理念有很大的重合之处，但是站得更高，看得更远，既有和而不同的思想，又有求同存异的理念，可以博采众长、协调沟通、化解矛盾、联合当代国际体系中的国家以及非国家行为体通过积极的全球治理，争取人类更加美好的未来——和谐世界。

“建设和谐世界”理念提出了一套系统和全面的全球治理规范和模式：

第一，“建设和谐世界”理念强调“在政治上相互尊重、平等协商，共同推进国际关系民主化。”推进国际关系民主化，一方面是旗帜鲜明地反对霸权主义，尊重各国人民自主选择发展道路的权利，不干涉别国内部事务，不把自己的意志强加于人；[59]另一方面则也意味着顺应国际体系变化的潮流，认同非国家行为体在国际事务中的作用，将国际体系视为开放的，不论是政府机构还是非政府机构或是私营机构都能成为管理国际政治事务的主体。

第二，“建设和谐世界”理念坚持“经济上相互合作、优势互补，共同推动经济全球化朝着均衡、普惠、共赢方向发展。”这就意味着需要通过全球经济治理，抑制世界各国尤其是各大国间恶性的经济竞争，促进世界各国在经济领域探索各种合作之路，有效地通过国际经济机制如世界贸易组织、世界银行、八国集团加金砖国家、二十国集团等，不仅在世界经济发展平稳的时期，而且在世界经济面临各种巨大挑战的时候，如世界性的金融和经济危机等，积极调整各国的经济政策，从而避免运用本国的经济权力采取以邻为壑的经济民族主义政策。

第三，"建设和谐世界"理念提倡"文化上相互借鉴、求同存异，尊重世界多样性，共同促进人类文明繁荣进步。"在当代国际体系中，实行不同社会制度、处于不同发展阶段具有不同文化、不同文明背景及不同历史的国家不应计较社会制度、意识形态、文化和文明的差别；而应在和平共处五项原则的基础上扩大共同利益的会合点，在对话与合作中加深双方的信任和了解，协商解决分歧。这就意味着，"建设和谐世界"就是反对任何国家依赖自身的强权将自己的价值观和制度强行推广至其他国家，同时也不主张利用全球治理推行所谓的普世价值。

第四，"建设和谐世界"理念尊崇"安全上相互信任、加强合作，坚持用和平方式而不是战争手段解决国际争端，共同维护世界和平稳定。"这样的思想明显与国际政治现实主义强调"安全困境"难以超越不同，认为可以通过相互信任和加强合作来超越"安全困境"。也就是说，"建设和谐世界"理念认为，通过全球治理可以抑制现实主义强权政治常常导致的恶性军备竞赛，并由此而可以避免通过使用武力来解决国际争端，从而保障世界和平与稳定。

第五，"建设和谐世界"的理念主张"环保上相互帮助、协力推进，共同呵护人类赖以生存的地球家园。"这样的主张是从全人类的视角而不仅仅是从一个国家的视角来看待全球的环境问题，注重全球治理在环境和气候变化问题上的关键性作用。同时，也从另一个角度肯定了非政府行为体、全球公民社会参与国际事务尤其是全球环保事务的重要性。[60]

三、与国际社会的共同努力

（一）奉行多边主义、积极参与全球治理

从20世纪80年代中期开始，中国在处理国际事务和大国关系中

主动地运用多边主义的协调手段，并逐渐在一系列的多边领域发挥建设性作用。在1986年的第六届全国人民代表大会第四次会议上的《政府工作报告》中就已经有如下的表述："中国广泛参加各种国际组织，开展积极的多边外交活动，努力增进各国在各个领域的合作。"[61]而1988年的《政府工作报告》也提出："中国广泛参加各种国际组织，积极开展多边外交活动。我们将继续同各国朋友一道，在联合国和其他国际组织中，为促进和平与发展而共同努力。"[62]从1997年召开的中国共产党第十五次全国代表大会开始，中国政府更为系统地重视各种区域性合作组织和多边外交对于维护和平与发展的作用。江泽民在中国共产党第十五次全国代表大会报告中指出："各种区域性、洲际性的合作组织空前活跃"，并且"要积极参与多边外交活动，充分发挥我国在联合国以及其他国际组织中的作用。"[63]在中国共产党第十六次全国代表大会报告中，江泽民更进一步指出："我们将继续积极参与多边外交活动，在联合国和其他国际及区域性组织中发挥作用。"[64]在此基础上，胡锦涛在中国共产党第十七次全国代表大会报告中对中国参与多边合作事务再一次指出："我们将继续积极参与多边事务，承担相应国际义务，发挥建设性作用，推动国际秩序朝着更加公正合理的方向发展。"[65]

从中国外交政策由双边向多边转化的思想轨迹可见，中国正在不断深入推进参与地区和全球的多边机制，努力运用多边主义手段参与全球治理。这一方面反映出中国正在愈益深刻地参与、融入当代国际体系，另一方面也体现出中国正将多边主义视为实现国家利益、增进大国之间了解与互信、维护地区乃至世界安全与和平的有效手段。总之，20世纪80年代以来，中国逐渐地认同多边主义的基本理念，不断深入积极地参与多边外交活动。在全球层面，中国通过多边主义的普遍性原则与互惠性原则来协调大国关系；在区域层面，中国积极开展同周边国家特别是周边大国的多边合作。此外，在世界经济全球化和区域经济集团化趋势不断发展的前提下，中国将更全面主动地参与世界经济全球化的进程。这就决定了中国要通过积极参加多边外交活动，在参与建立多边国际规则的过程中，更好地融入世界和参与全球治理。

（二）积极透过国际组织和国际制度参与全球治理

应当承认，中国对国际制度的态度曾经历过怀疑、警惕、消极被动回应的时期。随着改革开放的深入和融入全球化速度的加速，中国很快改变了这样的态度，从区域到全球层次都已开始高度重视和积极主动参与国际制度，并逐渐地以国际制度为载体参与各个领域和各种层次的全球治理。自 20 世纪 90 年代以来，在全球治理广泛展开的过程中，中国非常主动和积极全面地参与大量的全球性和区域性国际组织和国际制度的各项事务，并在其中扮演积极推动者的角色。

第一，中国在冷战终结后，特别强调联合国在处理全球事务和大国关系中的作用。在中国共产党第十四次全国代表大会的报告中，江泽民明确指出："在处理国际事务中，我国严格遵守《联合国宪章》和公认的国际关系准则，坚持实事求是和伸张正义的原则立场。"同时，"中国作为联合国成员国和安理会常任理事国，重视联合国的作用，积极参与联合国事务。我们支持联合国及其安理会在维护世界和平，推进裁军进程，促进全球发展，以及解决国际争端等方面发挥积极的作用。"[66]联合国是推进全球治理的重要国际制度，中国强调必须加强联合国的作用，并且积极参与联合国的各项事务，通过联合国这样的全球性国际组织参与全球治理。

第二，自 20 世纪 90 年代起中国不断地加强参与国际安全制度。1992 年 3 月中国加入《不扩散核武器条约》(Treaty on the Non-Proliferation of Nuclear Weapons, NPT)，并为该条约的无限期延长作出了贡献。中国于 1996 年 9 月 24 日签署了《全面禁止核试验条约》(Comprehensive Nuclear Test Ban Treaty, CTBT)。中国还支持缔结《禁止生产核武器裂变材料公约》(Convention on Banning the Production of Fissile Materials for Nuclear Weapons or Other Nuclear Explosive Devices, FMCT)。1994 年 1 月中国正式向美、俄、英、法四国提出了《互不首先使用核武器条约》草案。此外，中国于 1993 年 1 月签署了《禁止化学武器公约》(Convention on the Banning of Chemical Weapons, CWC)，并且于 1996 年 12 月批准该条约。所有的这一切都说明，中国将继续地通过参与安全问题方面的国际制度，推进安全领域的全球治理，从而切实有效地实现和平发展，避免在自身崛起的过程中陷入“安全困境”。

第三，中国通过深入参与国际经济制度而加强全球经济治理。在20世纪冷战终结后的十年中，中国参与国际经济制度主要体现在三个方面：一是通过长期的努力和艰苦的谈判，最终成功加入世界贸易组织；二是积极参与亚太经合组织（APEC）事务，强调贸易、投资自由化与经济、技术合作的双管齐下，中国领导人参加了亚太经合组织历次领导人非正式首脑会议；三是在东亚金融危机中坚持人民币不贬值，体现出负责的大国风范，并提出了改革现存国际金融制度的主张。进入21世纪之后，中国参与国际经济制度更为广泛和深入，尤其在国际金融领域中国的参与表现得更为突出。2008年全球金融危机暴发之后，中国积极参加二十国集团华盛顿峰会（2008年11月15日）、伦敦峰会（2009年4月2日）、匹兹堡峰会（2009年9月24日）和首尔峰会（2010年11月11—12日），为应对国际金融危机、促进世界经济复苏，加强全球经济治理，规范经济全球化发展作出了巨大的贡献。

第四，中国越来越广泛深入地参与国际环境制度推进全球环境治理。中国不仅签署了1994年3月21日生效的《联合国气候变化框架公约》（United Nations Framework Convention on Climate Change, UNFCCC）和1997年通过的《京都协议书》（Kyoto Protocol），而且还是签署《生物多样性公约》（Convention on Biological Diversity）的首批国家之一，并于1991年6月批准了关于保护臭氧层物质的《蒙特利尔议定书》（Montreal Protocol）。在气候变化问题上，中国坚持通过国际制度，协调大国关系，支持发展中国家的立场。在2009年12月举行的哥本哈根联合国气候大会上，经过中国和与会各国的积极努力，会议在经历了曲折后，以大会决定的形式发表《哥本哈根协议》（Copenhagen Accord）。该协议坚持了《联合国气候变化框架公约》及其《京都议定书》的双轨制，进一步明确了发达国家和发展中国家根据“共同但有区别的责任”原则，分别应当承担的义务和采取的行动，表达了国际社会在应对气候变化长期目标、资金、技术和行动透明度等问题上的共识。

第五，在国际人权制度方面，中国为了推进不同政治制度的国家共同参与全球治理，也逐渐地改变原先保持距离的态度而主动地参与其中。从20世纪90年代开始，中国主动加入各项国际人权公约，分别于1997年下半年和1998年下半年签署了《经济、社会、文化权利国际条约》和《公民权利与政治权利国际条约》。至2009年，中国已经加入25项国际人权公约，与近二十个国家和地区举行了人权对话与交流，其中既有与美国、日本、德国等大国之间的人权对话，也有与欧盟的人权对话；而与欧盟的人权对话迄今已经举行了28次，即使在2008年中欧关系出现波折时，中欧人权对话也依然按计划进行。中国还多次举办国际人权研讨会。中国政府与联合国人权事务高级专员办事处（United Nations High Commissioner for Human Rights）保持着良好的合作关系，并与国际人权特别机制开展积极合作，多次接待酷刑问题特别报告员、任意拘留问题工作组、宗教信仰自由特别报告员和教育权报告员访华。总之，在人权问题上，中国越来越主动地参与国际人权制度，推进全球治理。

注释

1. Martin Hewson and Timothy Sinclair, "Emergence of Global Governance Theory," in Martin Hewson and Timothy Sinclair, eds., *Approaches to Global Governance Theory*, Albany, NY: State University of New York Press, 1999, pp. 3—23.

2. 马丁·休伊森、蒂莫西·辛克莱：《全球治理理论的兴起》，张胜军编译，《马克思主义与现实》2002年第1期，第43页。有关全球化的学术争论与对全球治理理念的不同看法参阅叶江：《大变局——冷战、全球化与当代国际政治经济》，上海三联书店2004年版，以及《全球治理与中国的大国战略转型》，时事出版社2010年版两书中的相关讨论。

3. 蔡拓等：《全球问题与当代国际关系》，天津人民出版社2002年版，第2页。

4. The Commission on Global Governance, *Our Global Neighborhood—The Report of the Commission on Global Governance*, Oxford: Oxford University Press, 1995, pp. 56—57.

5. Ibid., p. 57.

6. 俞可平：《全球化：全球治理》，社会科学文献出版社2003年版，第23页。

7. 戴维·赫尔德、安东尼·麦克格鲁、戴维·戈尔德布莱特、乔纳森·佩拉顿：《全球大变革——全球化时代的政治、经济与文化》，杨雪冬等译，社会科学文献出版社2001年版，第70页。

8. Leon Gordenker and Thomas G. Weiss, "Pluralising Global Governance: Analytical Approaches and Dimensions," *Third World Quarterly*, Vol. 16, No. 3, 1995, p. 357.

9. James N. Rosenau, "Governance in the Twenty-first Century," *Global Governance*, Vol. 1, No. 1, 1995, p. 13.

10. 约瑟夫·奈、约翰·唐纳胡主编：《全球化世界的治理》，王勇等译，世界知识出版社 2003 年版,第 10 页。

11. Lawrence S. Finkelstein, "What is global governance," *Global Governance*, Vol. 1, No. 3, 1995, p. 369.

12. The Commission on Global Governance, *Our Global Neighbourhood—The Report of the Commission on Global Governance*, pp. 2—3.

13. Robert O'Brien, "Global civil society and global governance," in Matthew J. Hoffmann and Alice D. Ba, eds., *Contending Perspectives on Global Governance: Coherence, Contestation and World Order*, London: Routledge, 2005, p. 213.

14. Victoria Lennox, "Conceptualising Global Governance in International Relations," 2007, http://www.e-ir.info/? p=571.

15. Marie-Claude Smouts, "The Proper Use of Governance in International relations," *International Social Science Journal*, Vol. 50, No. 155, 1998, pp. 81—89.

16. Victoria Lennox, "Conceptualising Global Governance in International Relations".

17. Ibid.

18. The Commission on Global Governance, *Our Global Neighbourhood—The Report of the Commission on Global Governance*, pp. 48—49.

19. Victoria Lennox, "Conceptualising Global Governance in International Relations".

20. The Commission on Global Governance, *Our Global Neighborhood—The Report of the Commission on Global Governance*, p. 304.

21. Victoria Lennox, "Conceptualising Global Governance in International Relations".

22. 拉尔夫·达伦多夫:《论全球化》,载乌尔里希·贝克和哈贝马斯等:《全球化与政治》,王学东、柴方国译,中央编译出版社 2000 年版,第 212 页。

23. 米夏埃尔·齐恩:《黑、红、绿、棕对非民族国家化的反应方式》,载乌尔里希·贝克和哈贝马斯等:《全球化与政治》,第 162 页。

24. 郭忠华:《民族国家理论的悖论性发展——安东尼·吉登斯访谈》,《社会科学报》2010 年 1 月 21 日第 3 版。

25. 胡锦涛:《高举中国特色社会主义伟大旗帜　为夺取全面建设小康社会新胜利而奋斗——在中国共产党第十七次全国代表大会上的报告》(2007 年 10 月 15 日),人民出版社 2007 年版。

26. 罗纳德·杰普森、亚历山大·温特、彼得·卡赞斯坦:《规范、认同和国家安全文化》,载彼得·卡赞斯坦主编:《国家安全的文化:世界政治中的规范与认同》,宋伟、刘铁娃译,北京大学出版社 2009 年版,第 56 页。

27. 同上书,第 57 页。

28. 玛莎·芬尼莫尔:《国际社会中的国家利益》,袁正清译,浙江人民出版社 2001 年版,第 29 页。

29. 玛莎·芬尼莫尔、凯瑟琳·斯金克:《国际规范的动力与政治变革》,载彼得·卡赞斯坦、罗伯特·基欧汉、斯蒂芬·克拉斯纳编:《世界政治理论的探索与争鸣》,秦亚青、苏长和、门洪华、魏玲译,上海人民出版社 2006 年版,第 299 页。

30. Robert Keohane, "International institutions: Two Approaches," *International Studies Quarterly*, Vol. 32, No. 4, 1988, p. 386.

31. Robert Keohane, *International institutions and State Power*, London: Westview Press, 1989, pp. 3—4. 转引自袁正清:《国际制度研究:理论·实证·趋势》,载李

慎明、王逸舟主编:《2005年:全球政治与安全报告》,社会科学文献出版社2004年版,第243页。

32. 玛莎·芬尼莫尔、凯瑟琳·斯金克:《国际规范的动力与政治变革》,第299页。

33. 玛莎·芬尼莫尔:《建构人道主义干涉的规范》,第156页。

34. 苏长和:《全球公共问题与国际合作:一种制度的分析》,上海人民出版社2009年版,第233—234页。

35. 同上书,第78页。

36. 吕晓莉:《全球治理:模式比较与现实选择》,《现代国际关系》2005年第3期,第9—10页。

37. 约瑟夫·奈、约翰·唐纳胡主编:《全球化世界的治理》,王勇等译,世界知识出版社2003年版,第21—22页。

38. 杨洁勉等:《对外关系与国际问题研究》,上海人民出版社2009年版,第204页。

39. Kathryn Sikkink, "Restructuring World Politics: The Limits and Asymmetries of Soft Power," in Sanjeev Khagram, James V. Riker and Kathryn Sikkink, eds., *Restructuring World Politics: Transnational Social Movements, Networks, and Norms*, Minneapolis: University of Minnesota Press, 2002, p. 301.

40. Ethan A. Nadelmann, "Global Prohibition Regimes: The Evolution of Norms in International Society," *International Organization*, Vol. 44, No. 4, Autumn 1990, p. 482.

41. C. F. Alger, "Transnational Social Movements, World Politics and Global Governance," in J. Smith, C. Chatfield, R. Pagnucco, *Transnational Social Movements and Global Politics: Solidarity beyond the State*, Syracuse: Syracuse University Press, 1997, pp. 260—275.

42. Robert O'Brien, "Global civil society and global governance," p. 218.

43. John Gerard Ruggie, *Multilateralism Matters: The Theory and Praxis of an Institutional Form*, Columbia University Press, 1993, p. 11.

44. Joseph S. Nye Jr., *Soft Power: The Means to Success in World Politics*, New York: Public Affairs, 2004, pp. 64—65.

45. 秦亚青:《变化中的世界格局》,《光明日报》2010年4月28日,第8版。

46.《[德]国务部长格诺特·埃勒尔关于多边主义和德国外交政策的演讲》,2006年5月11日,引自德意志联邦共和国驻上海总领事馆网站,http://www.shanghai.diplo.de/Vertretung/shanghai/zh/03/StMErler__rede__multilateralismus.html.

47. 托尼·麦克格鲁:《走向真正的全球治理》,《马克思主义与现实》2002年第1期,第36页。

48. 同上文,第36—37页。

49. 同上文,第38页。

50. 约瑟夫·奈、约翰·唐纳胡主编:《全球化世界的治理》,王勇等译,世界知识出版社2003年版,第21—22页。

51. Ann Florini, *The Coming Democracy: New Rules for Running a New World*, Washington: Island Press, 2003, p. 132.

52. 秦亚青:《变化中的世界格局》。

53. 俞可平:《全球治理引论》,《马克思主义与现实》2002年第1期,第25页。

54. 蔡拓:《全球治理的中国视角与实践》,《中国社会科学》2004年第1期,第95—96页。

55. 张伯里:《把握全球治理态势　增强全球治理观念》,《人民日报》2010年8月11日。

56.《戴秉国出席八国集团同发展中国家领导人对话会议》，新华网 2009 年 7 月 9 日，http://news.xinhuanet.com/politics/2009-07/09/content_11682622.htm。

57. 张伯里：《把握全球治理态势　增强全球治理观念》。

58.《胡锦涛在八国集团同发展中国家领导人对话会议上的讲话》，新华网日本洞爷湖 2008 年 7 月 9 日电，转引自人民网：http://politics.people.com.cn/GB/7490819.html。

59. 胡锦涛：《高举中国特色社会主义伟大旗帜　为夺取全面建设小康社会新胜利而奋斗——在中国共产党第十七次全国代表大会上的报告》(2007 年 10 月 15 日)，人民出版社 2007 年版。

60. 以上五点中凡引号中所引述的内容源自胡锦涛：《高举中国特色社会主义伟大旗帜　为夺取全面建设小康社会新胜利而奋斗——在中国共产党第十七次全国代表大会上的报告》。

61. 赵紫阳：《1986 年政府工作报告——关于第七个五年计划的报告》，1986 年 3 月 25 日在第六届全国人民代表大会第四次会议上，中华人民共和国中央人民政府政府网站，http://www.gov.cn/test/2006-02/16/content_200850.htm。

62. 李鹏：《1988 年政府工作报告》，1988 年 3 月 25 日在第七届全国人民代表大会第一次会议上，中华人民共和国中央人民政府政府网站，http://www.gov.cn/test/2006-02/16/content_200865.htm。

63. 江泽民：《高举邓小平理论伟大旗帜，把建设有中国特色社会主义事业全面推向二十一世纪——在中国共产党第十五次全国代表大会上的报告》(1997 年 9 月 12 日)，人民出版社 1997 年版。

64. 江泽民：《全面建设小康社会，开创中国特色社会主义事业新局面——在中国共产党第十六次全国代表大会上的报告》(2002 年 11 月 8 日)，人民出版社 2002 年版。

65. 胡锦涛：《高举中国特色社会主义伟大旗帜　为夺取全面建设小康社会新胜利而奋斗——在中国共产党第十七次全国代表大会上的报告》。

66. 江泽民：《加快改革开放和现代化建设步伐，夺取有中国特色社会主义事业的更大胜利——中国共产党第十四次全国代表大会上的报告》(1992 年 10 月 12 日)，人民出版社 1992 年版。

第三章
全球安全问题

进入 21 世纪以来，全球传统安全和非传统安全问题都成为国际社会关注的重点。要准确和深入地考察当今国际体系转型和国际规范重组背景下的全球安全治理，相当重要的是从高政治(high politics)和全球体系和国家间体系本身及其组成单元的生存与稳定等视角，考察全球安全治理的现状与未来。伴随全球化和相互依赖深入发展而来的全球体系的逐渐形成，再加上安全概念的泛化和安全化的普及，不仅催生了大量崭新的安全需求，也促使诸多传统的安全需求发生了变化。而这一方面推进了全球安全治理体系的能力再造，另一方面也暴露出其重大能力赤字，其原因很大程度上在于传统安全思维继续主导着对全球安全治理的思考。对于经过改革开放三十余年的中国来说，全球安全治理体系的改造与重组既为中国提供了重大的发挥影响力的机遇，也不断向中国提出了新的挑战。

第一节 当代安全需求的激增与变异

当代全球安全的新发展与当前人类国际生活的体系性变革息息相关。一方面，人类国际生活正日益超越传统的主权国家间体系，越来越多的行为体正日益积极地卷入国际生活，其相互关系也变得日益复杂，进而逐渐形成一个全球性体系。这一全球性体系的产生和发展意味着人类的命运正日益密切联系在一起。另一方面，在传统的主权国家体系内部，由于新兴大国的群体性崛起，美国权势的相对衰落，各种安全复合体的日益发展；同时主权国家体系自身也正发生着重大变化和调整。这两个齐头并进、相互交织的趋势总体上体现为国际体系的转型和国际规范的重组。而这一进程在全球安全领域的表现，既包括新安全需求的增生——来自快速发展的全球体系的安全需求，又有旧安全需求的变异——体现在传统国家间体系安全需求的转变，还有安全需求增生与变异的复杂交织——国际行为体的多元化发展及其相互关系的复杂化。

一、全球体系的生存与稳定

随着越来越多的非国家行为体日益积极和全面地参与国际生活，一个全球体系已初具雏形。这个体系要求全人类采取集体行动维持其稳定，不仅要避免人类自身行为导致的体系性不稳定，还要集体合作以对抗非人类行为导致的体系性动荡，避免全球体系的系统性崩溃。对于全球体系而言，保证其所依赖的两个基本要素——操作空间（地球）和基本单元（人）——的生存，是体系最基本的安全需求。因此，目前全球体系面临的安全威胁主要来自两个方面：一是气候变化和环境恶化的后果，它可能危及全球体系生存的物质或地理基础；二是国际公共卫生问题，特别是如艾滋病、严重急性呼吸道症候群（SARS）等全球性传染病，它可能危及全球体系最基本的组成单元，即人的持续生存。

（一）全球生态危机

进入21世纪以来，各种能危及人类及全球体系基本生存的自然灾难或生态危机不断暴发，如2004年印度尼西亚海啸、2008年中国汶川大地震、2011年日本大地震及随后的海啸和核辐射泄漏等。尽管对于其根源，特别是与人类活动的关系仍存在重大争议；但可以确定的是，全球性生态危机对人类和全球体系的持续生存会带来重大威胁，如切尔诺贝利与日本核电站的辐射等都使得至少周围不小范围在相当长时间内变得不再适宜人类活动。当然，全球生态危机的表现形式并非始终如此地大规模且极具破坏性，其更为常见的表现形式是影响或许更为深远、破坏性或许更强的气候变化和环境问题。

鉴于本书将有章节专门讨论气候变化与环境问题，这里的讨论更多集中于由此而来的新安全需求。国际社会对这类问题的关注，最早出现在1979年第一次世界气候大会上，气候变化首次作为一个引起国际社会关注的问题提上议事日程。此后，联合国环境规划署（UNEP）和世界气象组织（WMO）于1988年11月建立了政府间气候变化专门委员会（IPCC），联合国第四十五届大会于1990年12月21日通过了第45/212号决议，决定设立气候变化框架公约政府间谈判委员会，正式启动了《联合国气候变化框架公约》的谈判进程，并于1992年通过该公约，此后又于1997年通过《京都议定书》。

尽管如此，直到2007年，气候变化和全球生态危机仍被认为是个不那么重要的非传统安全问题；进入2007年，气候变化问题的重要性才开始得到广泛承认。在各种研究报告纷纷出台的同时，各国决策者也日渐关注气候变化问题。更为重要的是联合国安理会于2007年4月17日举行了历史上第一次有关气候变化及其与国际安全的关系的讨论。此次会议指出，气候变化是一个“威胁到整个星球的和平与安全的问题，安理会是讨论这一问题的正确地点。”[1]尽管最终的安理会讨论并未达成实质性协议，但它仍有着标志性的意义，即气候变化已经成为一个需要用传统安全手段解决的非传统安全问题。正如2007年12月联合国气候大会主持人、印尼总统苏西洛·班邦·尤多约诺所说：“由于我们不能找到（各方同意的）表述……可能导致人类和地球陷于面临崩溃的境地。这是最糟糕不过的事情。整个世界都注视着我们，我请求你们不要让世界失望。”[2]

尽管存在一定争议，我们仍可从有关气候变化问题被安全化看出，它对一国国家安全的直接威胁大致包括：气候变化可能（1）危及一国生存，如海平面上涨可能导致一些海岛国家的消失；也可能危及一国政府的延续或更替；（2）动摇主权国家在其领土范围内的合法管辖权，如2005年卡特丽娜飓风后的无政府状态便是一例；[3]（3）出现大规模的人道主义灾难，可能导致政府合法性的丧失。[4]此外，气候变化还会对国家安全形成间接威胁，成为国际性安全问题，这主要包括三个方面：（1）暴力冲突，尤其是当一国因气候变化导致的冲突引发大量难民外逃时，可能诱发与其他国家的暴力冲突；（2）在一国发生的自然灾害与他国所进行的人道主义干涉；（3）一国的自然灾害可能对他国国家形象等造成负面影响，如美国在2004年印尼海啸中的迟缓反应曾引起人们强烈不满。

当然，与气候变化密切相关的环境安全也得到一定程度的提升。有越来越多的人认为环境因素，包括人口增长，是政治暴力中日益重要的决定性因素。根据对环境与政治暴力作出最为全面论述的“多伦多学派”(Toronto School)的研究，在往往由人口增长导致的环境恶化与各种内战和国际冲突之间，存在着一种因果关系；诸如气候变化、臭氧层破坏、农业耕地和森林面积减少，以及渔业资源和淡水供应下降等情况都可能导致财富生产、地方制度结构的变化，以及人口大规模转移和农业弃耕等问题，最终将深化为各种暴力冲突。[5]

（二）国际公共卫生挑战

在全球体系的基本生存条件可能因生态危机遭到重大破坏的同时，国际公共卫生问题可能全面消灭全球体系的基本单元，这是连世界大战也无法实现的——战争往往有胜利的一方活下来。进入 21 世纪以来，随着严重急性呼吸综合征、禽流感、甲型 H1N1 流感等大规模传染性疾病的集中暴发，国际公共卫生形势变得日益严峻。尽管如此，对国际公共卫生的安全挑战的系统讨论和认识仍相对缺乏，而联合国安理会对于艾滋病的讨论，很大程度上为这一领域的安全挑战提供了参照。鉴于此，本节将主要通过对艾滋病的案例性分析来说明国际公共卫生挑战对于全球体系的生存与稳定的安全挑战。

发现艾滋病的时间并不长。在其发现后的第一个十年里，仅被当作一个公共卫生以及与此相关的国际发展问题；相关的国际努力也仅局限于技术领域，即如何控制疾病，特别是如何帮助落后国家控制疾病。很显然，任何一个国家都无法单独提供防治艾滋病的有效措施，这使得将艾滋病防治提升到与传统安全相等的地位加以解决变得相当重要，而这就需要将其与传统安全问题相联系。

艾滋病与传统安全联系的确立，同时从学术界和政策界两个方面展开。自 20 世纪 90 年代起，学者们更加关注与艾滋病相关的经济和社会负担是否会导致国内冲突，甚至是地区动荡，是否会因此而危及有关国家的政治稳定，以及艾滋病与国际安全关系等问题。[6] 1995 年，联合国艾滋病规划署(Joint United Nations Program on HIV/AIDS, UN-

AIDS)成立。此后,该机构持续致力于宣传艾滋病是一种“安全威胁”的观念:艾滋病是“人类历史上独一无二的特殊危机”……它需要移到采取特殊行动的层次上。[7]1999 年,克林顿政府更是将艾滋病称作是对美国国家安全的一项威胁,这是美国历史上的第一次。2000 年 1 月 10 日联合国安理会新千年召开的第一次会议专门讨论艾滋病对非洲和平与安全的影响。会议主持人、前美国副总统阿尔·戈尔说,“今天是安全理事会……首次将卫生问题作为一个安全的威胁来进行讨论。……任何人都不会怀疑,由于艾滋病毒/艾滋病所造成的最大破坏和生命损失确实威胁到我们的安全。”[8]

2000 年 7 月 17 日,联合国安理会通过有关艾滋病的第 1308 号决议,正式确立了艾滋病与传统安全的联系。第一,艾滋病可能对国家外部安全构成威胁:“认为艾滋病在军队及其他准军事部门要远比普通大众中有更高的感染率……已经成为一个普遍接受的假设。”[9]人们往往会说,军队及其他准军事部门感染艾滋病的概率为普通大众的 2—3 甚至是 2—5 倍。尤其是在撒哈拉以南非洲,军队中的感染率高达 50%以上,而马拉维和津巴布韦的军队感染率已经达到 75%—80%,南非军队据说可能达到了 90%。[10]很显然,军队面对艾滋病时的脆弱极可能导致国家安全遭受严重的威胁。

第二,艾滋病会对国际国内稳定构成威胁。在 2000 年 1 月有关艾滋病的会议上安南认为:“艾滋病正导致社会—经济危机,它反过来又威胁着政治稳定。”[11]艾滋病不仅可能对经济和治理产生负面影响,而且还会带来大量的社会和政治问题。

第三,艾滋病还会对联合国的维持和平行动造成影响。维持和平行动人员可能会面临日益上升的感染艾滋病的风险,因为维和部队部署的地区本身可能就是艾滋病流行地区。这样,可能反过来导致维和人员最终又成为艾滋病的载体,将疾病传播到其他地区。当然,最严重的是,如果维和人员大量感染艾滋病,那么维和部队的战斗力和有效性便出现了问题。

第四,艾滋病可能会强化一些地区原本存在的冲突,也可能导致其他类型的冲突。例如,可能由于担心联合国维和人员会为当地带来艾滋病,有些陷于冲突的国家会拒绝联合国的维和行动。

无论是全球生态危机还是国际公共卫生挑战，都凸显了对正在形成中的全球体系的基本生存和稳定的物质条件——包括操作空间和基本单元——的根本性威胁，进而使得全球体系产生了新的安全需求：即通过维护其操作空间或地球、基本单元或人的基本物理性生存，实现全球体系自身的基本生存和稳定。

二、国家间体系的安全需求变异

随着全球体系的初步形成和发展，原本占据国际生活核心位置的国家间体系的重要性开始下降，并使得传统的国家间政治重要性也相应下降。其后果之一便是先前的国家间体系安全需求在很大程度上发生了变异：尽管权势转移仍相当重要，但国家间权势竞争的重点却在变化；尽管暴力使用很大程度上仍是主权国家的特权，但战争和军队的功能却在发生着重大变化。

（一）权势转移与权力竞争重点变异

在全球体系逐渐形成和发展的同时，国际间权势的转移正在两个层次上同时发生着：一是从主权国家向非国家行为体的转移，一是从美英等西方国家向新兴国家群体的转移。正是由于这两个进程的同时发生，导致国家间权力竞争发生着一种深刻的变化。的确，无论是对国家还是非国家行为体来说，权力都是国际政治的“生命之血”；国际体系事实上便是参与行为体的相对权力大小的合理组合延伸。[12]在当前国际体系重组和国际规范重建的背景下，国家间权力竞争的重点也发生了深刻的变化，进而导致传统的国家安全重点发生了重大变化。

第一，权力的内部细分日益深入，国家间权力竞争日益关注权力中人的要素。与先前时代最大的区别在于，权力不再被认为是单一的无法破解的黑箱。对权力内部结构的破解首先来自对其硬的方面和软的方面的区分，今天往往用“硬权力”和“软权力”的术语加以区分。事实上，汉斯·摩根索早在“二战”甫一结束便对国家权力的内部要素作了区分，这一区分对于今天仍有重大意义。根据摩根索的观念，国家权力包括三类共十个要素：物的要素，包括地理位置和自然资源；人的要素，包括人口、民族性格、国家道义、外交质量和政府质量等；人与物结合的要素：工业能力和军事能力。[13]尽管难以识别约瑟夫·奈在提出"软权力"概念时多大程度上受到摩根索的影响；但可以肯定的是，软权力概念更多强调的是摩根索所讨论的权力中人的要素，因为它强调的是文化、政治意识形态、外交政策等的吸引力，[14]可用摩根索更强调的"质量"一词来帮助理解。

随着对权力细分的深化，国家间竞争的重点也在逐渐转向更强调权力中人的要素的软权力竞争。这可从国家形象的安全化中看出。正是源于对人的日益强调，国家合法性的来源正逐渐从强调国际承认转向强调国内治理，在这一背景下国家形象就变得日益重要。很多情况下，由于国内治理表现不佳，一国的国家形象可能下滑，进而影响到其国际地位和国际政治影响，因此各国都在不断地尝试给自己的国家贴上一个令外部世界，特别是外国人更易接受、感觉更为亲切的标签，这也被称作"国家品牌"。[15]中国 2011 年在美国播放的国家形象宣传片、印度在英国广播公司(BBC)播放的旅游推介片等都是典型。

第二，与前一点相关的是，在硬权力相对软权力地位下降的同时，对硬权力内部要素的优先次序的认识也在变化，正从先前更多强调军事、安全转向更多强调对各种资源的控制权上。传统上，国家间的硬权力竞争更多体现在军事和重工业等直接支持一国战争能力的要素上。因此，从修昔底德直至摩根索的思想家们都认为，国家渴望通过获得战略性领土改善其国际地位。的确，历史也表明了这一点。在农业经济时代，富饶的土地是国家财富的核心资源——主权国家的收入主要通过对大地主的税收实现的。同时，具有战略意义的领土也对国家军事和经济地位有重要影响，有着天然屏障的国家更容易保卫自己。

但随着技术变革和全球化发展，领土的重要性逐渐下降。19 世纪开始的工业革命到 1870 年已深刻改变了世界政治的基本面貌，并关键性地削弱了土地在人类生存中的作用。[16]技术革新及随之而来的生产力的大幅提高，使当前和未来的诸多最为重要的问题已不再像过去那样取决于谁占有一块领土，而更取决于它在这一领土上做了什么。[17]现在，国家间硬实力的竞争更多集中到对国家发展至关重要的资源保证上。这既包括确保安全的资源来源，也包括资源安全运送的国际通道，还包括对未来发展至关重要的资源主导权等。在当代,石油和天然气仍被认为是最重要的自然资源,而确保其运输的国际通道,如苏伊士运河和马六甲海峡等,都被认为是至关重要的。而围绕气候变化展开的国际竞争,也是对未来发展主动权的竞争。正因如此,近年中国与非洲关系的发展,被更多的人片面解读为中国单纯追求非洲的自然资源,以美国和欧盟为首的西方国家更是以此作为核心假设制定其对中国在非洲的反应。[18]

在很多情况下,硬实力内部重点的变化与软硬实力的相对重要性的变化是相互交织、相互影响的。一国对于重要资源的控制权获得或丧失,对特定国际通道的影响力上升或下降,都会导致其国际影响力或软实力的相应波动。仍以中非关系为例,随着中非关系的发展,美国相当担忧自身在非洲的影响力会遭到中国"侵蚀",进而采取了建立美军非洲司令部、加强对非援助等措施以作回应。

(二) 战争与军队功能的转变

出于国际无政府状态的性质,战争和军队历来是国际安全中最为重要的问题,也是最为重要的手段和解决方法。但随着全球化和相互依赖的发展,特别是冷战结束和"9・11"事件的发生,国际安全的挑战日益多样化,可能的国际冲突类型也发生了重大变化,这使得战争和军队的功能逐渐从更为传统的保家卫国,转变为救灾、人道主义救助、维持和平等非传统使命。

一方面,全球性和地区性的安全复合体正日渐形成,导致任何一场冲突——无论是国际的还是国内的——都可能产生跨国界,甚至是全球性的影响,如同2011年突尼斯、埃及、利比亚等国的动荡所证明的。尽管冷战结构很大程度上限制了国家间冲突的发生,但它的终结却释放出诸多国际和国内的冲突潜力,导致出现了与传统战争相区别的"新型战争",又被称作"跨国战争"、"地区化战争"或"没有边界的冲突"。根据对冷战后地区和全球安全动力的性质和重要性的观察,哥本哈根学派提出了"地区安全复合体"理论。所谓安全复合体,指一群相互密切依赖的或其重要安全关切充分密切地联系在一起的国家群体,它们的国家安全不可能在不考虑其他国家的安全情况下得到现实的考虑。[19]以自下而上的视角看，安全复合体被认为“来自多个国家间的互动”；而以自上而下的视角看，它们“是通过（国际）无政府状态与地理学的互动而产生的。”[20]

由于安全复合体的存在，冷战后的冲突呈现与传统战争完全不同的特征，往往被总结为两个相逆的发展：国内冲突国际化和国际冲突国内化。由于全球化和地区化的本质，国内冲突可能会涉及其他国家或次国家团体，甚至可能涉及创建新的政治身份的努力，如同一个国家所拥有的权利或一国之内的半自治的实体所拥有的权利一样。这些冲突可能会从种族—民族主义、微型地区主义或低烈度内战中出现。种族—民族主义冲突来自社会安全问题，次民族团体提出提高自治水平的要求，甚至是从多种族国家的主导种族中分裂出去的要求；它往往质疑既有国家结构的合法性问题，一般涉及暴力，并且是一个反应性的现象。[21]这类冲突的例子主要涉及塞尔维亚、克罗地亚、波斯尼亚和黑塞哥维那、科索沃等前南斯拉夫地区的战争、卢旺达的胡图族与图西族之间的冲突、苏丹的穆斯林与基督徒之间的冲突等。另一方面，跨国或国际性冲突也往往导致对其他国家的溢出反应，特别是当它与身份危机相联系，即导致反国家和反社会团体的非领土法治和秩序问题时。

另一方面，尽管冲突正日益复杂化、多样化，影响也日益国际化，但传统上作为寻求生存必需手段的战争和军队，却向着维护生存质量型的方向发展。很大程度上，人类发展的大部分历史为这一趋势所见证，即技术、经济等的发展水平无法为生存必需的稀缺资源提供一种充分的替代方法。因此，通过战争和军事建设以确保国家生存的必要条件便成了主要手段。那种战争的根本目的在于获取更多的生存必需资源，尤其是土地，以缓解甚或消除因人口增长、自然灾害等带来的生存必需资源的稀缺——尽管这种稀缺可能只是幻象。由于战争往往在争夺生存必需资源的各方之间展开，并主要为着夺取更多土地，因而地缘成了战争的决定性因素，拥有良好的防御地位或较佳的内线作战优势往往是从战争中胜出的关键，英、法、德、俄等的崛起与衰落都证明了这一点。[22]同样，由于技术、经济等条件限制严厉，以及旧的社会和政治制度不可能动员大规模的人力、物力资源，寻求生存必需型战争总的特点是有限与相对温和。[23]这种战争还导致一种当今仍据显赫地位的传统安全观：安全就意味着领土不受侵犯，人民（或公民）的最终认同及忠诚往往必须维系于统治该领土的政府权威上，并为民族国家的形成和维持提供重要的心理与物质基础。[24]

巨大的技术、经济、社会变革导致一国（国家集团）为维护自身生存质量不致遭受可能导致严重下降的打击，或出于对人类生存质量的某种最低标准的关切，[25]与可能导致这种威胁的另一国（国家集团）展开了一种新型的战争——维护生存质量型战争。战争和军队功能的这一演变，来源于两大方面的推动。一方面，战争演变的根本动力在于巨大的技术、经济与社会变革，正因此才可能建立“人统治自然的帝国”（the empire of man over nature）取代“人统治人的帝国”（the empire of man over man），[26]使战争不再主要为了寻求生存资源。另一方面，“二战”结束后的大量事态发展促成了战争作为国家利益工具的价值不断衰减：如军事技术发展导致的战争成本上升，武器更有利于防御而非进攻，军事技术扩散速度的加快，情报技术发展使战争误判可能性下降，以及核武器的威慑性作用等。[27]这样，与非传统安全问题日益呼吁传统性的解决方法相适应，军队的功能发生了重大转变，如救灾、海外维和、海外利益保护等在军队的任务中比重日益增加。

同样需要关注的是，核技术的功能也发生了重大转变。在整个冷战时期，对核技术，特别是核武器的追求曾经令包括两个超级大国在内的整个国际体系高度紧张。冷战结束后，人们曾一度预言将出现“第二个核时代”，并以印度、巴基斯坦和朝鲜的核试验作为证据。但很显然的是，追求核武器的国家事实上并没有如同预言般快速增加；但另一个令人担忧的现象是，随着气候变化、能源危机等日益严峻，对核技术的渴望正在上升。因此，尽管尚不能说追求核电技术的国家永远不会利用其来发展核武器，但核技术的功能或服务对象似乎也正发生着重大变化。

三、全球体系单元多元化与关系复杂化的安全需求增生与变异

全球体系迅速发展的必然后果之一是国际行为体的日益多元化，

而这又必然导致先前行为体较为单一时相对简单的行为体关系日益复杂化。当然，全球体系的形成和发展，很大程度上也得益于参与国际生活的行为体的多元化及其相互关系的复杂化。国际行为体的多元化及其相互关系的复杂化，直接导致了先前由主权国家主导的国际体系内关系模式单一的现状被改变，各行为体间的关系变得日益复杂，既催生了诸多新的安全需求，也使一些旧的安全需求发生变异，最为明显地体现在国际合法性来源的变化和人类安全观（Human Security）的推广上。

（一）国际合法性来源的变化

回顾人类政治发展史，作为一种对特定领土进行统治的政治组织，唯有主权国家曾覆及全球。[28]的确，国家主权是目前所有国际规范中最受肯定的，甚至被称作“现代世界政治宪法性规范准则”。[29]但随着冷战结束和全球化的深入，“主权过时论”正快速兴起，其最为明显的体现是联合国前秘书长科菲·安南的观点，他认为国家主权的最基本含义正重新得到定义，国际社会应当奉行“超越国界权力”。与此相联系的是，随着越来越多的（国际）非政府组织参与到全球治理进程中，各种国际组织，特别是联合国，正授权这些非政府组织某种程度的国际法律人格，也进一步挑战着主权国家作为国际社会中“唯一”合法性来源的地位。

首先，主权国家自身的合法性来源正发生着急剧的变化，从先前强调国际承认发展为强调国内治理。主权国家的合法性是国际社会关于一个假定的国家是否满足条件的集体判断，或者说是国家身份以及国家社会中的“正当的成员”的规范标准。合法性规范又为表达国家作为一个集中的、自治的政治共同体的“道德目的”的国际共识的基本规范与价值观所塑造。[30]由此，主权国家的合法性来源可以有两个方向：一是外部合法性来源，即对排他性领土管辖的外部承认；一是内部合法性来源，即对作为政治共同体的民族及其决定自身政治地位和政府体制的内部承认。

对主权合法性规范的国家间理解随着时间而不断演进：1648 年至

1776年间，有效的政治控制由世袭王朝原则所决定的；自美国革命与法国大革命之后，合法的政治控制被认为来自被统治者的共同同意这一大众原则。换句话说，有效主权从王朝原则演进到了大众原则。但大众主权原则不安地依赖于对“人民”不断变化的解释：不同的历史时期，大众主权的界定或强调国家中心主义，或强调民族中心主义。[31]尽管如此，大众主权原则被正式确立为主权的合法性标准仍要等到第一次世界大战结束之后，以《巴黎和约》和威尔逊“十四点计划”所倡导的“民族自决”为代表。[32]据此，民族自决原则上升到了主权合法性的普遍接受的层次。但这一民族中心主义的理解，“二战”后在很大程度上被放弃。这不仅因为“民族”概念的界定异常困难，而且因为在盟国眼中，作为法西斯主义核心要素的极端民族主义是“二战”的诱因之一。因而，自决原则与民族概念脱钩，转而表达为“人民自决”(self-determination of peoples)。这标志着主权合法性转向了大众主权的国家中心主义的概念。因此，“二战”结束后，曾是《凡尔赛和约》重要考虑的民族主义观念以及少数民族的保护被放弃了，《联合国宪章》更多强调的是国家中心主义的不干涉原则。

直到20世纪七八十年代，国家合法性的主要来源是外部国际承认。随着人权观念的发展，国内治理的重要性逐渐上升，并发展成为“在国际层次上用来衡量国家行为，并相应地合法化或非法化其内部制度的普遍标准”。[33]冷战结束以来，民主的基本原则似乎已经迈上了将自身确立为国家之类政治共同体组织的全球标准的道路。[34]在1985年至2000年间，至少有64个国家实现了向民主制度的转变；到2002年，已经有140多个政府采用了多党选举政治。[35]

主权国家合法性来源的变化，既导致新的安全需求的增生，又导致了旧安全需求的变异。随着国际承认的内涵变化，导致全球安全治理体系，特别是联合国的职责，更多地转向促进程序民主与实质民主。同时，为了让国际社会更好地了解和理解一国的国内治理状况，国家形象塑造日益成为国家安全的重要内涵，使得诸如公共外交、国家品牌等国家形象管理战略的日益普及。

第二，相对于主权国家合法性的演变，国际社会中非国家行为体合法身份的认定权也正发生着重大的变化。传统上，国际法律原则视国家为国际体系的核心行为体,进而只有国家同意才会赋予非国家行为体以国际法主体的资格。结果,正是国家导致了其他国际法主体的合法存在。它或者予以明确的认可,或通过国际法律规则赋予这些实体某些功能而予以默认来实现这一点。这最为明显地体现在尽管实现了很大发展,但广大国际政府间组织的合法性仍是不充分的:首先,与主权国家相比,国际政府间组织的法律人格并不完整,只具备部分法律人格;其次,更为重要的是,所有国际政府间组织都是因为国家间的共同同意才得以组建的。在这一意义上,主权国家是国际社会中其他行为体的合法性来源:它不仅是国际体系中唯一的合法行为体,且是其他国际行为体合法性的唯一授予者。

但随着全球化的发展和国际政府间与非政府间组织日益参与到全球治理进程中,各种国际组织开始向广大非政府组织开放,授予后者某种国际法律人格。尽管很含混,但《联合国宪章》第 71 条对国际非政府组织的法律地位作出了某种基本规定,即经社理事会可“就与非政府组织有关并属于经社理事会职权范围内的事项征询非政府组织的意见……”,这往往被视作授予国际非政府组织某种国际法律人格的依据。根据这一规定,联合国经社理事会通过了第 1296(XIIV)号决议及其附件即《理事会与非政府组织之咨商办法》,赋予某些非政府组织咨商地位和观察员身份。[36] 这一决议成为联合国处理与国际非政府组织关系的更为正式的法律基础。尽管相比国际政府间组织的国际法律人格,这种咨商地位和观察员身份的法律人格意义不完全。但这一事实证明,并未得到民族国家认可的非国家行为体仍可能成为国际法主体,它从根本上动摇了国际关系中稳定了近四百年的威斯特伐利亚体系中以国家为国际事务的主要行为体或中心行为体的传统。

非国家行为体的国际合法性来源变化,导致的不仅是对国家作为传统国家间体系中唯一重要的行为体地位的冲击,还导致了国家和非国家行为体的新安全需求的增生和旧安全需求的变异。一方面,国家与非国家行为体的关系类型发生变化,以往非国家行为体对国家的单向依赖已然削弱,国家安全越来越多地通过非国家行为体而实现。另一方面,非国家行为体正日益通过牺牲国家安全来实现自身的安全;特别重要的是,不少非国家行为体通过一种类似将主权国家列入“黑名单”的功能，从而实现自身的生存和合法性。

（二）人类安全重要性上升

冷战结束后，因美苏对抗消失而释放的诸多地区冲突、国内民族矛盾以及全球化导致的恐怖主义、跨国犯罪、环境恶化等问题的显现，暴露了传统安全观念和安全研究方法与时代的严重脱节，迫切需要对安全观念与安全研究重新定位。[37] 由于冷战结束后核大战的可能大大减小，人类为核武器所毁灭的威胁很大程度已然消除，安全关注的焦点逐渐从国家和军事转向人类领域——包括个人的生命与尊严，[38] 进而催生了“人类安全”观。

1994 年联合国开发计划署（UNDP）的《人类发展报告》首次正式提出人类安全的概念，表达了这一对个人生命与尊严的关切。“人类安全并不关注武器——它是对人类生命与尊严的关切……人类安全以人为本。它关注人民如何在一个社会中生活与呼吸，如何自由地进行符合他们自身的选择、多大程度地获得本应获得的市场与社会机会，以及是生活在和平中还是冲突中……人类安全概念强调人民应当能照料自身：所有人都应有机会满足其最基本的需要，并改善自身生活——如果可能的话。这将使他们获得自由，并保证他们能完全地为发展——包括他们自身、社团、国家以及整个世界的发展——作出贡献。”[39] 由此，人类安全概念包括两层含义：首先它意味着免受诸如饥饿、疾病、压迫等长期威胁而安全；其次，它意味着受到保护、免受各类日常生活的——不管是家庭、工作还是社团的——突然的、足以构成伤害的威胁。[40] 为进一步明确人类安全观的内涵及其范畴，联合国开发计划署特别列出七类构成人类安全的要素，具体包括：经济安全——如免于贫困、食物安全——如获取食物、健康安全——如获取医疗保健及免遭病痛等、环境安全——免遭环境污染的威胁、个人安全——生理上不受迫害等的安全、社团安全——这类团体的传统文化与种族及生理生存安全，以及政治安全——得以参与公民与政治事务等。[41]

理论上，人类安全认为其主要目标是保护个人。但在政策层次上，当涉及个人到底应免受什么威胁、采取什么样的手段实现这些目标时，共识却不复存在。这样，人类安全倡导者中仅存的共识便是需要将国际安全的国家中心主义转向个人中心主义。对于人类安全所面临的不同威胁，存在两种相互区别但相互联系的理解，即“免于匮乏”和“免于恐惧”两种观念。免于匮乏观念，也可称作人类安全的“日本学派”，聚焦于保护个人免受暴力和非暴力威胁。[42]他们认为，对个人的物理保护是人类安全的必要但非充分条件。这一理解与联合国开发计划署《1994 年人类发展报告》及其他报告的观念相一致。免于恐惧派，也称“加拿大学派”，则视人类安全为保护个人免受暴力威胁，如内战、种族清洗和恐怖主义。免于恐惧派的核心观念是，对个人的保护同对国家主权的保护一样重要。[43]这一观点暗示着，公民权利应当相对于暴力冲突而言加以保护，正如同战时对国家的保护一样。这样，人类安全被当作冲突预防或管理的手段，其核心目标是保护个人的物理安全。免于恐惧派强调有关的国际手段的谈判，如轻小武器，1997 年《禁止使用、存储、生产和转让杀伤人员地雷及销毁此种地雷的公约》（又称《渥太华条约》）、国际刑事法庭（ICC）的建立、2001 年由干预与国家主权国际委员会（International Commission on Intervention and State Sovereignty, ICISS）所倡导的“保护的责任”（R2P）等。

人类安全观诞生后迅速引起国际社会的广泛关注，其中既有政府官员，也有学者。加拿大和挪威等国政府甚至将其视为制定对外政策的依据之一，并在各类国际场合大加宣传。[44]尽管存在着各种争议，但仍可明显看到人类安全观区别于传统安全观的四个特征：它是对任何地方的所有个人的普遍关注；安全的各个组成要素相互依赖；它可通过早期预防而得到更好的实现；它将安全的参照目标从国家转向个人或人民。[45]如果被联合国和重要的中等国家所重视并纳入考虑，可以认为，尽管仍被当作非传统安全问题，但其解决手段和资源筹集已经向传统安全问题靠拢。

与全球体系本身的生存与稳定相关联，全球体系中单元的多元化及其关系复杂化，最为重要的是使主权国家的重要性遭到削弱，进而导致一系列的安全需求增生和变化；尽管在不小的程度上源于更为观念性的层面，但其实际后果仍对全球安全治理体系产生了重大影响。

第二节　安全供应的能力再造及困境

全球体系的形成和发展，再加上传统国家间体系的转型，导致当代安全需求的激增和变异。这既为全球安全治理体系带来了能力再造的重大机遇，同时也为其制造了重大的压力和挑战。既有的全球安全治理体系面临着一个难得的发展机遇，可有效利用这一时机拓展当前全球安全治理体系的合法性，可强调人类共同命运和共同安全而实现全球安全治理的规范重组，还可在全球和地区层次上实现更为全面的和平与安全机制覆盖。但机遇本身也意味着挑战，全球安全治理体系在能力再造的同时也面临着严峻的能力赤字：合法性基础的拓展背后存在着严峻的全球安全治理对正义与秩序平衡的挑战，规范重组也未必是超越困扰人类已久的集体行动困境的良方，而机制强化或扩张并不必然导致相应的治理能力的提升。事实上正是当前全球安全治理体系的能力再造仍为传统安全思维所困这一事实，进一步放大了其能力赤字。

一、安全治理体系的“能力再造”

如果说冷战时期的全球安全治理更多依赖于两个超级大国的“默契”的话，[46]那么冷战的结束为以联合国为主导的全球安全治理体系带来了更大的机遇。很大程度上，冷战结束使联合国，特别是联合国安理会的重要性得以真正体现。它们不仅在传统领域活动更为积极，而且极大地拓展了其权威范畴，将人类安全问题、国家失败、国际恐怖主义等纳入了自身政策议程。其结果是，为应对如此众多的问题，安理会往往利用集体强制措施，并渗透到国家内部。更为具体地，全球安全体系在传统与非传统问题的相互交织面前，通过拓展合法性、扩张机制体制和推广集体强制而实现了重大扩张和转型。

（一）合法性拓展与发展—安全议程

冷战结束后，以联合国特别是安理会为代表的全球安全治理体系的合法性得到极大拓展。东西方冲突的终结，深刻地改变了国际政治的权力结构，并使得联合国安理会被激活成为可能：在这之前的近半个世纪中，否决权使得安理会无法行使其首要责任，即维持国际和平与安全。但这一停滞于1990年被终结，使安理会的法理性权力转变成为事实性权力。否决权的行使次数从1990年前的192次减少到冷战后的不足二十次，现在安理会几乎可以天天召开会议。[47]全球安全体系的合法性拓展，使它一方面可以更为关注传统安全问题的非传统方面，其逻辑后果是安全政策的发展化；另一方面又可更强调非传统安全问题的传统解决办法，其逻辑后果则是发展政策的安全化。

对于全球安全体系的扩张与转型而言，传统与非传统安全问题的相互交织为其带来了重大合法性支持，主要体现在两个方面。一是威胁观念的拓展，从先前强调实际力量带来的物理性威胁，发展为强调不确定性带来的难以捉摸的风险。如前所述，传统与非传统安全问题的相互交织，有效拓展了全球安全的议程：不光国家需要安全，人也需要安全。因此，国家主权的特权正在遭到削弱，威胁的来源正不断多样化。这导致威胁认知的两大变化：一是使得先前主要防御来自他国强大的经典安全范式，转变为防御来自他国的脆弱；换句话说，对威胁的强调从先前的霸权斗争，转向了预防国家失败或陷入动荡。[48]这样，国家的长期稳定与发展，事实上成为全球安全治理的新重心。发展作为外交政策的一个目标，被认为是中立性地导致被支持国家的发展，便在合法性的争取中获得重要作用。与此并行的另一转变是，对外生于国家的安全要素的强调日渐上升。现在，决策者更为关注超越主权国家的更为宏观的威胁来源，如环境恶化与气候变化、人口爆炸、毒品走私、全球性传染病等。但很显然，这些非传统性安全威胁存在高度的不确定性，其实际伤害的后果、发生时间、发生方式等都不明确。在这样的情况下，传统的基于力量与意图的威胁范式必须加以改变，以应对更大的威胁，即风险。这一方面为全球安全体系的扩张与转型带来了合法性，另一方面也为其埋下了失败的“风险”，因为风险内在于行动，任何行动都可能失败。

强化全球安全体系扩张与转型合法性基础的另一要素，是冷战结束后安全与发展之间的关系日益密切。如果说冷战时期的发展政策更多是服务于美苏斗争，那么冷战后国际社会对两者关系的认知便发生了根本性改变。一方面，美苏敌对消失与大量内战爆发，使得联合国有能力且有意愿部署更多的维和行动，而这进一步暗示着国家主权规范的某种修正。另一方面，安全与发展被认为是相互联系、相辅相成的。大多数内战都爆发在穷国，留下的是受损的政治和经济制度，战争摧毁了基础设施和通讯网络，平民被杀害、迁离和恐吓。它们也使拥有经验、装备，以及往往还有经济动机的军事领导人和组织得以保留，继续实施暴力。这样，走出长期内战的国家甚至比先前更穷，政治上更不稳定，因此更有可能再一次爆发冲突。根据一项研究，有超过40%的国家在战斗停止后的五年内又再次爆发了内战。[49]这两方面的结合，呼吁全球安全治理体系发挥更为积极的作用。

全球安全治理体系的扩张与转型并非单向的，而是同时沿着两个方向展开的。一方面，为了应对传统安全的非传统化，全球安全治理体系需要强调安全政策的发展内涵，或者说在安全政策中添加发展要素，于是便出现了安全政策的发展化趋势；特别明显的例子是在全球反恐战争中“使援助资源重新聚焦于那些被当作是对国土安全的威胁的次级群体、地区和冲突”。[50]当然也包括前文所述的人类安全、保护的责任等。另一方面，虑及非传统安全的传统化，也需要强调发展政策的安全方面，或为发展政策添加重要的安全要素，于是出现了发展政策的安全化趋势；特别是要认识到对“冲突预防”、“冲突后发展”和“冲突后重建”的投资已成为安全政策的有机和核心要素。[51]

（二）机制强化及和平与安全构架

作为对安全泛化的回应，在合法性基础增强的基础上，全球安全治理体系不断尝试加强自身的机制体制建设。这种机制体制的强化主要来自两个方面，一是巩固全球层面的安全治理机制体系，最为主要地体现为联合国，特别是安理会的改革；二是巩固各地区层面的安全治理体系，包括设法推广全球安全治理模式的地区应用，以及与各地区安全治理体系开展合作。

从国家权力格局的角度思考以联合国为代表的全球安全治理体系的改革，尽管自冷战结束以来便有不少努力和尝试，但到目前仍是停滞不前的，如果不说是失败的话。但如果从全球治理的角度思考这一问题，可以发现，改革，特别是安理会的改革仍取得重大进展，最为明显地体现在安理会对诸多非政府组织的开放上。如果说非政府组织参与联合国经社理事会有某种法律保证的话——即《联合国宪章》第 71 条，那么在安理会是不存在的。尽管如此，冷战结束后安理会与非政府组织间的互动仍取得一定发展，具体的互动包括两种形式，一是直接的非正式咨询，一是间接的接触。非正式咨询主要包括三种类型：首先是安理会成员国大使与约二十个非政府组织的定期咨询会议；其次是所谓"阿里亚模式"（Arria Formula）咨询，它现在已经被纳入安理会每月日程公告；[52]第三是单个安理会成员国政府与非政府组织的双边咨询。而间接的互动主要包括游说、国际行动和接管任务执行等。尽管与全球治理的其他领域相比，接纳非国家行为体进入全球安全治理体系的步伐仍相对较小，但这被"认为对非政府组织非常有价值的，近年来变得更为重要"。[53]

与全球安全治理体系自身的改革进展缓慢相比，这一治理体系的全球推广进展，即建设各地区的和平与安全架构相对较快，最为明显地体现在非洲地区。2002 年非洲联盟的成立，事实上很大程度上"参照"了联合国的和平与安全架构模式。基于非洲统一组织的冲突预防、管理和解决机制（Mechanism for Conflict Prevention, Management and Resolution）以及 1991 年《阿布贾条约》所确立的非洲一体化议程，非盟创建了一个和平与安全架构。2004 年，这一架构发展成为非洲共同防务与安全政策（Common African Defence and Security Policy, CADSP），其协调机构为非盟的和平与安全理事会（Peace and Security Council, PSC），包括非盟委员会、名人小组、非洲大陆早期预警体系、军事参谋委员会、特殊基金，及正在组建的非洲常备军等。为避免非洲统一组织与次地区组织间的竞争，非盟将和平与安全机制分解并植入次地区组织，形成一种崭新的劳动分工模式。这是一个类似金字塔状的冲突管理结构，塔尖是联合国，底层是各次地区组织，非盟位于中间。如果说这些都更多是"参照"联合国模式的话，那么非洲常备军的创建则证明了全球安全治理体系的理念性推广，因为很大程度上联合国军事参谋团到目前为止的实践都是无足轻重的，如果不说失败的话。根据2002年7月通过的《建立和平与安全理事会条约》(Protocol Relating to the Establishment of the Peace and Security Council),非洲常备军可使和平与安全理事会实现其促进非洲和平、安全与稳定的目标。[54]设想中的非洲常备军包括5个三至五千人的地区旅,使得非盟的常备部队达到约1.5万至2万人的规模,以履行从低烈度的观察员特派团到全面的军事干涉的和平使命。

在全球安全治理模式的地区推广之外,全球性和地区性的安全治理体系的互动与合作也正得到强化,最为明显的例子包括联合国与欧盟、非盟和北约的合作。联合国与欧盟的双边互动是目前国际安全机制间互动中发展最为全面的。欧盟于2001年明确了与联合国合作的三个特别领域,即冲突预防和危机管理的平民与军事方面,如西巴尔干、中东和非洲等特定地区的问题。[55]2003年的《欧洲安全战略》(European Security Strategy)承诺将"强化与联合国的合作,以帮助刚摆脱冲突的国家,扩大其对联合国的短期性危机管理使命中的支持"。[56]此后,联合国与欧盟的合作迅速得到落实,双方于2003年确立了"工作层面的联合咨询机制",并具体体现为2003年启动的欧盟波黑警察行动(EU Police Mission in Bosnia and Herzegovina, EUPM)和欧盟在刚果(金)的阿提弥斯军事行动。尽管诞生时间较短,但非盟与联合国的合作已经得到快速发展。2006年12月,联合国与非盟领导人签署了迄今为止两个组织间合作的最为全面和正式的协议,声明了双方"扩大和强化相互咨商与合作"的承诺,包括在和平与安全、和平建设和维持和平行动等领域。两个组织特别强调,他们将合作致力于改善"国际社会对非洲大陆面临的挑战的反应方面"的协调,并声称其准备好"共享最佳实践和所习得的教训"。[57]联合国与非盟的合作已经为联合国苏丹特派团(UN Mission in Sudan, UNMIS)所证明。尽管功能上的重叠原本可保证联合国与北约的更大合作,但事实上两者的互动到目前为止仍更多是意愿宣示,尚未落实到具体的行动和机制建设上。

(三)规范重组与集体强制能力

在合法性得以拓展、机制能力得以强化的同时,全球安全治理体系的规范重建也取得重大发展。它拓展了联合国，特别是安理会的和平行动能力，不只是维持和平，还包括从预防冲突直到冲突后和平重建的整个光谱；它也使得体系的集体强制能力有了重大发展；更是通过提升与人道主义干涉相关的规范的地位，重建国家主权规范与人权规范的相互关系。所有这些，都直接地推动了全球安全治理体系成为，至少是表面上成为全球安全治理的规范创立者和实际调解者。

首先，联合国抓住了冷战后短暂的安理会共识带来的机遇，极大地拓展了自身的和平行动能力和权威范畴。冷战结束让人们普遍期望随着安理会内部共识的明显增强，以联合国体系为主的全球安全体系将会在国际生活中发挥更大的作用，特别是在维持和平方面。1992 年 1 月，应联合国安理会的要求，联合国秘书长加利提交了《和平议程》(*An Agenda for Peace*)报告。该报告列出了联合国在冷战后迅速发展的国际政治中所应发挥的五大作用：第一，预防外交，即采取行动阻止各方纠纷产生，阻止现有纠纷升级成为冲突，当冲突发生时限制冲突的扩散。手段包括信任建立措施，查找事实，早期预警，以及部署联合国维持和平部队。第二，强化和平，通过各方的共识或没有共识时仍保证服从联合国宪章第七章授权下安理会所实施的停火决议。军队由安理会指导，包括重型武器装备的部队。第三，缔造和平，用以"使敌对各方达成协议"的调解与谈判，通过诸如联合国宪章第六章所规定的各种和平手段劝说各方达成对其争端的和平解决。第四，维持和平，为了确立联合国在该地区的存在而部署军队或文官，在冲突各方的共同同意之下，作为一种信任建立措施，以监督各方之间的休战，与此同时外交官努力谈判以达成全面的和平或官方可执行的协议的和平。最后，冲突后缔造和平，通过促进经济和社会合作以在冲突各方之间建立信任的措施，发展社会、政治和经济的基础设施以预防未来的暴力，并为持久和平奠定基础。[58]根据这一文件的指导，联合国在冷战后的维持和平行动数量大增。例如，在 1989 年至 1998 年间，安理会的有关决议超过冷战时期的 4 倍，授权的维持和平行动也翻了三番，达到 32 次，军事力量从不到一万增加到七万多，维和预算也从 2.3 亿美元增加到 36 亿美元。[59]

其次，与前一点密切相关的是，为保证集体行动，实现共同安全，全球安全治理体系日益强调集体性强制及其能力建设。的确，大多数的强制行动都是单个国家实施的，原因很大程度上在于集体强制所面临的集体行动困境。但冷战的结束为集体强制带来了合法性基础和实际需求。一方面，如前所述，联合国安理会拓展了“国际和平与安全威胁”的内涵，从先前主要聚焦于国家间战争，发展到内战、人道主义危机、国家失败、国际恐怖主义、人权侵犯、对民选政府的政变，等等。另一方面，安理会在超越冲突的更大问题上通过了大量决议，包括如在冲突预防和解决中的妇女作用（第 1325 号决议），儿童与武装冲突（第 1460 号决议），童子军（第 1261 号决议），艾滋病问题（第 1308 号决议），小武器和轻武器扩散及雇佣军活动（第 1467 号决议）以及气候变化问题（SC/9000）。随着内涵拓展，安理会也日益对冲突参与国（方）采取强制措施，这种制裁往往是以集体面貌出现的。但对于集体强制的正当性、目标及手段仍充满争议，2011 年 3 月对利比亚的禁飞区设置及随之而来的联军空袭便是典型。根据《联合国宪章》第七章而来的决议从 1990 年的 24 项猛增至 1999 年的 166 项。[60]尽管联合国在其头 45 年里只施加过 2 次经济制裁，但在 20 世纪 90 年代里却对 12 个国家实施了 16 次经济制裁。[61]

第三，与维和行动和强制外交相关联的是，全球安全治理体系极大地提升了人权规范的地位，进而削弱了主权规范原有的特权地位。在整个冷战时期，干涉国家在安理会以主权原则、自卫和保护至关重要的国家利益等作为军事行动的借口，唯独没有人权，尽管主权与人权原则都出现在《联合国宪章》之中，即使是在个别以人道主义为名的军事干涉中也是如此。[62]但在 20 世纪 90 年代，安理会便通过引用人权关切，作为自身授权军事行动的理由；而这些人权关切先前属于国内管辖范围，且超越了安理会的管辖范围。联合国安理会已经授权展开了大量人道主义干涉实践，特别是在没有得到对象国同意情况下由一个国家群体所实施的预防、中止或惩罚广泛的和大规模的人权侵犯，如在伊拉克北部、索马里和海地等的行动。同样，为了更大限度地支持这一规范重建的努力，联合国也建立了大量的特别国际刑事法庭，更于 1998 年通过《罗马规约》建立了迄今为止争议不断的国际刑事法庭。

二、当前安全供应的困境

尽管很大程度上抓住了传统与非传统安全问题日益相互交织的历史性趋势所带来的机遇，但全球安全治理体系的扩张和转型本身都面临着重大的风险。同时这种扩张和转型所夹带的政治意识形态和选择性也使其倍受诟病。这种风险与指责很大程度上在于传统安全思维仍主导着全球安全治理体系的转型与发展，既有来自道德伪善背后的权势考虑，也有来自共同命运背后的集体行动困境，更有来自功能扩张背后的治理赤字。

（一）正义与秩序

尽管全球安全治理体系的扩张和转型的合法性基础得以拓展，但它仍面临着一个重大挑战，或者说难以解决的内部矛盾，即如何平衡正义与秩序的关系。这种对正义的呼吁不仅来自非国家行为体，也来自国家体系内部自认为遭受不公待遇的国家，还来自规范重建过程中的冲突。

首先，广大非国家行为体要求拥有更大的全球安全治理参与权。事实上，正是传统安全与非传统安全的相互交织，赋予了非国家行为体更大的生存空间和合法性。因此，联合国，特别是安理会的权威与管辖范围的拓展，一方面导致了与非国家行为体的功能领域的竞争和重叠，另一方面也为非国家行为体参与这一治理进程提供了机遇。因此，大凡有着国际性使命的非政府组织都认为，由于安理会在制裁、维和、选举监督、警察与冲突后和平重建等领域采取的空前行动，他们必须更为紧密地追随安理会，更大程度地参与到全球安全治理进程中。[63]结果是在1995年，大量非政府组织，包括大赦国际、地球行动（Earth Action）、全球政策论坛（Global Policy Forum）、核政策律师委员会（Lawyers' Committee for Nuclear Policy）、世界教会理事会（World Council of Churches）、国际妇女法庭中心（International Women's Tribune Center）和世界联邦主义运动（World Federalist Movement）等组建了一个“安理会非政府组织工作组”（NGO Working Group on the Security Council）。这一工作组的成员现在已经拓展到三十多个，其目标是获得对安理会决策的影响力。[64]尽管如前所述，安理会已经在很大程度上启动了对非政府组织开放的进程，但其速度和广度都未能满足非政府组织的要求和期望。

其次，诸多国家也呼吁对全球安全治理体系，特别是联合国安理会进行全面改革。原因是多方面的，最主要的可归结为以下三个方面：第一，"二战"结束时权势结构现状的固定及战胜国否决权的确立违背代表性的要求。由于安理会常任理事国的排他性否决权，联合国被认为是"制度化不平等"的典型。[65]不仅没有来自非洲或南美的常任理事国，而且受安理会决议影响最大的国家往往也被排除在决策过程之外。第二，安理会的决策程序相当模糊，很大程度上不为公众所知。这不仅在冷战之后没有任何改变，相反"在1990年后，安理会决策变得比以前更为秘密和不负责任，会议一般是私下咨询、闭门召开。"[66]第三，"二战"结束以来，特别是冷战结束以来的国际政治权势格局已经发生了重大变化。英国、法国的权势已经大幅下降，彻底成为二等强国，但却长期拥有安理会常任理事国资格；相比之下，德国、印度等国的实力大幅上升，此外还有一大批新兴大国正快速崛起，但这些国家却并不拥有任何类似特权。正是在这样的背景下，部分自认为应当拥有特权的国家不断呼吁安理会的全面改革，以求进入安理会，成为拥有否决权的常任理事国。

第三，全球安全治理体系的规范重建并未根本性动摇主权国家体系的主导规范的统治地位，相反却表现出强烈的选择性。最为明显的例子有两个。一是人权与主权。安理会的一些决策是高度选择性的，它对某些冲突或人道主义危机采取了包括使用武力在内的强硬手段，如在伊拉克北部、索马里、海地或东帝汶；而在其他一些类似的场合却没有任何动作，甚至表现出一种道德上的冷漠，如在安哥拉、刚果(金)、库尔德地区等。二是核不扩散与和平利用核问题。国际核不扩散规范原本是个普世性的规范，但却因三大原因而丧失了基本的可信性：对诸如印度、以色列等国的核政策和核地位的默认甚至鼓励；对少数国家追求和平利用核能的合法努力过度怀疑甚至打压；核大国自身，特别是美国在兑现核裁军和无核化诺言方面的行动迟缓甚至是不行动。

（二）共同命运与集体行动困境

尽管试图通过机制强化和规范重建提升全球安全问题的集体治理能力，但这一体系仍不可避免地陷入传统安全思维下的集体行动困境当中。非传统安全和传统安全的非传统性要素日益凸显，但由此带来的共同命运压力并未必然地导致集体行动：传统的免费搭车逻辑导致软制衡的流行，集体意愿的缺乏催生了临时性和议题性联盟，而相对收益聚焦也导致集体强制努力的总体失败。

尽管目前对于软制衡的讨论更多涉及如何应对体系内霸权国家的策略，[67]但由于其更多体现在国际制度、外交和经济等领域，因此也极易在全球安全治理体系内部发生，原因主要有两个。一是对提供全球安全公共物品过程中免费搭车行为的尝试和担忧。很大程度上，由于全球安全问题的高度敏感性，各国对于提供全球安全公共物品都极为谨慎，那些努力提供此类公共物品的行为体会尽力避免有其他行为体免费搭车，而那些尝试免费搭车的行为体则往往采用软制衡方法，既设法不参与到提供公共物品的集体行动中，同时又确保不会遭到体系内主导国家的强烈报复。第二个原因在于不同的行为体从公共物品中的获益并不相同。人们一般认为，积极提供公共物品的行为体，往往都是那些能从这一提供中获益最大或更大的行为体；而那些并不能从中获得较大收益的行为体，则对于提供这一公共物品兴趣不大，除非受益巨大的一方能为其提供更大的诱惑、刺激或威胁在前者不参与的情况下实施强制。因此，软制衡对于尝试免费搭车或对提供此类公共物品兴趣不大的行为体来说，是一个不错的选择，一方面可能瞒天过海地实现免费搭车，另一方面在免费搭车尝试失败的情况下仍可作为一个讨价还价的手段，增加自身从公共物品提供中的获益。

软制衡的流行凸显了全球安全治理体系的一个天然不足，即集体行动意愿的缺乏，进而导致在诸多问题上的集体行动一方面无法覆盖所有利益攸关方，另一方面在时间上难以持久。换句话说，集体行动意愿的缺乏，导致临时性联盟、议题性联盟、志愿者联盟等的出现。这种临时性的、局限于特定国家团体或特定议题的联盟，最为明显地体现在美国在伊拉克战争及之后的战术变化，即从过去主要依靠条约盟国转向主要依靠志愿者联盟。国家集体行动努力的这一变化表明，在国际体系重组与国际规范重建的背景下，少数主导国家正开始尝试一种灵活的变通方法：一方面不追求体系内的一致同意，因为集体行动的困境将导致无法采取任何行动，任由事态发展；另一方面并不试图推翻整个体系，而是采取一种次团体合作的方式，尽管这很大程度上架空了整个体系，但却为体系的持续生存留下了空间，也为未来复苏体系留下了余地。

与前两种情况相呼应，尽管全球安全治理问题形势严峻，但各行为体仍更多地关注自身的相对收益，而非公共物品提供或绝对收益，这导致集体强制的总体失败。事实上，冷战结束以来，国际社会曾在大量场合诉诸强制外交战略以试图解除外部侵略和内部压迫，几乎每次尝试都是由一群国家打着国际组织的旗号进行的。有的尝试以失败结束或者是转向全面战争的战略，如 1991 年的伊拉克战争；还有的选择退缩，如对索马里的集体干涉；只有少数取得了有限成功，如 1994 年对海地的干涉；还有的到目前仍难以判断其未来前景，如对朝鲜和伊朗的集体强制外交。尽管几乎所有这些行动全是以集体名义进行的强制，但都可看到一个主导国家或国家团体的影子。无论导致集体强制外交总体失败的原因有多少，集体行动困境，特别是对相对收益的关注是其中最为主要的因素，特别是在涉及集体强制行动的目标确立、手段提供、最后时限、未来条件以及可能的奖励措施等时。[68]

（三）功能拓展与治理赤字

如果说全球安全治理体系的合法性基础拓展并未导致正义与秩序的更加平衡，其机制体制强化并未导致集体行动能力提升的话，那么其规范重建赋予其更大的裁决权同样并未使其治理手段得到更大发展。也就是说，在全球安全治理体系的功能拓展的同时，却面临着更大的治理赤字。这种赤字首先来自对其功能扩张本身的质疑，其次是来自在人类安全领域的退缩行为，最后还来自其最重要的功能，即安全治理方面的私有化发展。

很显然，传统安全与非传统安全问题的相互交织，既为全球安全治理体系带来了扩张机遇，也必然使其遭到是否存在过度扩张的质疑。仅以得到联合国安理会所讨论的艾滋病和气候变化问题为例。事实上，安南在第一次听到在安理会讨论艾滋病问题时的反应是“我们无法那样做，因为艾滋病不是一个安全问题。”[69]更大的担忧是，允许安理会讨论艾滋病是否会导致其权限扩大，并为今后的进一步扩大提供先例。[70]“我们是否可以相信安理会不会滥用其扩大的授权？我们如何考察这一新权力的公平、平衡的运用？”[71]还有人认为，将艾滋病纳入“威胁—防卫”逻辑之中，导致所作出的反应脱离公民社会，会阻碍普通人形成正确的艾滋病观念。[72]同样的情况也出现在对气候变化的应对过程中。尽管许多国家对气候变化问题非常关注和重视，但对联合国安理会是否是讨论这一问题的适当场所表示质疑，因为安理会的首要职责是维护国际和平与安全。而且，以传统安全的手段来应对本质上作为非传统安全问题的气候变化可能导致两种政策后果。一是为不同的外交和安全政策提供机会，导致阻止缓解气候变化的更大的全球合作；这很大程度上已经得到哥本哈根气候变化大会的印证。二是生态达尔文主义，试图维持强国和富国的私利，同时使那些在气候变化中受影响最大的国家继续遭受苦难；这一点似乎也正得到印证，特别是强国和富国正设法绕过“共同但有区别的责任”原则的各种做法。

全球安全治理体系在扩张与转型中所遭遇的治理赤字，相当明显地体现为两种方式：一是体系本身在某些领域采取了退缩行为，一是体系外的行为体正日益崛起填补体系的功能空白。前者的例子是人类安全观念的发展。如前所述，人类安全观可分为免于匮乏派和免于恐惧派；前者的概念范畴远大于后者，进而也要求更强的治理能力。而现实恰好是，因为治理能力的欠缺，许多有关人类安全的实践都从免于匮乏派退缩至免于恐惧派。人类安全形势最为严峻的非洲的实践提供了一个典型案例。根据非盟自身的界定，其人类安全框架的核心目标是保护个人、家庭、社区、国家生活在经济、政治、社会和文化等各个方面的安全。然而具体到有关人类安全保护的《非盟宪章》第 4 条第 h 款，声称非盟有权在“严峻事态时无需成员国共同同意便可干涉，即：战争犯罪、种族清洗、人道主义犯罪以及对合法秩序的严重威胁等，以便拯救非盟成员国的和平与稳定……”。[73]从这一条款中可以看出，非洲似乎压倒性地关注通过建立非洲常备军以干涉非洲的暴力冲突，这事实上是一种对人类安全的军事化，或者说为人类不安全局势提供军事解决办法。

在主动退缩之外，治理赤字还导致全球安全治理体系的被动退缩，这特别明显地体现为安全的私有化发展。随着传统与非传统安全问题的相互交织，安全的提供和治理都已经超越了国家层次，包括各种不同的行为体和机构，特别是各种私营武装（军事公司）的大量涌现。以2003年的伊拉克战争为例，据估计，高峰时期在伊拉克有超过六十家私营武装公司活动，雇员超过两万人。如果将安全与风险管理公司(Erinys)所雇佣的1.4万名油田保安排除在外，真正的私营武装公司雇佣人员仍有近六千人，其中黑水公司约六百人，风险控制公司（Control Risks Group）约七百五十人，奥利弗安全公司（Olive Security）二百六十五人。[74]如果说更多发生在发达国家的自上而下的安全私有化是一种可控的过程，那么更多发生在南方国家，特别是非洲的自下而上的安全私有化便是一种对全球安全治理赤字的明确反应。因为国家提供安全的责任遭到削弱，诸如民兵、游击队、部落武装及其他非国家的武装行为体对国家权威形成了挑战，而其他的一些非国家行为体试图替代国家发挥安全提供的功能，特别是私营保安公司。[75]当然，最为严重和危险的安全私有化是恐怖主义的盛行，它不仅本身为全球安全治理带来严峻挑战，更因为引起美国的过头反应而使相关的治理努力变得更为复杂和困难。

第三节　中国的应对

如果以20世纪70年代全球化的快速兴起作为当前国际体系重建和国际规范重组的启动，那么中国自身的快速发展正是在准确把握这一历史机遇的过程中得以实现的。在国际体系重组与国际规范重建的近三十年准备期中，中国有效地提升了自身实力，终于在冷战结束、“9・11”恐怖主义事件，以及国际金融危机这三大事态导致国际体系重组与国际规范重建达到迫切程度的时刻有效地参与到这一进程中。也正因如此，中国逐渐发展出一套行之有效的全球安全问题的应对之道，不仅发展出新安全观的理念，同时也认识到需要积极参与到国际公共物品的提供以有效应对全球安全问题的挑战；不仅积极参与到全球层次的安全应对努力当中，也积极参与，甚至主动构建地区性的安全应对尝试中。当然，中国仍需利用自身正不断增长的综合实力，与国际社会共同发展更具包容性的安全治理理念，共同推进国家利益与全人类利益的有效平衡，并推动开放性全球安全治理体系的形成。

一、理念发展

当代全球安全需求的激增与变异及治理体系的供应不足对于不同的行为体而言，有着完全不同的政治意义。中国作为一个发展中大国，有着相当复杂的内部特征：既有发达地区，也有不发达地区；既有传统主权国家面临的挑战，又有后现代国家的烦恼；既欠缺公民社会力量，又有着公民社会的强烈呼声。因此，在面对全球安全问题带来的挑战时，中国发展出一套较具普遍意义的理念，同时虑及传统和后现代国家、国家与非国家行为体的各种关切。这些理念主要包括两个方面：在如何应对安全挑战的理论方面，提出了新安全观；而在如何应对的具体方法上，强调不应当采取单边主义，而应积极为国际社会提供公共物品。

（一）新安全观

自冷战结束以来，中国顺应全球安全问题的发展趋势，前瞻性地提出了“彻底摒弃冷战思维，建立适应时代要求的互信、互利、平等、合作的新型安全观”等新理念，创新了全球安全问题的应对理论，构建了科学的新安全观，为维护国家安全和世界和平作出了重要贡献。

就全球安全治理的挑战而言，新安全观有着重大意义。首先，它注意到当代安全需求的激增和变异，特别是传统安全与非传统安全的日益相互交织，大大拓展了安全观念的内涵。中国认为，冷战结束后，国际安全形势出现了许多重大变化。国际安全问题所涉及的领域及其内涵正变得日益多样化、复杂化、综合化和国际化。国际安全是政治、经济、社会、文化、思想、科技、军事等因素的综合产物。新安全观切实把握了传统安全与非传统安全相互交织的本质，有效地实现了安全与发展之间的平衡，提出“安全与经贸合作相辅相成、相互促进”，是实现地区和国际安全的“两个轮子”。[76]新安全观是一个集主权安全、综合安全、发展安全、合作安全和共同安全为一体的完整的安全体系。

其次，根据当代安全挑战性质的演变，强调新安全观的核心是互信、互利、平等、合作。中国认为：“以军事联盟为基础、以加强军备为手段的旧安全观，无助于保障国家安全，更不能营造世界的持久和平。这就要求建立适应时代需要的新安全观，并积极探索维护和平与安全的新途径。……新安全观的核心是互信、互利、平等、合作。”[77]这四个关键词有效把握了全球安全挑战的性质变化，强调摒弃冷战思维和强权政治、超越意识形态和社会制度差异的互信原则；强调传统安全的内涵主权国家一律平等的平等原则，照顾对方核心利益（包括政治、安全、经济、文化、科技等）的互利原则，以及强调非传统安全的内涵，基于相互信任的合作原则，两者的有机结合正好契合了传统安全的非传统化和非传统安全的传统化趋势。

第三，在手段或目标上，更加强调共同安全与合作安全。中国认为：“各国在安全上的相互依存不断加深，共同点在增多，任何国家都难以单独实现其安全目标。只有加强国际合作，才能有效应对全球挑战，实现普遍和持久安全。”[78]无论对于小国弱国还是大国强国，战争和冲突都是灾难。因此，各国应该携起手来，共同应对全球安全威胁。国际社会的成员应摒弃冷战思维，坚持多边主义，实现共同安全。要“努力把国际社会的持久和平建立在促进各国相互信任和共同利益的新安全观的基础上，应该通过对话增加信任，通过合作谋求安全”。[79]

（二）提供国际公共物品

如同新安全观所表明的，中国政府针对全球安全挑战的供需失衡，更多强调合作安全和共同安全。这与中国综合国力的快速提升相结合，导致了中国对于提供国际公共物品观念的飞跃。尽管仍处于摸索时期，但中国的国际公共物品意识已经有了很大提高，并进行了有益的尝试。

第一，中国尝试提供和谐世界理论指导下的全球安全问题应对理念。胡锦涛总书记在纪念建党 90 周年的讲话中指出,“环顾全球,和平、发展、合作的时代潮流没有变,但世界和平与发展面临诸多挑战。共同分享发展机遇,共同应对各种风险,推动建设持久和平、共同繁荣的和谐世界,是各国人民的共同愿望。……中国外交政策的宗旨是维护世界和平、促进共同发展。”[80] 自 20 世纪 80 年代起,中国便提出了和平与发展是当今时代的两大主题。中国充分认识到,和平稳定是发展的重要前提,同时也可通过发展而得到促进。正因为当今世界仍未实现和谐,因此要发展新型的安全理念来应对共同的安全挑战。就此而言,新安全观是和谐世界观的出发点,它为构建和谐世界指明了基本路径;和谐世界观是新安全观的落脚点,构建一个稳定和繁荣的和谐世界是倡导新安全观的根本目的。和平是人类社会实现发展目标的根本前提。没有和平,不仅新的建设无以推进,而且以往的发展成果也会因战乱而毁灭。在求和平、谋发展成为世界潮流的背景下,中国提出和谐世界理论,旨在向世界提供一条实现这一目标的可行道路。中国不仅会遵循这一潮流,而且会坚定不移地走和平发展道路,来推动这一潮流的进一步发展。

第二,中国充分注意到国内与国际两个大局的相互关联,通过实现自身的稳定与发展,为全球安全挑战的有效应对作出贡献。尽管全世界已经普遍认识到国内稳定和发展与国际安全之间有着密切联系,但一些国家应对这一相互关联采取的却是民主推广等措施,而非通过对他国发展有益的基于不干涉内政的支持。在这一背景下,中国认为,中国是世界上最大的发展中国家,无论在什么情况下,解决好自身内部稳定与发展问题都是对世界最大的贡献。例如,面对 2008 年的国际金融危机,温家宝在第七届亚欧首脑会议上表示,国际金融危机对中国金融和经济造成一定的影响,但中国(2008 年)前三季度国内生产总值仍保持了 9.9%的增长速度。他认为,这就是中国应对这场危机最重要、最有效的手段,也是对世界最大的贡献。[81] 又如,在谈及中国的环境保护时,前国务院副总理曾培炎说,作为世界上最大的发展中国家,解决好中国的环境和发展问题,既是 13 亿人民的福祉所在,也是对全球可持续发展的重大贡献。[82]

第三,中国也尝试通过与他国分享中国的发展成果与经验,为国际社会提供公共物品。一方面,中国通过对外援助、为国际组织提供更大支持等方式与国际社会分享自身的发展成果。例如,尽管国际社会往往以悲观的视角来看待非洲的安全与发展,但中国认为,发展是实现非洲和平的基础。国际社会应加大对非洲的支持,帮助他们在执行"非洲发展新伙伴计划"方面取得更大进展,促进非洲的稳定与繁荣。[83]中国自身不断身体力行地帮助非洲发展,向非洲提供了大量不附加政治条件的援助,援建了九百多个项目,涉及经济和社会发展众多领域。而2000年中非合作论坛的创建更是将中非发展成果共享机制化。另一方面,尽管有不少外国学者试图将中国过去几十年的发展经验上升为"中国模式",但中国对此有着清楚的认识,愿意在尊重各国对自身经济、社会发展道路自主选择的基础上,与他国共享中国发展的成功经验,进而为国际和平与稳定、为应对全球安全挑战提供更多的公共物品。

二、机制完善

在应对全球安全挑战的理念不断发展的同时,中国参与全球安全问题的解决的机制建设也逐渐完善,既有在全球层面,特别是联合国体系内的全面参与,也有在地区层面的积极参与,甚至是主动创建和建构新型的全球安全治理体系。

(一)全球层面

在全球层面上,中国形成了以联合国为中心的安全治理体系参与模式。中国认为,联合国确已成为当今世界上最具广泛性和权威性的政府间国际组织。它对国际事务的独特影响,是任何其他国际组织所不能代替的。在联合国千年首脑会议上,江泽民强调联合国的积极作用只能加强而不能削弱,联合国的权威必须维护而不能损害。在2005年中国关于联合国改革的文件中,认为"联合国的作用不可或缺,作为最具普遍性、代表性和权威性的政府间国际组织,联合国是实践多边主义的最佳场所,是集体应对各种威胁和挑战的有效平台,应该继续成为维护和平的使者,推动发展的先驱"。[84]在此基础上,中国广泛参与到各种全球性政府间组织中。根据一项统计,如果各国以美国为基准,2003年中国参与的具有国际法意义的、在国际组织中地位最高、影响力最大的全球政府间国际组织有41个,占美国的91.11%,而1996年,中国占美国的70%,这说明中国对全球性安全治理体系的参与度已相当高。[85]

在联合国维持和平行动领域,自1971年恢复在联合国的一切合法权利之后,中国对联合国维和行动经历了从不介入到全面参与的过程。1988年,中国加入联合国维持和平行动特委会,这标志着中国对联合国维和行动的认识有了根本性的变化。1990年4月,中国向联合国停战监督组派遣了5名军事观察员,这是中国军队首次参与联合国维和行动。1992年至1993年,中国向联合国柬埔寨临时权力机构派出两批共800人的工程兵大队,这是中国军队首次派出成建制"蓝盔部队"参与联合国维和行动。2001年12月,中国正式成立国防部维和事务办公室,统一协调和管理中国军队参与联合国维和行动的工作。中国维和部队坚持联合国六十多年来公认的三项原则:一是开展维和行动需要当事国或当事方的同意;二是保持中立;三是在自卫情况下才能使用武力。今天,中国参与联合国维和行动的规模已经大大扩展,成为维和行动中的一支重要力量。迄今为止,中国已在柬埔寨、东帝汶、联合国停战监督组织(中东)、伊拉克和科威特、黎巴嫩、纳米比亚、莫桑比克、利比里亚、塞拉利昂、刚果(金)、西撒哈拉、苏丹、海地、波斯尼亚和黑塞哥维那、科索沃等地区执行了17项维和行动,共派出官兵8 000人次。10名中国军事观察员、维和官兵和军控专家,为世界和平事业献出了宝贵的生命。目前,中国正参与的联合国维持和平行动多达10项,共计派出维和人员2 040人。[86]

(二)地区层面

地区层面,中国不仅积极参与多边安全治理机制,而且还积极主动创建此类机制。作为地区内重要安全机制,东盟地区论坛在开展建立信任措施、推动预防性外交方面取得了积极进展。在"9·11"事件后,论坛更加重视非传统安全领域的问题,开展了实质性的探讨与合作,增强了论坛的活力,促进了互信合作。中国还有机地结合了和平与发展,把加强经济交流与合作作为营造周边持久安全的重要途径。中国积极参与各种形式的地区经济合作，与本地区各国共同努力推动形成多渠道、多层次、多形式经济合作新局面。以“东盟 10+3”、东亚峰会、亚太经合组织等为代表的各种地区经济合作机制的发展，不仅给有关国家带来了现实经济利益，也增进了各参与方的相互交流、信任与合作，进而促进了本地区的安全与稳定。

与此同时，中国相信，一个对话而非对抗的地区安全框架是亚太安全的重要保障。中国努力推动地区安全对话合作机制的建设，最主要的包括上海合作组织，和解决朝鲜核问题的六方会谈机制。上海合作组织是中国积极主动应对全球安全问题的成功实践。起源于 1991 年对中苏边境谈判的继续，上海合作组织于 2001 年 6 月 15 日在上海成立。1996 年和 1997 年，中国、俄罗斯、哈萨克斯坦、吉尔吉斯斯坦、塔吉克斯坦等 5 国先后签署《关于在边境地区加强军事领域信任的协定》和《关于在边境地区相互裁减军事力量的协定》，“上海五国”机制由此建立；它首倡了以相互信任、裁军与合作安全为内涵的新型安全观，并以此指导维护中亚地区的和平与稳定的各项举措。2001 年 6 月 15 日，上海合作组织成立，取代了“上海五国”机制。上海合作组织与“上海五国”机制在实践新安全观上一脉相承，不仅继承了“上海精神”，而且将其转化为《上海合作组织宪章》中“在相互理解及尊重每一个成员国意见的基础上寻求共识”，“在利益一致的领域逐步采取联合行动”，“不使用武力或以武力相威胁”，“和平解决成员国间分歧”，“不谋求在毗邻地区的单方面军事优势”等成员国必须遵守的具体原则。自此，上海合作组织倡导的互信、互利、平等、协作的新安全观基本确立，成为指导国际关系和全球安全治理的新准则。

尽管解决朝鲜核问题的六方会谈机制目前陷入僵局，但它仍被认为是一个塑造各国动机与利益，并塑造其偏好和认同的“软”制度。2003 年 8 月 27 日，第一轮六方会谈召开，标志着东北亚安全机制创设迈出了重要的第一步。六方会谈迄今已经举行了六轮，可大致分为三个阶段。第一个阶段包括第一、二、三轮会谈(2003—2004)，事实上参加会谈的六方相互了解对方立场并相互熟悉谈判对手的过程，并未达成任何协议。经过前三轮的相互摸底和熟悉过程，六方会谈在第四轮取得突破性进展，会谈也进入第二阶段，即确定朝核危机的解决方案的阶段。第四轮六方会谈第二阶段会议与会各方一致通过《第四轮六方会谈共同声明》（又称“9·19共同声明”），确定了朝鲜半岛无核化的目标。此后，六方会谈进入第三阶段，即一波三折的落实阶段。尽管目前尚不清楚其未来发展前景，但可以肯定的是，六方会谈为全球安全挑战的应对作了大量探索，并提供了有益参考。首先，在所有六轮会谈中，六方会谈不仅发展出朝鲜半岛无核化的特定观念、规范和原则，而且还逐渐发展成为一种结构；这一结构界定了行为体的机遇和限制，授权并限制其行为，并界定、建构其认同和利益。其次，六方会谈使东北亚各国建立了相对正常和熟悉的沟通渠道，成为一个新认同建构的平台。第三，六方会谈在培育参与方的信任中发挥着一种“外部”限制的作用。最后，六方会谈还直接为东北亚安全机制的创设奠定了基础。

此外，中国还积极地与俄罗斯、印度、巴西和南非展开合作（即“金砖国家”合作）。2008年5月16日，“金砖四国”外交部长首次聚在一起，呼吁为建立时代所要求的多元主义世界秩序而共同努力。四国一致同意：推动在法治和多边主义基础上建立更加民主的国际体系，当今世界秩序的基础应是国际法治、加强多边主义和发挥联合国的中心作用；需要对联合国进行全面改革，以提高其工作效率，更有效地应对当今各种全球性挑战。[87] 2009年6月，“金砖四国”首脑在俄罗斯举行了首次会晤；次年4月在巴西召开的第二次峰会使“金砖国家”合作机制初步形成。2011年，南非正式加入这一机制，为新兴大国合作共同应对全球安全挑战注入新的动力。同年4月14日，金砖国家领导人在中国海南三亚举行了第三次会晤，发表了《三亚宣言》，称“面对不断变化的全球环境以及各种全球性威胁和挑战，国际社会应同舟共济、加强合作、共同发展。……（金砖国家将）致力于推动多边外交，支持联合国在应对全球性挑战与威胁方面发挥中心作用。为此，我们重申，需要对联合国包括安理会进行全面改革，使其更有效、更有代表性，以更成功地应对当今全球性挑战。中国、俄罗斯重申重视印度、巴西和南非在国际事务中的地位，理解并支持其在联合国发挥更大作用的愿望。”[88]

最后，中国还积极寻求通过和平谈判解决与邻国的争议问题。中国目前已同绝大多数周边国家解决了陆地边界问题，同越南签署了北部湾划界协定,与东盟就制定“南海地区行为准则”保持磋商。在未决争议问题上,中国与有关各方就在争议地区保持和平稳定、通过和平手段解决问题达成共识。领土、领海争议已不再是中国与周边国家开展正常合作、发展睦邻关系、共筑地区安全的障碍。

三、与国际社会的共同努力

一方面,由于全球安全问题本身是全球性的,仅依靠任何单一国家的努力都是无法应对的,另一方面,由于中国参与国际体系的时间仍不够长、经验仍不够丰富,而且国内国际环境正处于快速变化之中,因此中国必须与国际社会一道共同推动全球安全治理体系的发展。反之亦然,国际社会也必须真心真意地与中国合作,将中国当作平等的合作伙伴,共同推动全球安全治理体系的发展。这种合作和共同努力大致应当在三个领域展开:推动包容性的治理理论和战略思维的创新;促进个体成员利益与人类共同利益的合理平衡;促进开放性全球安全治理体系的形成。

(一)推动包容性的治理理论和战略思维创新

当今国际体系转型和国际规范的重组呼吁对全球安全治理体系的理论和思维创新,而这种创新的最首要原则便是包容。因为全球安全治理体系目前面临的供需矛盾,在不同的地区和不同的环境下,对不同的行为体来说都存在着不同的表现。因此,任何一个行为体都不能假设某种应对方案是更为正确,更具有普世意义;相反,国际社会应当本着宽容的精神,致力推动包容性的全球安全治理理论和战略思维的形成与创新,而拒绝任何单一、线性的思维方法和文明标准论的视野。

就人类而言,宽容是一种对待别的个体或群体的根本政治态度;更确切地说,它是有关不同历史、文化和认同的群体之间的和平共处。[89]宽容的意愿来自一种信念:对别人的宽容反过来能得到别人的宽容。[90]但就全球安全治理体系的革新和发展而言,宽容更多表现为一种对差异性的主动或被动的接受。[91]它意味着,由于全球安全治理体系所面临的供需失衡,因此国际社会在发展出创新性的国际安全治理理论和战略思维时，必须坚持宽容精神，反对所谓文明标准，反对所谓主导模式。正如非盟主席让·平所言，非洲在这方面是有着惨痛教训的。由于非洲完全照搬“强大”或“先进”的民主模式，“非洲因而得以处处位于思想转变的前沿和尖端（真可谓幸事），以至于人们立刻对它提出了历史上对欧洲或美洲，甚至是现在对近东和远东地区都未曾提出的要求。它不能再像日本一样仅仅是借鉴西方强大文明力量的精髓，而只能生搬硬套一种模式，即当下的主导模式。……非洲的确成了各种模式的试验场。”结果是，非洲的国家被系统瓦解，权威被彻底破坏，经济被全面摧毁。[92]

在中国倡导的和谐世界理念中，一个重要内涵正是“包容”。这一理念不仅更加符合日益多样化和全球化的国际政治与安全现实，而且还承袭中国传统文明中“和而不同”的理念，倡导尊重各国自主选择社会制度和道路的权利，反对某个国家或者国家集团所操纵的全球治理，强调各个国家、各个地区、各个民族、各种文化、各种宗教信仰在相互尊重的基础之上积极开展对话与沟通，在平等的基础上共同发展；倡导以开放的精神维护文明的多样性，促进国际关系民主化，协力构建各种文明兼容并蓄的和谐世界。[93]

（二）促进个体利益与全人类利益的平衡

当前全球安全治理体系的供需矛盾也凸显了平衡整个国际社会的公正与秩序的重要性；换句话说，由于全球安全治理体系的需求增生和变异，在思考如何填补当前的治理赤字时，必须既虑及整个人类共同利益面临的威胁，也充分照顾单个行为体的个体利益，实现个体利益与人类利益的合理平衡。

如前所述，当前国际体系转型与国际规范重组，既导致维护新生的全球体系的生存与稳定的安全新需求，也导致全球体系内行为体多元化及其关系复杂化的安全新需求和新变化，还导致传统国家间体系内的安全需求变异。这一发展更大的影响在于人类的共同利益，如日本2011年地震的“三合一”后果——地震、海啸和核辐射——在某种程度上甚至危及全球安全治理体系的体系性生存。随着人类社会伴随经济全球化浪潮的推进和科技革命的不断向前发展,许多关系国家生存和发展的问题已超越国界而成为世界性的问题;诸如环境污染、人口激增、毒品泛滥、核武器扩散、恐怖主义肆虐、世界范围的移民潮以及富国与穷国之间差距的拉大等,都成为威胁全人类共同利益的全球性问题。这些全球问题的出现反映了当代人与人、人与自然关系以及人类自身发展方面出现的危机。这些问题的解决不仅涉及单个个体的利益,还涉及人类共同的当前利益,决定着人类共同的未来利益。因此,全球性安全问题不只表现在其存在方式的全球性上,还表现为解决问题所必需的全球性行动上。国家利益将同人类共同利益并行不悖地存在和发展,人类共同利益越来越成为人们的关注点,成为制约一切国际关系行为主体的重要因素;同样,维护人类共同利益成为负责任大国对外关系的理性选择和价值定位。

坚持国家利益与全人类共同利益的和谐统一,是中国处理对外关系的基本原则。中国的对外战略必须兼顾国家利益和全人类共同利益,处理好其间的关系。坚持人类共同利益和国家民族利益的统一,也是中国国家利益原则的基本内容。江泽民说:"中国是国际大家庭的一员。中国离不开世界。中国的改革开放和现代化建设,需要一个长期的国际和平环境,需要同各国发展友好合作关系。世界也需要中国。世界的和平与发展,需要中国的稳定和繁荣。"[94]胡锦涛提出的构建持久和平、共同繁荣的和谐世界的战略构想,强调在全球化时代,人类共同利益和国家民族利益是有机统一的,在维护国家民族利益的同时,又要从人类生存和发展的需要出发,维护人类的共同利益,构建持久和平、共同繁荣的和谐世界,促进人类进步事业的发展,这是时代发展的需要。

(三)促进开放性全球安全治理体系的形成

在缺乏全球性权威机制的国际无政府状态中,全球治理已经成为一个开放的过程。在政府和国际政府间组织之外,来自公民社会和商业领域的非政府组织和跨国公司正日益参与其中。尽管公私合作的密度和非国家行为体参与全球规范和规则制定过程的程度因议题而不同，但无法忽视的是，非国家行为体今天已经在制定和监督大量的全球规范与规则中发挥着重要的作用。因此，要使得全球安全治理体系变得更为有效，中国就应当与国际社会一道，促进开放性的全球安全治理体系的形成，或者说促进国际关系的民主化。

越来越多的事实证明，在全球性问题面前，任何国家既无法独善其身，更无力独自应对，加强全球范围的协调与合作是有效应对全球性问题的必由之路。国际社会应对全球治理的目标、原则和框架机制进行全面、深入的讨论，要形成广泛共识，而不是由一两个国家说了算。

因此，建立开放性的全球安全体系就要求广泛的公正与平等。就国家而言，主要是指应增强发展中国家的代表性。世界上将近两百个国家，发展中国家是多数。能源资源安全、移民、贫困等许多全球性问题的解决都离不开发展中国家。因此，在解决全球性问题的机构和制度安排中应该确保发展中国家充分有效参与。而就更广泛的国家与非国家行为体而言，这就要求增加两者的互动，提高后者的参与程度，使先前"排他性的"政府或类政府的多边主义转变为开放性的同时包含国家和非国家行为体的治理体系。

这种开放性的全球安全治理体系，考虑到安全问题本身的高度敏感性，可以是一个同心圆结构：在同心圆的内层，是由国家和政府间组织构成的排他性政府间多边主义机制，在其中应增强发展中国家的代表性；而在中间层，则是半开放性的政府间多边主义机制，为非国家行为体提供部分的参与权，允许其在其中表达自身关切，提供服务和咨询等；在外圈，是一种超越政府间多边主义的全球性开放机制，国家、政府间组织及其他非国家行为体都被授权成员身份，拥有同等的参与权。唯有一个开放性的治理体系，才能有效应对日益相互交织的传统与非传统安全的挑战；而推进这一体系的形成和发展，是中国和国际社会的共同责任和使命。

注释

1. "Security Council Holds First-Ever Debate on Impact of Climate Change," *Security Council SC/9000*, April 17, 2007, http://www.un.org/News/Press/docs/2007/sc9000.doc.htm.

2. 韩建军:《联合国气候大会终于达成协议》,《北京青年报》2007 年 12 月 7 日。

3. Donna Miles, *Military Response to Katrina Intensifies*, Washington, D. C. : Department of Defense, 2005, http://www. defenselink. mil/news/Sep2005/20050907_2633. html.

4. Nigel Purvis and Joshua W. Busby, *The Security Implications of Climate Change for the UN System*, Submission to the United Nations High-Level Panel on Threats, Challenges, and Change, Washington, DC: Woodrow Wilson Center, 2004, http://www. un. org/secureworld/report2. pdf.

5. Thomas F. Homer-Dixon, "On the Threshold: Environmental Changes as Causes of Acute Conflict," *International Security*, Vol. 16, No. 2, 1991, pp. 76—116; Thomas F. Homer-Dixon, "Environmental Scarcities and Violent Conflict: Evidence From Cases," *International Security*, Vol. 19, No. 1, 1994, pp. 5—40; Thomas F. Homer-Dixon, *Environment, Scarcity, and Violence*, Princeton: Princeton University Press, 1999.

6. Gwyn Prins, "AIDS and Global Security," *International Affairs*, Vol. 80, No. 5, 2004, pp. 931—952; Colin McInnes, "HIV/AIDS and Security," *International Affairs*, Vol. 82, No. 2, 2006, pp. 315—326; Stefan Elbe, "AIDS, Security, Biopolitics," *International Relations*, Vol. 19, No. 4, 2005, pp. 403—419.

7. Peter Piot, "Why Aids is Exceptional," Speech given at the London School of Economics, London, February 8 2005, http://www. lse. ac. uk/collections/LSEAIDS/pdfs/peter_piot_talk_020805. pdf.

8. S/PV. 4087(联合国安理会第 4087 次会议逐字记录),2000 年 1 月 10 日,第 3 页,http://www. un. org/chinese/events/HIV/s-pv-4087. pdf。

9. ICG, *HIV/AIDS as a Security Issue in Africa: Lessons from Uganda*, Kampala/Brussels: ICG, 2004, p. 1.

10. Lindy Heinecken, "Facing a merciless enemy: HIV/AIDS and the South African armed forces," *Armed Forces and Society*, Vol. 29, No. 2, 2003, p. 784.

11. 联合国安理会:《艾滋病对非洲的和平与安全的影响》(新闻稿 SC/6781),2000 年 1 月第 4087 次会议(上午和下午),第 1 页。

12. 威廉·汉得森:《国际关系:世纪之交的冲突与合作》,金帆译,海南出版社 2004 年版,第 97 页。

13. 汉斯·摩根索:《国际纵横策论——求强权,争和平》,卢明华等译,上海译文出版社 1995 年版,第九章。

14. Joseph S. Nye, Jr. "Soft Power," *Foreign Policy*, Vol. 80, Autumn 1990, pp. 159—160; Joseph S. Nye, Jr. , "Soft Power and American Foreign Policy," *Political Science Quarterly*, Vol. 119, 2004, p. 256; Joseph S. Nye, Jr. , *Soft Power: The Means to Success in World Politics*, New York: Public Affairs, 2004.

15. 张春:《秩序抑或正义? ——自决原则对主权合法性》,载上海社会科学院世界经济与政治研究院编:《国际环境与中国的和平发展》(《国际关系研究》第 3 辑),时事出版社 2006 年版。

16. 时殷弘:《新趋势、新格局、新规范》,法律出版社 2000 年版,第 1—3 页。

17. Richard Ullman, *Security Europe*, Princeton, N. J. : Princeton University Press, 1991, pp. 23—27.

18. Deborah Brautigam, "China in Africa: Seven Myths," Real Instituto Elcano, Feb. 8, 2011, http://www. realinstitutoelcano. org/wps/portal/rielcano_eng/Content?

WCM_GLOBAL_CONTEXT =/elcano/elcano_in/zonas_in/sub-saharan + africa/ari23-2011.

19. Barry Buzan, *People, States and Fear: An Agenda for International Security Studies in the Post-Cold War Era*, 2nd edition, Hemel Hempsted: Harvester Wheatsheaf, 1991, p. 190.

20. Ibid., p. 191.

21. B. Hettne, "Globalisation, Regionalism and the Europeanisation of Europe," *Politeia*, Vol. 17, No. 3, 1998, pp. 54—55.

22. 保罗·肯尼迪:《大国的兴衰》(中),求实出版社1988年版,第102—119页;时殷弘:《新趋势、新格局、新规范》,法律出版社2000年版,第三章。

23. K. J. Holsti, *International Politics: A Framework for Analysis*, 3rd edition, Englewood Cliffs, N. J.: Pritice-Hall, Inc., 1977, pp. 58—59; Daird H. Zook and Robin Higham, *A Short History of Warfare*, New York: Twayne, 1966, p. 101.

24. Walter C. Opello, Jr. and Stephen J. Rosow, *The Nation-State and Global Order: A Historical Introduction to Contemporary Politics*, New York: Lynne Rienner Publisher, 1999, pp. 28—31.

25. 对人类生存质量的最低标准的关切,当前主要体现为对基本人权的国际关切,参阅R. J. 文森特:《人权与国际关系》,黄列译,知识出版社1998年版,特别是第三章;张春、潘亚玲:《有关人道主义干涉的思考》,《世界经济与政治》2000年第7期。

26. John Orme, "The Utility of Force in a World of Scarcity," *International Security*, Vol. 22, No. 3, Winter 1997/1998, p. 145.

27. 时殷弘:《新趋势、新格局、新规范》,法律出版社2000年版,第422—423页。

28. Daniel Philpott, "The Ethics of Boundaries: A Question of Partial Commitments," in David Miller and Sohail H. Hashmi eds., *Boundaries and Justice*, Princeton: Princeton University Press, 2001, p. 335.

29. Hedley Bull, *The Anarchical Society: A Study of Order in World Politics*, London: Macmillan, 1977.

30. Martin Wight, *Systems of States*, ed. Hedley Bull, Leicester: Leicester University Press, 1977, p. 153; Christian Reus-Smit, "The Constitutional Structure of International Society and the Nature of Fundamental Institutions," *International Organization*, Vol. 51, 1997, p. 556.

31. J. Samuel Barkin and Bruce Cronin, "The State and the Nation: Changing Norms and the Rules of Sovereignty in International Relations," *International Organization* Vol. 48, 1994, pp. 110—111.

32. Hurst Hannum, "Rethinking Self-Determination," *Virginia Journal of International Law*, Vol. 34, 1993, pp. 7—8.

33. Antonio Cassese, *Self-Determination of Peoples: A Legal Reappraisal*, Cambridge: Cambridge University Press, 1999, p. 312.

34. David Beetham, *Democracy and Human Rights*, Cambridge: Polity, 1999, p. 16.

35. See United Nations Development Programme, *Human Development Report 2002*, Oxford: Oxford University Press, 2002, pp. 14—15.

36. 王铁崖主编:《国际法》,法律出版社1995年版,第566页。

37. Simon Dalby, "Geopolitical Change and Contemporary Security Studies: Contextualizing the Human Security Agenda," Working Paper No. 30, Institute of International

Relations of The University of British Columbia, April 2000, http://www.iir.ubc.ca/pdffiles/webwp30.pdf.

38. United Nations Development Programme, *National Human Development Report, 2001*, New York: Oxford University Press, 2001, p. 15.

39. United Nations Development Programme, *Human Development Report, 1994*, New York: Oxford University Press, 1994, pp. 22—24.

40. Ibid., p. 23.

41. Ibid., p. 24.

42. David Bosold and Sascha Werthes, "Human Security in Practice: Canadian and Japanese Experiences," *International Politics and Society*, Vol. 5, No. 1, 2005; E. Atanassova-Cornelis, "Defining and Implementing Human Security: The Case of Japan," in Tobias Debiel and Sascha Werthes, eds., *Human Security on Foreign Policy Agendas: Changes, Concepts and Cases*, INEF Report 80/2006, Institute for Development and Peace, University of Duisburg-Essen.

43. Department of Foreign Affairs and International Trade (DFAIT), *Freedom from Fear: Canada's Foreign Policy on Human Security*, Ottawa: DFAIT, 2000, p. 1.

44. Roland Paris, "Human Security: Paradigm Shift or Hot Air?" *International Security*, Vol. 26, No. 2, Fall 2001, p. 87.

45. Gary King and Christopher Murray, "Rethinking Human Security," *Political Science Quarterly*, Vol. 16, No. 4, Winter 2001—2002, p. 590.

46. 有关这些"默契"的论述,可具体参阅约翰·列易斯·加迪斯:《长和平——冷战史考察》,潘亚玲译,上海人民出版社 2011 年版,第八章。

47. David Malone, "Introduction," in David Malone ed., *The UN Security Council: From the Cold War to the 21st Century*, Boulder: Lynne Rienner Publishers, 2004, p. 7.

48. Max Singer and Aaron Wildawsky, *The Real World Order: Zones of Peace, Zones of Turmoil*, Chatham, NJ: Chatham House Publishers, 1993; Thomas P. M. Barnett, *The Pentagon's New Map*, New York: Putnam and Sons, 2004.

49. Paul Collier et. Al., *Breaking the Conflict Trap: Civil War and Development Policy*, Washington, DC: The World Bank and Oxford University Press, 2003.

50. M. Duffield, "Human Security: Linking Development and Security in an Age of Terror," in Stephan Klingebiel ed., *New Interfaces between Security and Development: Changing Concepts and Approaches*, Bonn: German Development Institute Publication, 2006, p. 11.

51. 有关安全政策发展化和发展政策安全化的讨论,参阅张春:《"发展—安全关联":中美欧对非政策》,《欧洲研究》2009 年第 3 期。

52. 有关阿里亚模式的发展,可参见 "The Arria Formula," http://www.wunrn.com/news/2008/06_08/06_16_08/061608_arria.htm。

53. Kerstin Martens, "An Appraisal of Amnesty International's Work at the United Nations: Established Areas of Activities and Shifting Priorities since the 1990s," *Human Rights Quarterly*, Vol. 26, 2004, p. 1060.

54. African Union, *Protocol Relating to the Establishment of the Peace and Security Council of the African Union*, Addis Ababa, African Union, 2002, Article 3.

55. European Council, *EU-UN cooperation in Conflict Prevention and Crisis Management*, Gothenburg: European Council, 2001.

56. Europan Commission, *The European Union and the United Nations: The Choice of Multilateralism*, Brussels: EU, 2003.

57. UN, *The Partnership Between the UN and the EU: The United Nations and the European Commission Working Together in Development and Humanitarian Cooperation*, Brussels: United Nations Office, 2006.

58. B. Boutros-Ghali, *An Agenda for Peace: Preventive Diplomacy, Peacemaking and Peacekeeping*, New York: United Nations, 2000.

59. P. Omach, "The African Response Initiative: Domestic Politics and Convergence of National Interests," *African Affairs*, Vol. 99, No. 394, 2000, p. 79.

60. Simon Chesterman, *Just War or Just Peace? Humanitarian Intervention and International Law*, Oxford: Oxford University, 2001, Annex 1.

61. David Cortright, George A. Lopez, *The Sanctions Decade: Assessing UN Strategies in the 1990s*, Boulder, CO: Lynne Rienner Publishers, 2000, pp. 1—2.

62. 玛莎·芬尼莫尔:《干涉的目的:武力使用信念的变化》,袁正清、李欣译,上海人民出版社 2009 年版,第 72—74 页。

63. James A. Paul, "Working with Nongovernmental Organizations," in David Malone ed., *The UN Security Council: From the Cold War to the 21st Century*, Boulder: Lynne Rienner Publishers, 2004, p. 374.

64. "NGO Working Group on the Security Council," http://www.globalpolicy.org/security/ngowkgrp/index.htm.

65. Ulrich K. Preuß, "Equality of States—Its Meaning in a Constitutionalized Global Order," *Chicago Journal of International Law*, Vol. 9, No. 1, 2008, pp. 17—49.

66. James A. Paul, "Working with Nongovernmental Organizations," and David Malone, "Introduction," both in David Malone ed., *The UN Security Council: From the Cold War to the 21st Century*, Boulder: Lynne Rienner Publishers, 2004, pp. 375, 7.

67. 有关软制衡的讨论,可参阅 Robert A. Pape,"Soft Balancing Against the United States," *International Security*, Vol. 30, No. 1, 2005, pp. 7—45; T. V. Paul, "Soft Balancing in the Age of U. S. Primacy," *International Security*, Vol. 30, No. 1, 2005, pp. 46—72 等。

68. 有关强制外交的成功条件的讨论,可参阅 Thomas C. Schelling, *Arms and Influence*, New Haven: Connecticut: Yale University Press, 1966, pp. 1, 3—4, 69—76, 89; Peter Viggo Jakobsen, *Western Use of Coercive Diplomacy after the Cold War: A Challenge for Theory and Practice*, New York: St. Martins Press, Inc., 1998; Alexander L. George and William E. Simons, eds., *The Limits of Coercive Diplomacy*, Boulder, Colorado: Westview Press, 1994, pp. 270—291 等。

69. Gwyn Prins, "AIDS and Global Security," *International Affairs*, Vol. 80, No. 5, 2004, p. 941.

70. Ibid.

71. Marcella David, "Rubber Helmets: The Certain Pitfalls of Marshaling Security Council Resources to Combat AIDS in Africa," *Human Rights Quarterly*, Vol. 23, 2001, pp. 560—582.

72. Elbe, "Should HIV/AIDS Be Securitized?," pp. 120, 127—131.

73. African Union, *Constitutive Act of the African Union*, Lome, Togo, July 11, 2000.

74. David Isenberg, *A Fistful of Contractors: The Case for a Pragmatic Assess-*

ment of Private Military Companies in Iraq, London: British American Security Information Council, 2004, p. 2.

75. Marina Caparini, "Applying a Security Governance Perspective to the Privatisation of Security," in Alan Bryden & Marina Caparini eds., *Private Actors and Security Governance*, Vienna & Berlin: LIT Verlag, 2006, p. 263.

76. 江泽民:《弘扬"上海精神" 促进世界和平》,《人民日报》2002 年 6 月 8 日,第 1 版。

77. 江泽民:《推动裁军进程维护国际安全》,《人民日报》1999 年 3 月 27 日,第 1 版。

78. 江泽民:《论有中国特色社会主义:专题摘编》,中央文献出版社 2002 年版,第 517 页。

79. 江泽民:《在泰国国家文化中心的演讲》,《人民日报》1999 年 9 月 4 日,第 1 版。

80.《胡锦涛在庆祝中国共产党成立 90 周年大会上的讲话》(2011 年 7 月 1 日),《人民日报》2011 年 7 月 2 日,第 1 版。

81.《温家宝:中国速度是对世界最大贡献》,《国际金融报》2008 年 10 月 28 日,第 2 版。

82.《曾培炎:解决好环境问题是对全球发展的重大贡献》,新浪网,http://news.sina.com.cn/c/2005-11-19/02577479488s.shtml。

83.《中国呼吁发达国家尽快落实对非洲援助承诺》,中国新闻网,http://www.chinanews.com/gj/2010/10-15/2589631.shtml。

84.《中国关于联合国改革问题的立场文件》,新华网,http://news.xinhuanet.com/world/2005-06/07/content_3056686.htm。

85. 王玲:《世界各国参与国际组织的比较研究》,李慎明、王逸舟主编:《全球政治与安全报告(2008)》,社会科学文献出版社 2008 年版,第 298—299 页。

86. 2010 年 11 月统计数据,见"UN Mission's Summary: Detailed by Country," *Month of Report*, Nov. 30, 2010, http://www.un.org/en/peacekeeping/contributors/2010/nov10_3.pdf。

87.《中国、俄罗斯、印度、巴西四国外交部长会晤联合公报》,中国外交部网站,http://www.fmprc.gov.cn/chn/zxxx/t436842.htm。

88. 金砖国家领导人第三次会晤:《三亚宣言》(2011 年 4 月 14 日),新华网,http://news.xinhuanet.com/politics/2011-04/14/c_121304907.htm。

89. 迈克尔·沃尔泽:《论宽容》(中),上海人民出版社 2000 年版,第 2 页。

90. David Fagelson, "Two Concepts of Sovereignty: From Westphalia to The Law of Peoples?" Paper Prepared for delivery at the 2000 Annual Meeting of the American Political Science Association, American Political Science Association, 2000, p. 14.

91. 本段论述主要依据迈克尔·沃尔泽:《论宽容》(中),第 10 页,以及 David Fagelson, "Two Concepts of Sovereignty: From Westphalia to The Law of Peoples?" Paper Prepared for delivery at the 2000 Annual Meeting of the American Political Science Association, American Political Science Association, 2000, pp. 10—11。

92. 让·平:《非洲之光》,侯贵信、朱克玮等译,世界知识出版社 2010 年版,第 156 页,前言。

93. 吴梅兴:《和谐世界:全球治理的中国诠释》,《暨南学报》(哲学社会科学版)2007 年第 4 期,第 45 页。

94. 江泽民:《让我们共同缔造一个更美好的世界》,《江泽民文选》(第 1 卷),人民出版社 2006 年版,第 481 页。

第四章
全球经济问题

本章重点讨论全球经济治理体系面临的挑战、二十国集团的作用、国际贸易体系改组以及中国的应对。全球经济治理体系面临的挑战包括:发达国家主导的全球经济治理模式面临崛起的新兴国家的挑战;经济全球化面临区域经济一体化趋势加强的挑战;以新自由主义为核心价值观的经济发展模式面临新凯恩斯主义的挑战;国家经济主权面临跨国公司的挑战。二十国集团成为全球经济治理核心平台是世界经济格局调整的必然结果,它将扮演国际金融体系改革的推动者角色。尽快结束多哈谈判,对世界贸易组织进行适当的改革,建立一个更加公正、合理、稳定的多边贸易体制,对全球贸易和经济发展来说至关重要。二十国集团的机制化以及今后的走向对于中国来说机遇与挑战并存,中国将如何协调更加复杂多元的经济利益,并在全球经济治理体系贡献力量引人注目。

第一节 全球经济治理体系面临新的挑战

近年来,全球的经济格局发生了重大变化。以巴西、俄罗斯、印度及中国等新兴大国为代表的新兴国家经济高速发展,在全球经济中的地位不断提高,影响力也进一步增强。反之,美、日、欧等发达经济体增长缓慢,2008 年金融危机的爆发又使得这些国家遭受了严重的经济创伤,因此在全球经济中的地位有所下降。伴随着这种全球经济格局变化的便是近几十年来一直由发达国家主导的全球经济治理模式的变化。过去协调世界经济发展的一些国际组织如世界贸易组织、国际货币基金组织、世界银行以及八国集团机制等,都是由发达国家所主导,迎合了西方国家的利益。但是,新兴国家的崛起导致的全球经济格局的深刻变化,以及当前世界经济发展过程中存在的一系列新情况、新问题对旧的全球经济治理模式产生了很大的挑战。

一、全球经济治理模式面临新兴国家的挑战

一般来说,新兴国家主要是指那些具有相对较高的经济增长率、相当的经济规模和人口总量、中上等或中等的人均收入水平、不在公认的发达国家或最不发达国家之列、较高的经济开放度、较为广泛的代表性、较小争议性的一系列国家。[1]按照这类定义,新兴国家主要包括阿根廷、巴西、中国、印度、印度尼西亚、韩国、墨西哥、俄罗斯、沙特阿拉伯、南非和土耳其等。步入 21 世纪以来,尤其是近几年,新兴国家的经济高速发展,已成为全球经济的一股重要力量。新兴国家国内充足的劳动力、巨大的潜在市场以及丰富的资源,积极地推动了本国和世界经济的发展。来自国际货币基金组织的数据显示,2009 年世界实际产出下降了 0.6%,其中发达国家下降了 3.4%,新兴国家和其他发展中国家依然增长了 2.6%。2010 年世界实际产出增长 5%,其中发达国家为 3%,新兴国家产出增长 7.1%。预计 2011 年新兴国家和其他发展中国家的实际产出将增长 6.5%,而发达国家仅为 2.4%。关于新兴国家对世界经济的拉动力,来自高盛的研究称,从 2000 年到 2009 年的十年间,中国对于全球国内生产总值增长的贡献率超过 20%,略高于美国。同期欧元区的贡献率大概为美国的三分之一。"金砖四国"对全球经济增长的总体贡献率达到约 35%。新兴国家强有力地拉动了世界经济的增长。伴随着经济高速的增长,新兴国家在全球经济中的地位也是逐渐攀升,尤其是像中国、印度、巴西以及俄罗斯等新兴大国。截至 2010 年,"金砖四国"在全球经济中的比重已经由 2000 年的 6%上升到了 2009 年的 13%。而与此形成鲜明对比的便是,西方发达国家的经济地位有所下降。以西方七国为例,2000 年时其在全球经济的比重为 63.9%,到 2009 年这一比例已经下降到了 51.8%。2010 年,中国的国内生产总值已超过日本,成为仅次于美国的全球第二大经济体,巴西、俄罗斯以及印度也踏入了全球十大经济体的行列。

新兴国家的崛起，对传统的全球经济治理模式产生了深刻的影响。传统的全球经济治理模式主要是指以美国为主导的，以国际货币基金组织、世界银行和世界贸易组织为国际经济交往的支柱，以八国集团机制为世界主要的经济协调平台的综合管理体系。不言而喻，这种治理体系使得发达国家处于首要地位，符合了他们的利益。但是，近年来新兴国家的强势崛起对这种不利于全球经济均衡发展的治理模式产生了巨大的挑战。第一，新兴国家的崛起促进了国际货币基金组织、世界银行等国际组织的改革。国际货币基金组织和世界银行等国际组织在20世纪的全球经济发展过程中发挥了不可替代的积极作用。但是，如今经济增长的重心已经由发达国家逐渐向新兴国家倾斜，传统的协调全球经济均衡发展的国际贸易和金融体系越来越难以适应当前的经济格局变化。2008年国际金融危机的爆发再一次暴露了在美国主导下的国际贸易和金融体系存在着严重风险，新兴国家要求改革当前的全球经济治理体系的呼声也是越来越高。在国际社会的共同努力下，2010年的二十国集团首尔峰会通过了《首尔峰会宣言》，其主要内容便是改变国际货币基金组织的份额结构。即发达国家向新兴国家和发展中国家转让6%的份额。自此，“金砖四国”的份额全部有所提升，均进入前十名。在之前的二十国集团伦敦峰会上，国际货币基金组织又进行了1998年以来最大规模的普遍增资，资金规模由2 500亿美元增加到了7 500亿美元。对世界银行的改革也同时进行，2010年国际货币基金组织与世界银行春季联合会上，世界银行率先兑现了二十国集团匹兹堡承诺，通过了发达国家向新兴国家和其他发展中国家转移投票权的承诺。自此，后者的投票权增加到了47.19%。这一轮的世界银行与国际货币基金组织的改革凸显了新兴市场国家地位的提升，更为将要进行的国际货币体系的改革打下了基础。第二，新兴国家的崛起加上2008年爆发的全球性的金融危机使得传统的八国集团协调平台逐渐被二十国集团机制所取代，展现了新兴国家要求参与全球经济治理的决心。二十国集团机制最早成立于东南亚金融危机之后的1999年12月，在当时也只是属于一般性的对话机制。但是金融危机的爆发把二十国集团机制推向了前台。2008年在美国的提议下更是由原来的各国财政部长和央行行长参加的会议升格为由各国领导人出席的峰会，提升了二十国集团机制的规格。如今的二十国集团包括发达国家和新兴大国，涵盖地球上85%的经济总量和2/3的人口。全球大部分的贸易和资本流动都是在二十国集团内发生的。二十国集团在反对贸易保护主义、对国际货币基金组织注资、增加救助资本、改革金融体系等一系列领域里发挥着越来越重要的作用，可以说二十国集团机制已经成为当今全球经济合作的主要平台。八国集团机制向二十国集团机制的转化说明，新兴国家的崛起提高了其在全球经济中的地位，新兴国家参与全球经济治理的话语权进一步提高。

总之，当今全球的经济格局与20世纪发达国家占据绝对主导地位的格局相比发生了很大变化。发达国家的地位逐渐下降，传统的全球经济治理模式与当下的全球经济格局的矛盾越来越突出。而新兴国家的崛起既说明了它们经济实力的增加，人民生活水平的提高；又表明它们已成为当今世界全球经济的一股重要力量和具备积极地参与全球经济治理、促进世界经济平衡发展的能力。

二、经济全球化面临区域经济一体化趋势加强的挑战

全球经济治理体系面临的另一挑战便是在经济全球化已经深入人心的时候，区域经济一体化的趋势也进一步加强。一般来说，区域经济一体化有多种形式，如以自由贸易区形式存在的北美自由贸易区、以关税同盟形式存在的南方共同市场以及表现为经济联盟形式的欧盟等。区域经济一体化最早始于20世纪50年代，即1951年4月由法国、联邦德国、意大利、比利时、卢森堡、荷兰六国签署的欧洲煤钢共同条约。在经历了由低级到高级的四个层次之后，最终于1993年发展成为经济联盟形式。20世纪90年代，伴随冷战的终结和世界贸易组织的诞生，全球性的区域经济合作呈现前所未有的发展。来自世界贸易组织年度《世界贸易报告》的数据显示，仅2009年就有37个新的区域贸易安排(包括双边的和区域间的自由贸易安排)向世界贸易组织报告了其成立情况，这是自1995年世界贸易组织成立以来单年度的区域贸易安排成立数目最多的一年。其中有一半在亚太地区，剩下的则在欧洲、独联体、美洲及非洲等地区。截至2009年底，一共有457个区域贸易安排

向世界贸易组织报告了其成立情况，其中有266个区域贸易安排已经生效。如今世界贸易组织成员中除蒙古之外，所有的国家都至少参加了一个区域性的贸易安排（有的国家甚至参加了20个区域贸易安排）。这些区域贸易安排的范围非常广泛，从减少贸易壁垒到扩大市场开放，以及限制一些如对投资、竞争政策、贸易便利、知识产权、电子商务以及劳动与环境等的保护措施的条款。如今运行比较良好的区域性贸易安排主要有欧盟、北美自由贸易区、亚太经合组织、东盟和非盟等区域贸易组织。2010年1月1日，中国—东盟自由贸易区正式宣告成立。作为世界三大贸易区之一，它覆盖1 400万平方公里、19亿消费人口、6万亿美元经济总量以及4.5万亿美元贸易总量。中国—东盟自贸区是中国对外商谈的第一个自贸区，也是东盟作为一个整体对外商谈的第一个自贸区。虽然东盟自由贸易区的成立时间不如欧盟和北美自由贸易区早，相比之下自由贸易的程度较低，但是随着双边贸易的增长和双方谈判的深入，中国—东盟自由贸易区必将在不久的将来取得很大的成就。

区域经济一体化的迅猛发展，对经济全球化构成了极大的挑战。这是因为从区域经济一体化本身的构成来看，它必然对经济全球化构成挑战。本质上说，区域经济一体化与世界贸易组织所倡导的经济全球化是矛盾的。区域经济一体化的主要目的便是对内实现集团内部的规模经济，提高经济效益，促进各成员的经济发展；对外则是通过统一的某种关税或制度安排，以区域合作的名义为区域内贸易提供一种新的保护手段，以此来促进集团内部的贸易发展。这样区域贸易安排在保护各成员之间的经贸往来的同时，也提高了这个集团作为一个整体在世界贸易中的地位。但是为了维护区域的内部贸易，区域性的贸易安排采取了严格的保护手段，建立了一系列的贸易壁垒以抵御外部产品的进入。这样一来，日益紧密的区域合作虽然促进了域内各国的贸易发展，但却阻碍了全球自由贸易的进行。相关的经验分析也证实了区域经济一体化的发展对经济全球化构成了阻力。有学者利用各国社会经济总量波动程度和全球经济总量波动程度的相关度度量了区域经济一体化与经济全球化的关联性。两个国家或集团之间的国民经济互动指标提高表明两个国家或集团经济一体化程度提高。当该指标变小时，则表明它们之间的经济一体化程度减弱。通过用计量的方法进行实证分析得出结论：近年来区域一体化的程度逐渐提高，但各区域之间的联系逐渐减弱，从而使得经济全球化程度逐渐减弱，即区域经济一体化的加强阻碍了经济全球化前进的步伐。

三、新自由主义经济发展模式面临新凯恩斯主义的挑战

新凯恩斯主义对新自由主义所倡导的经济发展模式的冲击成为当今全球经济治理体系面临的另一挑战。20世纪70年代，布雷顿森林体系的崩溃、“石油危机”的冲击，以及经济运行中出现的滞胀深刻地暴露了“正统凯恩斯主义”的理论缺陷和政策建议方面的无能。据统计，1972年至1982年，美国年均通货膨胀率高达8.7％，失业率也升至7％，经济增长率则降为2.2％，出现了明显的“滞胀”。凯恩斯主义在面对滞胀时的束手无策使其逐渐被人们抛弃。从80年代开始，新自由主义便开始登上历史舞台，撒切尔新政、里根改革以及随后形成的“华盛顿共识”表明新自由主义开始逐渐进入主流社会。新自由主义的主要特征便是私有化、市场化（主要指的是汇率形成机制市场化）、自由化（放松对经济和金融的监管，国家对经济的干预最小）、全球经济的一体化（商品、服务以及资本在全球自由流动）以及福利个人化（减少社会福利）。新自由主义一定程度上解决了西方国家存在的滞胀问题，但也为将来的经济发展留下许多隐患。对美国国内来说，缺乏监管的收入分配和收入差距扩大了国内的贫富分化。根据美国人口普查局2009年的统计结果，总收入中的49.4％流入20％的最富裕阶层，14.5％的贫困人口只得到总收入的3.4％。富裕阶层年收入超过10万美元，贫困者年收入低于2.2万美元。同年的美国基尼系数为0.468，创人口普查局1967年开始统计家庭收入以来最高。另外，信奉自由化、市场化的里根政府解除了对金融体系的监管，在1980年至1982年的三年间，美国国会通过了两个重要法案，解除了对金融机构的管制。如此一来追寻利润最大化的金融机构越来越多地从事于投机性业务，从而加剧了危机爆发的可能性。“二战”后到20世纪70年代的二十多年时间里

美国基本没有发生大的金融危机，但是自新自由主义登上历史舞台后，美国国内经济相继暴露了一系列比较大的金融问题。从90年代的网络经济泡沫再到2007—2008年的次贷危机，无不展现了缺乏监管的金融体系爆发危机可能性向上升。"华盛顿共识"在世界范围内的强行推广也对世界其他国家的经济发展造成了极大的损害。1994年的墨西哥金融危机、1997年的东南亚金融危机、1998年的俄罗斯金融危机和在拉美国家接连发生的金融危机，以及最近爆发的全球性金融危机，都深刻地说明了放松金融监管、允许商业银行涉足证券投资等投机性业务给实体经济带来的危害。

就在新自由主义受到越来越多质疑的时候，以国家干预为主要政策手段的新凯恩斯主义焕发了活力，对新自由主义构成了强有力的挑战。20世纪70年代凯恩斯主义应对滞胀的政策无力使得凯恩斯主义者重新审视了凯恩斯主义的微观基础。他们对旧的凯恩斯主义进行了一系列的修正。例如：把价格、工资粘性的解释建立在个人理性行为的基础上；论证了市场的不完全性、信息的不对称性、交易成本的存在如何放大各种外部冲击对经济运行波动的影响；最后新凯恩斯主义细化了总需求的管理政策。[2]新凯恩斯主义者对原有的凯恩斯主义的修正使其更适合于对全球经济发展的解释。与此同时自20世纪90年代开始人们已逐渐意识到以绝对自由主义为特征的"华盛顿共识"的危害。而今，即便是一直推崇新自由主义的美国也受到金融危机侵害，而且还是危机的发源地，因此更加使人们意识到国家进行必要干预的重要性。此次金融危机之后，各国尤其是发达国家纷纷摒弃了放任自由的政策主张，积极采取一系列的财政、货币政策，如美国财政部和美联储联合推出救市方案，中国政府出台4万亿元人民币投资等。实践证明，这些国家干预对促进经济的复苏是必要的。当然，在这次金融危机面前国家对经济必要的干预不可能让包括新凯恩斯主义者在内的经济学家放弃对自由市场的信任。但是它一方面会使新凯恩斯主义者更谨慎地审视自由市场制度本身存在的内在缺陷，另一方面也会使新自由主义经济学家减少对政府干预行为的怀疑。

四、国家经济主权面临跨国公司的挑战

跨国公司是当今世界经济全球化的主要载体。自20世纪90年代以来，随着冷战的结束和全球化进程的加快，跨国公司有了迅猛的发展。一些跨国公司的资产和年度销售总额已经超过很多国家的国内生产总值。拿2010年全球500强榜首的沃尔玛来说，其年销售收入超过了400亿美元，按照国内生产总值来算位居世界各国国内生产总值排名的30位左右，远远超过很多国家的国内生产总值。

跨国公司为东道国带去资金、技术和先进的管理经验，促进了东道国经济的发展。但是跨国公司在促进经济发展的同时也带来很多问题。其中比较重要的，也是人们经常讨论的，便是跨国公司的迅猛发展削弱了国家经济主权。首先，跨国公司通过国际贸易或外国直接投资等手段，抑制了东道国民族经济的发展。跨国公司利用倾销、补贴等手段，将本国的产品低价打入东道国市场，从而对生产同类产品的东道国企业造成很大的冲击，使得东道国的民族企业面临的竞争压力骤增。而且跨国公司凭借本身的技术、资金优势通过收购、兼并等方式控制了东道国的民族企业，压缩了民族企业的生存空间，制约了东道国的经济发展。另外，根据产品的生命周期理论，跨国公司把标准化的产品通过对外直接投资转移到了东道国生产，其自身又开始新的技术创新。这样本国企业总是掌握着技术优势，而东道国企业则始终处于生产链的低端，从而总是落后于跨国公司。技术的落后阻碍了东道国的经济发展。资金、技术上的优势还使得跨国公司垄断了东道国国内某些行业的发展。从而在很大程度上可以左右东道国的产业政策，限制了东道国政府对经济的宏观调控能力，削弱了国家经济主导权。其次，东道国为了吸引跨国公司的投资，采取了许多妥协、让步，一定程度上削弱了国家的经济主权。经济全球化过程中，为了吸引跨国公司的投资和技术支持，东道国政府采取了很多优惠性的政策。如税收、劳工制度、市场准入以及投资等方面，东道国政府都给予跨国公司很大的让步。中国为了吸引外国投资，在税收上给予了极大的优惠。2008年以前，中国内资企业的所得税率为33％，而外资仅为15％。这些优惠性的政策一方面吸引了跨国公司大规模的投资，另一方面不利于东道国国内企

业的发展，限制了国内企业与跨国公司的公平竞争，而且东道国政府让渡一部分经济主权削弱了政府的管理职能。再者，很多跨国公司从事一些投机性的金融业务，轻则造成东道国政府的经济损失，重则引发局部的金融危机，从而削弱了国家的经济主权。发展中国家的金融业发展水平低、相应的法制也不健全，使得跨国公司的投机性金融业务有机可乘。例如东南亚金融危机的爆发，不仅使得亚洲国家的资产大为缩水，还使得社会秩序陷入混乱，致使很多国家的政权不稳定。最后，很多跨国公司将一些高污染、高耗能的行业从本国转移到东道国，造成东道国的环境污染，损害了当地经济的健康发展。如今，发达国家的跨国公司已经将大部分的夕阳行业如制造业、加工业等转移到了发展中国家，自己仅保留了一些研发、管理等部门，使得服务行业在发达经济体中占了很大比重。在美国，服务业约占到了国内生产总值的90%，大部分的制造业转移到了发展中国家。发展中国家的劳动力便宜、资源丰富而且对环境的要求比发达国家要低一些，很多高耗能、高污染的行业便落户到了发展中国家。比如在中国、印度，以及东南亚国家，大量的跨国公司将产品的生产放在了这些国家。产品生产过程中制造的环境污染不仅破坏了生态平衡，而且也不利于可持续发展的实施，损害了这些国家的长期利益。

第二节　多哈回合与国际贸易体系改组

中国加入世界贸易组织以来，贸易规模迅速扩张，贸易对经济增长的推动作用明显上升。在加入世界贸易组织的第一个十年，中国出口增长6.3倍，进口增长6.2倍，年增长率分别达到14%和11%，经常收支顺差对国内生产总值之比平均为1.6%，出口成为拉动经济高速增长的重要动力之一。2009年中国超过德国成为全球第一大出口国，2010年中国超过日本成为全球第二大经济体。中国是多边自由贸易体系的最大受益者之一，这一事实提高了中国积极参与和推动多边自由贸易体系发展的热情。多边自由贸易体系为中国经济发展提供了巨大机遇。然而，中国受惠于世界贸易组织的十年也是后者发展陷入困境的十年。多哈回合谈判陷入困境给中国经济带来了巨大挑战。全球第一和第三大经济体美国与日本的贸易依存度大约为20%—30%，而中国的贸易依存度高达60%—70%，中国是典型的贸易依存型经济大国。对于中国这样一个高度依赖贸易的经济体，多边自由贸易体系构成了中国经济的“生命线”。如果多哈回合谈判失败，其损失并不仅仅局限于世界经济无法享受多哈回合成功可以创造的经济效益，最坏结果是对世贸组织的权威和信誉造成伤害，从而破坏现存的多边自由贸易体系；同时中国将成为主要受害者。中国有必要积极参与和推进多哈回合谈判进程。[3]

2001年11月，世界贸易组织成员在卡塔尔首都多哈启动了多哈发展议程（也称“多哈回合谈判”）。根据《多哈宣言》，世界贸易组织成员在多哈回合中就农业、非农市场准入、服务贸易、规则（包括反倾销、反补贴和区域贸易协定规则）、贸易便利化、贸易与环境知识产权（包括公共健康议题、地理标志议题和基因资源保护议题等）等议题展开谈判，并在2004年8月1日达成具有里程碑意义的《七月框架协议》，确定各谈判领域成果的主要轮廓和下一步谈判的原则。2005年12月世界贸易组织成员达成了《香港部长宣言》，就多哈回合谈判的部分领域达成具体成果，并进一步细化了各领域谈判的成果雏形。2008年7月，世界贸易组织成员为达成多哈回合协议的努力未能成功，但用世界贸易组织总干事拉米的话来说，“多哈回合谈判已经完成了80%”。目前，除美国以外，绝大多数世贸组织成员表示可以基本接受2008年12月的农业和非农主席案文。

一、多哈回合谈判的成果

世界贸易组织框架下的多边贸易谈判通常采用的是一揽子谈判方式，即只有所有谈判领域都达成一致后才能达成最终的多哈回合协议，实施各领域的谈判成果。作为例外，由于个别议题本身的特殊性，世界贸易组织也可以总理事会决定的形式授权其成员临时实施个别已达成一致的谈判成果。目前，总理事会决定授权临时实施的谈判成果只有两项。一是关于公共健康和知识产权的关系谈判的成果，成果减少了仿制药国际贸易中的知识产权法律障碍，从而有利于发展中国家和最不发达国家通过进口获得便宜的仿制药，解决公共健康问题。二是关于区域贸易协定的透明度问题，谈判的成果旨在加强区域贸易协定的通报和审议工作。

已达成一致但尚未实施的成果主要体现在2005年香港部长级会议上达成的《香港部长宣言》中。根据多哈谈判一揽子谈判的既定原则，这些具有法律效力的谈判成果还必须等到多哈谈判一揽子协议达成以后才能实施。《香港部长宣言》中已达成的具有可操作性的成果包括：(1)到2013年底，发达成员必须取消所有农产品出口补贴；到2016年底，发展中成员必须取消所有农产品出口补贴。(2)发达成员必须于多哈回合谈判最终结果实施之日以前在至少占全部税号数97%的产品上给予最不发达成员免关税和免配额的“双免”待遇；发展中成员在宣布自己有能力实施的前提下，也应给予最不发达成员“双免”待遇，但在产品范围和受惠国别范围方面可以有一定的灵活性。(3)发达成员必须于2006年底前取消对棉花的出口补贴，并从多哈回合谈判最终结果实施之日起给予来自最不发达成员的棉花“双免”待遇，世界贸易组织成员对棉花的国内补贴削减幅度必须大于其他产品，削减的进度也必须快于其他农产品。

多哈谈判中接近一致同意的成果主要集中在农业和非农谈判领域，具体体现在2008年12月的农业和非农主席案文中。目前，只有美国坚决反对。(1)对扭曲贸易的国内支持。根据2008年12月农业主席案文，对于扭曲贸易的国内支持总量，以基期(1995—2000)补贴量为基础，欧盟将削减80%，日本将削减75%，美国将削减70%，其他发达成员将削减55%，发展中成员将削减37%。同时，案文还对扭曲贸易的国内支持的三大组成部分也分别规定了削减比例。(2)农产品关税。世界贸易组织成员在2004年已确定了“高税多减”的分层削减原则，2008年12月的农业主席案文确定了发达成员和发展中成员分别适用的关税分层和削减幅度。在执行这些削减时，世界贸易组织成员可以享受一定的灵活性，主要包括所有成员都可以享受的敏感产品待遇和仅有发展中成员可以享受的特殊产品待遇。(3)农产品保障措施。这一议题是2008年7月世界贸易组织成员日内瓦小型部长会议失败的直接导火索。2008年12月农业主席案文提出的折中方案为：当某农产品进口价格低于过去三年里该产品月均进口价格的85%(触发价格)时,可以采取保障措施,但加征的关税不得超过触发价格与进口价格差价的85%。当某农产品进口量激增,满足规定的门槛时,也可以采取保障措施,加征关税。(4)非农产品关税。世界贸易组织成员在2005年12月香港部长级会议上已确定了采用能实现大幅削减高关税的瑞士公式。2008年12月的农业主席案文还确定了发达成员和发展中成员分别适用的系数和发展中成员的灵活性条款。(5)贸易便利化谈判。该议题是唯一在2008年12月农业和非农主席案文以外,但成果已接近达成一致的议题。贸易便利化谈判旨在澄清和改进相关世界贸易组织规则,以期进一步加速货物,包括过境货物的流动、放行和清关。谈判旨在加强这一领域的技术援助和能力建设支持,并在贸易便利化和海关执行方面促进海关之间或其他边境管理机构之间的有效合作。该谈判进展势头较好,2010年2月,该谈判委员会主席已散发了最终贸易便利化协定文本的第一稿草案。目前,如能妥善解决发展中成员的特殊和差别待遇问题和发展中成员的实施问题,世界贸易组织成员有望在该领域率先达成具体成果。[4]

二、围绕农业谈判分歧的焦点

多哈回合谈判原定于2005年1月1日前全面结束,但是由于世界贸易组织成员之间在农业产品进入等问题上的分歧过大,使得多哈回合谈判一拖再拖,至今仍未结束,没有达成预期的协议,农业谈判成为阻碍多哈多边谈判进程的绊脚石。根据多哈宣言的工作计划,多哈回合农业谈判的基本目标是建立一个公平的、以市场为导向的农产品贸易体制。可是在农业问题谈判的过程中,出现了一系列的问题,阻碍了谈判的成功实现。世界贸易组织总干事拉米也曾经表示,谈判的主要障碍是农业问题,美欧之间关于农业问题的矛盾是此次谈判破裂的主要原因。多哈回合的无限期中止,不仅无助于多边贸易体制的建立,更阻碍了全球经济一体化的进程。全球经济很可能再次陷入保护主义的危险,因此多哈回合谈判的失败对世界经济和政治的影响是不可估量的。

农业谈判包括出口竞争、国内支持和市场准入三个方面，核心围绕农产品国内补贴、农产品关税和发展中国家特殊待遇等议题展开谈判。在多哈谈判走过的十年中，对于农业议题的谈判分为三个阶段：2001—2003 年各方在国内支持上争论不休；2004—2005 年出口竞争问题得到基本解决；2007—2008 年农产品特殊保障机制（SSM）成为谈判的绊脚石。

美国农业资源丰富，科技发达，生产效率高，是世界第一大农产品出口国。然而，美国仍借助其强大的国力给予农产品和农场主巨额补贴。据经济与合作组织估计，2002 年美国政府每年对农民的补贴约为 400 亿美元，平均每 100 美元的农业产值中，有 20—30 美元来自政府补贴。正因为美国政府长期实施的农业补贴政策，使仅占美国人口约 2%的农民不仅养活了本国人，而且能够在世界范围内倾销其农产品。欧盟农业资源相对不足，原是一个农产品进口市场。欧盟通过共同农业政策和农产品补贴，积极扶持农产品出口。一方面采用高关税壁垒严格限制欧盟外市场产品的进口，另一方面对内部农业给予大量补贴，压低在世界农产品市场上的价格，积极争夺国际市场。欧盟农产品关税税率最高，平均关税达 17.9%，有些农产品甚至达 100%以上；而非农产品的平均税率仅为 4.1%。除征收高关税外，欧盟还对农产品给予直接补贴，2001 年出口补贴额达 28 亿欧元。

美欧农产品的分歧集中表现在国内支持和市场准入两个方面。美国愿意在多哈回合中作出让步，但前提是欧盟大幅削减关税，扩大市场准入机会。欧盟则坚持认为只有美国大幅削减高额国内补贴才能真正推动多哈回合谈判顺利进行。美国与欧盟之间的较量在坎昆部长会议前得以平息，双方谈判代表在 2003 年 8 月 13 日提出美欧农业谈判联合框架。至此，多哈回合农业谈判的对峙转向以美欧为代表的发达国家与发展中国家之间的矛盾，同时也标志着农产品实质性谈判的到来。

谈判具体过程中，各方在国内支持和市场准入方面的争议较大。在国内支持方面，出于政治利益以及部分经济利益的考虑，美国、欧盟对本国国内的农产品进行的大量的农业补贴削弱了发展中国家农产品在国际市场上的竞争力，并且两大经济体在这方面始终不肯让步。在市场准入方面，美国一直指责欧盟和巴西、印度等主要发展中成员未能在市场准入方面给予足够的让步而感到非常失望；欧盟内部农业集团的压力又迫使欧盟很难作出妥协。此外，谈判过程中数量众多的各国家利益代表集团之间的争论阻碍了谈判的进展。在农业谈判中，出现了多股利益集团，如美国、欧盟、二十国集团、十国协调小组（G10）、特殊产品（SP）和特殊保障机制联盟（简称 G33）等五方面为主要力量，特别是形成了以二十国集团与美欧矛盾为主线的谈判格局。不同集团分别代表了发达国家和发展中国家，且发达国家内部也存在着不同的利益集团，它们在农业问题上的立场各不相同。例如美国、二十国集团和凯恩斯集团[5]要求欧盟为主的发达成员对农产品关税进行 50％以上的削减，而欧盟同意接受的关税削减幅度仅为 30％。农业问题与一国的经济、政治利益息息相关，因此农业一直被视为一国的核心内容。由此，各国在农业谈判上互不相让，一直没有达成具有实质性的协议，也导致了整个多哈回合的停滞。问题的主要矛盾在于美欧双方，因此，美欧应在农业问题上继续努力，作出实质性的削减，为谈判的成功作出应有的贡献；也只有这样，农业谈判的僵局才能打破，非农业、服务贸易等领域的谈判才能跟进。

发达国家和发展中国家在农产品进口特殊保障机制上有着难以弥合的分歧。农产品贸易的特殊保障机制是发展中国家在农产品进口激增的情况下才可以采用的一种贸易保护措施。2008 年 7 月世界贸易组织小型部长级会议的前 7 天谈判里，美国和欧盟分别愿意削减国内农业补贴 80％和 70％，各方基本上已就 80％的问题达成一致；但最后一天的谈判却扭转乾坤，美国等发达国家和印度等发展中国家在农产品进口特殊保障机制上难以弥合分歧，最终谈判失败。世界贸易组织关于农产品特殊保障机制的解决方案建议：在触发水平 140％（即某产品任何一年进口量超过以往 3 年平均进口量的 40％）时发展中国家可以最高加征 15％的关税。印度等发展中国家认为底线过于严格，不利于保护本国农业和农民的利益，而美国坚持 40％的数量门槛底线。发达国家和发展中国家主要是在特殊保障机制的触发水平上存在争议。发达国家希望触发点尽可能高，并认为过低的触发点违背了贸易自由化的宗旨，破坏了正常贸易秩序；相反，发展中国家积极争取低触发点，因为触发点过高会使保障机制难以运作，援用该条款保护国内产业的难度加大。

此外，中国、印度等发展中国家农业份额大，农业人口比例高，国内经济处于二元经济阶段，尚依赖农业提供税源。因而中、印等发展中国家坚持要求发达国家大幅削减农业补贴和关税。同时，发展中国家出口的大多是初级农产品，不仅要与发达国家的低价农产品竞争，而且还要接受发达国家的高关税壁垒，农产品贸易处在极其不公平的环境之中。因此，它们强烈要求发达国家取消补贴，削减关税，还农产品贸易一个公平的环境。然而美国和欧盟却打着贸易自由化的幌子，要求发展中国家开放农产品市场，而自身却对本国农业实行保护，甚至利用技术处理来逃避实质性削减。由于双方的强硬立场，2003 年 9 月在墨西哥坎昆举行的世界贸易组织第五次部长级会议无果而终，国内补贴问题陷入僵局，也使多哈回合不能如期在 2005 年 1 月 1 日前结束。

美国和凯恩斯集团（包括印度）作为农产品净出口国，极力倡导农产品贸易自由化。贸易自由化将引起国际市场上农产品价格上升，改善农产品的国际收支状况，提升本国的综合福利水平。欧盟、日本和韩国等国家则是农产品净进口国，它们反对大幅度削减国内农业补贴及大幅度削减关税。其中，欧盟强烈反对大幅削减农业补贴，日本则是强烈反对大幅削减关税。净进口国与净出口国两股力量之间的斗争在世界贸易组织的历史上一直存在着，并且延续到当前。可见，多哈回合农业谈判的矛盾集中表现为发达国家和发展中国家之间的矛盾。对于发达国家而言，农业非但不是国家的主导产业，对国民经济的贡献也远远低于第二、三产业，但农业作为基础，其地位不容忽视；对于发展中国家而言，许多国家正在从农业社会向工业社会过渡，农业就业人口比例高，农产品收益对整个国家具有重大的作用。因此，由于农业的特殊性，世界贸易组织各成员都试图通过谈判维护自身的利益，维护本国农民的利益。因而农业议题无疑成为谈判的焦点，也成为矛盾最激烈的领域，以致造成多哈回合的搁浅。[6]

三、多哈回合谈判的教训

多哈回合谈判的无限期中止，给全球自由贸易蒙上了一层阴影。

谈判迟迟不能结束，对多边贸易体系的建立也是一个沉重的打击。为了不让过去的成果成为“失去的十年”，各国应该吸取教训，齐心协力，促进多哈谈判的尽早完成。

首先，世界贸易组织多边贸易体制自身存在着固有的缺陷。多边贸易体制内部自己的缺陷，对多哈回合谈判有重要影响。比如说，适用的一揽子法律原则以及世界贸易组织本身的约束性有很大的不足。一揽子的接受原则，一定程度上促进了协议的达成；但是为了保护本国的利益，更多的国家选择的是拒绝，从而增加了谈判的复杂性。多哈回合多次受阻其实就是发达成员不惜令谈判破裂而竭力维护自身利益的结果。而且世界贸易组织对谈判双方的约束性不大，如果达不成相关协议，任何一方均可选择退出，并对自身没有大的损害，增加了谈判的难度。目前，世界贸易组织的正式成员已达153个，且各成员在经济发展水平、政治、文化等方面差异较大，要想通过全体一致达成最终协议实属不易。还有就是多边贸易体制内的谈判议题不断增加，很多是非贸易问题，文化偏好、政治制度、人权领域等在各国都是很敏感的话题，所以困难也就不言而喻了。另外，世界贸易组织多边贸易谈判的范围扩大到了成员的国内规则、文化偏好、政治经济制度甚至伦理问题等国内规则领域，这无疑与成员的主权发生冲突。

其次，区域合作的快速发展一定程度上形成了对多边贸易体制的替代，减少了成员对多边贸易体制的依赖，分散了谈判资源。多哈回合谈判迟迟未能达成协议使得很多国家放弃了寻求多边贸易体制的决定，转而通过建立双边或多边的贸易安排来促进本国的贸易发展，加之世界贸易组织对区域贸易安排的态度也是放任甚至鼓励的。因此越来越多的区域贸易安排不断涌现，对多边贸易体制造成很大的打击。从协议签署情况看，区域贸易协定与多边贸易体制呈现负相关。近十年来，区域贸易协定出现的三次热潮都与多边贸易谈判受挫相关，很多研究说明，区域贸易协定为成员提供了投机机会，削弱了多边谈判的动力。近几年来，区域贸易安排逐渐增多，据世界贸易组织秘书处统计，截至2010年6月，全球已通知并生效的290个区域贸易协定中，有160个基于《关税与贸易总协定》第24条的自由贸易区和15个关税同盟。多数成员至少参加了一个区域性的贸易安排（有的成员甚至参加了

20 个区域贸易安排)。

再次,全球贸易格局已发生重大变化,原有谈判规则难以适应。多哈回合启动十年多来,全球贸易格局已发生重大变化。首先是发展中国家在全球贸易中的地位相对快速上升,以中国、印度、巴西和俄罗斯为代表的新兴经济体在世界经济中展现出蓬勃的生机和巨大的发展潜力,随着经济实力增强,这些国家开始谋求更多的国际话语权。发达国家的经济地位则相对衰落,像乌拉圭回合之前那样由发达国家主导谈判的情况已不可能。由于前八轮谈判的最大受益者是发达国家,所以多哈回合谈判启动后,发展中国家主动参与谈判,在更加关注开放收益与促进发展的前提下,发展中国家组成了不同的利益集团,与发达国家展开了强硬的博弈,围绕农业国内补贴、农产品关税减让和非农产品市场准入"三角议题"爆发了激烈争议。发达国家与发展中国家根本利益的不同增加了多边贸易谈判的难度。谈判中还出现了许多利益集团,各方利益的冲突复杂。如农业谈判中以巴西、印度为代表的 23 个发展中国家组成的二十国集团,要求建立只有发展中成员才能享受的特殊产品和特殊保障机制;以印度尼西亚为首的一批发展中国家组成特殊产品和特殊保障机制联盟,"非加太集团"(ACP,包括非洲集团国家、加勒比海和太平洋岛国约 90 个国家),"弱小和脆弱经济体集团"(SVE),"最不发达国家集团"(LDC)等,这些利益集团之间和利益集团内部的复杂性,使得多哈谈判前进的道路上充满了困难。

最后,当今世界经济形势的变化不利于多边贸易体制的进程。在金融危机的背景下,各国经济增幅下降并已危及实体经济,因而更为关注本国经济增长和失业问题,这样也就降低了对多哈回合谈判的热情。世界经济虽然在缓慢复苏,但依然是脆弱的。美国作为谈判的最主要一方,并没有足够的谈判意向。受金融危机的影响,美国奥巴马政府忙于医保改革、国内经济增长(公共工程、住宅建筑和公路修筑等),并未将工作重心聚焦多哈回合谈判和多边贸易问题。为了提高本国的就业、调整国内的贸易逆差等问题,很多国家选择了贸易保护主义。危机面前各国想到的更多的是如何重振本国的经济,而不是多哈回合谈判。因此世界经济形势的变化对多哈回合谈判也产生了重要的影响。

四、现行国际贸易体系的现状及主要问题

现行的国际贸易体系主要指的是以世贸组织为基础的多边贸易体制。1947年成立的关税与贸易总协定初步构建了多边贸易体制，但是由于它只是一个临时性的协定，在机构的性质、管辖范围以及争端解决上很不成熟，因此其所创建的多边贸易体制并不是很完善。1995年关贸总协定的继承者世界贸易组织的成立开创了多边贸易体制的新纪元。作为全球贸易的治理机构，世界贸易组织不仅秉承了关贸总协定所遵循的准则，另外又根据新形势作出了一些重大的创新，如对争端解决机制的改革等。一般来说，世界贸易组织的宗旨可归结为以下几点：(1)提高生活水平，保障充分就业；(2)扩大货物、服务的生产和贸易；(3)坚持走可持续发展道路；(4)保证发展中国家的贸易和经济的发展；(5)建立更加完善的多边贸易体制。世界贸易组织的具体目标是通过互惠互利的安排，使得关税和其他贸易壁垒的大幅度减少和国际关系中歧视性待遇的取消，建立一个完整的，包括货物、服务以及与贸易有关的投资及知识产权等更具活力、更持久的多边贸易体系，其最终的目标是改善成员国的人民福利。世界贸易组织的创建不仅大大地促进了世界贸易的发展，而且它也建立了一个完整的、更具有活力的和永久性的多边贸易体制。这样，世界贸易组织便成了当今世界贸易体系的组织基础和法律基础。

与以往的多边贸易体制相比，以世界贸易组织为基础的多边贸易体制具有一些新的特点。如成立一些职能部门、增加新成员组成范围等内容，使得新多边贸易体制更加完整；由于兼顾了各方如发展中国家和不发达国家的利益等，使得新体制运行起来具有更强的可行性；体制基础坚固、争端解决能力强，使得新多边贸易体制更能持久；以及通过与国际货币基金组织、世界银行和一些非政府组织之间进行磋商合作，使得新多边贸易体制的影响力要远远大于旧的多边贸易体制。总之，以世界贸易组织为法律基础和组织基础的多边贸易体制在促进全球贸易持续、健康发展，提高人民生活水平的道路上必将走得更远。[7]世界贸易组织作为当今世界最成功的几个国际机构之一，取得的成就是显而易见的。但是，全球治理面临一系列新问题，现行多边贸易体制尚缺乏应对能力，未

来多边贸易体制在全球治理范围、公共产品提供等方面面临挑战。

首先是反全球化浪潮逐渐加剧。发展中国家认为发达国家获得了全球化的主要利益，大多数发展中国家成为全球化的输家；与此同时，发达国家中反对全球化的呼声也很强，其理由是全球化带来更多的失业、环境损害等。反全球化运动在一定程度上体现了南北矛盾，也部分体现了多边谈判缺乏广泛的民意基础，从而增加了多边贸易谈判的疑虑，给各成员政府带来了政治等多方面压力。多哈回合谈判的两次失败在某种程度上反映了世界贸易组织缺乏化解反全球化影响、协调南北矛盾的能力。此外，与贸易相关的问题世界贸易组织框架尚未涵盖，比如粮食危机问题、环境问题、如何与非政府组织合作问题等。

其次，发达国家与发展中国家的不平等地位加深了世界贸易组织内部成员之间的矛盾。发达国家在世界贸易中的比重占到65%左右，而发展中国家仅占约30%。发达国家与发展中国家这种经济实力上的不平等地位导致两者之间矛盾的加剧。发达国家凭借在世界贸易组织享有的强势地位，不断地按照自己的意愿行事。如扩大自己的权利，减轻自己应承担的义务；要求发展中国家扩大服务业、投资领域的开放程度，减少工业产品准入门槛，加大知识产权的保护力度，尽快实现贸易自由化；而发达国家却要求更多时间来调整自己的农业、纺织业等行业。反之，发展中国家的弱势地位也不利于其权利的行使。一些不发达国家由于财力或者政治因素逐渐被边缘化，有很多非洲国家甚至无法参与世界贸易组织的活动。发达国家给予的官方援助也在逐年减少。随着新兴市场国家的崛起，发展中国家要求提高平等对待的呼声逐渐增强，两者之间的矛盾也是越来越突出。

第三，区域经济一体化对世贸组织的双重影响。自欧盟诞生以来，世界范围内的区域贸易安排逐渐增加。世界贸易组织本身并不反对区域贸易安排，前提是不违背非歧视性原则。但现实情况是区域贸易安排对世界贸易组织造成了极大挑战。首先，区域贸易安排可能使多边贸易体制的非歧视原则受到伤害。对区域内的成员提供优惠的同时却使非成员遭受歧视。再者，一些区域贸易安排内的许多协定增加了多边贸易体制的潜在成本，如原产地规则、关税规则等。最后，区域贸易安排消耗了大量的谈判资源。发达国家意识到多哈回合谈判的困难，便将目光转向了区域贸易安排,这对多边贸易体制构成了极大的威胁。

第四,新贸易保护主义对世界贸易组织的挑战。世界贸易组织的相关规定对抑制贸易保护起到了积极的作用,但是这并未遏止世界范围内的贸易保护。在新的形势下,以非关税壁垒为主要手段的新贸易保护主义在国际贸易中逐渐占据主导地位,对多边贸易体制造成了很大的影响。金融危机期间,美国为了提高本国的就业、减少国内巨额的贸易逆差采取了一些新的保护手段,如反倾销、反补贴、特殊保障机制、汇率手段以及一些技术性贸易壁垒。这些保护措施往往打着保护生命、保护环境的幌子来达到其不可告人的目的。新贸易保护手段的盛行,主要原因在于两方面:一是贸易政策审议机制缺乏约束。作为世界贸易组织的三大机制之一的贸易政策审议机制是世界贸易组织管辖的一项多边贸易协议,世界贸易组织利用该机制对各成员的贸易政策、实践及其对多边贸易体制运行的影响进行定期评价和审议,以促使成员方遵守世界贸易组织规则,促使全球贸易政策向更加透明化、合理化方向发展。但是即使成员不履行相应的义务,世界贸易组织也无权对其采取强制措施,因为世界贸易组织无执行能力。缺乏相应的政策实施保障,使得贸易政策审议机制几乎成一纸空文。另外,世界贸易组织许多规则为新贸易保护提供了合法的外衣。世界贸易组织允许一国为保护人类的生命健康、环境和经济安全采取保障措施,一国政府在技术标准、检疫检测标准及环保标准的制定上有一定的自主性。但很多国家违背了世界贸易组织的初衷,通过制定严格的技术、环境标准阻止外国产品的流入。世界贸易组织也允许一国对本国产业造成实质性损害的企业实行反倾销或反补贴,对相关概念比如说实质性损害的曲解认定又造成了一种新的贸易保护手段。

第五,争端解决机制也存在很多问题。经过十几年的实践,世界贸易组织争端解决机制暴露出许多缺陷,最主要的便是争端解决机制的效率太低。按照规定,从专家小组成立到确定合理的解决期限,至少需要两年多的时间。约束机制的缺乏使得专家小组的决定在未被执行时诉讼期限会更长。因此最后即使受害国得到了公正的裁判结果,但冗长的诉讼时间可能使得其损失更大。发达国家的强势地位也使得很多贸易小国根本不敢请求世界贸易组织解决争端,因为它们怕遭到发达国家更大的报复，其结果只能是忍气吞声。

五、国际贸易体系的改革及其前景

在当前的国际贸易体系中有两种相反的倾向和趋势。一是积极推动贸易自由化和便利化的力量，继续扩大开放，推进市场化改革深入；另一是大力推动保护贸易的力量，在全球衰退时期，贸易利己主义明显抬头。多哈回合被称为“发展回合”，人们期望通过本回合谈判，可以开放全球经济贸易和投资。然而，事实证明，让大国削减利益越来越困难。从1999年西雅图启动新一轮多边贸易谈判失败，到2001年多哈再次启动成功，国际社会十年来的不懈努力，依然没有打破僵局。经济全球化趋势正在被区域化、本地化、保护主义所分解，不平衡以及全球利益分配不均衡，随时有可能导致开放趋势的逆转。新兴经济体正在成为主张开放贸易和投资的主要力量。在其中，金砖国家有着更大的合作空间和推进变革的责任。

当前的国际贸易体系所存在的种种弊端已经严重威胁到全球贸易的发展。眼下，2008年爆发的金融危机使得全球经济在2009年陷入衰退，2010年部分国家或经济体开始走上缓慢的复苏道路。从目前情况来看，经济复苏仍然是脆弱的，经济运行中的风险依然很大。许多国家更是选择了贸易保护主义以重振本国经济。有鉴于此，必须对当前的国际贸易体系进行改革，进一步完善世界贸易组织的各项规则，促进世界经济和贸易的和谐发展。

（一）对世界贸易组织的议事规则和决策程序进行改革

几乎所有关于世界贸易组织的议事规则和决策程序都是在发达国家的主导下完成的，发展中国家在这方面完全处于被动地位。由于发达国家在全球贸易中占有优势地位，它们所制定的规则不可避免地代表了自身的利益，也就必定反映了发达国家与发展中国家的利益冲突。近年来，随着新兴市场国家的崛起，发达国家与发展中国家的矛盾逐渐加深。这一方面表明了发展中国家地位的崛起，另一方面也说明两者之间的利益冲突不利于贸易协议的达成，从而阻碍了多边贸易体制的健康发展。所以说，如今有必要对世界贸易组织的议事规则和决策程序进行改革，使其尽可能反映多数国家的共同利益，这样才能促进全球经济和贸易的发展。比如说发展中国家要让自己提出的议题必须登记并列入讨论的日程表。[8]由于发展中国家的弱势地位，发达国家在谈判议程中对发展中国家提出的议题置之不理，把主要的时间花在自己提出的议题上，忽略了发展中国家的利益，因此发展中国家要团结起来改变目前的这种状况。

（二）尽快结束多哈回合谈判

从2002年1月多哈回合谈判启动以来，多哈回合已经走过了十个年头。在这十年里，多哈回合一拖再拖，最终逃脱不了无限期中止的命运。虽然说多哈回合取得了一定的成果，但是与最初定下的目标已相去甚远。关于国内支持、农业问题以及非农市场准入等三个议题迟迟未能达成一致的协议。多哈回合的无限期中止使得全球多边贸易体系蒙上了一层阴影，更严重的是，很多国家已经放弃全球多边贸易体系转而寻求双边或多边的贸易安排来促进本国经济和贸易的发展，如通过签订双边自由贸易协定（FTA）以及谈判成立区域贸易优惠安排（RTA）等。一些全球主要贸易大国也是这一潮流的积极参与者，典型的有欧盟成员的不断扩大；北美自由贸易区成立后又于2007年底完成了与韩国的双边自由贸易区谈判，美国国会还正式批准了与哥伦比亚、巴拿马及秘鲁的自由贸易区协定；日本、印度正在与东盟谈判自由贸易区协定；巴西在南方共同市场之外，正在与欧盟商签双边自由贸易区协定；中国—东盟自由贸易区的成立等等。区域性的贸易安排对世界贸易组织形成了强大的挑战，因此，唯有各成员共同努力尽早结束多哈回合谈判，使全球贸易自由化的进程步入正确的轨道，方可完善当今的国际贸易体系。

（三）对世界贸易组织规则中的“灰色地带”以及贸易救济措施进行改革

世界贸易组织规则中存在的“灰色地带”以及贸易救济措施的缺陷

纵容了新贸易保护主义的增长。因此，必须对其进行改革，以减少贸易中的保护措施，为自由贸易的发展创造一个良好的环境。首要的就是减少世界贸易组织中的“灰色地带”。可以通过多种方式如多边的贸易谈判，对有关技术标准、环境标准、卫生检疫标准规定更为严格的制定程序和认定规则，压缩自由裁量的空间。也可通过争端解决机制的个案判决对某些“灰色地带”的内涵和外延加以澄清以减少世界贸易组织中的“灰色地带”。再者就是利用贸易政策审查机制的职能。贸易政策审查机制可以定期发布贸易政策监督报告，对成员国实施的贸易政策的合法性进行正确的评估和评价，监督各国贸易政策的实施。针对贸易救济措施的实施要制定严格、明确和具体的规定，使贸易救济措施的实施具有更高程度的可操作性和透明度，从而严格限制实施贸易救济使用的条件。尤其是针对反倾销、反补贴以及特殊保障措施的实施要制定更为严格的规定，限制这些措施的滥用。

（四）争端解决机制的改革

世界贸易组织中争端解决机制的改革注重于两点。一是适当缩短争端解决机制的期限。二是加强报复制裁手段的有效性。冗长的争端解决时间增加了成员使用争端解决机制的成本，虽然世界贸易组织规定了严格的时间期限，但是上诉、赔偿仲裁和关于执行的审议等新增环节反而延长了每项争端的法律程序，而且时间限制并没有得到严格的遵守。比如说规定的磋商期是 60 天，但期满后申诉方完全可以选择继续与对方进行磋商；因此有必要对争端解决机制的时间期限作进一步的限制。报复制裁手段也需要改革，很多判决的结果，比如说交叉报复手段，由于双方的经济实力的不同根本无助于有效解决争端。经济大国可能宁愿选择赔偿也不愿去改变作为世界贸易组织规则的制度和法律。而且补偿方式也是仅限于赔偿对方的损失，对受害方实质上是不公的。可以使用集体报复、报复权的转让和增强中止减让范围的灵活性等手段来加强报复制裁的有效性。

2006 年 7 月拉米建议多哈谈判无限期中止以后，国际贸易体系改革的步伐彻底慢了下来。2007 年谈判重启并于 7 月形成了模式文本草案，阐明了已经取得的进展和达成的一致，并反映了需要弥合的分歧。同时拉米提出了有关问题的妥协案，但是由于在解决特殊保障机制(SSM)上不能达成一致，从而丧失了取得突破的机会。2008 年，源于美国的次贷危机演变成全球性的金融危机，各国消费下降、出口缩减、经济运行出现衰退。国际社会普遍认识到危机爆发后扩大国际贸易可以促进经济的复苏，提高本国的就业。因此，国际社会一致呼吁重启多哈谈判，推动最终协议的达成。八国集团和二十国集团领导人在联合声明中强烈呼吁尽快达成多哈回合模式协议，联合国在应对金融危机会议上也强调推动世贸组织多哈回合谈判尽早结束。同年 12 月，世界贸易组织公布了反映过去几个月所取得的真正进展的新文本草案。拉米认为，谈判至此已完成了 80%的目标，但依然没有发现促使建立最终谈判模式的政治动力。2009 年的二十国集团伦敦峰会公报重申了反对贸易保护主义、推动多哈谈判进程的目标。同年 9 月，多哈谈判在日内瓦重启，并提出 2010 年争取完成谈判的目标。二十国集团匹兹堡峰会也宣布将尽一切努力于 2010 年完成多哈回合谈判。2010 年 5 月，拉米向总理事会报告了以鸡尾酒法(cocktail approach)推进多哈回合谈判成果汇总进程。

面对反全球化、新贸易保护主义危机以及各国政府正忙于拯救危机后的本国经济，多哈谈判走到了一个“十字路口”。各国很有可能通过寻求双边或多边的区域贸易安排来解决问题，从而使得多边贸易体制的地位受到严峻挑战。但是我们知道，全球贸易是世界经济复苏的重要推动力，而保障全球贸易率先复苏的全球多边贸易体制及尽早结束多哈回合谈判理应成为全球各国拯救世界经济的共同期待。因此，尽快结束多哈谈判，对世界贸易组织进行适当的改革，建立一个更加公正、合理、稳定的多边贸易体制，对全球贸易和经济的发展来说是至关重要的。

从 1947 年到现在的六十多年里，以世界贸易组织为基础的多边贸易体制在促进世界贸易的自由化、减少贸易壁垒以及提高人民生活水平方面作出了巨大贡献。如今，虽然多边贸易体制前进的步伐受到一点挫折，但是历史告诉每一个人，贸易保护必将阻碍经济的发展，损害人民的福利。金融危机爆发以后二十国集团也在倡导重启多哈回合谈判，并期望尽快达成最终协议，以促进全球贸易发展，重振金融危机后的世界经济。

第三节　二十国集团与全球经济治理

2009 年，世界经济最显著的成就是全球经济治理改革迈出实质性的一步，二十国集团匹兹堡峰会确立二十国集团作为全球经济合作的首要平台，标志着国际经济治理体系由量变走向质变。

一、二十国集团成为全球经济治理核心平台

二十国集团成为全球经济治理核心平台是世界经济格局调整的必然结果。进入 21 世纪以来，世界经济格局中的大国力量对比发生了比较明显的变化：新兴国家实力呈现整体上升的趋势；美国的霸权地位开始松动；其他主要大国推进多极化的意愿增强；发展和减贫等全球性问题的国际合作趋势日益加强。但是，在世界经济格局基础层面已经发生巨大变化的同时，世界经济格局制度层面却基本维持了“二战”结束以来的格局：主要是以八国集团为实质核心，以美欧等发达国家为主导，以美元霸权为特征的全球经济治理体系。从具体的全球经济治理机构来看，在贸易领域主要是以世界贸易组织为中心，以各种区域性贸易制度安排为辅的全球贸易治理机制；在金融领域主要是以国际货币基金组织为中心，以金融稳定论坛（FSF）和巴塞尔银行监管委员会等为主要监管机制的制度安排；在发展领域主要是以世界银行为中心机制，以亚洲开发银行等地区性发展银行为载体的全球发展机制安排。上述与全球经济治理相关的机制性安排基本上是由发达国家所主导或者占绝对优势，占全球多数的发展中国家群体话语权严重缺失，这一治理格局从其诞生之时起就面临合法性的质疑。因此，世界经济格局的制度层面没有很好地反映和适应基础层面的变化，改革势在必行。

新兴市场国家的群体性崛起是促使世界经济格局调整的根本因素，也是一种不可逆转的刚性因素，并导致主要传统大国与新兴大国经济实力对比出现明显变化。新兴市场国家及其他发展中国家经济实力

的上升速度在近十年间表现得最为突出，根据加拿大国际治理创新中心(CIGI)的预测，2025 年新兴市场国家在全球国内生产总值的占比将从目前的 11%提高到 20%，其中巴西、南非、俄罗斯和墨西哥四国的占比保持在 4%左右，而中国和印度将提高到 14%。2050 年，发展中国家和发达国家在全球经济总量中的份额将各占 50%。[9]新兴市场国家的群体性崛起正在改变经济要素流动和经济存量的历史格局，发达国家越来越多地面临来自新兴市场国家不断上升的竞争压力，其在世界经济格局中的绝对优势地位受到挑战。

新兴市场国家的崛起，不仅从经济总量上，而且更重要的是从制度结构上对于全球经济治理产生了实质性的影响。新兴市场国家的群体性崛起，正在改变经济要素流动和经济存量的历史格局，给世界经济发展和全球化的深入推进注入活力。发达国家的一些传统产业面临来自新兴市场国家不断上升的竞争压力，其在世界经济格局中的绝对优势地位受到挑战。为了应对新兴国家的群体性崛起，发达国家寄希望于充分利用其在全球经济中的主导地位，将发展中国家的崛起纳入符合西方利益的轨道和制度框架中；这样既可以分享新兴市场国家经济增长带来的好处，又能在一定程度上控制这些国家经济实力增长的方式和速度，从而达到维持其在全球经济体系中的传统优势地位的根本目的。为了避免新兴市场国家尤其是“金砖四国”另起炉灶，2005 年英国主办的八国集团峰会首次邀请了中国、印度、巴西、墨西哥以及南非参与讨论，此后的历届八国集团峰会开始邀请发展五国与会，“八国集团加发展五国”的机制逐步确立。但是，“八国集团加发展五国”机制并没有从实质上改变发达国家作主，发展中国家听命的旧格局。此次全球金融危机的爆发迫使西方传统经济力量将既有的二十国集团机制升格，因为一个非常现实的问题是发达国家已经无法单方面控制和应对危机造成的混乱局面。正如美国总统奥巴马在匹兹堡峰会后对二十国集团的评价所言，“当今世界各国有许多共同利益，为确保世界和平与繁荣需要进入一个接触与合作的新时代。二十国集团峰会正是体现了这种共识，有利于增进世界的和平与繁荣”。[10]对于新兴市场国家未来的发展而言，如何与发达国家以及由其掌控的全球经济体系形成良性互动，争取更多的话语权和影响力，成为现有国际格局调整和未来全球经济治理的一个重要变量。

二、二十国集团是推动国际金融体系改革的主要动力机制

此轮全球金融危机充分揭示了以美元为中心的国际货币体系是金融动荡的根源。在全球金融治理方面，既有的国际金融机构面临有效性与合法性的双重挑战，国际金融监管存在制度性缺陷。对此，世界各主要经济体针对国际金融体系改革提出了各自的立场和主张，改革进程明显加速。二十国集团成为推动国际金融体系改革的一个关键动力机制。

（一）国际金融体系现状

国际金融体系是在协调众多国家货币制度、法律制度及经济制度的基础上形成的，是国际货币关系的集中反映。它构成了国际金融活动的总体框架。当前，国际金融体系中的主要国际机构是国际货币基金组织、世界银行、金融稳定论坛、国际清算银行、巴塞尔银行监管委员会等。美国、欧洲、日本等传统经济大国的中央银行，特别是美联储，制定了众多的国际金融规范和准则，对国际金融体系具有重要影响力。

从历史的发展过程来看，现代国际金融体系大致经历了三个发展阶段：第一个阶段是国际金本位制时期，从 1816 年英国实行金本位制开始，到第一次世界大战爆发而结束；第二个阶段是布雷顿森林体系时期，起始于“二战”结束后的 1945 年，终止于 1971 年；第三个阶段是牙买加国际货币体系时期（始于 1976 年的《牙买加协议》），也就是我们目前所处的体系。布雷顿森林体系之前，国际货币体系经历了金本位以及金银复本位制，但是随着 1933 年大萧条时期到来，各国纷纷放弃了贵金属本位制。“二战”之后，随着布雷顿森林体系的建立，一种以美元为核心的金汇兑本位制也随之诞生，其表现就是各国货币、美元以及黄金之间的所谓“双挂钩”制度。而自 1976 年《牙买加协议》赋予浮动利率以合法地位之后，主要市场国家货币之间基本上不再存在制度化的固定比价，国际汇率体制的内容也日益多元化，包含了固定汇率、有管

理浮动汇率、完全浮动汇率等多种汇率制度。

美国金融危机的爆发与蔓延促使国际社会开始更多地关注国际金融体系改革问题，并且主要集中在三个方面的问题讨论上：国际金融监管体系、国际货币体系、国际金融组织。国际金融监管乏力直接导致全球金融风险累积和扩散；国际货币体系在国际储备资产、汇率制度和国际收支调节等方面秩序和纪律的弱化也是造成危机的一个重要原因；国际金融机构的决策机制有失公允使其危机应对、救助和管理能力受到质疑。

（二）国际金融体系改革面临的问题

首先，如何改革以美元为中心的国际货币体系是国际金融体系改革最关键同时也是最难推进的部分。1971 年美元和黄金的固定比率兑换终止标志着布雷顿森林货币体系的瓦解；但美元依然是国际货币体系中的主导货币，广泛应用于国际贸易结算、国际金融交易和大宗商品定价等领域，也仍然是各国的主要外汇储备货币。而且，美元不再受美国国内黄金储备的约束，因此美联储的货币发行权力获得了实质性的扩张。美联储在制定货币政策时，首先考虑的是美国经济增长，对于美元所承担的国际货币角色及其应该对全球经济所承担的责任则是放在次要位置考虑。所以当美国经济面临衰退风险时，美联储通常会采取降低利率，实行扩张的货币政策，从而扩大消费，刺激美国国内经济增长。同时，美国会向外输出美元资产，输入大量商品和服务，然后通过美元的贬值，使得实际外债减少。这种对外转嫁风险，输出通胀的举措是美国单方面掌握货币主导权的不平等交换。事实上，美国的经常账户赤字和财政赤字已经造成美国债务的累积，美元的滥发会造成美元流动性的扩张，有可能再次引发新一轮的金融危机。因此，在没有制度和机制约束下的美元所主导的国际货币体系是金融危机爆发不可避免的一个主要根源。

其次，现在的国际金融机构面临有效性与合法性的双重挑战。布雷顿森林体系的机制安排并没有提供一个完全意义上的国际最后贷款人机构，而是让国际货币基金组织承担了部分类似功能，例如向其成员国提供资金援助，以帮助它们纠正国际收支不平衡。但国际货币基金组织作为国际最后贷款人机构存在以下两方面的问题：一方面，它没有充足的金融资源；另一方面，在过去发生的金融危机当中，它未能迅速有效及时地给予危机国援助。国际货币基金组织的使命是促进其成员国国际收支平衡，但是在过去的几次危机发生时它却对受援国提出了在许多领域进行改革的附加条件，包括公司部门、公共政策以及劳工市场等。因此国际货币基金组织的行为引起了众多批评，产生以下负面影响：第一，很多发展中国家认为国际货币基金组织的结构调整政策所附加条件的成本过于高昂，而且非常粗鲁，以至于很多国家不愿意再向其寻求援助；第二，国际货币基金组织的贷款条件往往要求处于国际收支危机中的发展中国家采取从紧的财政政策和货币政策，实际上加剧了这些国家国内信贷和融资的收缩状况，使得经济复苏变得更为困难；第三，国际货币基金组织附加的先决条件常常带有歧视性，无视发展中国家的国情和发展阶段，蕴含帮助发达国家打开发展中国家的金融市场和产业部门的意图。

当前，以国际货币基金组织和世界银行为代表的国际金融机构的治理结构基本上还是依照20世纪中期世界经济的格局制定的，发达国家占有主导地位，特别是美国和欧盟在国际货币基金组织和世界银行中的影响力最大，具有否决权。由于欧美发达国家占据着重要的投票权比例，而且在过去发生的危机中，发达国家大多是作为资金提供者，发展中国家和新兴市场经济体多是作为资金借贷者，因此发达国家基本上控制了国际货币基金组织的决策和运作。国际货币基金组织和世界银行俨然成为欧美发达国家对外政治和经济政策的工具，其作为国际公共物品提供者的角色被弱化。

第三，国际金融监管存在制度性缺陷。历史上发生的金融危机已经表明，一个国家内部的金融机构应该受到妥善监管和规制，否则很多结构性缺陷，比如风险控制的缺失、公司治理混乱、贷款分类和条件的隐患等，都有可能引发金融危机。因此，在国际金融一体化的过程中引入和采用相同的标准有利于减少交易成本、促进国际贸易和投资、提高透明度和降低道德风险。关于建立完善的金融体系问题，国际金融稳定论坛曾制定了12项主要准则和标准，外加64项补充标准。发达国家要求发展中国家依据这些标准对它们国内的金融市场和体制进行改革。但是在2009年之前只有少数发达国家和几个国际金融中心是国际金融稳定论坛的成员。而且，这些国际标准往往是发达国家根据它们国内的情况和发展阶段制定的，对于发展中国家和新兴经济体来说，由于发展阶段较低、法律基础不完善、专业人才缺乏、资金技术不足等各种客观条件制约，很难接受这些国际标准。因此，发展中国家倾向于不遵守这些规则，尽管有些国家已经签署了相关的国际协议。例如，很多发展中国家的银行难以达到巴塞尔协议对于银行最低资本金比例的规定。因此，在缺乏一个公正的、得到广泛认可的国际金融机构对国际金融准则和规范的执行进行一视同仁监督的情况下，必然出现国际金融准则和规范与某些发展中国家或新兴市场国家的货币与财政政策主权对立或冲突的情况。

最后，金融危机是将二十国集团机制推向全球经济治理核心位置的直接动力，但是随着危机压力的消退，发达国家改革全球经济治理体系的动力和意愿都呈下降趋势。危机期间迫于客观形势的合作，在后金融危机时期将会逐渐被竞争的一面所取代，近期愈演愈烈的经济保护主义正是竞争面凸显的表现。可以预见的是，各主要力量围绕改革的斗争会趋于激烈，利益角逐也会趋于复杂，国际体系改革的复杂性日益显现。在后危机时期，利益协调的难度有可能越来越大，主要表现为发达国家之间的主导权之争、发达和发展中国家之间的话语和参与权之争，以及发展中国家之间的获得的权力再分配之争。二十国集团之所以在金融危机中胜出，主要是其能够成为协调各方利益的一个有效平台，并且就金融危机应对、国际金融体系改革等议题达成了具有实质意义的共识和协议。二十国集团机制化的前景取决于其能否持续发挥作用，但是能否发挥更大作用则取决于其协调各方面利益、达成妥协的可能性有多大。因此，在当前国际社会利益之争复杂化的趋势下，二十国集团机制持续发挥作用的前景堪忧。

（三）国际金融体系改革的趋势

围绕国际金融体系的改革从20世纪90年代亚洲金融危机发生之

后就已经进行了很多年。这次全球性的金融危机发生之后，现有国际金融体系的缺陷更加明显，国际金融体系改革已经成为大势所趋。

1. 国际社会对于改革国际金融体系的迫切性在上升

首先，新兴大国在全球经济力量格局中地位上升，其代表性和发言权需要提升已经成为普遍共识。新兴大国在21世纪最初几年里经济实力迅速上升，已经成为群体性崛起的世界历史现象；美国由于执行错误的对外政策和经济政策造成了经济实力的暂时受挫；欧盟东扩速度过快，内部整合尚需时日，且需消耗较多经济资源，亦难以在短期内形成统一的对外合力；日本已经多年陷于经济低迷，这次全球金融危机和大地震对日本经济实力的负面影响很难在短期内消除。新兴大国经济的蓬勃发展和发达国家实力增长相对停滞甚至下降的格局使得国际金融体系的改革成为历史必然。

其次，发达国家都意识到对当前国际金融体系进行改革，纳入新兴大国有利于其整体利益。一方面，现在如果没有新兴大国的参与，很多全球性经济议题单靠发达国家已经不能解决；另一方面，如果继续阻止对国际金融体系的改革，排除新兴大国的有效参与，则可能迫使它们建立一个独立于当前体系之外的国际和地区合作机制，从而对当前体系形成竞争，并最终导致当前体系的瓦解，这是发达国家担心的局面。

第三，发达国家之间在是否维持现有国际金融体系上也出现了很大分歧，具有不同利益需求。美国和欧洲在国际货币体系中的博弈愈发明显。美国对欧元取代美元的前景尽管没有公开作出特别具体的回应，但是事实上一再采取措施，在各个领域维护美元霸权。欧洲主要国家则多次公开声明必须对国际货币体系进行改革。在国际金融监管领域美欧也存在重大分歧，双方都希望用自己的模式作为建立国际金融监管规制的基准。欧洲已经对美国在这个领域的主导权提出了明确挑战。

第四，发达国家之间利益的分化使得一些发达国家和新兴大国之间在改革国际金融体系上具有共同利益。例如在改革国际货币基金组织的份额和投票权上，美国就积极支持新兴大国和发展中国家的要求。这是因为在目前的情况下，按照各国国内生产总值占全球国内生产总值的比重衡量，欧洲的代表权明显过多，而美国的代表权甚至偏小。根据这个标准进行改革，欧洲会受到削弱，美国的主导地位甚至会有所上升，而新兴大国和发展中国家的地位也会有所上升。在这点上，美国和新兴大国的利益有相同之处。但是在国际金融监管领域以及针对主要储备货币国家的宏观经济政策进行监督方面，欧洲和新兴大国又有共同利益。欧洲和新兴大国也都希望主要储备货币发行国（美国）能采取更为负责任的宏观经济政策，其量化宽松的货币政策给全球通胀带来巨大压力，二十国集团成员国敦促其不仅考虑国内经济需要，也应该考虑国际经济影响和其所承担的国际责任。2011 年二十国集团法国峰会将国际货币体系改革列为核心之一，顺应了国际社会稳定国际金融环境的利益诉求。

2. 国际金融体系改革的难度加大

尽管在国际政治经济格局初现重大变动的背景下，国际金融体系的改革获得了比较好的历史机遇及较强的动力，但是考虑到新兴大国在国际经济格局中的力量和地位仍然有限，再加上国际金融体系的历史惯性以及其覆盖范围与包含内容的复杂性和各国利益的多样性，国际金融体系要实现全面彻底的改革尚需时日。

首先，新兴大国在与发达国家的力量对比中仍处于相对弱势。最重要也是最根本的原因是新兴大国的软硬实力都未达到和发达国家平起平坐的地位。尽管新兴大国近年来经济实力有较大幅度上升，但“金砖四国”国内生产总值之和占全球国内生产总值之比也只有 14.4%，而欧盟、美国与日本的国内生产总值之和占全球之比却仍有 61.9%，即使考虑到欧盟包含了众多国家，而只选择其中的英、法、德、意诸国统计，发达国家占全球国内生产总值的比重仍然大大高于新兴大国。[11]经济力量不足使得在可以动用的经济资源上存在差距，这必然表现为控制和参与国际金融体系能力的差距。另外，新兴大国普遍是转型经济体，参与国际金融活动的经验较少，国内金融市场的发展也仍然需要完善，经济体制上也需要进一步改革，这是新兴大国参与和推进国际金融改革时必须面对的软约束。此外，危机过后，改革动力与意愿可能会消减。每次遇到经济或金融危机，各个国家都会认识到国际金融体系存在很多问题，需要改革，以避免下次危机的发生。但是一旦危机缓解或者过去，推进改革就会遭遇强大的国内政治阻力。因此，往往是危机结束也就意味着改革的结束，然后再次重复这个循环。从某种意义上说，

20 世纪 70 年代末的美元危机和这次金融危机有雷同之处，都可以归结到美元作为单一储备货币地位及美国不负责任的宏观经济政策的结果。但是上次危机之后，尽管美元币值有很大下降，但是各国最终还是依赖美国市场，美国仍然继续主导国际金融机制，美国在金融领域的绝对主导地位难以在短期内被撼动。我们已经看到，随着美国国内金融形势的稳定，美国进行大规模金融监管制度改革的政治阻力也越来越大。因此，把恢复全球经济平衡的压力转移到贸易顺差国身上，要求中国人民币升值，成为美国转嫁稳定国际金融环境压力的重要手段，从而达到规避作为主要储备货币发行国应该承担的责任。

其次，各主要经济体就金融改革的协调难度加大。随着危机影响的逐步缓解，国际经济政策协调的复杂程度将上升。目前各国面临的重要问题是后金融危机时代的全球经济发展模式。危机爆发之前，全球经济失衡曾经达到前所未有的高度。一方面，中国、日本、俄罗斯以及中东国家等侧重于制成品及能源资源出口的国家积聚了大量的美元外汇储备；另一方面，美国的经常项目账户长期呈赤字状态。美元外汇储备向美国的回流造成其国内流动性异常充裕；这种情况下，由于美联储对于流动性过剩仍旧采取宽松的宏观政策，再加之金融监管政策出现的失误与偏差，金融危机在美国国内率先爆发。因此，全球经济失衡在一定程度上对危机起到了推动作用，这也成为美国主张各国推行经济再平衡政策的主要理由。然而，由于此次全球经济失衡主要体现为发达国家与新兴大国之间的不平衡，所以需要进行协调的各国国内政策已经不再局限于传统的宏观货币财政政策，还包含了各国经济发展模式及产业政策调整。在这种情况下，国际经济政策协调面临着更为复杂和艰巨的形势，需要二十国集团主要成员国加强协商及合作，特别是重视发展中国家国内经济调整的复杂性和长期性。同时，新兴大国之间以及发展中国家间在如何改革国际金融体系上利益也不尽一致。例如在改革国际货币体系问题上，俄罗斯和中国的利益就存在一定的差异。俄罗斯比较激进，希望能联合“金砖四国”对美元发起即刻的挑战，但是中国因为持有大量美元资产，在短期内仍然需要美元的稳定。在二十国集团代表性上，一些发展中小国对不能参与讨论感到失落，非洲国家就希望能至少有一个代表席位。由于新兴国家和发展中国家的数量众多，它们之间出现利益的分歧是很正常的现象。但是如果它们不能进行协调和整合，则必然在国际金融体系改革上容易被发达国家分化和利用。

第三，二十国集团机制本身面临提高效率的难题。二十国集团与八国集团相比，实现了发达国家和发展中国家、大国和小国、地区和地区等多方面的平衡，代表性和合法性都有了实质性的改善。但是，随着二十国集团影响力的上升，也出现了不少质疑的声音。一些中小国家认为二十国集团缺乏公平性，依然是大国联盟。即使是已经身处其中的发达大国，依然会有重复加入扩大权力的诉求，比如欧元集团要求加入。实际上，任何国际组织都不可能实现绝对意义上的广泛代表性和合法性，二十国集团也不例外。相比合法性，效率问题可能成为二十国集团机制化进程中的一个更为严峻的挑战。二十国集团峰会的与会方除了二十国集团成员的领导人外，还包括联合国、国际货币基金组织、世界银行、经济合作组织、东盟、非盟等全球性或地区性组织的领导人代表。根据前三次峰会的情况看，还有个别非二十国集团成员的国家领导人也应邀出席。因此，如何提高二十国集团机制的决策效率将是二十国集团机制化进程中的一个关键问题。有学者认为二十国集团始终是一个论坛，它主要起到建立共识的作用，但是对于具体如何落实并不具有强制力。[12]

与“八国集团加发展五国”对话机制相比，二十国集团体现了更多的公平性和更广泛的代表性，反映了当今世界主要经济力量对比变化的客观趋势，合法性也得到实质性的提高。但是，后金融危机时代二十国集团能否顺利成为真正意义上的协调全球经济事务的首要平台，从而取代八国集团在全球经济领域内的地位和影响力，依然面临很多不确定性。从权力结构看，八国集团仍将在二十国集团机制化进程中占据主导力量。即使是全球金融危机最严峻的时期，八国集团也没有放弃掌控全球经济治理大权的意图，为应对国际格局变化八国集团机制内部的调整也在推进中，“八国集团加发展五国”就是这一调整进程的产物。在八国集团看来，一个基本的策略是与其让发展中国家另立炉灶，不如将其纳入其主导和设计的机制框架内，例如，世界银行行长佐利克曾提出过包括主要新兴国家的十四国集团，德国外长施泰因迈尔提出的十六国集团等，都是基于八国集团机制为核心的改良方案。因此从一定意义上看，目前的二十国集团也是扩大了的“八国集团加发展五国”机制。二十国集团内部各种利益集团的存在是不争的事实，“金砖国家”和八国集团相比，影响力和协调能力处于相对劣势，无论是议题设定、议程安排还是最后的协议达成，八国集团为首的发达国家依然是占据主导力量的一方。因此，二十国集团尽管在形式上实现了发达国家和发展中国家在协调全球经济议题上的相对平等，但是受能力等限制性因素影响，要想在二十国集团内实现真正意义上的平等协商尚需时日。

3. 国际货币体系改革成为国际金融体系改革的焦点

此次金融危机的爆发并在全球范围内迅速蔓延，反映出当前国际货币体系的内在缺陷和系统性风险。从 1976 年《牙买加协议》正式承认浮动汇率制度以来，作为世界上最重要的、承担国际储备货币角色的主权货币，如美元，以及后来的欧元、日元等，一直发生着长周期的不稳定性波动。对于储备货币发行国而言，国内货币政策目标与国际上对储备货币的要求并不一致，核心货币发行当局很难同时兼顾本国货币的国际职能和国内货币政策目标。因此，常常会出现因抑制本国通胀的需要而无法充分满足全球经济不断增长的需求，同时可能因过分刺激国内需求而导致全球流动性泛滥。因此，储备货币发行国无法在为世界提供流动性的同时确保币值的稳定，这也就是特里芬难题的存在。作为主要国际货币发行国的美国，一方面对于全球金融危机爆发难辞其咎；另一方面美国采取的量化宽松货币政策给复苏的世界经济带来通胀的巨大压力，这一做法还增加了国际热钱流量，对某些新兴国家的冲击。以主权国家的货币作为国际储备的主要货币的体系已经越来越不适应全球经济发展和经济全球化的客观现实。如何改革当前以美元为核心的国际货币体系成为二十国集团中一个受到高度关注的热议主题，2011 年的法国峰会也将其列为主要的议题。

在改革国际货币体系问题上，有两种代表性的观点，一种是以世界银行行长佐利克为代表的推动国际储备货币多元化的改革建议，另一种是以中国人民银行行长周小川为代表的创造一种替代的国际储备货币。周小川的建议认为，特别提款权[13]具有超主权储备货币的特征和潜力,其扩大发行有利于国际货币基金组织克服在经费、话语权和代表权改革方面所面临的困难。“创造一种与主权国家脱钩,并能保持币值长期稳定的国际储备货币,从而避免主权信用货币作为储备货币的内在缺陷,是国际货币体系改革的理想目标。超主权储备货币不仅克服了主权信用货币的内在风险,也为调节全球流动性提供了可能。由一个全球性机构管理的国际储备货币将使全球流动性的创造和调控成为可能,当一国主权货币不再作为全球贸易的尺度和参照基准时,该国汇率政策对失衡的调节效果会大大增强。这些能极大地降低未来危机发生的风险、增强危机处理的能力”。[14] 在佐利克看来,“主要大国不会接受特别提款权作为一种新的全球储备货币,也不认可国际货币基金组织是全球央行。但主要储备货币发行国必须开展合作,以支持全球经济的健康发展,或者至少应对分歧”。他认为,“目前,约一半的全球增长来自发展中经济体,这将改变实力关系。美元仍将是占主导地位的储备货币,但随着时间的推移,世界经济将需要应对一种包括多种主要货币的体系。我们必须实现多边主义的现代化,建立新的货币体系”。[15]

国际货币体系改革已经提上二十国集团的议事日程,但是其推进和落实却面临巨大的政治、经济阻力。美元的国际储备货币地位使美国获得了巨大的金融、经济甚至政治优势,也势必促使美国极力避免美元地位的削弱,并会极力阻止任何有可能影响美元霸权地位的改革举措。尽管受金融危机影响,美国暂时陷入经济衰退,但其强大的经济、政治与军事实力依然难以撼动,美元作为主要国际储备货币的时代尚未结束。欧元自推出以来始终难以摆脱区域性货币的脆弱性问题,毕竟支撑欧元的经济和政治保证是一个区域性组织欧盟,而非一个国家经济实体。欧洲主权债务危机的爆发也暴露了欧元作为一种区域性超主权货币的弱点和问题,因此欧元成长为一种可以与美元平起平坐的国际货币仍然需要很多的内部制度建设和改革。总之,尽管改革国际货币体系的难度很大,但是创建新的国际储备货币取代美元主导地位的进程已经随着二十国集团机制的出现而开启。

4. 全球经济治理体系将呈现更多的灵活性和多元性

此次金融危机暴露出“二战”后形成的世界经济治理架构已经不能适应 21 世纪的现实,必须在完善全球经济治理、加强国际金融监管和改革、应对全球气候变暖等问题上建立一种包容发达国家、新兴经济体和发展中国家的机制。只有发展更具多边主义特征的全球经济制度，才能促进国家间合作，共同解决全球经济的不稳定、不平等和缺少治理的问题。[16]与此同时，每个有实力的国家都想在世界经济格局调整的过程中谋求自身利益和权力的最大化，促进对自己更有利的变化。因而，未来世界经济格局将呈现更适应这个时代需要的新的经济多边主义。

实际上，关于金融危机之后的世界经济新格局这一问题充满了争议。其中，关于八国集团的中心地位是否会被二十国集团所取代引起了广泛讨论。二十国集团领导人华盛顿峰会和伦敦峰会的国际影响和效应是全球经济多边主义与合作协调的集中体现。值得关注的是，G2 也就是全球的经济领导权应该由美国和中国共同合作担当，也成为一个被常常提及的治理模式。但是如果从经济数据来看，不难看出 G2 的现实可能性依然脆弱。[17] 2006 年中国经济总量占世界国内生产总值的比例只有 6%，美国是 25%，日本是 9%，欧洲各国所占的比例是 33%。在国际货币基金组织中，美国的投票权是 17.1%，中国是 3.7%，欧洲是 32.4%。[18]可见，以欧洲的经济影响力来看，排除欧洲的中美共治并不具备坚实的经济基础。所以，最有可能的经济多边主义形式是基于特定问题的各种层次和形式多样的协商与合作机制。世界经济治理体系在对以世界贸易组织、世界银行和国际货币基金组织三大支柱所组成的组织架构进行调整和改革的同时，将会以更加灵活和多元的机制进行框架外协调，这也将成为金融危机带给世界经济治理体系的一个重要变化。

第四节　中国的应对

2009 年 7 月，中国国务委员戴秉国代表胡锦涛主席在八国集团同发展中国家领导人在意大利的对话会议上阐述了中国关于全球经济治理的原则立场，提出全球经济治理的根本目标是推动经济全球化朝着均衡、普惠、共赢的方向发展；全球经济治理应该由世界各国共同参与；全球经济治理需要各国通过协商合作共同解决经济全球化面临的各种难题；全球经济治理需要合适的机制安排。中国国家主席胡锦涛在

2011 年“金砖国家”首脑峰会上进一步强调:“改革和完善全球经济治理,增加新兴市场国家和发展中国家的发言权和代表性,有利于实现世界的持久和平、共同繁荣”。

一、中国参与全球经济治理的基本原则体现了“和谐世界”理念

“和谐世界”理念是中国和平发展进入 21 世纪新时期的外交理念。2005 年 9 月 15 日,中国国家主席胡锦涛在联合国成立 60 周年首脑会议上发表题为《努力建设持久和平、共同繁荣的和谐世界》的演讲,首次提出了“和谐世界”的理念。“和谐世界”理念的内涵可以概括为以开放包容的思维,追求人与人之间的和睦、国与国之间的和平、人类与自然的和谐,通过对话与合作谋求共存共赢。“和谐世界”理论以实现建立和睦的和包容的世界为目标,其主旨是创造“普遍发展、共同繁荣与持久和平的”世界。“和谐世界”的理念从全球治理的角度指出了如何面对全球化挑战、管理全球化的思路,包括和平、公平、有效和民主的多边主义,通过开放、公平、非歧视的多边贸易体制促进共同发展,文明、文化、制度的相互尊重、相互包容和相互理解,通过改革加强联合国的作用,“积极促进和保障人权”,“使人人享有平等追求全面发展的机会和权利”。“和谐世界”理念反映了全球化的本质要求,代表了全球化的发展趋势,对于治理和矫正全球化的偏差与失衡具有重大的战略意义。“和谐世界”理念不仅解决了中国发展道路问题,也是站在全球秩序角度建立全球国际政治伦理与国际秩序的指导原则。“和谐世界”是关于全球治理的中国主张,是在世界变化的新现实和新趋势下的中国世界观。胡锦涛在中国共产党第十七次全国代表大会的报告中强调了中国始终不渝走和平发展道路的基本主张,即“政治上相互尊重、平等协商,共同推进国际关系民主化;经济上相互合作、优势互补,共同推动经济全球化朝着均衡、普惠、共赢方向发展;文化上相互借鉴、求同存异,尊重世界多样性,共同促进人类文明繁荣进步;安全上相互信任、加强合作,坚持用和平方式而不是战争手段解决国际争端,共同维护世界和平稳定;环保上相互帮助、协力推进,共同呵护人类赖以生存的地球家园”。

政治上相互尊重、平等协商，共同推进国际关系民主化。各国应在《联合国宪章》及和平共处五项原则的基础上，通过对话、交流与合作，推动国际格局走向多极化，促进国际关系民主化。各国内部的事情应由各国人民自己决定，世界上的事情应由各国平等协商解决。发展中国家在国际事务中理应享有平等参与权与决策权。各国应互相尊重，平等相待，尤其要尊重各国的国家主权和领土完整，尊重各国自主选择社会制度和发展道路的权利，不将自己的意志强加于人，不将自身的安全与发展建立在牺牲他国利益基础之上。国际社会应反对单边主义，提倡和推进多边主义，更好地发挥联合国及其安理会在国际事务中的积极作用。在处理国际关系时，应坚持从各国人民的共同利益出发，努力扩大利益的交汇点，在沟通中增强了解，在了解中加强合作，在合作中实现共赢。[19]

经济上相互合作、优势互补，共同推动经济全球化朝着均衡、普惠、共赢的方向发展。把中国国家利益同全人类共同利益结合起来，把自身发展同人类共同发展和繁荣结合起来。“平等互利共赢，实现共同发展和繁荣”包括的内容有：中国进一步实行全方位多层次宽领域的对外开放，积极发展同各国的经济关系；随着经济实力的不断加强，中国将进一步加强同其他发展中国家的全面合作，推动南南合作，落实联合国千年发展目标；各国要重视和采取有效措施，推动经济全球化朝着均衡、普惠、共赢的方向发展，努力缓解发展不平衡问题；积极推进区域和全球经济合作，共同解决全球经济发展中出现的问题，推动发展中国家加快发展，缩小全球贫富差距，缩小南北差距；以相互开放取代彼此的封闭和变相的贸易保护主义，努力建立开放、公平、普惠和非歧视性的多边贸易体制。各国经济上应加强合作、相互促进，坚持公正互利，实现共同发展。[20]

文化上相互借鉴、求同存异，尊重世界多样性，共同促进人类文明繁荣进步，实现各种文明和谐相处。江泽民在庆祝中国共产党成立 80 周年大会上强调：“世界是丰富多彩的。各国文明的多样性，是人类社会的基本特征，也是人类文明进步的动力。应尊重各国的历史文化、社会制度和发展模式，承认世界多样性的现实。世界各种文明和社会制度，应长期共存，在竞争比较中取长补短，在求同存异中共同发展”。[21]

维护文明的多样性和发展模式的多样化，促进国际关系民主化，协力构建各种文明兼容并蓄的和谐世界。

安全上相互信任、加强合作，坚持用和平方式而不是战争手段解决国际争端，共同维护世界和平稳定。胡锦涛指出："各国应该携起手来，共同应对全球安全威胁。我们要摒弃冷战思维，树立互信、互利、平等、协作的新安全观，建立公平、有效的集体安全机制，共同防止冲突和战争，维护世界和平与安全"。"我们应该鼓励和支持以和平方式，通过协商、谈判解决国际争端或冲突，共同反对侵犯别国主权的行径，反对强行干涉一国内政，反对任意使用武力或以武力相威胁；应该加强反恐合作，坚持标本兼治，重在消除根源，坚决打击恐怖主义；应该按照公正、合理、全面、均衡的原则，实现有效裁军和军备控制，防止核扩散，积极推进国际核裁军进程，维护全球战略稳定"。[22]

各国应在环保问题上相互帮助、协力推进，共同呵护人类赖以生存的地球家园。环境与发展问题已成为当代人类社会面临的最重要的问题之一。随着环境问题的国际化和全球化，环境外交活动蓬勃兴起。中国共产党第十七次全国代表大会报告首次提出"环保上相互帮助、协力推进，共同呵护人类赖以生存的地球家园"。

"和谐世界"理念高度概括了中国外交的理想追求与全球战略的核心内涵。"和谐世界"的构想是"和谐社会"构想在国际上的延伸。"和谐社会"与"和谐世界"在价值追求与政治逻辑方面是一致的，两者相辅相成。中国致力于建设和谐社会，必定为推动和谐世界的建设增添新的动力；而中国推动"和谐世界"的建设，必定为"和谐社会"的建设创造有利的国际环境。

二、中国经济实力的增强为担负世界大国责任奠定了坚实的物质基础

中共中央十七届五中全会第一次提出了"积极参与全球经济治理和区域合作"问题，即"推动国际经济体系改革，促进国际经济秩序朝着更加公正合理的方向发展；推动建立均衡、普惠、共赢的多边贸易体制，反对各种形式的保护主义；引导和推动区域合作进程，加快实施自由贸

易区战略，深化同新兴市场国家和其他发展中国家的务实合作，增加对发展中国家的经济援助”。为了巩固和扩大应对国际金融危机冲击的成果，促进中国经济长期平稳较快发展和社会和谐稳定，中共中央在制定“十二五”规划的指导思想中确定了“以科学发展为主题，以加快转变经济发展方式为主线”的新要求。也就是说，中国将通过转变自己的经济发展方式，来对世界经济的复苏和增长作出贡献。所以，中国不仅是一个负责任的大国，而且是一个认认真真履行自己责任的大国，是一个认认真真参与全球经济治理的大国。

改革开放三十多年来，中国的国际地位持续快速提升，是“和平与发展”这一关于时代的科学判断指导下坚持正确外交战略的成果，也是由改革开放带来的经济发展巨大成就的结果。在抵御世界经济金融危机冲击中，中国积极有效的应对战略既减轻了危机对本国经济的影响，也为整个世界作出了贡献，中国的作用得到世界的普遍认可，国际地位得到显著的提升。从这场危机中，国际社会不仅看到中国经济的实力与活力，而且看到中国作为一个负责任大国的形象。积极参与全球治理是中国不可回避的战略选择。中国国际地位的提升既为国人带来无上的自豪，也不可避免地在国际社会产生强烈的反响，国际上战略性的压力会接踵而至。这种战略性压力就是对一个规模不断扩大、实力持续增强的中国将会对世界各国产生什么样影响的关切。人们不仅看到中国的巨大市场给各国提供的机会和优质廉价的商品给各国带来的福利，而且看到中国在迅速提升的实力基础上在国际社会发挥的积极作用。国际社会开始体会到，重大的国际问题没有中国的参与是没有意义的；全球性问题很难由美国或中国单独在不合作下的情形下解决。国际社会对中国在国际事务中发挥积极作用有着很高的期待，中国的国际地位也将在参与全球治理中获得新的提升。

在新中国六十多年的历史中，中国通过发展援助帮助了一些落后国家的发展，也在许多重大国际事务中发挥了建设性的作用。中国的外交政策在维护世界和平、推动国际合作中也发挥了重要作用。今天，世界的发展已经提出了一系列新的主题，国际合作有了新的内容与新的目标，以国际合作实现全球治理成为国际社会的共识。在世界进入新的历史阶段的时刻，大国的责任和所能发挥的作用已与以往明显不同。中国自身依然有着严峻的发展任务，目前面对的是一个非常现实的矛盾：一方面，中国的经济总量排名世界第二，许多指标达到世界第一；另一方面，实现这一伟大成就的方式却依然是发展中国家的发展模式与政策体系，大量生产、出口低端产品，短期内无法改变高消耗格局，这使国际社会难以承受。作为一个负责任大国，首先需要致力于改变自身的这一局面。中国需要通过自身发展模式的优化，使自己的发展与世界更加和谐，最大限度地减少摩擦与矛盾。中国经济规模庞大，但人均收入很低，地区发展差距显著。因此，如何在国际事务中承担与国力和发展水平相适应的义务，发挥大国的作用，往往存在着较大的矛盾。中国需要在发展方式的创新中寻找新的发展空间，同时赢得国际社会的更高认可。

作为一个负责任的大国，中国的目标并不只限于自身的发展，而且要在全世界与人类的共同事务中发挥作用，这是中国在发展新阶段上的主题，也是未来国际地位进一步提高的主要内容和实现路径。目前，中国许多地区和许多领域的发展水平还具有一般发展中国家的基本特征，中国参与全球治理将更能直接反映广大发展中国家的利益和诉求。现行的国际体系及其各项规则是由发达国家主导在过去半个多世纪中形成的，许多方面不适合发展中国家的发展和新兴国家的崛起。世界贸易组织新议题的谈判，国际货币基金组织的改革等，都体现在新的历史条件下国际规则应与时俱进的要求。本次金融危机发生以来，发展中国家和转型国家在世界银行投票权的增加，国际货币基金组织份额的调整，2012 年之前发达国家将向新兴国家和发展中国家转移 6%的份额和 2 个国际货币基金组织理事席位，中国和韩国在国际货币基金组织中的地位将提升等，反映了国际社会在全球经济治理方面的进步，体现了世界经济格局的历史性变化。

作为一个依然是低收入的发展中国家和经济规模迅速提升的新兴国家，中国能够代表广大发展中国家和新兴国家的要求，促进国际经济体制朝着更加合理的方向发展，为所有发展中国家、新兴国家，也为自己开辟更宽广和可持续的发展道路。作为一个负责任的大国，中国需要从人类社会的共同利益和可持续发展出发进行国际合作，推进全球治理规则的形成。自身发展需要和人类社会共同利益之间的一致性是负责任大国在参与全球治理中的一个基本原则。

三、正确认识中国在全球经济治理模式转变中的地位和作用

2008年全球金融危机的爆发不仅使得世界经济陷入衰退，更使得人们认识到现存的发达国家主导的全球经济治理模式的缺陷和不足。在美国的倡议下，来自发达国家和新兴市场20个国家的政府首脑于2008年11月在美国华盛顿举行了第一次二十国集团峰会。峰会上，各国在协调一致行动、反对贸易保护主义、强化国际金融领域监管规范以及改革国际金融机构等方面达成了共识，拉开了国际经济合作的新局面。随后，二十国集团又召开了伦敦峰会、匹兹堡峰会、多伦多峰会和首尔峰会。奥巴马总统2009年9月在匹兹堡峰会上曾宣布，二十国集团将永久性地取代八国集团作为多边经济协调的主导性论坛，这无疑是自1995年世界贸易组织成立后全球经济治理方面最重大的动议。二十国集团代表了符合中国等发展中国家利益的方向，一种新的世界秩序正在形成。最重要的是，中国作为世界上最大的外汇储备国，已经成为世界上第二大经济体、第二大主要出口国，已经开始积极地参与到全球经济的治理过程。二十国集团首次赋予了以中国、印度、巴西等发展中大国参与全球经济治理体系改革和建设的平等机遇。因此，把握历史机遇，客观认识中国的地位和角色，是参与二十国集团机制化进程的前提和基础。国际体系正朝着多极化方向发生根本性的转变，这是不可逆转的历史潮流。但是能否把握历史机遇，顺应历史潮流，积极有所作为最终仍将取决于国家的综合实力。改革开放三十多年的积累，为中国更加全面和深入地参与国际体系奠定了坚实的基础。因此对于中国来说，首要的问题还是在于发展国内经济，争取在下一轮世界经济增长中掌握产业和技术优势，奠定长远经济竞争力和政治影响力的坚实基础。在此前提下，着力推进二十国集团机制化。中国应始终坚持国际体系“积极建设者”的身份，而不是“改革者”或者是“破坏者”。着眼于一个更加平等、公正和有序的全球经济治理体系，中国应和所有的成员方共同努力尽可能化解矛盾和阻力，积极推进二十国集团机制化。

二十国集团机制是一个能够实现发达国家和发展中国家平等对话的平台,实质性地提升了中国在全球经济治理体系内的影响力。在二十国集团历次领导人峰会上,中国始终坚持捍卫发展中国家的经济利益,呼吁国际社会更多关注和援助发展中国家,尤其是最不发达国家。可以说,二十国集团为包括中国在内的发展中国家,尤其是新兴国家提供了一个改革全球经济治理体制的平台,打破了长期以来发达国家垄断全球经济治理话语权的不平等格局。同时,二十国集团机制也为中国长期、全面和可持续发展营造有利国际环境提供了更多可能。作为综合实力不断上升的经济大国,国际社会对中国期待和关注与日俱增,中国承担国际责任的压力不断增加。二十国集团为中国提供了从国际体制内部营造有利国际环境的现实可能性。作为二十国集团的重要成员之一,中国可以从内部影响并引导其运作机制,从议题设定、议程推进、政策制定和具体落实等各个环节的参与中维护中国的利益。二十国集团也为中国提供了一个相对公平、公正分配和承担国际责任的机会。尤其是在涉及中国未来发展重大利益的问题上,比如国际金融体系改革、减排承诺、平衡增长、宏观经济政策协调等,发出自己的声音,捍卫自身的合法和合理利益。同时,面对近年来国际社会针对中国的负面评论和歪曲报道,二十国集团也是一个客观、全面地展示和传递中国正面形象的渠道。

中国对二十国集团寄予重大希望,希望各国能够同舟共济,共克时艰,共同发展;遵循互利共赢原则,把本国利益同各国利益统筹起来考虑,共享成功经验,合理分享发展成果,特别是要推动世界各主要经济体为落实联合国千年发展目标提供支持,以解决南北发展不平衡问题。通过对话协商,包括谈判,来解决各国在发展问题上的争端;世界各国只有根据互信、互利、平等、协作的新安全观,用和平方式解决争端,才能维护世界和平。二十国集团是由经济发展和现代化程度各不一样的国家组成的,各个国家既要相互合作,又要相互体谅,承担起与各个国家实力基本相当的责任,只有这样,才能和谐共处,共同发展。中国作为一个对世界经济具有影响力的重要国家,已为世界各国和各国人民广泛接受和认同。为了应对金融危机,中国政府相继出台了十大产业振兴计划和 4 万亿元人民币的经济刺激计划,在世界主要经济体中率先实现经济复苏，对世界经济的止跌企稳起到了重要的引领作用。

在应对全球金融危机的过程中，以二十国集团机制为基础的全球协调应对的成功经验表明，全球治理应当超越旧的框架，去探寻新的模式。当前，世界经济形势仍然十分复杂，需要二十国集团继续发挥引领作用。为此，就需要推动二十国集团从协同刺激转向协调增长、从短期应急转向长效治理、从被动应对转向主动谋划。要实现这个长远目标，本着循序渐进、互利共赢的原则推进二十国集团机制化建设就显得十分重要和迫切。只有推动二十国集团机制化建设，才能全面落实前四次峰会作出的决定和达成的共识，共同维护其信誉和效力，确保其在促进国际经济合作和全球经济治理中发挥核心作用。在这个过程中，中国应该并且能够发挥积极的作用有：(1)由于二十国集团的成员国多达20个，为了保证每次峰会在关键议题上达成一致，就需要在成员国之间进行反复的协调，工作量非常巨大，迫切需要设立秘书处等常设机构，以承担起会前协调、议题设定、会议组织等复杂的工作，中国应当发挥自己在二十国集团中的影响，积极提议并推动常设办事机构的设立，为其机制化奠定良好的基础；(2)在二十国集团中积极参与议题设定是成员国发挥话语权的重要渠道，中国要努力提高在其中的议题设置能力，从新兴经济体和发展中国家的立场出发，就深化全球金融监管和有效治理、推进贸易自由化进程、能源和粮食安全等问题提出合适的议题，更好地维护新兴经济体和发展中国家的利益，通过议题设置影响二十国集团的发展进程。

二十国集团机制在带来切实机遇的同时，也给中国带来新的要求和挑战。权力共享的另一面就是责任共担，随着中国实力和影响力的上升，国际社会对于中国承担责任义务的期待越来越高。参与全球治理机制意味着中国不仅要提供更多的物质上的国际公共物品，而且还要提供制度上的国际公共物品，这对中国提供国际公共物品的能力将是一次大考验。中国愿意和国际社会一道共同为推进世界经济平稳健康发展作贡献。但是，中国依然是世界上最大的发展中国家，在发展进程中遇到的矛盾和问题，无论规模还是复杂性，都是世所罕见的。中国办好自己的事，保持国民经济的快速稳定发展，是在国际体系演变中发挥主动积极作用的根本。这是中国最大的国家利益，也是中国最大的国际责任。[23]后金融危机时代二十国集团的持续性影响力存在变数，中国参与全球经济治理机制的基础有待巩固，能否与新兴市场国家就推进二十国集团机制化达成有效共识，并获得广大发展中国家的支持，是成功推进这一机制化进程的关键。此外，发达国家始终没有放弃在已有国际框架下对中国遏制的战略，而且也不排除在二十国集团这一新的机制安排下，要求中国承担更多责任和义务。与此同时，发展中国家群体对中国的期待也会随着中国影响力上升而不断增加。维护发展中国家权益始终是中国参与国际事务的一个重要责任，但是在二十国集团框架下，如何协调中国自身利益与发展中国家利益、与发达国家利益，以及发展中国家与发达国家利益，始终是极具挑战性的任务。同时还应看到，二十国集团机制的形成虽然代表了全球经济治理改革模式的正确方向，但是危机过后，许多国家尤其是发达国家的经济逐步走上了复苏的道路，此时很多国家的重心很可能转移，再次回到旧的全球经济治理模式上来。因此二十国集团在构建一个良好的全球经济治理新局面上的作用仍是一个未知数，对中国来说这也是一个很大的挑战。

在积极地参与到全球经济治理的过程当中，中国也遇到了很多困难。从国内来看，中国内部自身存在着一些问题。如经济总量和贸易总量居世界前列，但是金融实力仍然有限，金融实力更多的是体现在全球经济中的地位。当今世界美国之所以是经济霸主，就是因为美元作为世界储备货币的地位使然。对于中国来说，虽然国内生产总值和贸易量很大，但是与美国相比仍有很大的差距，金融实力更是相差甚远，单从人民币的国际化的情况即可看出。人民币要想成为储备货币还有一段很长的路要走。从外部来看，我国参与全球经济治理的经验不足。改革开放以来，中国一直遵循着发达国家制定好的全球经济规则。如今二十国集团使得中国在全球经济治理方面的作用和地位有所提高，但是中国开展经济外交经验尚浅，对全球经济峰会各领域更加陌生，而且没有应对复合型经济危机的经验。对世界经济体系和运行机制也缺乏全面、系统研究，特别是对世界金融体系运行更加陌生。就中国目前的能力而言，参与全球经济治理体系改革，仍将是一个学习追赶西方经济强国与渐进推进体系改革并行的过程。

四、世界经济的发展需要国际社会共同努力

世界经济协调发展需要国际社会的共同努力。此次金融危机已告诉我们，仅凭某一国家的一己之力是难以拯救全球经济的，即便是最发达的美国。相反，在国际社会的共同努力下，世界经济得到及时的复苏。在此期间，中国积极地配合国际行动，出台了一系列的刺激措施，带动了本国和世界其他国家的经济复苏。同时，又和其他新兴大国一起参与到国际货币体系的改革中，推动了国际货币基金组织和世界银行的改革。事实告诉我们，后危机时代全球经济治理模式走到了一个新的起点，以中国、印度和巴西为代表的新兴大国逐渐地参与到了全球经济治理过程中。这是发达国家与发展中国家共同治理全球经济的一个典范，而且发展中国家的积极参与也使得全球的经济治理更显平衡。为此，中国与世界各国更需要团结起来，共同努力，促进全球经济健康、长久、可持续地发展。

肇始于美国的金融危机使全球经济陷入多年不遇的低迷和衰退状态。在反危机促稳定过程中，新兴经济体以其积极有力的措施，成为率先复苏和回归增长轨道的先驱，成为抵御全球危机重大冲击的中坚力量，其中“金砖国家”成为世界经济增长的主要引擎，参与全球经济治理的作用地位也得到提升。以“金砖国家”为代表的新兴经济体的快速崛起以及加强合作，为这些国家国际话语权的增强和全球经济治理格局的变革奠定了坚实基础。

新兴国家在世界经济地位的上升，使其在全球治理体系中的地位显著上升，从全球事务管理体系中的边缘角色逐渐转移到中心地位。金融危机过后，世界经济复苏之快超过预期，主要得益于“金砖国家”等新兴经济体以V形强劲反弹，使得全球经济复苏呈现“西方不亮东方亮”态势。世界经济增长的70%来自新兴市场与发展中国家，“金砖国家”等新兴经济体已经成为目前世界经济复苏的主要动力。新兴国家拥有丰富的资源、充足的廉价劳动力、巨大的潜在市场、科技进步加速等优势，其对世界经济发展影响日益扩大，正在改变世界经济发展态势，推动国际经济关系调整。

在国际政治关系中，新兴国家在经济上的突出贡献也为其赢得越

来越多的发言权,2010 年金砖国家在国际货币基金组织的份额增加,世界银行给予中国、印度提高投票权,"金砖国家"成为全球金融稳定协会成员,以及在八国集团加新兴五国、二十国集团峰会中所扮演的角色地位的增强等,均凸显"金砖国家"参与全球经济治理权的增强。新兴国家群体性崛起正在成为当前世界最为重要的地缘政治和经济事件。21 世纪的国际关系进入一个在力量结构、问题议程和价值观念等层面都迥然相异的全新阶段,而新兴国家的异军突起无疑是促成这一转变最为深刻和持久的动力。新兴国家崛起将为全球治理提供新的模式选择、经验借鉴,将带动工业文明进入新的历史阶段。2011 年 4 月,金砖国家领导人峰会通过的《三亚宣言》提出:"各国应依据公认的国际法准则,在相互尊重、集体决策的基础上,加强全球经济治理……"这表明,"金砖国家"已经是今天全球治理不可或缺的力量。随着新兴国家的崛起和它们参与全球经济的强烈诉求,世界经济领域呈现出新现象、新趋势,发达国家已经不再能完全主导全球经济治理。二十国集团会议、金砖国家会议等无不在寻找新的全球治理模式与途径。由中国、俄罗斯、印度、巴西和南非等第一梯队的"金砖五国"和包括墨西哥、韩国、南非、波兰、土耳其等第二梯队的"新钻国家"等新兴国家的形成与发展也凸显了新兴国家迫切需要打破原有由发达国家主导的全球经济治理体系,寻求更多的国际话语权。

国际力量格局变迁是一个长期而缓慢的过程。目前新兴国家的综合实力仍然明显落后于发达国家,以西方为主导的传统格局在短期内还难以发生根本性改变;新兴国家经济对外依赖严重,在最终消费市场中缺乏有效话语权,在国际大宗商品市场中缺乏议价能力,因此新兴国家的经济增长模式仍然缺乏安全性。新兴国家的发展与崛起还深受外部国际环境的影响,外部经济环境恶化、对外贸易萎缩、经济增长速度放慢等问题约束着新兴经济体的稳健发展。特别是金融危机后,新兴大国的出口急剧下降、外汇储备大幅缩水、股市下跌,金融稳定和经济发展受到极大影响。此外,新兴国家还存在一些内部矛盾,如地理条件的多样性、自然资源的不平均分配、交通成本高,以及难于寻求利益相关方参与到地区发展中、地区收入差距问题变得更加紧迫等,都是新兴国家面临的共同问题。取长补短、合作应变、共同崛起将是新兴国家应对各种挑战，实现共同崛起的不二法宝。全球经济治理离不开这些新兴大国的参与、合作。只要“金砖国家”等新兴国家持续快速发展，后危机时代的国际力量变迁将依然有利于新兴大国的发展。

此外，要加强与美国的协调。中美之间虽然在某些方面有分歧，但是中美也有共同利益，尤其是金融危机面前中美之间可以说是“同舟共济”。中国是美国最大的顺差来源国，美国是中国最大的外汇投资国。因此中美既要竞争、又要合作，或许同时又要竞争又要合作，从而创建一个双方都能因此受益的全球体系。其次是与印度、巴西以及俄罗斯等新兴大国加强协调。同样作为新兴大国，中国与它们之间有着改革当今全球经济治理体系，提高新兴大国地位和作用的共同利益。因此加强与其他新兴大国的协调有助于在二十国集团内克服分歧，争取集体的利益。最后便是以共同利益或关切为基础，与其他国家加强协调，如加强与德国、日本等长期贸易顺差国的协调，加强与东盟各国的联系等。

在2011年之后的几年里，世界经济将步入后危机时代。世界经济开始复苏，各国忙着选择适时的时机退出救助措施或进一步实施刺激性的政策。在存在着诸多不利因素的情况下，未来的全球经济充满了不确定性。与此同时，多边国际金融机构的改革和调整能否继续深化，国际社会也拭目以待。总之，要想实现全球经济更加平衡协调的发展和全球经济治理模式的顺利转变，需要国际社会的共同努力。

五、努力增强中国参与世界经济治理机制变革的能力

现有全球经济治理机制越来越不能适应世界经济持续健康发展的需要，变革已经迫在眉睫。对于中国来说，这场变革既是重要机遇，也是严峻挑战，需要我们准确把握、妥善应对。国家发改委对外经济研究所所长张燕生在《人民日报》发表文章，提出要努力增强我国参与世界经济治理机制变革的能力。[24]

增强中国参与国际金融监管体系改革的能力。推动增强二十国集团在全球治理中的地位和作用，推动国际货币基金组织改革，进一步增加金砖国家及新兴经济体在国际金融监管体系中的话语权和参与权，

建立能有效抵御和防范金融系统性风险的全球金融稳定制度框架,维护新兴经济体和发展中国家的金融安全与发展权益。增强中国参与国际金融监管体制改革的能力,关键在于培养一支全球化的金融人才队伍;制定推动国际金融监管体系改革的战略思路、建议方案及维护发展核心利益的策略框架;形成推动国际金融监管改革的最广泛的国际统一战线;建立有利于和平发展的国际金融新秩序。

增强中国参与国际货币体系改革的能力。在全球金融市场一体化背景下,国际货币体系的无序和美元的肆无忌惮等弊病已经直接危害到世界经济增长的前景。因此,要增强我国参与国际货币体系改革的能力,首先应积极推动有关改革的各种讨论和建议,如关于建立超主权货币的建议;关于以黄金作为通胀、通缩、货币价值预期的全球参照点的建议;有关特别提款权改革的建议;有关国际储备货币多元化以及货币风险对冲机制多样化的建议等。积极推动"亚元"、亚洲货币体系、亚洲货币与金融合作等各种方案的研究和讨论。积极推动人民币国际化和区域化的理论和实践活动。

增强中国参与国际贸易体系改革的能力。当前的国际贸易体系总的趋势是积极推动贸易自由化和便利化,继续扩大开放;但同时,贸易利己主义逐渐抬头,使多哈回合谈判陷入困境。在后国际金融危机时代,以邻为壑的贸易保护主义更是甚嚣尘上。在这种情况下,增强中国参与国际贸易体系改革的能力,就是要积极推动贸易和投资开放,反对各种形式的贸易保护主义。要逐步提升中国的国际话语权、规则制定权,努力成为具有全球影响力的"开放大国"。

增强中国提供全球公共物品和履行大国责任的能力。一方面,应更加主动地参与联合国以及世界银行、国际货币基金组织、世界贸易组织等国际多边组织和机构的各项职能活动,承担为全球提供公共物品的责任,尤其是推动形成世界经济逆周期调节的能力。如在全球有效需求不足的条件下,中国实施扩大内需战略,尤其是重视扩大消费需求,通过增加进口为促进世界经济增长和复苏作出贡献。另一方面,应大力实施"共享发展"的南南合作战略和国家计划。

六、积极推进人民币国际化有助于国际货币多元化

国际金融危机充分暴露了现行以美元本位为核心的国际货币体系的重大缺陷，造成了其他国家购买美国国债，美国消费他国商品的双循环模式。这种货币体系纵容了美国的过度消费，是一种不可持续的经济发展模式。国际货币多元化是改革现行国际货币体系的现实选择，即承认美元主导地位，发挥欧元作用，增加新的国际货币，包括人民币国际化。第二次世界大战结束以来，除了欧元问世，现行的国际货币体系基本上没有变化，这越来越不适应世界经济发展格局。因此国际货币体系改革可行的方案是建立一个主要货币汇率有协调的国际货币多元化体系。《2011 全球发展地平线多极化：新的全球经济》报告的主要作者、世界银行发展趋势研究主管曼苏尔·戴拉米说："在未来十年左右，中国的规模及其企业和银行的快速全球化，可能意味着人民币将发挥更加重要的作用。"他预言，2025 年全球货币最可能出现的情景将是一种围绕美元、欧元和人民币为中心的多种货币并存的格局。而世界银行不久前发布的一份报告中也称，到 2015 年，六大新兴国家将会在全球的经济增长中占 50%。因此，世界经济货币体系将不会由一个国家来主宰。

人民币国际化的含义可以归纳为：人民币能够跨越国界，在境外流通，成为国际上普遍认可的计价、结算及储备货币的过程。具体而言，第一，人民币在境外具有一定的流通量；第二，在国际贸易及金融交易中，以人民币计价和结算的数量要达到一定比重；第三，成为一些国家的外汇储备货币。

从 1987 年开始，我国政府允许人民币现钞的出入境，并逐步放宽中国公民出入境允许携带人民币限额，人民币现钞的出入境使得滞留在境外的人民币逐渐增加。同时，周边国家和地区政府为了增加旅游收入和促进边境贸易，对人民币在境内流通采取默认的态度。部分周边国家和地区的中央银行还先后与中国人民银行签署了双边结算与合作协议或货币互换协议。2008 年金融危机发生之后，双边货币互换开始成为中国推进人民币国际化的重要渠道和抓手。这期间，中国人民银行先后与其他国家央行及货币当局签署了总计 6 500 亿元人民币的

双边本币互换协议。以人民币计价发行的债券对人民币的国际化具有重要意义。2005年开始,亚洲开发银行和世界银行下属的国际金融公司三菱UFJ金融集团相继在中国发行人民币债券。2007年以后,中国国家开发银行、中国进出口银行、中国银行、交通银行、中国建设银行、财政部等机构相继在香港发行人民币债券。香港已经成为离岸人民币交易中心。离岸人民币债券首次发行量已由2010年的356.8亿元增加至2011年7月8日的852亿元。2011年前五个月赴港发行的离岸人民币债券总额已达到280亿元人民币,超过2010年的一半,而香港银行投资于内地同业债市的金额,也达到150亿元。香港的人民币存款于5月底已超过5 000亿元,较上年底增长超过六成,反映离岸人民币资金池已在香港形成。2009年4月,中国政府决定在上海市和广东省的广州、深圳、珠海、东莞四城市先行开展跨境贸易人民币结算试点工作,并于7月公布了《跨境贸易人民币结算试点管理办法》。一年后,在总结经验的基础上,试点地区范围扩大到了从沿海到内地20个省区市,同时试点业务范围也包括跨境货物贸易、服务贸易和其他经常项目人民币结算,而贸易区域也不再有所限制。2011年1月,为配合跨境贸易人民币结算试点,便利银行业金融机构和境内机构开展境外直接投资人民币结算业务,中国人民银行制定了《境外直接投资人民币结算试点管理办法》。

2011年7月,跨境贸易实行人民币结算正好两周年,人民币结算业务已经完成在144个国家和地区布局。2010年,境内代理银行共办理跨境人民币购售业务逾三百亿元,较上年增长约18倍。截至2010年,境外企业在试点地区共开立人民币结算账户逾一千八百个,账户余额近五百亿元。[25]截至2011年4月末,全国累计办理跨境贸易人民币结算突破一万亿元,2011年前4个月结算金额累计5 382.28亿元,同比增长16.89倍。业务量快速增长,显示了跨境人民币贸易结算业务进入几何式增长的阶段,实现了人民币国际化的重要起步。随着人民币国际化不断向广度和深度发展,境外人民币存量将会大规模增加。但是在人民币资本项目不可兑换的条件下,如何提高人民币在境外的可接受程度和拓展人民币投资渠道?中国人民银行决定,在总结人民币用于跨境贸易结算经验的基础上,继续统筹规划建设人民币跨境和境外支付和清算体系与建立制度化人民币现钞境外流通和回流渠道，为境外投资者持有境内金融资产创造条件。央行将扩大债券市场发债主体，允许国际开发机构之外的境外企业和机构在银行间债券市场发行人民币债券；稳步扩大银行间债券市场境外投资主体范围；推动跨境贸易人民币结算的境外参加银行进入银行间外汇市场，鼓励银行间外汇市场的业务和产品创新；研究境内银行开办面向境外人民币持有主体的代客理财业务试点；研究逐步向境外人民币持有主体开放证券市场、期货市场和黄金市场的举措。[26]

总体来说，人民币国际化可以消除中国企业的汇率风险、部分分散中国外汇储备压力、降低中国企业融资成本、推动中国企业走出去战略、消除外币债务危机压力、推动中国的国际金融中心建设、推动中国和各国之间的经贸关系、获得铸币税等。随着东亚区域金融与贸易合作的加深，特别是 2010 年中国与东盟自由贸易区的正式建成，人民币走向全面国际化的重要过程——区域化——正面临极好的机遇。另外，我们可以预期，随着中国对外经济联系的继续拓展，中国与其经济伙伴之间的货币互换等货币合作将会继续增加，这将有利于提升人民币作为国际储备货币的功能。

注释

1. 张宇燕、田丰：《新兴经济体的界定及其在世界经济格局中的地位》，《国际经济评论》2010 年第 4 期。

2. 杨春学、谢志刚：《国际金融危机与凯恩斯主义》，《经济研究》2009 年第 12 期。

3. 参阅周宇：《中国力推多哈回合谈判前行》，《人民日报》2011 年 6 月 17 日。

4. 参阅万怡挺：《多哈回合谈判主要成果评析》，《国际经济合作》2011 年第 1 期。

5. 凯恩斯集团（Cairns Group），又称为碑石组织。由 14 个农业生产和出口国于 1986 年 8 月在澳大利亚凯恩斯成立。它包括大部分从事农产品出口的发展中国家，它们因生产效率低和资金缺乏而深受欧美国家出口补贴之苦，强烈要求纠正在农产品贸易上的扭曲现象，要求撤销贸易壁垒并稳定削减影响农业贸易的补贴。

6. 参阅董银果、尚慧琴：《多哈回合：各方分歧、受阻原因及前景展望》，《国际商务研究》2011 年第 3 期。

7. 薛荣久：《世界贸易组织概论》，高等教育出版社 2006 年版，第 50—55 页。

8. 韩玉军：《WTO 多边贸易体系的缺陷及其改革》，《国际经贸探索》2004 年第 3 期。

9. Manmohan Agarwal, *The BRICSAM Countries and Changing World Economic Power: Scenarios to 2050*, CIGI, Working Paper No. 39, October 2008, pp. 22—26.

10. 《奥巴马称二十国集团成员采取的措施挽救了全球经济》，新华网，http://news.

xinhuanet. com/world/2009-09/26/content_12113584. htm。

11. 参阅:http://en. wikipedia. org/wiki/List_of_countries_by_GDP_%28nominal%29。

12. 廖勤、王珍:《匹兹堡峰会给了G20一个"跳板"》,《解放日报》2009年9月26日。

13. 特别提款权也叫"纸黄金",是国际货币基金组织创设的一种储备资产和记账单位。国际货币基金组织的成员国在有需要时,可用特别提款权向国际货币基金组织指定的其他成员国换取外汇,也可与黄金、自由兑换货币一样充当国际储备。但由于它不是真正的货币,必须先兑换成其他货币才能使用,在世界各国的储备资产中所占份额很小。

14. 周小川:《关于改革国际货币体系的思考》,中国人民银行网站。

15. 罗伯特·佐利克:《为多极世界建立货币框架》,《金融时报》,http://www. ftchinese. com/story/001037073。

16. 奈德·伍茨:《全球经济治理:强化多边制度》,《外交评论》2008年第6期,第82—95页。

17. G2概念由卡特总统时期的国家安全顾问兹比格涅夫·布热津斯基提出。他认为,日益在全球崛起的中国是一股发挥修正作用的力量,热切希望全球体系能发生重大改变,但谋求以耐心、谨慎、和平的方式实现这种改变。中国的战略思维已经摒弃了全球阶段的冲突和暴力革命,一方面强调中国在全世界的"和平崛起",另一方面,谋求打造"和谐世界"。因此,中美两国领导人应该定期举行非正式会晤,围绕双边关系乃至全球事务展开面对面的讨论。中国强调的"和谐"可以作为美中峰会的有效出发点。奥巴马在本质上主张和解,胡锦涛主席是"和谐世界"的设计者,两国具有打造共同未来的潜力。

18. IMF, Current Distribution of IMF Quota Shares, Consented quotas as of May 21, 2007.

19. 国务院新闻办公室:《中国的和平发展道路》,2005年12月。

20. 参阅周志琴:《中国新时期的国际战略:推动建设和谐世界》,《当代世界》2007年第4期。

21. 江泽民:《在庆祝中国共产党成立80周年大会上的讲话》,《人民日报》2001年7月2日。

22. 胡锦涛:《努力建立持久和平、共同繁荣的和谐世界》(在联合国成立60周年首脑会议上的讲话),《人民日报》2005年9月16日。

23. 李杰:《从金融危机透视国际体系转型动向》,《国际问题研究》2009年第3期,第17页。

24. 张燕生:《世界经济治理机制进入变革期》,《人民日报》2011年1月5日。

25. 中国人民银行上海总部国际金融市场分析小组:《2010年国际金融市场报告》,2011年3月。

26. 中国人民银行上海总部国际金融市场分析小组:《2010年国际金融市场报告》,2011年3月。

第五章
能源安全与气候变化

人类工业化以来，对化石燃料的争夺、开发、利用和占有一直是世界各国政治、经济发展的焦点，它既影响国家安全，也影响国际体系。伴随着全球气候变化问题的出现以及低碳为核心的新一轮工业革命涌现，能源安全与气候变化合作正在成为世界政治、经济秩序调整和大国合作的新领域，并且日趋影响国际体系变革和规范的重建。当前国际社会的主要任务不是推翻现有的全球气候变化和能源体系的价值观念，而是要尽量克服后者在能源安全与气候变化方面的内在缺陷，遵循公开透明、广泛参与、协商一致的原则，发挥发达国家和发展中国家的共同作用。合作应对不断加剧的能源匮乏与气候变化威胁，在全球治理中追求规范和价值的重构和创新。

第一节　能源安全与气候变化体系的发展与基本格局

当前国际能源安全问题已不是简单地仅考虑石油天然气或煤炭的供应安全问题，它还包括对气候变化、生态环境、可持续发展战略等问题的关注；大气中温室气体浓度迅速上升导致气候变化，是国际社会公认的全球性生态环境问题，并威胁着人类生存的基本条件。世界银行报告指出：整个 20 世纪的 100 年，人类消耗了 2 650 亿吨的煤炭，消耗了 1 420 亿吨的石油和天然气，21 世纪的头 50 年，这些能源的消耗总量将超出 20 世纪 4 至 5 倍。[1]新形势下的能源问题已经威胁到人类的可持续发展。能源安全与气候变化是人类面对的相互联系的两大挑战，也是影响当前国际体系和平与发展的重要因素。气候变化是伴随着人类工业化进程发展而产生的，需要在可持续发展的框架下解决气候变化问题；能源是社会经济发展的重要支柱，清洁能源和低碳发展是解决气候变化问题的关键，当前很多发展中国家面临着能源贫困或者匮乏的问题，这既制约这些国家应对气候变化的能力，更为全球能源合作提出新的要求。

一、能源安全和气候变化

能源安全一般是指能源的供应安全，即能源的可获得性和能源价格，广义是指在任何时候都能获得价格合理的能源；狭义是指不受制于对某些产油国或产油区进口石油的依赖。随着环境问题的日益突出，对能源安全的关注开始逐步从供应安全转向使用安全，即开始注重能源的清洁、安全和高效使用。气候变化问题目前日益突出，其全球性、整体性、长期性、不可逆性和人为性使其对世界经济和国际政治产生了重大影响。

能源是人类赖以生存的最重要的自然资源，各国能源资源禀赋的巨大差异促进了围绕能源而展开的国际关系的发展，也推动着相关领域全球治理机制的建立与完善。当前，国际社会已经将能源问题提升到涉及国家安全、国际和平、经济发展和持续民生的战略高度，全球和地区的国际能源合作日趋深入发展。国际能源结构走向多元，化石能源仍是消费主体。发达国家能源消费高位徘徊，发展中国家能源需求加快增长。气候变化对能源发展影响加大，低碳和零碳能源成为新热点。国际能源问题政治化倾向明显，非供求因素影响增大。金融危机之后，随着全球经济复苏和地区政治局势不稳定，全球能源供求紧张不断加剧，石油价格持续攀升，世界能源供应的可持续性直接关系到世界经济发展的可持续性。

1992年《联合国气候变化框架公约》（以下简称《气候公约》）指出："地球气候变化及其不利影响是人类共同关心的问题……各国应尽可能地采取最广泛的合作，并参与有效和适当的国际应对行动。"能源消费是最大的温室气体排放来源，大约占到大气层中的新增温室气体的80%。从整个人类生态系统来说，由于地球表面被大气所覆盖，所有国家都会受到气候变化的影响与冲击。[2]人类消耗能源产生二氧化碳排放，自工业革命以来呈现剧烈增加的趋势；全球与化石燃料相关的二氧化碳排放，从1850年的2亿吨，增长到2006年的285亿吨，增长量超过140倍。[3]

能源安全与气候变化之间存在以下联系。第一，气候变化争端解决机制对能源安全的影响。《京都议定书》表面上是全球温室气体排放控制的协定，实质上是各国对能源消耗控制的协议。它明确规定了发达国家控制二氧化碳等六种主要温室气体的时间表和目标，但对争议的解决和强制机制并无明文规定，仅在第19条规定“争端的解决比照适用《气候公约》第14条的规定。”而该公约的第14条则是国际争端解决的一般性条款，即谈判、仲裁及司法。对此，学者建议，气候变化争端解决机制可以从四个原则方面设置：区分缺乏执行能力的不履约和缺乏意愿的不履约；区分发达国家和发展中国家在法律责任的归责原则上适用不同的归责原则；“最密切联系地”仲裁优先管辖原则；促进可持续发展原则。[4]第二，温室气体排放数据对能源安全的影响。有学者对国际上开展全球范围温室气体排放数据收集、分析、计算、评价、建档、信息发布工作的5个国家、国际组织以及非政府间国际组织的数据进行了分析指出：对全球和各国温室气体排放量进行准确的评估是确定更合理有效的温室气体减排行动框架的基础性工作，具有重要现实意义。温室气体排放评估工作一般从对能源消费量的深入分析，尤其要开展对商品碳成本科学核算的工作，建立全面、合理的温室气体排放评估体系。要把温室气体的评估工作与社会和人的发展问题结合起来考虑，要从各国的历史积累人均排放量、人均排放量、排放空间等角度分析温室气体排放状况，[5]以反映温室气体排放真正的受益者，来体现“受益者承担义务”的原则。[6]

当前气候变化对国际能源发展问题影响越来越大，低碳和无碳能源成为新热点。随着国际社会对温室气体排放与地球气候变化相互关系认识的不断加深，要求国际社会采取对策，努力限制或减少温室气体排放的呼声越来越高。新能源的挑战也将推动国际气候变化合作，能源问题是防止气候变暖的核心。随着中国经济快速持续发展，能源需求迅速攀升，所面临的全球环保压力愈发凸显。目前围绕碳排放安排的国际谈判争论十分激烈：一方面，美国和欧洲力压新兴发展中大国的碳排放量增长；另一方面，全球各国都注意到气候危机的严重性，以及共同减排的义务。在全球气候变化谈判的压力下，低碳经济和气候变化正在推动未来进入新能源时代。

二、能源安全与气候变化的国际体系历程

自20世纪70年代提出气候变化问题以来，应对气候变化就始终与能源问题密切相关，两者都具有相当的复杂性和高度国际化的特点。应对气候变化的国际合作已经促使国际能源法从传统的能源安全和秩序问题发展到可持续发展问题，正在相互协调中谋求创新。然而，能源安全与气候变化的全球治理各有自身发展的脉络。

（一）能源安全治理

由于能源在全球的地理分布极不均衡，从政治格局分布上看自然资源主要分布在发展中国家，然而能源的消费却集中在发达国家。世界能源分布极不平衡，主要集中于海湾、中亚、西西伯利亚、北非、南北美洲等地区。[7]根据英国石油公司2011年所作的最新统计，在已探明的石油储存量当中，以中东地区的1 018亿吨占世界储量的54.4%为最高，其次为中南美的343亿吨占17.3%，欧洲（含俄罗斯）的190亿吨占10.1%，非洲的174亿吨占9.5%。[8]

能源问题天生超越国家边界。主权国家的政治实体性决定其无法参与能源合作开发的谈判、签约、开采、争端解决等的全过程，能源的合作开发需要政府、开采公司、投资者等多方参加。因此，全球能源治理可能发生在国家与国家之间、也可能发生在国家与投资者之间，以及东道国实施方与投资者之间，这些争端可能单独出现，也可能多个争端同时并发。全球能源治理不但涉及能源的直接开采所引发的争端，而且包括开发后在初级能源的加工、产品仓储、运输等过程中产生的争端；还有诸如能源合作双方与第三方因在生产、输送等过程所产生的环境污染、意外事故、基础能源供应、能源过境[9]等引起的各种治理需求。另外，“国家对能源领域商业活动的控制在20世纪70年代达到了顶峰”，[10]使得国有化及其补偿问题也成为全球能源安全治理问题的多发

领域。因此，能源争端引发了国际社会对全球能源治理的强烈需求。[11]尽管目前世界化石能源剩余可采储量还有较长的供应保障期，尚未对能源供给形成实质性制约，但是未来能源供求关系和市场价格已经严重受能源开采利用技术、能源结构调整、环境与气候变化、国际政治经济秩序等多种因素影响。已有的各种国际能源机制大多存在临时性、无监督和无实施保障的问题。

国际能源署（IEA）是全球能源治理的重要机构之一，成立于20世纪70年代，是当时的石油消费国为了应对石油输出国组织（欧佩克，OPEC）国家的石油危机和阿拉伯出口国的石油禁运而成立的。多年来，国际能源署成功地建立起了一种能控制和监督各国石油产量的体系，有效避免了石油危机的再次发生。国际能源署拥有高效能的专家团队，是世界能源资料的主要来源，在全球气候变化治理过程起到关键性的作用。然而时移世异，随着全球经济格局的改变、新兴大国的崛起，以及气候变化的实施困境等，目前的国际能源署亟须提升权威性、代表性和协调能力。

面对新兴国家的崛起，国际能源署的代表性正在下降，国际能源署隶属经济合作与发展组织框架，目前仅有34个成员国。由于国际能源署成员国必须首先是经济合作与发展组织的成员，因此从很大程度上限制了国际能源署成为全球能源机构的潜力，也削弱了其代表性和权威性。

面对当前气候变化、环境危机和能源安全的多重相互关联的挑战，国际能源署职能也有待扩展。国际能源署的成立是西方发达的能源消费国对20世纪70年代初世界石油危机的反应，其最初的职能是在石油供应紧急时期协调成员国政策。随着国际能源署强调能源供给来源的多样化，致力于完善应急反应机制、共同加强能源需求管理、维护世界能源市场的稳定等方面，目前国际能源署的职能亟须扩展到实现全球能源安全、经济发展和环境保护三方面健康平衡发展领域。由于国际能源署在新能源领域力不从心，欧盟及其他一些国家已带头建立了国际可再生能源署（IRENA）以期填补这个职能真空。但这个机构当前的影响力还远远不及国际能源署。

未来全球能源消费、气候变化行动以及环境保护的中心都正在向新兴发展中大国，特别是中国偏移。根据国际能源署数据，中国温室气体排放总量2007年已超过美国，比2000年翻了一番；中国在2009年消费22.52亿吨石油当量，相比美国石油消费总量21.70亿吨高出4%[12]。如果按照一次性能源消费来测算，中国、印度等新兴发展中大国也开始接近主要发达国家水平。然而，中国、印度等国并非国际能源署的成员国。为了应对权威性下降和职能削弱的两大挑战，国际能源署需要和中国等建立新型关系。

（二）气候变化治理进程

全球气候变化合作的政治经济行动则始于20世纪80年代政府间气候变化专门委员会(IPCC)的成立，该机构的主要任务就是围绕气候变化有关问题展开定期的工作，进行科学、经济、社会的研究，为各国政府提供决策咨询。1990年12月21日，联合国通过了第45/212号决议，决定成立气候变化框架公约政府间谈判委员会。于1992年6月在里约热内卢召开的联合国环境与发展大会上，由166个国家签署并通过了《气候公约》。[13]

《气候公约》规定了用于指导缔约方采取履约行动的目标、原则、义务、资金机制[14]和技术转让及其能力建设。公约还规定了发达国家应将温室气体排放水平回复到1990年水平，但并没有制定量化指标。经过一系列的谈判，公约缔约方大会第三次会议1997年3月在日本京都召开，达成并通过了《京都议定书》，定量确定了发达国家2008年至2012年平均排放数量比1990年下降5.2%的限额。[15]2005年之后，气候变化谈判主要任务(称为“双轨谈判机制”)是:《京都议定书》下开始成立特设工作组，谈判发达国家第二承诺期(2012年之后)的减排义务；同时鉴于美国等发达国家未批准《京都议定书》，各国还在《气候公约》下就促进国际社会应对气候变化的长期合作行动进行谈判对话。[16]2007年，气候变化议题成为从八国峰会到联合国大会、安理会以及美国组织的世界主要经济体能源和气候变化会议的重点议题。[17]各国在2007年通过了“巴厘路线图”，重新强调合作，包括在2009年的哥本哈根会议上达成全球性共识；美国在内的所有发达国家缔约方都要履行

“可测量、可报告、可核实”的温室气体减排责任；同时强调国际社会对适应气候变化问题、技术开发和转让问题以及资金问题的重视。哥本哈根会议后，主要国家和谈判联盟正在围绕以长期目标为核心的气候变化谈判问题积极进行准备，并将在以下两个问题方面展开激烈博弈：一是气候变化谈判程序规范问题；二是责任与义务问题。2010 年《气候公约》第十六次缔约方会议暨《京都议定书》会议（坎昆会议）中的各方，重点围绕推进全球减排和建设资金技术援助机制等问题形成了共识。坎昆会议协议明确区分了发达国家和发展中国家的共同但有区别的责任，也就是世界各国共同努力把全球变暖控制在 1.5—2 摄氏度之内，发达国家承诺到 2020 年根据 1990 年的基准，减排温室气体 25％—40％，设立了“绿色气候基金”，落实发达国家 300 亿美元快速启动气候融资来满足发展中国家的短期需求，并在 2020 年之前募集 1 000 亿美元资金，帮助贫穷国家发展低碳经济，保护热带雨林，共享洁净能源新技术等。2011 年南非德班大会要求从 2013 年起执行第二承诺期，并保证 2012 年《京都议定书》第一承诺期结束后不会出现法律的空当时期。大会确定绿色气候基金为《气候公约》下金融机制的操作实体，成立基金董事会，并要求董事会尽快使基金可操作化。大会还确定成立了德班增强行动平台特设工作组，其本意就是修改《京都议定书》模式，把以前的双轨制谈判进行并轨，即以往“谈判发达国家减排的京都议定书轨道”和“讨论《气候公约》下的长期合作轨道”并轨为 2020 年全球减排路线图。

表 5.1 全球气候变化政治化的历史发展和气候变化机制过程和主要成果表

时 间	重要事件	主 要 成 果
1992 年 6 月	里约环境与发展大会	通过了可持续发展行动纲领《21 世纪议程》、开放签署《联合国气候变化框架公约》和《生物多样性公约》，成立联合国可持续发展委员会。
1996 年 7 月	日内瓦第二次缔约方大会	通过了《日内瓦宣言》，赞同政府间气候变化专门委员会第二次评估报告的结论，呼吁发达国家制定具有法律约束力的限排目标和作出实质性的排放量削减。

续表

时 间	重要事件	主 要 成 果
1997 年 12 月	京都第三次缔约方大会	通过了《京都议定书》，为附件一缔约方规定了具有法律约束力和时间表的减排义务，并引入 ET(排放贸易)、JI(联合履约)和 CDM(清洁发展机制)。CDM 旨在帮助附件一缔约方实现减排义务和促进发展中国家可持续发展双重目标。
2001 年 3 月	美国宣布拒绝批准《京都议定书》	《京都议定书》生效面临重大威胁。
2001 年 7 月	第六次缔约方大会续会	达成《波恩政治协议》挽救了《京都议定书》。
2004 年 12 月	布宜诺斯艾利斯第十次缔约方大会	布宜诺斯艾利斯会议达成了继续展开减缓全球变暖非正式会谈的决议，但在关键议题的谈判上没有显著进展，也没有得到美国的实际承诺。
2005 年 5 月	《京都议定书》正式生效	后京都谈判在 2005 年底前开始。
2007 年 2 至 5 月	IPCC 第四次科学评估报告发表	进一步肯定了人类活动是近五十年全球气候系统变暖的主要原因，气候变化已经对许多自然和生物系统产生了可辨别的影响，证实可持续发展与减排之间并不矛盾。
2007 年 12 月	巴厘第十三次缔约方大会	通过了“巴厘路线图”，重新强调合作包括美国在内的所有发达国家缔约方都要履行可测量、可报告、可核实的温室气体减排责任，同时对适应气候变化问题、技术开发和转让问题以及资金问题作出了说明，要求缔约方应于 2009 年达成 2012 年《议定书》第一阶段到期后的全球减排协议。
2008 年 12 月	波兹南第十四次缔约方大会	波兹南会议确定了长期气候合作框架，制定了详尽的工作计划，赋予“适应基金”独立的法人资格。
2009 年 7 月	意大利八国峰会	宣布把工业革命以来的气温升幅控制在 2 摄氏度以下，到 2050 年将全球温室气体排放量至少减少 50%，发达国家排放总量减少 80%以上的目标。
2009 年 9 月	联合国气候变化峰会	一百多个国家的领导人参加，旨在为年底的哥本哈根气候变迁会议奠基。胡锦涛主席提出了显著降低碳强度和携手应对气候变化等主张。

续表

时　间	重要事件	主　要　成　果
2009年12月	哥本哈根第十五次缔约方大会	主要成果是无国际法约束力、以"附注"(take note of)形式被缔约方大会提及的《哥本哈根协议》(Copenhagen Accord)。
2010年12月	坎昆第十六次缔约方大会	《坎昆协议》明确世界各国共同努力把全球变暖控制在1.5—2摄氏度之内，发达国家承诺到2020年根据1990年的基准，减排温室气体25%—40%，设立了"绿色气候基金"，落实快速启动气候融资。
2011年12月	德班第十七次缔约方大会	《京都议定书》二期得以延续的基础上，会议启动新的谈判进程"德班增强行动平台"，授权从2012年起就2020年后包括所有缔约方的全球减排框架进行谈判，最晚于2015年结束谈判，2020年起生效。

三、当前能源安全与气候变化的国际博弈基本格局

随着全球气候变暖趋势及能源安全危害性的不断加剧，全球合作的发展日趋深入，传统的能源安全与气候变化体系正发生变化。现存能源安全与气候变化体系是开放的，这种开放性源自全球体系的相互依赖性和非均衡性；美国等主要发达国家在能源安全与气候变化体系占据主导地位，全球能源安全与气候变化体系呈现碎片化、低碳为核心等特征。保罗·肯尼迪(Paul Kennedy)认为，军事能力、经济发展、全球贸易、联合国改革、对外援助、一体化建设等方面决定了未来国际体系的面貌，[18]这些都与能源安全和全球气候变化问题密切相关。综合能源安全和气候变化治理的现状，气候变化问题的治理其实就是能源问题的治理；国际社会就应对气候变化而展开的全球治理进程，其实质永远都是大国能源的争夺和利用。

(一) 能源安全的国际博弈态势

能源安全问题关系全球气候变化和人类可持续发展，是当前各国政治、经济生活中的难点、热点问题。能源问题的复杂性从表面上看，它是能源工业的问题，但从更广泛的意义上看，能源是整个社会存在的

基础，能源问题不仅关系能源工业，而且和社会的方方面面都密切相关。能源业的基础地位决定了解决能源问题具有相当的难度，能源的生产、运输、储存、加工、消费和排放既密切相关又相对独立，其中的每一个环节又和社会、经济的其他方面密切联系。能源的基础地位决定了能源问题的解决需要从不同的角度介入。以石油工业为代表的能源业已是一个高度国家化的行业，这表现在能源价格主要是石油价格的形成，以及不同能源之间价格的关联性、能源信息的全球化、在能源业中形成众多的国际组织如国际能源机构、欧佩克等，它们对全球的能源业发挥着举足轻重的影响。从全球范围来看，能源业的格局和现状都是西方发达国家主导或发展而形成的，主要由发达国家的经济发展导致的全球变暖问题也已成为一个全球性的问题。当前，世界能源供需之间存在着很大差距，导致了全球范围的油气供应紧张和激烈竞争。目前产油大国突出能源外交，消费大国抢占石油地缘战略支点，强化石油领域的合作，加速石油开发与抢滩石油资源高地，以及加强对国际输油管道的维护等。目前，国际能源体系的发展主要表现在生产国互动以及生产国与消费国互动的加强。在能源生产方面，存在石油储存与产区分布具有高度集中和不均衡，以及国有石油公司控制油源等特点。[19]

历史上，在生产国和消费国的博弈当中，以石油为代表的国际能源曾经长期保持低价位。然而从 20 世纪末开始，在多种因素的共同作用下，能源价格一路狂奔，石油价格从二十多美元每桶上涨到七十美元上下，并曾在 2008 年突破了 120 美元的高位，金融危机之后，特别是随着中东北非形势变化，石油价格逐渐攀升到 100 美元之上。因此，能源生产国和消费国互动呈现竞争与合作同步加强、相互融合的复杂态势：一方面，国际能源的地缘和外交战略竞争日趋激烈。国际能源体系中供应和需求日趋失衡、国际能源财富也在虚拟资本的控制下流入西方大国。[20]西方主要大国仍将主导国际能源机制建设的话语权、定价权和地缘支点。另一方面，发生在石油消费国与产油国之间及其内部，以及在国际组织内部和国际组织相互之间的合作与交流对话也日益加强。国际能源合作主要是在稳定油价和油源、开发能源技术以及保障产油区地缘安全等方面。

全球最大产油国是沙特阿拉伯，第二是美国，第三是俄罗斯[21]。特别需要指出的是，中东地区拥有得天独厚的油气资源，是世界最主要的能源库。2010 年美国战略与国际问题研究中心(CSIS)的一份报告认为，非欧佩克国家的石油天然气产量将会逐渐减少，国际社会对海湾中东国家的能源依赖度逐渐加深。[22]海湾地区剩余探明石油储量占世界剩余探明石油储量的 64.5%，天然气探明储量占世界天然气探明储量的 34.4%。世界各国的工业化建设与现代化发展都离不开石油，更离不开中东特别是海湾的石油。美国石油需求的 25%、欧洲石油需求的 60%、日本石油需求的 80%以上都来自中东。不论美国、欧洲、日本或中国，对该地区的石油均仰赖甚深。[23]

石油输出国组织(欧佩克)是国际石油市场上最重要的一支力量，它由 11 个主要产油国组成。其宗旨是协调和统一各成员国的石油政策，并以最适当的手段维护它们各自和共同的利益。[24]目前欧佩克石油储量为 1 460 亿吨，占全球储量的 77.2%，仅沙特就占世界总储量的近 19.1%，伊拉克占近 8.9%，所以它在石油交易市场上有较强的影响力，更重要的则是这些国家的长远优势。

世界石油消费市场呈现美、亚、西欧三足鼎立的格局。预计 2015 年至 2020 年，亚洲的石油消费将超过北美居世界各地区之首。而在亚洲，中国将在 2015 年至 2020 年间超过日本，成为世界第二、亚洲第一的石油消费国。同时，世界石油供应格局与石油消费格局的错位越来越明显：消费格局是美、亚、欧约占全世界大部分消费总量，而供应格局则由欧佩克国家和俄罗斯等主导。面临这种格局的变化，在经济全球化的形势下势必使今后世界能源和石油消费国家(地区)主要围绕着国际能源和油气资源竞争；竞争将会更剧烈，从而使国际石油市场的变化越来越与国际政治经济的变化紧密联系在一起，其波动将日趋频繁。

目前美国和新兴发展中大国都关注西半球的能源资源，特别是拉美地区对全球能源结构的地缘政治意义日趋突出。美国最重要的能源进口地区是美洲地区，加拿大几乎所有的石油出口都流向了美国，委内瑞拉 2/3 的石油流入了美国。目前，新兴发展中大国加强了与拉美的能源关系。随着南美洲各国民族意识的增强，拉美各国在委内瑞拉的推动下，通过成立加勒比海石油联盟来统一南美洲能源立场，加强和新兴发展中国家的联系。然而南美洲的石油只有通过石油管道运输到太平洋沿岸之后，才能大量供应中国和印度。在美国的阻挠下，新兴发展中大国和南美的能源合作一直未能大规模发展。[25]

（二）气候变化博弈的基本格局

解决危机是气候变化谈判的关键所在，[26]然而应对气候变化的不同心态导致各国收益或受损的情况不同，立场、政策和处境不同。在南北立场的基本格局下，在不同时期或不同议题上，发达国家与发展中国家之间及其内部都存在许多不同的利益集团，不同利益集团之间的利益关系和谈判立场复杂多变，进而产生上述气候变化谈判态势的发展变化。在当前的气候谈判中，有三派力量决定着气候问题的解决方式：一派是欧盟、一派是美国、第三派是以中国和印度为代表的发展中国家。欧盟作为气候谈判的发起者，一直是推动气候变化谈判最重要的政治力量。以美国为首的“伞”集团[27]是国际气候谈判中另一支重要的政治力量。“伞”集团力量曾经非常强盛，但随着日本、加拿大、俄罗斯、澳大利亚先后批准议定书，力量大大削弱，美国以全世界4％的人口排放将近25％的温室气体，为世界能源最大的消耗者和环境破坏者。[28]美国退出《京都议定书》，一度对京都机制构成重大威胁，欧盟也借此成为气候政治的领袖。全球合作机制首次在没有美国参与的情形下获得成功，也使美国在气候合作领域一度被边缘化。[29]

美国的核心利益是维系其能源模式的同时保护和发展其核心竞争力。在这一核心利益基础上，奥巴马新政府已抛弃布什政府单边主义做法，逐步回归全球环保主义中来，并在全球气候变化谈判中承担领导作用。一方面，美国在维护其奢侈和浪费型碳排放模式的基础上，发展低碳核心竞争力。[30]美国推动气候变化和绿色壁垒可以保护其竞争力，同时削弱中国等竞争对手的竞争力。[31]另一方面，回归和领导全球气候多边治理是美国对外战略的重要组成部分，美国目前力图用《哥本哈根协议》为框架的第三轨谈判机制取代双轨制谈判原则，企图借此从欧盟手中夺回全球应对气候变化的领导权；同时还对最不发达的发展中国家提供资金援助以分化发展中国家；并希望中国和印度承诺其温室气体排放峰值，并要求新兴发展中大国落实“可测量、可报告、可核实”的减排承诺，制定严格的有关报告、监控和核查温室气体排放量和减排量的标准。[32]

欧盟的核心利益是积极应对气候危机，谋求经济环境长期可持续发展。为此，欧盟核心战略一直是扮演气候谈判的发起者、推动者的角色，它不但主张以实际行动减排，还希望通过严格法律协议将发展中国家也纳入气候框架减排机制中。气候变化和发展低碳经济一直是其重要的利益支点。欧盟通过自身积极参与全球减排[33]来实现全球气候谈判的领导，欧洲理事会首位常任主席范龙佩强调在全球应对气候变化的努力中欧盟应当继续发挥领导作用，并把欧盟“雄心勃勃的温室气体减排目标”转化为谈判领导能力。[34]欧盟强调和最不发达国家、小岛屿国家和拉美国家的协同合作，如欧盟和小岛屿国家在哥本哈根都坚持严格的全球减排目标，要求发达国家 2020 年相对 1990 年整体减排 30%，2050 年减排 80%—95%。欧盟更加要求新兴发展中大国应该照常情景(BAU)减排 15%—30%。欧盟还提出“全球 2 摄氏度目标”和 2020 年全球排放峰顶的谈判立场，以此制约主要发展中国家的经济发展。

新兴发展中大国已经成为国际气候变化谈判的重要力量，这些国家的核心战略是争取自己的发展和排放空间，坚持发达国家应在“共同但有区别的责任原则”基础上尽早履行义务。新兴发展中大国经济持续快速发展，能源需求节节攀升，到 2030 年，大部分新增的全球能源消费将会来自新兴发展中大国，其中中国占 55%，印度占 18%；[35]但根据哥本哈根和坎昆大会达成的 2 度目标，人类必须把浓度维持在 450 ppm 左右，由于西方国家在工业化发展过程中就占用了 100 ppm 的发展空间，因此新兴发展中大国在工业化发展中才有 60 ppm 的经济发展空间，这对新兴发展中国家的利益构成了共同而严峻的挑战。[36]其次，巴西、南非、印度和中国组成的“基础四国”[37]集团已成为一支在气候变化谈判中的新生力量。作为“七十七国集团加中国”谈判联盟的中坚，在坚持“维权”(维护发展权和排放权)的同时，还积极为发展中国家“谋利”(发达国家资金技术援助)。[38]发展中国家的核心集团“基础四国”已经成为环境领域的主要力量。2007 年联合国气候变化巴厘岛大会通过“巴厘路线图”之后，为在哥本哈根气候变化会议上维护发展中国家的利益，中国与印度、巴西和南非等主要发展中国家的交流与协调行动日益密切。2009 年 11 月 26—27 日，中国、印度、巴西与南非四个最主要的发展中国家的代表在哥本哈根大会开幕前夕齐聚北京，共商这次气候大会上的基本立场。在哥本哈根气候大会上，基础四国团结一致，在“单轨”与“双轨”、“丹麦文本”和“哥本哈根协定”等重大问题上集体发声，推动哥本哈根会议朝着正确方向前进，显示了强大的影响力。政府间气候变化专门委员会主席拉津德·帕乔里表示，由中国、印度、巴西和南非组成的“基础四国”成为哥本哈根会议上一股重要力量，他们可能会引领未来的气候谈判道路。

除了上述三种重要力量之外，石油输出国、小岛屿与最不发达国家等在气候变化谈判中扮演了日益重要的作用：石油输出国因担心温室气体减排的行动方案对石油消费构成影响，而成为全球气候变化治理的强硬反对者。俄罗斯、挪威、冰岛等高纬度国家不仅仅从气候变暖中受益，而且由于本身就是资源和能源大国，对气候变化治理也持消极立场。作为石油输出国的领导人，俄罗斯总统梅德韦杰夫在哥本哈根峰会上强调，在哥本哈根进行的有关新的气候条约谈判不应成为“政治迫害”。梅德韦杰夫表示，一直以来对于那些碳氢化合物丰富的国家施加了不公平的压力。[39]小岛屿国家联盟（AOSIS）和最不发达国家对于气候变化的责任最小，但气候变化带来的危害却是最深，极端气象灾害频发，给这些国家带来严重的生存危机。[40]“小岛屿国家联盟”认为全球碳排放量必须在2015年达到峰值，2050年80%。发达国家2020年减排45%，2050年85%，基准年份1990年，实现温度升高限制在远低于1.5℃的水平；将大气温室气体浓度限制在350 ppm以下。在气候变化谈判中，这些国家更多地关心发达国家提供资金的问题，并坚持发达国家承担资金技术援助义务。非洲联盟的立场是发达国家到2020年每年提供1 000亿美元帮助穷国抵御和适应气候变化，而其中分配给包括非洲和小岛屿国家在内的脆弱和贫困国家和地区开展适应工作的资金不应低于50%。[41]

第二节　能源安全与气候变化体系的国际规范

“地球的和平有赖于我们保存生存环境的能力。”[42]20世纪80年代以来，能源安全和气候变化等全球性问题逐渐成为对人类生存的主要威胁，[43]杰西卡·孟修斯(Jessica Mathews)在《重新定义安全》一文中认为，环境与国家安全利益存在紧密的因果关系，即自然资源、人口和能源匮乏等，可能对经济表现产生巨大影响，继而成为政治稳定的潜在杀手。[44]伴随着科学技术以及全球化的发展，相互依存关系不断越出经济范围，进入政治、军事、外交、社会等领域，形成各国利益不断融合和碰撞的趋势。

建构主义学派强调国际制度如何塑造国家的身份认同(identity)、国际规范(norms)等方面。如芬尼莫尔(Martha Fennimore)认为国家的利益会被它们所融入的国际制度所塑造。[45]而温特(Wendt)则认为国际制度培育了共同的信念和集体认同。[46]社会制度主义(social institutionalism)从全球文化模式来探讨一国政策制定的合法性。他们认为国际制度有许多普世的观念，比如人权、主权、男女平等，已经深深地影响了政府的相关决策。[47]卡赞斯坦(Katzenstein)认为国际规范指的是对行为体恰当行为的共同期望。[48]多边主义的两个重要手段是国际主义(国际机构在道德、法律和战略方面都高于单个国家的利益)和法治主义(相信稳定的力量主要来自法律、条约和具有约束力的国际协议)。斯特兰奇(Susan Strange)比较推崇知识和规范在国际权力结构中的重要作用，[49]认为谁能控制知识传播，权力就掌握在谁手中，并指出结构性权力包含了议程设置、设计、国际惯例和国际规则等。因此，本节将从观念、价值等层次来分析国际能源和气候变化体系。

一、国家主权观念和"共同但有区别的责任"原则

主权现象同国家一样，是一个历史的范畴，因而理解它也应具有历史的眼光。主权是随着近代民族国家体系一同诞生的，它也将随着世界体系的变迁而改变自己作用的形式。约翰·贝斯利(John Baylis)主编的《世界政治的全球化——国际关系导论》中对主权的特性描述为：全面的，最高的，绝对的和排他的统治。全面的统治是指主权国家对国内所有事务都有裁决权；最高的统治意味着在主权国家之上没有其他

更高的权威，在本国的领土内主权国家对国内事务有最终发言权；绝对的统治意味着其他国家承认国家的主权是神圣不可侵犯的；排他的统治意味着其他国家承认国家的主权是神圣不可侵犯的，在国内主权不可分享，在国家间不存在“联合主权”。[50]国际法确认了国家主权原则，国家主权原则是指各国有权独立自主地处理自己的对内对外事务，禁止其他国家以任何方式加以干涉；国家主权原则是国际法最重要的基本原则，是维护国家独立自主，免受外来侵略的法律依据，是国家进行自由合作和友好往来的法律基础。

国际社会始终强调保护国家管理资源的主权，1974 年的联合国《建立新的国际经济秩序宣言》从国际法角度进行规定，“每个国家有权对其自然资源和经济活动行使永久主权。”为了保护发展中国家的主权，《联合国宪章》特别说明：“受压迫、遭统治和被占领的人民，其环境和自然资源应予保护。各国应遵守国际法关于在武装冲突期间保护资源的规定，并按照《联合国宪章》用适当方法和平地解决一切环境资源争端。”1992 年的《联合国里约环境与发展宣言》(又称《地球宪章》)规定，“各国拥有按照本国的环境与发展政策开发本国自然资源的主权权利，并负有确保在其管辖范围内或在其控制下的活动不致损害其他国家或在各国管辖范围以外地区的环境的责任”。联合国《国际技术转让行动守则》就坚持在尊重各国的主权和政治独立基础上推动合作。

随着全球化的发展，主权的传统信条已经不能有效地解释当代国际政治舞台上发生的现实，其原因正如汉斯・摩根索(Hans Morgenthau)所指出的：“主权观念与政治现实已经脱节，而观念却被设想为政治现实的法律表现。”[51]冷战后全球治理的兴起也给国家主权的行使带来新的挑战。改变了的现实要求我们改变古典的主权观念。我们这个时代的复杂性在于：一方面，体现于国家当局身上的主权，作为国际法和国际惯例的基础和主要承受者，依然是无政府状态的现代国际关系不可或缺的中轴；另一方面，坚持主权的最好办法之一(如果不是唯一办法的话)，是积极参与全球和国际组织，善于妥协和灵活应变，包括作出必要的付出和让步。

然而，能源安全与气候变化在某种程度上成了国家行使主权的制约因素。传统上讲,国家对其疆域内的自然资源享有当然的主权,一国的环境保护与能源资源利用也应完全属于主权范围内的事情。但每个国家都意识到它们在能源安全与气候变化问题上处于相互依赖之中,在某种程度上各国之间是"一荣俱荣、一损俱损"的关系,因此合作和共同发展也是国际主要规范。《联合国里约环境与发展宣言》认为:各国应本着全球伙伴精神,为保存、保护和恢复地球生态系统的健康和完整进行合作。各国负有"共同但有区别的责任"。发达国家承认,鉴于它们的社会给全球环境带来的压力,以及它们所掌握的技术和财力资源,它们在追求可持续发展的国际努力中负有责任。各国应该合作建立一个起支持作用的、开放的国际经济制度。1997 年的联合国《发展纲领》在国际合作方面认为:"由于全球化进程以及在经济、社会和环境领域内日益加强的相互依存关系,越来越多的问题光靠个别国家无法有效地解决。因此,需要进行国际合作……全球化和相互依存关系正在加深对国际合作的需求,并为国际合作创造了更多的机会。"2008 年金融危机之后,围绕能源安全与气候变化的国际合作更加重要,《世界金融和经济危机及其对发展的影响问题会议成果》提出"促成国际合作,以解决国际间属于经济、社会、文化及人类福利性质之国际问题",以及"构成一协调各国行动之中心,以达成上述共同目的"的国际共同理念。

虽然气候变化和能源合作在一定程度上对目前传统的国家主权原则产生了影响,英国国际政治专家克里斯蒂指出:"处理温室效应这样的全球性威胁,意味着要缩小国家主权并对国际性资源进行某种集中掌握";[52]但是国家主权必须建立在平等、自愿、互利的基础上。主权观念是世界性的,但对这一观念的理解由于文化背景、历史条件、民族构成、发展战略等的不同而大相径庭。对于有不同经历、不同文化背景、不同幅员人口、不同经济基础、不同军事实力、不同发展目标的各国而言,评说主权问题的角度、心态、利害关系自然不同。[53]在实践中,我们必须坚持"共同但有区别的责任原则",发展中国家应把坚持国家主权作为与发达国家对话中的有力手段,促使发达国家作出必要的妥协和让步。

联合国《发展纲领》认为由于各国对全球环境恶化的责任不尽相

同，因此虽然负有共同责任，但也应有所区别。发达国家应承担特殊的责任，并应在这个领域起领导作用。沃尔夫冈·海恩也认为："只有当全球性机构成为今天发展中国家大多数穷人诉诸的焦点，只有当发达地区的统治阶级和比较富裕的大多数明白应当对这些人民及其利益做出让步，就如 19 世纪后半叶以来大多数欧洲国家的资产阶级与土地所有者被迫向组织起来的工人阶级所做的让步一样，那时才能为消除全球一体化和以民族国家为基础的政治组织之间的矛盾奠定基础。"根据"共同但有区别的责任"，发达国家需要承担主要全球环境保护责任，因为环境问题主要是发达国家在工业化过程中过度消耗自然资源和大量排放污染物造成的，而目前占人口比例很少的发达国家在继续消费大量资源。发达国家占世界 24％的人口却消耗了 67.5％的世界资源，发展中国家 76％的人口仅消耗世界资源的 32.5％，发达国家人均标准能源消耗量高达 28 吨，而发展中国家只有 0.5 吨。[54]从里约热内卢、约翰内斯堡一直到联合国千年首脑峰会，该项原则一直在各项联合国公约、议定书、声明、发展计划等被重申和强调。因此，发展中国家充分利用能源安全与气候变化合作中的"共同但有区别的责任"这一政治工具来最大限度地维护发展中国家自身利益。在气候变化哥本哈根大会上，根据"共同但有区别的责任"原则，发达国家和发展中国家分别提出了如表 5.2、5.3 所示的减排计划。

表 5.2　主要发达国家的 2020 年减排计划

附件一缔约方	2020 年减排目标[55]	相当于 1990 年为基期的实质减排目标[56]
美　国	以 2005 年为基期减排 17％	减排 3％
加拿大	以 2005 年为基期减排 17％	增排 2.52％
澳大利亚	以 2000 年为基期减排 5％—15％—25％	增排 13％到减排 11％
日　本	以 1990 年为基期减排 25％	减排 25％
欧　盟（附件一国家）	以 1990 年为基期减排 20％—30％	减排 20％—30％
挪　威	以 1990 年为基期减排 30％—40％	减排 30％—40％
俄罗斯	以 1990 年为基期减排 15％—25％	减排 15％—25％

资料来源：联合国气候变化框架公约官方网站，www. UNFCCC. int。

表 5.3　主要发展中国家的自主减排行动计划

非附件一缔约方	2020 年减排目标[57]	国家性质
中　国	单位 GDP 二氧化碳排放比 2005 年下降 40%—45%	基础四国等新兴发展中大国
印　度	单位 GDP 二氧化碳排放比 2005 年下降 20%—25%	
巴　西	在 BAU[58]基础上减排 36.1%—38.9%	
南　非	在 BAU 基础上减排 34%	
墨西哥	在 BAU 基础上减排 30%	
马绍尔群岛	以 2009 年为基期减排 40%	小岛屿国家联盟等受气候变化影响巨大的国家
摩尔多瓦	以 1990 年为基期减排 25%	
马尔代夫	碳中立(10 年内从使用石油转变为使用 100%的可再生能源)	

资料来源：联合国气候变化框架公约官方网站，www.UNFCCC.int。

二、公平原则和保证发展中国家权益

公平原则是全球能源安全与气候变化合作的基石。从人均消耗能源来看，发达国家的能耗约为发展中国家的 10—20 倍，全球气候变化谈判和能源合作必须关注各国，特别是发展中国家的未来公平发展的权益。公正原则所侧重的是国际社会的“基本价值取向”，并且强调这种价值取向的正当性。1972 年的《联合国人类环境会议宣言》对公正的体现主要表现在照顾到发展中国家的情况和特殊性，如其规定“工业化国家应当努力缩小他们自己与发展中国家的差距。工业化国家不应该损及发展中国家现有或将来的发展潜力，也不应该妨碍大家生活条件的改善。要照顾到发展中国家的情况和特殊性，照顾到他们由于在发展计划中列入环境保护项目而需要的任何费用，以及应他们的请求而供给额外的国际技术和财政援助的需要。”1974 年联合国通过的《建立新的国际经济秩序宣言》要求“国际经济秩序建立在所有国家的公正、主权平等、互相依靠、共同利益和合作的基础上，而不问它们的经济和社会制度如何；使得发展中国家有必要积极地、全面地、平等地参与制定和实施涉及整个国际社会的一切决策。”1974 年联合国通过的《各国经济权利和义务宪章》要求“世界各国在公平互利的基础上，进行经济、贸易、科学和技术领域的合作，以弥合发展中国家和发达国家之间的经济差距”，同时要考虑到发展中国家的具体问题。在这方面，各国应采取措施，使发展中国家取得更多的利益。

公平发展即全球各国有权实现经济与合作组织的社会发展水平，它的基础是全球可持续发展，环境外交和能源技术援助机制是实现公平发展的重要手段。而向发展中国家大量转移落后的产业也会导致全球温室气体的增多。实际上中印两国大幅增加的温室气体排放也正是源于20世纪末以来的全球产业转移。发达国家片面强调环境保护而忽视发展中国家经济发展的特殊需要，认为发展中国家工业化过程是造成环境问题的根源之一；同时回避自己在造成今日环境污染问题上的责任，不愿意在资金和技术上向发展中国家提供援助。而发展中国家强调自身经济发展、人民生活水平提高的重要性，认为只有逐步发展经济，才能解决环境问题；强调发达国家是当前工业生产的主要进行者，其能源与资源的消耗大大超过发展中国家的水平，对全球环境的恶化负有主要的责任，发达国家应当向发展中国家提供足够的环保资金与技术，为解决全球性环境保护问题作出应有的贡献。根据表5.4，我们可以看到，发达国家和发展中国家在能源和气候变化的公平发展权益上的巨大差异。

因此公平是能源和气候变化全球治理中最复杂的问题。一些国家从减排能力、技术和所承担责任角度来看待平等，另外一些国家则从排放总量来判断。如何让更多的国家感受到气候变化国际制度的平等性而愿意遵行国际制度，以及认同参与国际制度带来的正面利益，是气候变化国际合作制度建设应该持续努力的方向。平等和利益是气候变化国际制度成功延续的关键。臭氧层国际制度成功的案例就是一个典型的例子，20世纪90年代以来，各国致力于全球范围堵截消耗臭氧层物质的走私和生产，因为各国明白一个国家大规模生产消耗臭氧层物质将导致全球防止臭氧层消蚀的集体行动毁于一旦。由于发达国家通过多边基金实施技术援助，因此臭氧层制度被公认为是比较公平和有效的。[59]在这种环保伦理道德的指导下，人们对政府间气候变化专门委员会评估报告所指出的可能后果越发相信，并逐渐形成一种生存主义的

表 5.4　发达国家和发展中国家对全球变暖的不同责任

类别 国家	1850—2007 年累积排放（百万吨二氧化碳）	世界份额	全球排序	人均历史累积排放（百万吨二氧化碳排放量）	全球排序	2030 年预期排放（百万吨二氧化碳排放量）	
						2030	2007
美　国	339 174.0	28.75%	1	1 125.7	3	6 176	5 986
英　国	68 763.4	5.83%	6	1 127.2	2		
德　国	81 194.5	6.88%	5	987.0	6		
法　国	32 666.6	2.77%	8	527.4	23		
日　本	45 629.1	3.87%	7	357.1	36	1 085	1 262
澳大利亚	13 108.5	1.11%	15	622.1	15	546	495
中　国	105 915.4	8.98%	3	80.4	89	11 945	6 284
俄罗斯	94 678.7	8.03%	4	666.3	10	1 715	1 663
南　非	13 133.6	1.11%	14	274.5	47		
印　度	28 824.4	2.44%	9	25.6	123	2 079	1 399
巴　西	9 836.6	0.83%	22	51.7	101	682	394
八国集团	707 091.6	59.93%		813.9			
小岛屿国家联盟	4 360.3	0.37%		93.9			
附件一国家	870 019.9	73.74%		685.5		14 909	15 052
非附件国家	296 302.1	25.11%		56.2		24 358	14 639

资料来源：*Climate Analysis Indicators Tool*（*CAIT*）*Version* 8.0，Washington，DC：World Resources Institute，2010。

话语；也就是说不管全球变暖是否必然带来诸多恶果，人们已经本能地在道德层面树立起碳排放减少的必要性。生存主义的逻辑迫使人类寻找解决的办法，《气候公约》和《京都议定书》为主体的国际气候变化机制随之建立。[60]从全球治理模型研究气候变化首先源自气候变化的伦理研究，即气候变化的减缓和排放权的分配究竟哪种是公平的？公平在伦理学中主要指分配正义和程序正义，把这两种正义应用到气候变化问题上，可以得出同样的分类：基于分配的公平原则、基于结果的公平原则和基于过程的公平原则。[61]各国从《气候公约》出发，对人类社会应对气候变化行动中的"公平"性问题从不同角度进行了系统讨论，对发展中国家和发达国家在公平原则下责任、义务及优先事项的差别进行了分析，提出并分析了以人均碳排放权相等为标准，实行两阶段碳排放权分配原则。[62]从温室气体减排问题中的公平性与效率问题入手，以公平与效率的关系问题分析，温室气体减排应该公平原则为先，以效率原则为辅；因为过分强调效率就会使得发展中国家不可避免背上减排义务的负担，从而减缓经济增长，最终削弱了减排的长久能力。[63]

针对全球气候变化和能源机制设计，潘家华等认为需要考虑地球上每一个人实现其发展权益所需要的排放需求。对于发展中国家而言，认识这种发展潜力是人权的一部分，有着重要的现实意义。发展中国家由于经济技术等原因，目前没有能力开发利用区域或全球共享资源；但其发展必须占用一定量的共享资源。这是发展中国家发展权利的一部分，必须争取，要防止发达国家利用现有优势对发展中国家的发展权力实施剥夺。[64]在此基础上他进一步指出，实现人文发展基本需要的途径是保障基本需要的满足、限制奢侈和浪费性排放、保障气候目标的实现，从而达到代内公平与代际公平。通过讨论和分析发展所面临的消除贫困、城市化和工业化挑战以及居民生活水平提高而引起的消费增加等问题，他区分了并不需要每年更新的存量排放和经常性消费的流量排放，界定了满足基本需要的能源消费和碳排放的标准。在此基础上，又提出了碳预算的概念和方法，比较了这一方法的特点及与其他途径的区别和联系，尤其是研究和分析了碳预算作为国际气候制度设计的公平和可持续含义。[65]丁仲礼等人认为，要实现控制大气CO_2浓度的长远目标，在目前由少数国家主导的且备受争议的减排话语下是难以完成的，必须建立以各国排放配额分配为基石的全球责任体系。而“人均累计排放指标”最能体现“共同而有区别的责任”原则和公平正义准则[66]。

三、全球市场制度和技术转让

一般来说，国际能源贸易是能源生产和流通的重要组成部分，是一个国家能源市场在国际范围内的延展；它既反映一个国家能源贸易的国际环境，也体现该国与国际能源市场的关联程度。[67]国际能源贸易一方面推动了出口国能源工业及其关联产业的迅速发展，另一方面也极大地促进了进口国的经济发展。自由贸易原则作为世界贸易组织的基本原则，体现为最惠国待遇原则、国民待遇原则、透明度原则、关税减让原则等，在促进贸易自由化方面发挥着重要作用。能源贸易应遵守《关税与贸易总协定》第3条的国民待遇规则，即将进口产品置于与进口国本国的产品同样的条件下。能源贸易应遵守透明度原则。透明度原则规定在《关税与贸易总协定》第10条中，包括两个方面：一是指法律、法规、行政规章和行政命令等应事先公布，然后再予以执行和实施；二是指执行和实施的程序、标准和规则要公开化。在能源贸易中，缺乏透明度直接导致国际能源市场波动和能源安全问题，影响国际局势的稳定。以国际石油输出组织为例，它对世界的能源贸易产生重要影响，虽然对国际石油市场的调节发挥着重要作用，但另一方面也对能源贸易的自由化起了负面作用。《能源宪章条约》却为能源国际贸易的规则制定提供了全面应对的途径。能源宪章条约的宗旨就是在能源生产、运输和销售方面各国完全开放，为能源的自由流通奠定了体制基础。

联合国《国际技术转让行动守则》规定了几项国际贸易和技术转让的基本原则：(1)各国有权采取一切促进和管制技术转让的适当措施，其方式应符合其国际义务，考虑到所有有关当事方的合法利益，同时鼓励按照彼此同意的公平合理的条件进行技术转让。(2)尊重各国的主权和政治独立(尤其包括对外政策的需要和国家安全的需要)，各国主权平等。(3)各国应在国际技术转让方面加强合作，以促进世界经济的发展，尤其是发展中国家经济的发展。各种技术转让方面的合作不应考虑政治、经济和社会制度有何差异。本守则的任何规定不得解释为损及或贬低《联合国宪章》的条款或根据《联合国宪章》采取的行动。(4)技术转让交易中各当事方的责任，必须与不作为当事方国家政府的责任明确划分。(5)技术转让方和技术受让方必须互惠互利，以便维持和促进技术的国际交流。(6)促进和增加以彼此同意的公平合理条件取得技术的机会，特别是发展中国家的这种机会。

能源和环境的技术转移问题一直是全球气候变化谈判焦点议题。[68]2001年11月在摩洛哥马拉喀什召开的联合国气候变化框架公约第七次缔约方大会上达成了一个技术转让行动框架，并设立了一个由缔约方提名的专家组成的技术转让专家小组。在2007年第十三次缔约方大会上达成的“巴厘岛行动计划”要求发展中国家在可持续发展的框架下采取适当的国内减排行动，这些减排行动应是“可测量、可报告、可核实”的；但与此同时，发展中国家的适当的国内减排行动以发达国家提供资金、技术和能力建设支持为前提，发达国家向发展中国家提供的资金、技术和能力建设支持同样应是“可测量、可报告、可核实”的。[69] 由于全球气候变化是人类的公共物品，因此所有国际公约和法律都提倡技术转移原则。1992 年的《联合国里约环境与发展宣言》提出：“发达国家有这样的义务把自己掌握的先进技术向发展中国家无偿转移，发达国家在追求可持续发展的国际努力中负有这样的责任。”《京都议定书》是全球范围内对气候变化唯一具有法律约束意义的文件，它规定：“各国有权采取一切促进和管制技术转让的适当措施，其方式应符合其国际义务，考虑到所有有关当事方的合法利益，同时鼓励按照彼此同意的公平合理的条件进行技术转让。各国应在国际技术转让方面加强合作，以促进世界经济的发展，尤其是发展中国家经济的发展。各种技术转让方面的合作不应考虑政治、经济和社会制度有何差异。”关于技术转让的资金机制，2001 年第七次缔约方大会达成的《马拉喀什协定》中，决定由全球环境基金（GEF）作为技术转让的专门资金机制，为技术转让行动框架提供资金支持。但全球环境基金的资金规模有限，远不能满足技术转让的资金需求。全球环境基金的第四次增资期预计有 10 亿美元，加上气候变化特别基金约 1 600 万美元，缺口仍然很大。据《联合国气候变化框架公约》秘书处对减排的资金需求所作的估算，到 2030 年，为使全球温室气体排放在 2000 年的基础上下降 25％所需的额外投资约为 2 000 亿美元。[70] 显然，《联合国气候变化框架公约》下的现有资金机制的资金规模远远不能满足技术转让的国际合作的需求。

第三节　能源安全与气候变化体系中的权力转移与大国博弈

在国际体系的权力转移过程中，基于能源资源不均匀分布造成的大国冲突是地缘政治理论产生的重要原因。马汉认为：争霸世界的关键在于争夺制海权，争夺控制航海活动的能力。制海权的控制和对能源的使用、占用和利用是密不可分的，一国控制航海活动的能力与该国对能源最有效的利用密不可分。资本主义生产方式大大促进了人类对能源的需求。远洋船只不断改进了对风能的利用，使西方殖民主义势力遍布全球。最终打破欧洲国际关系和全球殖民体系平衡的是英国对煤炭的利用，以及为采掘煤矿而发明的蒸汽机。英国对新能源的控制成为海权大国长期主导国际体系的基础。美国地缘政治学者强调"均势"政策对于能源的重要性，基辛格在《大外交》一书中提出其"全球势力均衡"的地缘战略思想。[71]这都要求美国要一直保持在欧亚大陆边缘地带的优势地位，因为这一地理区域的重要性在于它不仅是通向世界主要工业大国的海上能源通道，[72]也是石油富集地区，因此是关系到美国能否最有效控制全球石油能源链的重要环节。现实的地缘政治更多地依据能源链的控制能力来确定海权和陆权的关系。进入 21 世纪以来，随着广大发展中国家加快工业化进程，石油和天然气的资源短缺局面日渐凸显，主要石油天然气国家的影响力日渐上升。然而一方面，能源生产国社会经济发展矛盾重重，民族和宗教冲突由来已久，国内不稳定因素很多，在西方势力的干涉和煽动下，在一段时期内，将不断出现动荡局面；另一方面，一些能源生产国为了利用资源优势，不断谋取地缘政治利益，强化资源能源的国有化战略，这些因素都是造成国际能源体系不稳定的因素。

一、能源治理体系受到各方面因素的冲击

能源是国民经济的动力和引擎，当前国际能源体系的权力结构处于不断调整的过程中。所谓能源体系权力结构就是主要能源生产国、消费国相互博弈和长期竞争的结果。传统的国际能源体系基本上由以美国为首的发达国家营造和主导，而煤炭和石油等化石燃料占据主体地位。发展中国家在能源技术和能源资源利用两方面都严重落后于发达国家。欧美等主要发达国家具有雄厚的软硬实力，始终掌握着全球能源治理的话语权和主导权，仍然占据世界能源消费的主要份额。但是金融危机之后，美国、欧洲和日本等主要发达国家处于经济和战略困境。随着国际能源体系权力结构的调整，能源武器将会成为能源生产

和输出的发展中国家争取建立国际政治经济新秩序的有力工具。美国对外关系委员会指出，伊朗、俄罗斯和委内瑞拉等国从出口石油赚取财富，使它们得以实行和采纳反对美国利益和价值观的政策；对石油的依赖，也促使相关国家重新调整结盟关系，约束了美国同其他国家结成伙伴关系的能力。[73]能源治理体系变化的主要表现为：发达国家对全球能源资源的垄断局面开始削弱，发展中资源大国逐渐崛起，新兴发展中大国的话语权增加，新的全球能源治理规则机制逐渐形成。

（一）未来能源发展态势

未来能源发展态势将会是：在二三十年内，全球石油供应链应该不会出现大的问题；[74]天然气将会在二十至三十年中逐渐替代石油的作用，石油生产国影响市场、控制油价的作用缓慢降低，天然气大国的作用上升。金融危机之后，世界经济处于新的一轮增长周期，而世界各国共同的利益关系抑制价格上扬。此外，全球气候变化压力和新能源开发抑制石油价格上涨。[75]在国际能源体系中居于主导地位的美国加紧全面推进全球能源战略布局，加紧巩固和抢占能源地缘要地和新兴石油生产地区，强化美国倡导的涵盖能源生产、运输、加工、定价等制度建设，并加强对能源交通要道和核心技术的控制等。控制世界主要产油区已成为美国在全球争霸的主要手段之一。欧洲各国在全球能源治理中起到十分重要的作用，英国、德国、荷兰等国家的跨国公司实力强大，对全球能源市场具有强大的导向作用。《欧洲能源宪章》和统一的能源战略对全球能源治理的规则起到重要的作用。

由于人口增长且正处于高速工业化、城市化进程之中，当前发展中国家的能源消费随着快速的工业化和城市化，增长势头强劲。新兴发展中大国和传统的发达国家在国际能源市场上主要是竞争关系，但是在维护能源价格稳定、发展能源技术合作方面有着共同的利益。美国不仅是全球能源生产大国，而且垄断了天然气、煤炭液化等方面的关键技术。因此，发展同欧美大国的合作对于新兴发展中大国保证能源资源供应和发展能源技术，都有着非常重要的意义。

当前的国际能源体系结构继续处于不稳定的变动之中。由于能源体系结构不仅和世界经济结构紧密相关，更加受到各国政治和外交的影响，当前石油进入一轮长期不稳定的周期，传统能源的不稳定、环境危害性等正日益影响世界经济。更为关键的是，传统能源成为影响发达国家经济复兴的重要因素，国际能源署指出，过去一年中，经济与合作组织成员国的石油进口成本已从 2 000 亿美元飙升至 2010 年底的 7 900 亿美元，原油价格高涨造成的石油进口成本上升，相当于经济与合作组织国内生产总值 0.5%的收入损失。

在全球能源结构中，在应对气候变化的大背景下，传统化石燃料比例持续下降；但是随着能源地缘政治的格局受到主要产油区政治动荡、日本核电危机的共同冲击，石油天然气生产国的话语权继续增长。当前，中东北非等地区动荡的不确定性担忧让石油价格飙升，伴随着日本核电灾害。福岛核电站事故之后，全球出现了核恐慌和核恐惧，对于全球正在蓬勃发展的核能产业带来巨大打击，核电安全性问题因此进一步被放大，各国政府开始重新审视核能政策，这严重影响到全球核电事业的发展，将进一步推动化石燃料，特别是石油和天然气价格的攀升。

（二）大国博弈的发展

美国自 20 世纪 70 年代欧佩克成立后也面临能源链的裂缝。由于美国经济的高度发达和对石油能源的高度依赖，因此不得不转向海外，特别是中东地区获取低价能源供应。中东政治动荡，战争频繁，无疑增加了美国维系能源链的成本。但从 20 世纪最后十年开始，美国之所以发展迅速，成为世界唯一的超级大国，一个重要原因是它不仅拥有丰富的石油资源，而且通过两次海湾战争控制了世界上重要的石油资源产地、运输通道，从中东、拉美等产油国获取了大量石油。近年来，美国四处推行民主价值观念和颜色革命，希望按照西方的政治体制来构建中东、北非和中亚地区的国内政治体制。这些情况使得能源生产国内部不稳定的情况加剧，导致全球能源安全受到威胁。

欧洲是世界上主要的能源消费地区之一，但是欧洲的能源外交受制于以下几个因素：一是能源消耗量大，自给率低，原油产量仅占世界产量的 4%，仅欧盟的原油需求就占到世界的 18%，二是扩大后的欧盟,能源“赤字”的趋势日益加强。在欧盟东扩之前,原欧盟十五国50%的能源需要进口;东扩后,由于新入盟国家的能源自给率更低,未来欧盟能源供需差距将进一步拉大。据欧盟《能源绿皮书》估计,未来20年欧盟能源需求量将增加20%—25%,而自产量将下降20%,到2020年,欧盟对一次性能源进口的依赖将扩大到65%,其中进口石油的比例可能约为90%,进口天然气约为65%。欧盟委员会认为,“假如欧洲人不改变现在的能源生产和消费观念,到2030年,欧盟将有70%的能源依赖进口,其中石油消费的95%依靠进口。对进口能源的依赖将构成对经济、政治和环境的诸多威胁”[76]。

长期来看,俄罗斯、中亚、非洲等在国际能源生产中的地位将不断上升,影响增强。2012年1月,欧盟国家就禁止进口伊朗石油达成初步协议。由于伊朗是石油输出国组织第二大产油国,欧盟则是伊朗的第二大石油出口市场,伊朗每天要向欧盟市场提供45万桶原油;此举不仅对伊朗的石油出口构成严重影响,也对全球能源市场稳定和处于下行态势的世界经济带来更多不确定因素。俄罗斯在国际能源生产体系中地位日趋关键,[77]多次运用天然气为武器来推行本国的外交政策,俄不仅是保障欧洲能源安全的关键角色,也对亚太地区的油源多元化起到重要作用,[78]而玻利维亚、委内瑞拉等拉美国家纷纷宣布能源国有化和推行能源民族主义。[79]非洲将会成为未来全球能源体系竞争的热点。非洲已探明的石油储量约为174亿吨,占全球9.5%[80]。不仅如此,非洲石油品种多、品质高,大多属于低硫的高品质石油,易于提炼为汽车燃料。如此巨大而优质的能源上游市场,是任何一个国家都不愿意放过的。

在中东和北非国家出现严重不稳定的情况下,俄罗斯在国际石油和天然气格局中的权力大幅度上升。[81]俄罗斯和沙特、阿联酋、伊朗等欧佩克成员原油产量受到内部“配额”制约不同,俄罗斯的石油产量不会受到欧佩克的束缚。俄罗斯油气储量巨大,其石油产量2009年一度超过沙特。俄罗斯能源部公布数据显示,2010年俄罗斯的石油产量比2009年增长2.2%,达到每日1 015万桶,创下了自苏联解体以来的最高纪录。2010年的石油价格曾涨至每桶90美元以上,故俄增产动力充沛。据美国能源情报署(EIA)数据显示,2010年俄罗斯原油产量为每日 1 027 万桶，出口量为每日 854 万桶，其中大部分出口欧洲市场[82]。由于利比亚石油产量骤减，欧洲各国也会相对增加从俄罗斯进口原油的数量。因此，俄罗斯石油地缘政治影响力提升。而且，俄罗斯也通过石油运输管道提升中国、印度和俄罗斯的整合，把中、日、韩作为经济全球化和区域集团化日益发展的主要的能源合作伙伴，俄罗斯利用世界能源市场的新变化，以“突破北美、稳定西欧、争夺里海、开拓东方、挑战欧佩克”的方针全面开展能源外交，迅速扩展对国际能源市场的影响，地位迅速攀升。

（三）能源地缘通道日益重要

现今世界上产油国共有 77 个，但由于油源集中于某些区域，因此世界上大部分的国家仍属石油进口国。目前石油输出最多的国家位于中东地区，其中又以波斯湾地区为主要出口地点。据统计，每年有 30 亿吨的石油经由海上运输，约占每年总运输量的 70％以上。从波斯湾输出石油到欧洲经由苏伊士运河，到东亚国家经过马六甲海峡，往北美则是经由好望角。每日从霍尔木兹海峡输出的原油有 1 500 万桶，经由马六甲海峡的也有 1 100 万桶。美国控制着这两个最重要的能源通道，扇形理论（fan-spread）和“第一岛链”战略[83]则表明美国继续在东南亚谋求最大的利益和地缘优势，发挥最大的影响力。[84]美国以反恐为名，将南亚、东南亚、北非等作为能源地缘政治的“心脏地带”，实现对全球能源通道的战略控制。2012 年以来，随着伊朗局势恶化，霍尔木兹海峡的紧张形势进一步推高全球石油市场价格。

（四）日本核电事故对全球能源政治的冲击

随着 2011 年日本核电事故的持续发展，全球核电发展步伐放缓，化石燃料需求放大。核电事故之后的核电站无法继续供电，电力短缺部分只能依靠化石能源，特别是天然气和石油来替代发电。

20 世纪 60 年代以来，日本就大力发展核电产业，现有的 18 个核电站 54 个核反应堆提供了日本近 30％的电力供应。日本政府原本计划加大核能发展，到 2030 年，火力发电占日本发电总量比重将从 2007

年的66%降至25%，而核能发电比重从26%增至53%，太阳能、风力、水电等其他清洁能源的发电比重从8%增至21%；到2030年，日本将新增14个核电机组，同时核电站运转率将提高25%至90%。事故之后，日本相关核电站无法继续供电，电力短缺部分只能依靠化石能源，特别是天然气和石油来替代发电。作为一个油气进口大国，日本必然更加依赖海湾国家和俄罗斯，油气供应链条的脆弱性会加大。相应地，日本或会加强对南海诸岛油气资源的争夺，中日摩擦概率增大。随着日本灾后重建的逐步展开，受灾工厂逐步恢复生产，日本对油气和煤炭的需求也会大幅提升，未来化石能源价格也会受到影响，价格趋高。

美国的核电占发电能源的20%左右，因为三里岛核电事故，一直未能新建核电站。美国总统奥巴马曾提出80%的电力由清洁能源供应，而他又把核能归为清洁能源之内，推动国会建立核能的清洁能源清单，希望通过大幅度提高核能环保和安全标准，来突破兴建核电站的国内阻力。福岛核电站事故之后，全球出现的核恐慌和核恐惧对于美国总统奥巴马提出发展核能的构想带来巨大打击。核电安全性问题因此进一步被放大，美国政府开始重新审视核能政策。在福岛核电站事故之后，奥巴马还不断发表讲话，认为核电站建设将可以大幅度提升美国的科技竞争力，避免被中国超过。目前美国核电站一半的铀供应来自退役(5%)和拆解(45%)核武器所得的核装料稀释，随着美俄新一轮的核裁军协议《削减战略武器条约》的签署，美国的核电站继续享用廉价核原料的时间将得到延长。

欧洲各国核电发展战略同样趋缓。德国政府已宣布关闭7座核电反应堆3个月，重新评估核电工业。意大利政府原定就重启核电发展问题进行全民投票公决，但现在看来结果不会乐观。欧洲各国能源部长都表示欧盟要开专门能源会议讨论欧盟核电发展前景。欧洲水电发电能力已经饱和，火电发展又受制于增加二氧化碳排放而不会提上日程。核电和天然气被视为代替石油和煤炭的理想清洁能源，当核电发展遭“急刹车”，在能源消费结构中，天然气需求又会大增。

因此，日本核电事故可能会推动全球提前在2020年至2030年左右进入天然气时代。天然气和石油对全球能源政治的影响日益关键，但是核电、煤炭、可再生能源等将继续发挥较大作用。

二、全球气候变化治理呈现碎片化趋势

全球气候变化治理碎片化的特征：一是随着发展中国家之间发展程度和差距越来越大，发展中国家谈判阵营的立场差异和分歧逐渐扩大；二是发达国家阵营在气候变化中长期减排方面立场的固有差异仍未解决，对国际合作模式的认识差异增多；三是以《联合国气候变化框架公约》为核心的气候变化治理机制受到质疑和挑战，以大国协调为特征的合作机制模式在发达国家和主要发展中大国之间不断发展；四是参与谈判的各国力量和影响力发生变化，发展中国家整体实力增强，发达国家影响力有所削弱。

发展中国家阵营内部立场出现分化，出现了越来越多的不同声音。20 世纪 90 年代启动国际气候谈判进程以来，发展中国家坚持以“七十七国集团加中国”的模式形成统一的谈判立场。然而近年来，发展中国家内部由于各自情况、地理位置、资源的不同，应对气候变化的潜在差异逐渐表面化，尤其在减排目标和责任等方面。首先，在减排目标方面，由于气候变化带来的生存威胁，近年来小岛屿国家和最不发达国家要求所有排放大国都承担减排义务，要求实现 1.5 摄氏度的减排目标；而经济快速增长的发展中国家限于发展阶段和资源禀赋等的原因，未来一段时间内温室气体排放还要持续增长。因此在减排目标方面发展中国家内部的分歧逐渐扩大化。其次，在减排责任方面，2007 年政府间气候变化专门委员会评估报告作出了“2000 年到 2030 年，基于能源使用碳排放量 2/3 或者 3/4 增长量来自发展中国家”结论，[85] 发展中国家在“巴厘路线图”接受相应的减排义务，新兴发展中国家过去 20 年温室气体排放增量是最大和最快的；相比之下，小岛屿和经济极不发达国家的排放增长量和总量则小得很不显眼。而小岛屿国家近年来则不断要求发展中大国大幅减排。此外小岛屿国家要求制定一项比《京都议定书》更加严格的具有法律约束力的协议，而很多发展中国家则表示了不同意见。

其次是发达国家阵营内部立场差异性增多。在发达国家内部，以美国为代表的伞形联盟与欧盟在《京都议定书》模式上的固有差异仍未解决。与此同时，发达国家内部新的矛盾也在扩大，主要体现在基准年

标准和减排目标方面。欧洲一直坚持绝对量减排,而美国则认同在“政治上和技术上可以实现的”减排。[86]欧美在减排基准年份的分歧日益明显,欧盟表示“计算标准可以是任何一年,但评价基准年只能是1990年”[87],以此强调将继续以《联合国气候变化框架公约》及《京都议定书》定下的基准年1990年作为国际谈判的基准。美国则认为,欧盟虽然承诺至2020年将排放量降低20%,但如将2005年设置为基准年份,欧盟相对1990年的20%减排目标仅仅相当于2005年的13%,这个目标低于美国的减排目标。[88]在欧盟内部,德国、英国和部分北欧国家希望将其减排幅度提高至30%,但增大减排幅度引起东欧国家、意大利等国的激烈反对,导致欧盟无法形成统一行动。[89]

第三是发达国家和发展中国家的气候谈判互动模式发生转型。虽然《气候公约》下的双轨制谈判模式在形式上仍是发达国家和发展中国家进行博弈的主要平台。但随着气候变化谈判行为体立场差异日趋增大,二十国集团、主要经济体等互动模式在发达国家和发展中大国之间不断发展。在哥本哈根大会期间,奥巴马和中国等新兴发展中大国领导人在哥本哈根气候变化谈判上发挥了斡旋的领导作用,小岛屿国家、拉美则与欧盟一起批评美国和基础四国的气候磋商结果,认为这“把世界推到了生态灾难的边缘”。[90]哥本哈根大会之后,欧美推动将《京都议定书》下发达国家中期减排目标的谈判和《气候公约》下长期目标的谈判“双轨”并轨,或者形成以《哥本哈根协议》为核心的第三轨。2010年坎昆会议上,日本、美国等发达国家反对《京都议定书》框架,要求发展中国家承担减排义务。

最后是参与谈判的各方的影响力都在不断发展变化。这种发展既表现在行为体数量,也表现在行为体影响力的变化方面。安德鲁·伍德(Andrew Ward)认为,全球气候变化格局也反映了各种力量多极化演进的现实,即超级大国或其他主要力量无法控制气候变化全球谈判的发展变化。[91]一方面参与气候变化谈判博弈的国家行为体日益增多,通常仅为部长级别的联合国气候会议,却有一百多位国家元首及政府首脑出席哥本哈根大会;另一方面发展中国家整体实力增强,发达国家影响力有所削弱。[92]欧盟委员会主席巴罗佐承认,欧洲在哥本哈根气候变化大会上被边缘化。[93]而不少政治经济不发达的国家对气候变化的影响力在哥本哈根大会得到提升，发展中国家特别是最不发达国家在气候变化谈判中有了部分话语权，[94]如非洲国家中途集体离开会场，以此“展示他们的巨大能量”。[95]英国《金融时报》认为，“2009年哥本哈根大会已经证明：欧洲、美国已不再是唯一主角……许多在地图上都难以找到的外围国家，比如玻利维亚以及众多非洲国家也成为主角”。[96]

三、低碳创新成为能源气候博弈的核心

当前低碳经济创新是能源气候博弈的核心，国际体系重大结构性变化的前提和条件是能源权力结构的变化即出现了下一代能源的主导国。乔治·莫德尔斯基(George Modelski)、尼古拉·康德拉季耶夫(Nikola D. Kondratieff)等认为主要大国均重视创新优势的竞争，丹尼尔·耶金(Daniel Yergin)认为技术和制度创新对能源权力结构具有重要意义。气候变化危机为权力竞争带来了新的机会和特征，格莱布和麦斯纳把国家竞争力变迁和技术投资与减轻气候变化成本联系起来。乔纳森·戈卢布(Jonathan Golube)和尼古拉斯·斯特恩(Nicholas Stern)等指出欧盟推动气候变化谈判不仅让其在全球治理中占据主动，也为提升创新优势奠定了基础。也有学者从经济角度对气候变化对经济发展的影响进行研究，通过建立模型，指出不同的气候变化政策对经济发展的影响，认为世界主要经济体和新兴市场对世界气候变化的潜在影响不容忽视；在保持经济稳定发展的同时，承担适当的气候保护任务是不可避免的。在实行减排政策时，增加碳汇和能源替代与新能源开发明显要比单纯控制碳排放量增长具有市场效率，[97]因此世界主要大国都把新能源和低碳经济作为实现减缓气候变化的优选途径。而未来国际经济体系重大结构性变化的前提和条件仍然是能源权力结构的变化，即出现了新能源和低碳经济的主导国。未来国际体系的大国要取得争夺国际体系的优势，就必须具有发展低碳经济方面的创新优势。欧美发达国家通过气候变化谈判来占有未来能源市场和环境容量划分，更为重要的是利用气候变化议题逐渐实现对低碳经济的控制。[98]

英国不仅是欧洲煤炭资源最丰富的国家之一，也是欧洲最早统一

的扩张性君主立宪制国家，这就满足了对能源占有、利用和控制的一系列条件，进而造就了“日不落帝国”的神话。由于英国工业革命比欧洲其他国家提前很多年，导致早在16世纪英国就从生物能源向煤炭能源的转型，[99]能完整掌握能源链条并取代英国的只有富有制度和技术创新优势的美国。美国人19世纪末在北美大陆发现了石油，他们率先将煤油用于照明，随着产油量增加还大量出口石油。液体燃料(石油天然气)相对于煤炭，更容易运输、节省人力，形成了美国主导的新一轮国际能源权力变迁。虽然德国人发明了内燃机，但只有拥有各种先进政治经济制度和创新体制的美国才能将其广泛应用于各种运输工具和工业生产中，尤其是汽车。两次世界大战的始作俑者德国同样拥有鲁尔区这样煤炭资源丰富的地区，在19世纪70年代实现统一后，德国能源的开发与控制权迅速由中央掌握，很快就成了英国强有力的竞争对手，甚至在许多能源技术领域超越了英国。但德国毕竟是后发现代化国家，政治制度远远落后于同时期的英国和美国，地缘上没有海洋优势；更没有能与英国相媲美的殖民地资源，所以其扩张屡次受挫，直到找到欧洲煤钢联营这一模式。相比之下，日本则在发展过程中遇到能源瓶颈，为了获得石油和其他能源不惜发动战争。美国的能源占有优势、技术效率优势和逐步加强的国家控制力使其从“二战”至今保持了世界超级大国的地位。

经过数十年的经营，欧盟已经基本上实现了统一能源链的努力。随着欧盟版图扩张和欧盟自身制度的完善，能源占有逐渐扩大，能源政策渐趋统一，能源技术也是全球领先。遗憾的是，欧盟毕竟是主权国家联盟，有利益一致，也必然有利益分歧，特别是欧盟各国内部分歧和新老成员之间的分歧都使欧盟的能源链存在很多隐忧。欧盟这种结构无法实现对能源链的有效利用和掌握，遑论通过制度创新以推动能源链变革了。

保罗·肯尼迪指出：“在1870年，英国使用1亿吨煤，这相当于800万亿大卡的能量，足以供养8.5亿成年男子达一年之久。而且1870年煤炭驱动的蒸汽机的能力约为400万马力，这相当于4 000万成年男子所能产生的力。煤炭动力能源的使用，能够容许从事工业的人突破生物学的极限。”[100]因此，从能源链占有(地缘政治)和新能源有效利用

（制度和技术创新）两种角度来看，能源链的竞争事关以创新能力为核心的综合国力竞争和国际体系中的权力转移。在未来国际体系主导权的争夺中，能够最大程度地掌握新能源的能源链将会成为衡量体系主导性大国的重要标准。

进入新世纪以来，在美欧日经济保持增长、能源生产国联盟日趋强势、新兴发展中大国能源需求急速扩张、全球能源供求平衡矛盾突出、气候变暖所带来的环保压力上升，以及主要产油区地缘政治形势不稳等因素共同作用下，国际石油能源链出现碎片化现象。

新能源却为人类的能源合作点燃了一缕曙光。国际能源体系的主导权正在朝向清洁能源方向发展，新能源已经成为国际经济的增长热点，欧洲、美国和日本都在大力开发核能、水力、风能、生物能源等可再生能源，坚定不移地奉行能源多元化战略已经成为大势所趋。历史上新能源的主导权关乎权力转移和霸权更迭，中国在国际体系中的地位取决于能否在自主创新的基础上掌控下一代能源。目前普遍谈论的中国"和平崛起"，就新能源领域而言，其实就是希望中国在不彻底变更现有国际能源权力结构的条件下，渐进地改善自身的能源链以实现增进国家利益的目的，因此新能源是中国成为国际体系大国的重大选择。气候变化问题凸显，成为国际合作与博弈的新焦点。中国如能在新能源开发领域有所作为，则有望对未来的国际能源秩序形成更大的影响力。[101]

四、主要大国以新能源为竞争的支点

能源气候博弈主导权仍掌握在发达国家手中，但新兴大国作用在上升。发达国家通过和温室气体排放大国进行沟通和协商、推进大国清洁伙伴关系、建立后京都时代合理和有效率的环境容量约束制度等，来维护能源消费、地球气候和经济发展的协调均衡；另外也推动发展中国家接受环境容量的软法和硬法约束。新兴发展中大国，特别是中国日益成为全球气候变化和碳排放的关键行为体和利益攸关方，需要逐步争取能源和气候变化议题的话语权。在能源气候博弈中，尽管欧美内部存在矛盾，但它们对维系与发展中国家之间的发展鸿沟、延缓新兴大国崛起方面存在共同利益。发达国家能源气候协同的基础是美国政策重心向气候变化倾斜，其结果是美欧日等发达国家共同向发展中国家施加减排压力。受到发达国家自身减排意愿下降和谈判策略调整等因素影响，发展中国家减排和能源发展问题将成为谈判的焦点。发达国家将在量化减排和新能源市场等问题上继续向发展中国家施加压力，并切割发展中国家阵营，让排放量相对较高的新兴发展中大国承担量化减排指标，同时还希望通过一揽子协议将所有国家纳入气候变化框架减排机制。

奥巴马 2011 年国情咨文以"赢得未来"为目标，通过加强政府干预，建设"超研发"(out-innovate)、"超教育"(out-educate)，以及"超建设"(out-build)的美国，试图通过能源创新革命重振美国的竞争力。美国的霸主地位实际上是建立在石油创新基础上的。美国人 19 世纪末在北美大陆发现了石油，率先展开了石油工业革命。拥有各种先进政治经济制度和创新体制的美国把石油革命广泛应用于各种运输工具和工业生产中，尤其是汽车。在 1913 年，美国基于石油等现代燃料的一次能源消费等于英国、德国、法国、俄国和奥匈帝国的总消费量，因此美国的能源占有优势、技术效率优势和逐步加强的国家控制力使其从"二战"至今保持了世界超级大国的地位。从 20 世纪最后十年开始，美国通过两次海湾战争控制了世界上重要的石油资源产地、运输通道，从而从中东、拉美等产油国获取了大量石油，推动其经济迅速发展，成为世界唯一的超级大国。今天的美国希望继续领导新的能源革命，奥巴马由此宣布"在 2035 年时，有 80%电力来自清洁能源，包括风能、太阳能、核能及天然气。在 2015 年拥有逾 100 万辆电动车"。"取法乎上，乃得其中"，美国即便是完成这个目标的一半，也足够领导全球能源创新革命了。因此可以看出，奥巴马是通过低碳、教育和创新，发展美国的竞争力和经济。更深层次涉及美国对全球经济发展判断的调整，即美国要通过能源创新，领导未来世界经济引擎，改变以往仅仅重视制造业而产生的种种弊病，在能源创新中保持在未来国际政治经济体系的主导权，保持既有欧美垄断产业链和处于利润分配高端的经济霸权体系。

2010 年 12 月坎昆会议之后，欧盟国家已经开始采取进一步行动。

2011 年 3 月，欧盟委员会制定了一份到 2050 年实现至少 80%的欧盟内国家温室气体排放量削减的路线图。德国提出在 2020 年减少 40%的目标是在欧盟减排 30%的基础上作出的，将了欧盟一军。德国 2030 年减排 50%，2040 年和 2050 年各减排 70%和 80%—95%。除了利用市场机制外，新能源将从能源供应的 20%上升到 60%以上。

"金砖国家机制"已正式登上世界政治和经济的舞台，成为全球治理的重要角色；这些国家可以推动发展中国家合作，建立多个层面的协调机制，可以与其他新兴国家加强团结，促进共同发展。为此，应在发展中国家间开展互利的双边和多边合作，以共同应对不利因素；可以推动南南合作，积极推动国际能源和气候变化的合作。[102]巴西政府提出，到 2020 年，降低 36%—39%的等效二氧化碳排放（包括热带雨林的保护和恢复）。换句话说，要在 2005 年的基础上降低 12%—15%，可减少 10 亿吨二氧化碳排放。巴西 2020 年为排放顶峰，随后下降。南非在 2020 年降低 34%，在 2025 年降低 42%。南非 2020 年是第一个转折点，二氧化碳排放从迅速上升转为缓慢增长；2020 年至 2025 年期间为排放增长平坦期，2025 年为第二个转折点，二氧化碳排放开始下降。2020 年和 2025 年与照常情景相比，减少 1.5 亿吨和 2.2 亿吨二氧化碳排放。2050 年排放达到 3 亿吨，只是 2003 年的 68%。印度到 2020 年二氧化碳排放比 2005 年水平降低 20%—25%，可减少 19.5 亿吨二氧化碳排放。印度没有涉及何时达到二氧化碳排放转折点，排放下降。中国在 2005 年至 2010 年期间，能耗强度下降 19.1%，减少了 17 亿吨的二氧化碳排放。从 2010 年至 2015 年，二氧化碳强度要下降 17%，2020 年在 2005 年的水平上，二氧化碳强度下降 40%—45%。另外可再生能源份额的 15%指标以及森林碳汇指标也都成为国内有法律约束力的指标。[103]

第四节 中国的应对

当今，全球共同面临着能源资源价格攀升、生态退化、环境污染严重、自然灾害和全球气候变化等重大问题[104]。这些问题相互关联，共同推动国际体系改组与规范重建。能源问题的解决是防止全球气候变化的核心，气候变化引发的低碳和新能源革命正塑造着全球能源体系的未来。当前，中国在能源环境领域面临前所未有的挑战。2011 年南非德班会议要求建立所有发达国家和发展中国家缔约方都要参与的全球减排框架体系。随着阿拉伯之春和伊朗局势的不断恶化，主要石油产地的政治稳定和地缘形势不断恶化。中国在全球石油需求增量中占主要份额，是全球数一数二的石油消费大国。2030 年，世界油气需求的 1/3 将来自中国，与之相悖的是我国在定价方面的话语权却弱得多，西方国家几乎联手打压中国的能源资源需求。

作为一个新兴的社会主义发展中大国和联合国安理会常任理事国，中国需要在全球能源环境体系变革重组中积极应对。胡锦涛指出，和谐世界要求建立一个可持续发展的国际社会使人类与地球和睦相处；通过国际合作来保护全球的自然生态环境，合理开发和使用全球资源，使人与自然友好相处，可持续发展。[105] 中国一方面积极争取自己和发展中国家的发展和排放空间，坚持国际社会应在“共同但有区别的责任”原则基础上尽早履行对发展中国家的援助义务，兑现技术转让和资金承诺；另一方面需要积极融入全球能源环境治理，利用、塑造和建设全球能源环境新秩序。

一、坚持原则和维护中国发展权

气候变化问题本质上是发展问题，它由发展问题引发，也应在发展领域最终解决。发展问题的核心是人的平等发展。中国的核心利益仍然是发展问题，虽然中国在经济发展上取得了巨大成就，但仍有一半人口的日均支出不足 2 美元。中国有义务也有权利改善贫困人口的生存状况，消除贫困问题也始终是应对气候变化问题的重要构成。所以，发达国家有义务加大减排力度，确保发展中国家的发展权利和发展空间，以支持发展中国家贫困状况的改善。发达国家应改变高排放的消费习惯，提高排放标准，为全球行动做表率。坚持将人均历史累积排放作为公平的最终标准。尽管这一策略越来越难以为继，但在没有更好选择的情况下仍然需要坚持。中国虽然年度人均排放已接近世界平均水平，但人均历史累积排放水平却不到自 1900 年以来的全球人均排放的十分之一。[106]在中国人均历史累积排放达到世界水平之前，这个策略还是可以使用的。将人均历史累积排放作为衡量公平的最终标准不但符合“谁排放谁负责”的原则，也可以要求发达国家承担更多的应有责任，从而有助于缓解中国在谈判中的压力。

因此，整个气候能源外交的核心利益就是保证未来中国20至30年的排放空间和发展权益，从时间和空间上为中国现代化建设赢得发展空间。发达国家提出排放峰值年份是中国的核心利益，中国不能在此问题上让步或者做交易。对于能源合作来说，中国在对外能源合作关系中需要统筹考虑各种能源资源的关系。天然气、石油、煤炭、铀矿等资源都将是重要的能源资源，当前石油价格日益攀升，煤炭在各国电力供应的重要性仍将持续一段时间，目前核能对中国能源可持续发展的作用日益显现，中国需要引进利用国外先进的核电技术和管理手段，建立稳定的国际铀矿供应关系。目前中国的石油和天然气对国外的资源依赖度较大，煤炭进口依存度也将继续增加，且进口来源主要集中在中东和非洲等局势不稳定、突发事件多的地区，同时中国的海上运输通道主要集中在马六甲海峡。这些都会影响中国进口油气资源的可持续稳定性。

二、积极融入国际能源体系

在能源领域，中国作为世界能源需求大国，需要与国际社会展开合作。积极参与国际能源治理不仅可以保证充足的外部能源供应，也有助于中国国内能源问题的解决。中国国际能源合作主要可以在四个领域寻求突破，即在能源地缘政治上，可维护产油和输油地区的安全与稳定；在国际能源市场上的有序运作上，通过能源合作可引导石油价格；在能源技术方面，可合作开发石油勘探技术、实现能源节约与增效以及进行与能源相关的环境保护治理；在能源机制领域不断融入和参与。应加强和国际能源署的合作。中国是全球最重要的能源生产和消费国，参与国际能源署紧急共享体系，在石油供应不稳定的时期同国际能源署成员一起采取行动，可以有效维护全球能源安全。目前，中国与国际能源署在石油安全及石油储备方面也开展了一系列的对话和合作，该机构的规划、机制符合国际市场准则和惯例,值得中国学习。

因此中国应该融入参与和利用相结合的国际能源体系的变革。中国必须积极参与各国全球能源治理机制,努力发展与各能源生产国、过境国和消费国际组织和国家的关系;在发展能源关系的同时,尽可能避免单独出击,应该协同新兴发展中国家共同行动,在参与多边合作的同时,加强多边框架下的双边合作,积极融入现有的全球治理机制。中国应充分了解和掌握国际能源游戏规则和权力博弈结构,在以我为主的基础上,平衡能源合作和国家利益的关系,确定中国国家利益和现有国际能源机制的交汇点,通过妥善运用全球能源治理机制来实现有利于中国能源利益的国际环境。

中国和能源资源丰富的发展中国家关系一直发展顺利,能源生产国主要分布在海湾、里海、非洲、拉美等地区,能源资源是这些国家发展经济的基础,也是这些国家外交政策的重要工具。除了原来的能源超级大国俄罗斯和沙特阿拉伯之外,伊朗和卡塔尔对全球天然气的影响日益扩大。中国通过道义支持和经济援助,产生了良好的社会效应,中国发展能源合作有良好的政治和道义基础。一些能源生产国要借助中国来制约美国的压力。上海合作组织成员国是中国主要海外石油来源地区。2005 年以来上海合作组织国家占中国石油进口总量四分之一以上,是中国主要的海外石油来源地区之一。上海合作组织是中国可以影响的最重要的国际组织,对于增强中国在里海石油的博弈地位和加深中俄能源战略合作关系都将具有重要的影响。中亚各国不仅是重要能源生产国,也是重要的油气资源过境通道,对于中国能源对外合作意义重大。除俄罗斯对中国大量出口之外,哈萨克斯坦目前也是中国重要的石油输入国,中哈之间长 3 000 公里、价值 30 亿美元的石油管道将于 2012 年底完工输油。当中国进入全球能源市场的时候,世界石油天然气资源基本上被欧美大公司瓜分,欧美不愿意把股份转让给中国公司,中国能够进入并且得到份额油的都是风险很大、成本很高、效益很低的边缘地区。因此,发展与中东地区的合作,取得石油利益,对中国等新兴发展中国家极为重要。在此伊朗具有独特的地缘优势。伊朗矿产资源丰富,处于三大洲的交汇之处,且拥有世界上 10%的石油天然气资源。伊朗局势对世界能源安全的影响日渐扩大,在当前天然气对中国的作用日益突出的情况下，新兴发展中国家在考虑能源多元化的情况下，也在推动与海湾国家和伊朗的关系，推动国际能源市场稳定。

中国不仅要继续发展与能源生产国的战略合作关系，更要发展与主要发达国家的消费国合作共荣关系，美国和中国是全球第一和第二大的能源消费大国，在维护国际能源价格稳定、应对全球气候变化方面存在共同的利益基础。美国在天然气、核能、煤炭、可再生能源等领域具有全球领先的技术和资源优势，中国在这些领域对美国的依存度逐渐上升。因此，争取美国的认同与合作，避免与美国的冲突，对中国的能源关系极为重要。

三、在气候变化谈判中采取灵活务实外交

在气候变化领域，中欧与中美之间的矛盾焦点不同，欧盟压中国减排，美国要将中国纳入大国体系。但长期来看，欧盟美国联手对付中国是其共同的理念。当前中国可以把握欧美之间的战略分歧，谋求中国发展空间。

中美在气候变化领域的分歧、冲突、合作交织，中国应该谨防气候变化领域的中美共治，但是中国可以依托中美之间已经建立的全面能源和新经济领域的合作框架，以复苏全球经济为目标，积极拓展大国低碳合作。由于国会的制约，美国政府很可能重蹈京都气候谈判的覆辙，美国的法律实施机制不允许政府逾越立法权。因此，美国必须依托大国之间双边外交为自己争取发展空间。中美两国的外交战略都认识到，中美两国应建立持久的合作关系和国家政策，促使新的全球战略转向可持续发展的低碳经济。两国可以共同推动关键技术的应用，以降低各自的温室气体排放，同时满足至关重要的能源安全的需要。与此同时，在能源和气候方面加强双边合作有助于为达成真正有效的全球气候协议提供所需的领导力和推动力。但是，两国在政治上还远未达到战略互信的程度，使得两国都面临着国家战略利益各自维护下的挑战和冲突。发达国家的中期减排问题也是发达国家自身的核心利益，中国应对发达国家留有余地，以实现张弛有度的务实外交。

欧盟是全球低碳经济的领跑人。在2011年3月的欧盟2050年低碳路线图上，欧盟重申要在2050年前减排80%，在2030年前减排40%。欧盟低碳战略把节能和发展绿色能源作为实现温室气体减排目标和经济转型的重要依托。欧盟委员会提出，为发展低碳经济，未来40年里，欧盟平均每年需增加2 700亿欧元投资，这相当于欧盟成员国国内生产总值的1.5%；目前，欧盟用于发展低碳经济的投资每年约占到成员国国内生产总值的1.9%。早在1992年，中国就和欧盟携手工作，制定《联合国气候变化框架公约》，共同推动实现"共同但有区别的责任"原则。中国应积极与欧盟合作，努力推动发达国家减少它们的温室气体排放量，提供财政和技术援助，以帮助脆弱的国家适应气候变化。中国和欧盟也都致力于建设包容性、可持续、清洁和低碳的增长模式。因此在哥本哈根谈判之后的历次会议上，欧盟和中国在《京都议定书》机制问题上不断进行协商合作，由于欧盟和"七十七国集团加中国"在全球排放量份额、投票国家数量等方面都占据优势，因此如果欧盟坚持推动《京都议定书》第二承诺期，则世界各国可以在2012年之前在政治上继续保持《京都议定书》与"双轨制"的谈判原则，让气候变化治理增添曙光。

发达国家之间和发展中国家之间都有分歧和矛盾，但南北矛盾始终是中国制定对外气候变化战略的基本出发点。以发展中国家为依托，维护发展中国家的团结符合中国的根本利益。"七十七国集团加中国"作为一个整体，代表了全部发展中国家，本身就形成了强大的政治力量。温室气体排放量，尤其是潜在的排放量日益呈现，加上本身就具有的政治影响力，使得"七十七国集团加中国"成为京都谈判的三大力量之一。面对主要是由发达国家造成的气候问题，处于相近发展水平、具有共同发展需求的中国和七十七国集团为扭转谈判中面对发达国家的不利态势结成了巩固的战略联盟。中国和七十七国集团之间虽然分歧较大、立场分化，但在反对抛弃京都模式、主张发达国家提供资金援助方面却空前团结，基本保全了"双轨"谈判机制。基础四国都是发展中国家，基础四国必须搞好发展中国家的团结，代表发展中国家利益。目前中国对非洲援助的渠道太分散，中国内部应该协调整合，建设整体资金援助管理体系，加强南南合作，促进发展中国家的绿色发展。

中国应该推动全球气候领导权重归联合国机制的国际法框架。因为当各国在应对气候变化的国际谈判中形成胶着的均势的时候，一国或一地区的领导权就将淡化，被多边妥协的协同机制取代，而这样的结果恰恰是国际关系最理想的状态，也更能促使各国在全球环境治理的理念下最大程度地处理国内经济发展和国际环境保护的关系。世界各国也必须在联合国框架内寻求妥协，以达到全球气候公共物品的国际气候变化治理。这恰是在多边气候变化谈判中最富挑战性的问题之一，也是发展中国家与发达国家之间的鸿沟。

四、综合运用软硬实力，通过战略和战术两种途径实现国家利益

中国可以综合运用软硬实力，强调发挥软实力的重要作用，促进能源安全和国际影响力的协同发展，提升中国软实力在能源外交中的重要地位。中国目前经济发展、社会稳定，中国模式在国际上具有越来越强的号召力；中国也是联合国常任理事国，同时对上海合作组织、中非合作论坛和东盟合作机制有重要影响力；中国在国际合作中坚持国家主权和不干涉内政的原则，具有极高的国际道德形象。《亚洲研究》(*Asian Survey*)题为《中国的软实力：讨论、资源和前景》的文章指出中国发展模式、外交政策理念和中国文化是中国软实力的三个资源，对加强中国软实力具有重要意义。[107]约书亚·科兰兹克(Joshua Kurlantzick)的《魅力攻势——中国软实力如何改变世界》认为，中国软实力的内涵有着较为宽泛的解释，包含除安全领域以外的所有因素，如经济援助、投资等硬实力因素。

在战略层面，中国应改变过分重视能源安全、相对忽略气候变化和环境问题的政策取向，将气候安全和生态安全纳入国家安全与长期发展战略的框架中，使能源和气候变化问题纳入国家战略框架，令其进入气候能源战略架构管理时代。根据国家发改委能源研究所中国与全球温室气体排放情景分析(IPAC)模型组的研究结论，在战略层面规制能源与气候可持续发展，将通过低碳社会发展目标实现多种社会发展目标的和谐共进，促进“可持续发展目标”、“社会千年发展目标”、“中国国

家经济发展三步走总体目标”、“中国构建科技创新强国目标”等国家战略发展的一致性。考虑到全球低碳未来和低碳核心技术的勃兴将在世界范围内提升能源产业及其装备制造业的战略地位，中国既面临着空前的竞争压力，又存在跨越式发展的机遇。在此过程中，要积极加强应对气候变化的法律法规、政策体系和管理机制建设，为中国低碳发展营造良好的制度环境、政策环境和市场环境，把政策激励和企业自身发展动力结合起来，使中国企业自身最终形成低碳技术发展模式，并掌握低碳核心技术。中国要通过鼓励技术创新、推动立法、转变消费模式、建立碳市场等方法建立适应气候变化的市场机制和产业体系，同时适当调整贸易政策，适当限制高能耗产品的出口，并扩大工业制成品进口。在通过提高新能源比例，改善能源供应结构的同时，强化能源供应的多元化。中国在能源安全方面，应拓宽能源供应渠道，避免出现能源供应过分依赖某一国家或地区的状况，逐步改变对中东石油的过分依赖，大力扩展非洲、拉美以及中亚里海的石油供应，以确保能源供应多元化。从经济学角度而言，能源供应愈是多元化，能源供应将愈安全。同时，推动中国和发达国家建立清洁伙伴关系，也为能源多元化注入新的活力。

特别需要指出的是，内求绿色发展、外争发展空间，始终与中国现代化及和平发展道路同步发展；中国“十二五”规划提出，大力发展新能源、新材料、新能源汽车产业，非化石能源占一次能源消费比重达到11.4%。2010 年中国清洁能源技术的产值超过 640 亿美元，居世界第一，而美国为 450 亿美元。2008 年以来，中国清洁能源技术产值年增长 77%，美国年增长仅为 28%。[108]继 2009 年提出到 2020 年碳排放比2005 年下降 40%—45%的目标之后，中国主动考虑从 2020 年开始根据该法律工具或者法律成果探讨如何减排。中国的能效提高速度、可再生能源开发利用增幅增速、低碳研发投入等绩效举世瞩目。中国逐渐崛起的低碳经济产业已经成为支撑中国气候外交主动出击的硬实力。[109]

在气候变化外交领域，主要的和核心的减排目标问题必须放在《联合国气候变化框架公约》下进行谈判。绝对量减排问题涉及中国和其他发展中国家的核心利益，不容进行大国交易和谈判，应该，也必须在双轨制谈判的架构下进行国际协商。其次，建设共进的气候变化模式的核心内容是资金和技术合作。中国作为最重要的能源市场，本身的能源需求就是对国际能源秩序发挥影响的重要手段。中国企业在走出去战略指导下，不断在全球能源资源产地取得经验和影响，这些都成为中国参与建设国际能源体系的重要条件。欧美离开了中国等发展中大国的市场无法开展低碳经济革命，中国则必须通过大国合作尽快完成工业化向低碳化的社会转型。因此低碳资金和技术合作可望成为大国气候变化治理模式的战略基础。发达国家在能源环境领域具有先发优势，但是需要在与发展中大国气候变化战略合作基础上，与主要发展中国家一起共同实现技术进步、共同实现全球低碳发展目标。最后，新的气候变化治理模式的基础在于发达国家对发展中国家的资金和技术支持。发达国家不给资金技术，发展中国家就无法提升气候变化适应和减缓能力，未来谈判也不可能成功。在资金和技术方面向发达国家施压，较在中期减排目标上向发达国家施压更加现实，也更不容易出现强烈反弹的严重后果。

展望未来，气候能源危机是全球治理失效的直接后果，它对世界和平和发展构成严重挑战，最终的解决也必须通过全球治理的修补；国际社会的主要任务不是推翻现有的全球治理体系，而是要尽量克服后者在应对能源挑战和气候变化等方面的内在缺陷。这些危机的解决之道，在于追求全球的可持续发展，夯实经济、社会与环境三个可持续发展的支柱，即实现全球共同的可持续发展。更为重要的是，能源安全与气候变化体系改革的关键在于进一步提高新兴国家和发展中国家在国际事务中的发言权，杨洁篪外长强调，全球治理的核心是国际社会各方要普遍参与、普遍受益，全球治理应该为广大的发展中国家发展创造更加有利的条件和环境[110]。因此，随着发展中国家整体实力增强，发达国家影响力和参与意愿的削弱，以大国协调为特征的合作机制模式在发达国家和主要发展中大国之间不断发展，如“金砖机制”等就是当前维护、参与和加强全球治理的重要机制。

注释

1. Christof Rühl, “Global Energy After the Crisis,” *Foreign Affairs*, Volume 89,

Issue 2, 2011, p. 32.

2. 何建坤、刘滨、陈文颖:《有关全球变化问题上的公平性分析》,《中国人口、资源与环境》2004 年第 14 期,第 12—15 页。

3. The Pew Center, "The Competitiveness Impacts of Climate Change Mitigation Policies," May 6, 2009, http://www.pewtrusts.org/our_work_report_detail.aspx? id=51902&category=327744.

4. 曾加、李奕霏:《从履约角度谈〈京都议定书〉的争端解决机制》,《西北大学学报》2008 年第 5 期,第 135—140 页。

5. 黄山枫、姜冬梅、张孟衡、刘庆强、陆根法:《多边基金机制与清洁发展机制的比较研究》,《环境保护》2008 年第 10 期,第 15—19 页。

6. 张海滨:《中国与国际气候变化谈判》,《国际政治研究》2007 年第 1 期,第 21—36 页。

7. 胡庆亮:《能源三角地区与中印能源竞争和合作》,《国际论坛》2005 年 9 月,第 37 页。

8. BP 石油公司:《2011 年 BP 世界能源统计年鉴》:http://www.bp.com/assets/bp_internet/globalbp/globalbp_uk_english/reports_and_publications/statistical_energy_review_2011/STAGING/local_assets/pdf/Chinese_statistical_review_of_world_energy_full_report_2011.pdf。

9. 杨泽伟:《跨国能源管道运输的争议解决机制》,《法学》2007 年第 12 期。

10. Dennis C. Stickley, "New Forces in International Energy Law: A Discussion of Political, Economic, and Environmental Forces Within the Current International Energy Market," *Tulsa Journal of Comparative & International Law*, Vol. 1, 1993—1994, p. 96.

11. 例如:《能源宪章条约》第 26 条规定,投资方既可以自愿将争端提交双方选择的仲裁机构,也可以将争端提交国际投资争端解决中心以及斯德哥尔摩国际商会下属的仲裁机构解决。又如,阿拉伯石油输出国组织的宗旨之一就是协调成员国间的石油政策、协助交流技术情报;该组织还设有由正副庭长和 5 名法官组成的仲裁庭,以解决成员国间的争端。

12. IEA: Securing China's Energy in a Cleaner World, April 2009, http://www.iea.org/speech/2009/Tanaka/Coaltrans_China.pdf.

13. 陈迎:《国际气候制度的演进及对中国谈判立场的分析》,《世界经济与政治》2007 年第 2 期,第 52—60 页。

14. 杰弗里·萨克斯:《达成新的全球气候变化议定书》,《国际经济合作》2009 年第 1 期,第 71 页。

15. 韩昭庆:《〈京都议定书〉的背景及其相关问题分析》,《复旦学报》(社会科学版)2002 年第 2 期,第 100—104 页。

16. 何建坤、刘滨、陈文颖:《有关全球变化问题上的公平性分析》,《中国人口、资源与环境》,2004 年第 14 期,第 12—15 页。

17. 崔大鹏:《国际气候合作的政治经济学分析》,商务印书馆 2003 年版,第 101—115 页。

18. Paul Kennedy, "How Old Europe Can Join the US in A New World Order," *The Australian*, June 23, 2003.

19. David Viktor, "The Chaotic World of Energy Policy," *The Financial Times*, 8 May 2006.

20. 《BP 集团首席执行官约翰·布朗:竭诚合作保障世界能源安全》,《中国石油报》

2004 年 12 月 29 日。

21. BP 石油公司:《2011 年 BP 世界能源统计年鉴》: http://www.bp.com/assets/bp_internet/globalbp/globalbp_uk_english/reports_and_publications/statistical_energy_review_2011/STAGING/local_assets/pdf/Chinese_statistical_review_of_world_energy_full_report_2011.pdf。

22. The CSIS, "the Geoplolitics of Energy," October 2010.

23. 王逸舟:《全球化时代的国际安全》,上海人民出版社 1999 年版,第 225 页。

24. 朱建民:《国际组织新论》,台北正中书局 1985 年版,第 129 页。

25. Daniel Erikson, "Adragon in the Andes? China, Venezuela and US Energy Security," *Military Review*, July-August 2006, pp. 88—89.

26. 参阅朱棣文:《气候问题:战斗的号角已经响起——在哈佛大学毕业典礼上的演讲》(2009 年 6 月 4 日)。

27. 在《京都议定书》谈判中形成,以美国为首,包括日本、加拿大、澳大利亚、新西兰、俄罗斯等多个国家。

28. 截至 2004 年,主要工业发达国家的温室气体排放量在 1990 年的基础上平均减少了 3.3%,但世界上最大的温室气体排放国美国的排放量比 1990 年上升了 15.8%。参阅 Volker Rittberger and Bernard Zangl, with Matthias Staisch, *International Organization: Polity, Politics and Policies*, New York: Palgrave Macmillan, 2006, p. 188。

29. 庄贵阳、陈迎:《国际气候制度与中国》,世界知识出版社 2005 年版。

30. Anthony Smallwood, "The Global Dimension of the Fight Against Climate Change," *Foreign Policy*, Issue 167, Jul/Aug 2008, pp. 8—9.

31. David J Rothkopf, "Is A Green World A Safer World? Not Necessarily," *Foreign Policy*, Issue 174, September 1, 2009, pp. 36—29.

32. Cleo Paskal and Scott Savitt, "Copenhagen Consequences for the U.S., China and India," *Guest Commentary*, http://www.upiasia.com/Politics/2010/01/04/copenhagen_consequences_for_the_us_china_and_india/1537/, January 04, 2010.

33. 欧盟承诺到 2020 年其温室气体排放比 1990 年减少 20%—30%,到 2050 年全球温室气体排放量比 1990 年至少减少 50%。

34. Mark Rhinard, "European Cooperation on Future Crises: Toward a Public Good?," *Review of Policy Research*, Volume 26, Number 4, 2009, pp. 439—446.

35. "Environment (A Special Report)—Who Wants What in Copenhagen," *The Wall Street Journal*, December 7, 2009, pp. 6—7.

36. Juliet Eilper, "Pushes for emissions cuts from China, developing nations," *The Washington Post*, December 10, 2009.

37. 巴西(Brazil)、南非(South Africa)、印度(India)、中国(China)四国首字母刚好组成英文单词:BASIC(基础),基础之意也喻指中国、印度、巴西、南非为当今世界最重要的发展中国家。

38. 于宏源:《气候变化问题的二元博弈视角及启示》,《国际观察》2008 年第 5 期,第 51—58 页。

39. Christopher Caldwell, "Climate Change, the Great Leveller," *Financial Times*, December 12, 2009.

40. 吕学都:《联合国气候变化大会进展及展望》,《世界环境》2009 年第 1 期,第 23 页。

41. "The Copenhagen Shakedown," *The Wall Street Journal*, December 16, 2009, pp. 12—16.

42. Gregory D Forster, "A New Security Paradiagm," *World Watch*, No. 18, January/Febuary 2005, pp. 34—36.

43. John Bradbeer, "Environmental Policy," in Stephen Savage and Lynton Robins, eds., *Public Policy under Thatcher*, Basingstoke: Macmillan, 1990, p. 76.

44. Jessica Mathews, "Redefining Security," *Foreign Affairs*, Vol. 38, Spring 1989, pp. 162—177.

45. Martha Fennmore, *National Interests in International Society*, Ithaca: Cornell University Press, 1996, pp. 1—45.

46. 温特(Alexander Wendt)主要作品包括: *Social Theory of International Politics*, Cambridge: Cambridge University Press, 1996; "Anarchy is What States Make of It: The Social Construction of Power Politics," *International Organization*, Vol. 46, No. 2, pp. 391—425; "Collective Identity Formation and the International State," *American Political Science Review*, Vol. 88, No. 2, pp. 384—396 等。

47. John W. Meyer, "World Society and the Nation-State," *American Journal of Social Science*, Vol. 103, No. 1, July 1997, pp. 144—181.

48. Peter J. Katzenstein, *The Culture of National Security Norms and Identity in World Politics*, New York: Columbia University Press, 1996, pp. 12—31.

49. 苏珊·斯特兰奇:《国家与市场》,杨宇光译,上海人民出版社 2006 年版,第 20—27 页。

50. John Baylis, Patricia Owens, and Steve Smith, eds., *The Globalization of World Politics: An Introduction to International Relation*, New York: Oxford University Press, 2007, p. 112.

51. 汉斯·摩根索:《国家间政治》,中国人民公安大学出版社 1991 年版,第 393 页。

52. I. 克里斯蒂:《全球变暖的社会政治方面》,《国外社会科学》1993 年第 4 期,第 29 页。

53. 王逸舟:《当代国际政治析论》,天津人民出版社 1997 年版,第 81—82 页。

54. 于宏源:《国际环境合作中的集体行动逻辑》,《世界经济与政治》2007 年第 5 期,第 50 页。

55. UNFCCC, *Appendix I: Quantified Economy-wide Emissions Targets for 2020*, http://unfccc.int/home/items/5264.php.

56. UNFCCC, *GHG Data: Time series — Annex I*, http://unfccc.int/ghg_data/ghg_data_unfccc/time_series_annex_i/items/3814.php.

57. UNFCCC, *Appendix II-Nationally Appropriate Mitigation Actions of Developing Country Parties*, http://unfccc.int/home/items/5265.php.

58. BAU 是 Business As Usual 的简称,可理解为"按原轨道发展"、"一切照旧"或"照常"情景。温室气体排放的 BAU 情景是指,在照常经济社会发展趋势下所排放的温室气体。

59. 参阅于宏源:《环境变化和权势转移:制度、博弈和应对》,上海人民出版社 2011 年版。

60. 杰弗里·萨克斯:《达成新的全球气候变化议定书》,《国际经济合作》2009 年第 1 期。

61. 崔大鹏:《国际气候合作的政治经济学分析》,商务印书馆 2003 年版。

62. 周剑、何建坤:《气候变化与能源政策评析》,《世界经济与政治》2008 年第 8 期,第 33—41 页。

63. 张艳林、刘德顺:《温室气体减排问题中的公平性与效率问题》,《中国人口、资源与环境》2001年第4期,第69—71页。

64. 潘家华、庄贵阳、陈迎:《减缓气候变化的经济分析》,气象出版社2003年版。

65. 潘家华:《满足基本需求的碳预算及其国际公平与可持续含义》,《世界经济与政治》2008年第1期,第35—42页。

66. 丁仲礼、段晓男、葛全胜、张志强:《2050年大气CO_2浓度控制:各国排放权计算》,《中国科学》(D辑《地球科学》)2009年第39卷第8期,第1009—1027页。

67. 耿志成:《我国能源贸易的特点与前景》,《国际贸易问题》1995年第10期。

68. 吕学都:《联合国气候变化大会进展及展望》,《世界环境》2009年第1期,第23页。

69. 国家发展和改革委员会主任张平:《加强国际技术合作积极应对气候变化》,《中国科技投资》2009年第7期,第4—5页。

70. 参阅王军:《气候变化经济学的文献综述》,《世界经济》2008年第8期,第85—87页;王文文:《欧盟能源税概况、瓶颈及展望》,《产业与科技论坛》2008年第8期,第253—254页。

71. 亨利·基辛格:《大外交》,顾淑馨、林添贵译,海南出版社1998年版,第744—775页。

72. 美国仍在贯彻"由海向陆"战略,把全球海上重要航道划分为相互连接、相互支援的八个区域性(由北至南)海峡群。美国海军基本上是围绕欧亚大陆战略边缘部署的,并控制主要咽喉要道。

73. Foreign Relations Council, "National Security Consequences of U. S. Oil Dependency," http://www.cfr.org/publication/11683/.

74. 陈凤英、赵宏图主编:《全球能源大棋局》,时事出版社2005年版。

75. 国防大学战略研究所:《国际战略形势分析》,时事出版社2006年版,第220—230页。

76. Christof Rühl, "Global Energy After the Crisis," Foreign Affairs, Spring, 2010, pp. 34—38.

77. 特别是在亚太地区由于中、日、韩、印等亚洲国家对能源资源争夺的加剧,使俄罗斯凸显了它的战略重要性。参阅韩立华:《保障东北亚地区能源安全必须走多边合作之路》,《俄罗斯中亚东欧市场》2005年第6期;《俄希望将能源优势转为政治影响力》,《瞭望》新闻周刊2006年1月24日。

78. 俄罗斯把中、日、韩作为经济全球化和区域集团化日益发展的主要的能源合作伙伴,韩立华:《保障东北亚地区能源安全必须走多边合作之路》,《俄罗斯中亚东欧市场》2005年第6期,第16页。

79. "TAKE-A-LOOK-Resource nationalism, a growing global trend," Reuters News, May 25, 2006.

80. BP石油公司:《2011年BP世界能源统计年鉴》:http://www.bp.com/assets/bp_internet/globalbp/globalbp_uk_english/reports_and_publications/statistical_energy_review_2011/STAGING/local_assets/pdf/Chinese_statistical_review_of_world_energy_full_report_2011.pdf。

81. 俄罗斯能源部公布数据显示,2010年俄罗斯的石油产量比2009年增长2.2%至1015万桶/日,创下了自苏联解体以来的最高纪录。2010年的石油价格曾涨至每桶90美元以上,故俄增产动力充沛。据美国能源情报署(EIA)数据显示,2009年俄罗斯原油出口量为700万桶/日,其中80%出口欧洲市场。

82. BP石油公司:《2011年BP世界能源统计年鉴》。

83. 王伟东:《透视"9·11"事件后美国对东南亚的政策》,《东南亚纵横》2004年第

12 期，第 31 页。

84. James Baker, "America in Asia: Emerging Architecture for a Pacific Community," *Foreign Affairs*, Vol. 70, 1992, pp. 1—8.

85. Climate Change 2007: Impacts, Adaptation and Vulnerability [R/OB], http://unfccc.int/meetings/intersessional/awg_4_and_dialogue_4/items/3999.php.

86. 参阅美国气候变化谈判代表斯特恩在 2009 年波恩的表态，"Cooling the Planet without Chilling Trade," *The Washington Post*, November 13, 2009。

87. 曾静静、曲建升、张志强：《国际温室气体减排情景方案比较分析》，《地球科学进展》2009 年第 24 卷第 4 期，第 437—439 页。

88. Jeffrey Ball, Stephen Power and Alessandro Torello, "Climate Summit: Divisions Persist On Core Questions As Leaders Arrive—Sharp Disagreements on Reductions, Aid," *The Wall Street Journal*, December 16, 2009, pp. 12—17.

89. Carolyn Deere-Birkbeck, "Global Governance in the Context of Climate Change: The Challenges of Increasingly Complex Risk Parameters," *International Affairs*, Volume 85, Issue 6, 2009, pp. 12—23.

90. Tony Brenton, "After Copenhagen Ee'll Turn to Wackier Solutions," *The Times*, December 27, 2009.

91. Andrew Ward, "New world order?" *Financial Times*, December 23, 2009.

92. 陈向阳：《从战略上应对"气候博弈"》，《瞭望》新闻周刊 2009 年 12 月 29 日，第 34 页。

93. Andrew Ward, "New world order?" *Financial Times*, December 23, 2009.

94. 除了中国、印度和巴西的大幅度自愿减排目标之外，阿根廷、墨西哥等拉美国家主张全球减排，墨西哥承诺到 2050 年将排放量减少 50%。小岛屿国家和最不发达国家特别是非洲国家要求所有排放大国都承担减排义务，这些方案推进了哥本哈根会议进程。

95. "The Copenhagen Shakedown," *The Wall Street Journal*, December 16, 2009.

96. Christopher Caldwell, "Climate change, the great leveller," *Financial Times*, December 12, 2009.

97. 参阅张焕波、王铮、郑一萍、何琼：《不同气候保护政策的模拟对比研究》，《中国人口、资源与环境》2008 年第 3 期。增汇型 CO_2 排放控制就是通过增汇的方式，如培育森林，改变土地利用方式等，使森林、土壤等吸收空气中更多的 CO_2，这从另一个角度减少了大气中的碳。生产型 CO_2 排放控制是在计算 GDP 时在生产函数中就加以考虑的，体现在对有效社会生产率的修正上。能源替代型 CO_2 排放控制是通过用非化石燃料能源替代化石燃料能源，在确保不影响产出的情况下，采用更多的非化石燃料能源也能减少排放出的碳。

98. 参阅于宏源：《权力转移中的能源链及其挑战》，《世界经济研究》2008 年第 2 期，第 29—34 页。

99. 戴维 · S. 兰德斯：《国富国穷》，门洪华等译，新华出版社 2001 年版，第 251 页。

100. 保罗 · 肯尼迪：《大国的兴衰——1500—2000 年的经济变迁与军事冲突》，王保存等译，求实出版社 1988 年版，第 178—180 页。

101. 王海运：《抓住国际能源合作的新机遇》，《中国石油天然气工业信息》2009 年第 12 期，第 19 页。

102. 郭宪纲：《中国外交新亮点：与新兴国家合作的探索与实践》，《国际问题研究》，2010 年第 1 期，第 9 页。

103. 参阅联合国气候变化谈判曼谷会议网站：http://unfccc.int/resource/docs/

2011/awg16/od04. pdf。

104. 陆忠伟:《非传统安全论》,时事出版社 2003 年版,第 33 页。

105. 俞可平:《和谐世界与全球治理》,《中共天津市委党校学报》2007 年第 2 期,第 3 页。

106. Karl Hallding, Guoyi Han and Marie Olsson, *A Balancing Act: China's Role in Climate Change*, Stockholm: The Commission on Sustainable Development, 2009, p. 12.

107. 赵英南、郑钟昊:《中国的软实力:讨论、资源和前景》,《国外理论动态》2009 年第 4 期,李冬梅摘译。

108. 张文磊、胡欢:《碳减排的国家驱动力分析及对中国的应对政策的探讨》,《复旦学报》2010 年第 1 期,第 121—128 页。

109. 有关中国能源能效方面的成就,参阅《气候变化国家评估报告》编写委员会编著:《第二次气候变化国家评估报告》,科学出版社 2011 年版。国务院新闻办公室:《中国应对气候变化的政策与行动(2011)》(2011 年 11 月 22 日),中国政府网:http://www.gov.cn/jrzg/2011-11/22/content_2000047.htm。

110. 参阅《中国外交部部长杨洁篪在十一届全国人大四次会议记者会的发言》,新华网,2011 年 3 月,http://www.xinhuanet.com/politics/2011lh/zhibo/wzjz/wmtbwwz.htm。

第六章
极端主义的兴起与应对

在全球化加速发展的今天，在现代交通和通讯技术迅猛发展的大背景下，各种极端主义思潮和运动扩散的速度更快，地理分布更广，成本也更低，对当前国际关系构成了越来越大的挑战。全球化的迅速发展构成了极端主义思潮和运动兴起的大的背景。首先，在全球化的作用下，全球社会的互动日益密切，全球社会空间的开放达到了前所未有的程度，在缺乏有效治理和规制的情况下，极端主义思潮和运动的国际影响迅速扩大。其次，在全球化的背景下，全球宗教复兴方兴未艾，而各种极端民族主义思潮在国际体系转型期也显得十分活跃。其三，冷战结束后，国际体系进入了转型关键期，与此同步的是新一轮的民族主义复兴，极端民族分离主义思潮涌动，许多国家出现碎片化趋势。其四，全球社会发展严重失衡，国内政治治理的失败、贫富两极化、社会不公和腐败、缺乏主流价值体系等因素为极端主义的发展提供了丰富的土壤。

在全球化的新条件下，极端主义思潮和运动出现了不少新的特点，一是极端主义思潮和运动表现出明显的全球和地方的两分属性。二是在全球相互依赖不断发展的今天，极端主义思潮具有相当强的传导性。三是影响和效果的不对称性。进入 21 世纪以来，极端主义的发展还出现了多元化、社会化和分散化的发展趋势。极端主义的兴起对国际关系正构成日益严重的挑战。它和国际关系的互动主要通过以下三种途径来实现，一是极端主义，尤其是恐怖主义，与各国的政策之间存在一种相互塑造和建构的关系，是一种自我实现的预言。二是其作用方式往往是由外而内，再由内而外，即全球化所导致的全球治理的失败成为极端主义滋生的根本原因，而极端主义的产生和扩散又会产生相当的外溢效应。三是极端主义既影响国家的传统安全，同时又通过认同政治等方式影响到文化、理念和价值观之争。极端主义已不仅仅是需要各国及时应对的现实问题，更是涉及人类文明、文化和理念的深层次问题，是人类必须共同应对的新挑战。

第一节　极端主义思潮与运动兴起的时代背景及特点

极端主义思想由来已久，在人类社会的各个历史时期都曾经存在过，但是随着全球化的发展，在国际社会和人类命运的相互依赖达到前所未有程度的今天，宗教、政治和社会等极端主义思潮的扩散在加快，影响范围不断扩大，成为当今国际社会面临的最严重的全球性问题的挑战之一。

一、极端主义思潮与运动兴起的时代背景

研究当前极端主义思潮和运动的发展，首先要将其置于全球化的背景下来考察。只有理解了全球化的辩证性特征，只有理解了全球化在各个方面对当代国际体系的冲击，才能对当前极端主义思潮与运动的发展趋势和特点有个总体的把握。

（一）社会空间的空前开放

冷战结束后，全球化的发展对民族国家的地位造成越来越大的冲击，民族国家作为政治、经济、社会、科技、文化的多元统一体的地位受到挑战。它被卷入一个日益全球性的架构之中，并越来越受到其逻辑的制约。随着民族国家地位的衰落和非国家行为体的兴起，当前的国际体系的构成日益多元和复合，日渐形成了国家、市场和社会三足鼎立的态势，正如耶尔·福格森（Yale H. Ferguson）和理查德·马斯巴赫（Richard W. Mansbach）指出的那样，“我们应该将全球政治看作是正在演化中的各种‘实体’的世界，而不是国家的世界，应该聚焦在权威、认同和意识形态之间的关系上。”[1]德国学者耶尔格·弗里德里希（Jorg

Friedrichs)则发展了阿诺尔德·沃尔弗(Arnold Wolfers)和赫德利·布尔(Hedley Bull)将中世纪主义的体系界定为权威重叠和效忠多重的体系的观点,发展了新中世纪主义的理论。他指出了当代国际关系理论在三重因素作用下形成的困境:一是统治国际关系理论五十余年的国家中心主义范式受到挑战;二是根据全球化理论,民族国家正在受到经济、技术和社会变革等因素的侵蚀;三是根据分化理论,民族国家正在受到沿着种族、文化和宗教的界限出现和再现的分化的侵蚀。[2]如果说在20世纪70年代经济相互依存学说的发展推动了国际政治经济学的发展的话,那么全球化的进一步发展则促使人们更关注国家与社会之间关系的演变。

全球化促进了全球相互依赖程度的提高,推动了大规模交通和通讯技术的更新。它削弱了国家的力量,打破了原来被民族主义认同所独享的封闭的政治空间,为新兴社会力量的崛起提供了可能。受益于全球化带来的这些积极进展,一个共同体的形成和维持不再依赖于地理空间的连续性;社会行为体获得了摆脱民族国家边界限制进行社会交往的机会,人员、商品乃至思想观念都可以迅速地在全世界流动,这在过去是无法想象的。它大大加快了国家认同的分崩离析和多元社会认同形成的速度,"民族国家曾经一度可以无视文化多元性,也可以压制任何类似的表达形式,同时支持将政治和文化认同整合入一种明晰的民族认同之中。但是,全球化扩大和强化了生活世界的多元化和多元文化主义,它们越来越提出质疑:是否存在一个国家的形象,它可以被普遍接受,并且让人明明白白地理解。"[3]在国家力量被削弱的同时,形形色色的非政府组织和社会运动不再满足于局限在国家分配给它们的传统空间中;它们希望在社会中得到承认,在公民社会的构成中获得更大的发言权,能够在与国家的对抗中获得更大的自主性。

冷战后,全球化大大扩展了人类社会的交往领域,现代发达的通讯和交通手段使世界日益成为一个相互依赖的整体,人与人之间的往来和联系前所未有地紧密,人们得以体会和接触到多种多样的生活方式。文化传播不再是仅仅从发达方向欠发达方的单向流动,本土文化对强势文化的反抗以及反向传播现象的出现也使当前的文化交流形式日趋多元和复杂。全球化的迅速扩展加快了世界文化分化的步伐,各种各样的文化理念应运而生，原来主导的文化观念受到很大的冲击，曾经给予了人民以稳定认同感的一些现代身份遭到质疑，本土的、原始的文化和观念在经历了现代化的改造后重新崛起。各种文明和文化不断冲击的结果是在全球形成了一种多元文化场，导致了一种“文化超级市场效应”，加剧了现代人所体会的一种“无家可归”的恐惧。[4]非传统安全威胁的不断出现使得安全威胁出现了个人化的趋势，同时又兼具全球性的特征，实际上消灭了国际安全与人的安全之间的界限。

（二）全球宗教复兴

全球化的发展是不均衡的，存在着多种的发展层次。西方发达国家已经完成了现代化的发展任务，已经迈入后现代社会，新兴的发展大国正处于从现代化向后现代化转折的关口，但是还有许多地区仍然在苦苦寻找着适合自己的现代化发展道路，如中东的伊斯兰国家。尽管如此，全球化仍有着统一的演变逻辑，不同的国家和地区可能处于不同的发展阶段，但是在不同程度上受到这种逻辑的制约。全球化在驱动各地区、各人民走到一起的同时，也在制造着新的分化。原来主要由西方主导的现代化话语的霸权地位不断遭到侵蚀。随着全球化和现代化社会的一些负面因素的不断暴露，作为启蒙主义时代最根本前提的理性主义原则受到质疑，相反，宗教的地位和作用在新时代获得很大的复兴。在20世纪60年代世俗化浪潮鼎盛的时期，西方的许多理论家曾经乐观地认为，世俗化是人类文明前进的方向。但是90年代以来方兴未艾的宗教复兴大潮却似乎打破了这种预言，学者们开始重新认识著名神学家保罗·蒂利希(Paul Tillich)的名言：“在世俗的世界中，宗教是必需的。”[5]以世俗化理论闻名的学者彼得·伯格(Peter Ludwig Berger)也不得不修正和重新思考其理论，并承认，“今天世界的宗教狂热一如往昔，有些地方尤有过之。这是指由历史学家和社会科学家宽松地标签为‘世俗化理论’的所有著述，在本质上都是错误的。”[6]尤其是在宗教复兴大潮席卷世界的今天，宗教对后启蒙时期工具理性对知识和真理的垄断和特权正构成越来越大的挑战，在现代性条件下，价值、传统和意义不断被侵蚀，这些现代理性带来的问题在宗教那里得到很大的关注，宗教正在不断对此作出积极的呼应。

宗教满足了人们在全球化时代的不确定性中追求意义和安全的需求。在这样一个既统一又分化的世界上，人们正在经历着一种认同的危机，自我内心的平静秩序被搅乱，心理失衡，面对纷繁复杂的形势感到无所适从，不知道生存的意义何在。全球化进程几乎破坏了以往所有的确定性，而不确定性是绝大多数人感到对自身安全威胁最大的因素之一。由于人们感受到一种对未来的强烈的不确定性，感到自身无力控制自己的命运，因此，寻求意义成为当代社会人的一个重大课题。为了追求意义，确保内心的平静与安全，现代人有一种回归和寻找自己原初认同的强大冲动，以建构一种“防御性的认同”。[7]任何的思想和运动只要能够在这样一个不确定的时代提供一种确定性，那么其基本的社会基础已经有了保障。而宗教往往满足了现代人返回童真寻求意义的需求，这构成了宗教复兴运动在全球蓬勃兴起的一个根本背景。在全球宗教复兴的大环境下，各种宗教极端主义思想和派别的影响力也随之扩大。

（三）国际体系转型与新一轮的民族主义复兴

冷战结束后，随着苏联和南斯拉夫的解体，世界进入新一轮的民族复兴期。在国际体系转型的交替期，民族、宗教冲突的频繁爆发对民族国家在国际关系理论中的中心地位构成了严重的挑战。原来地位稳固的国家认同受到多方位的冲击，“新的民族国家的偶然建立及其在数量上的日益增长，并不是全球时代的主要趋势……全球性的亚民族—超民族重组，使民族处于次要地位……‘民族’再也不需要期待国家身份了。与其说这是一个民族从属于国家身份的问题，不如说这是一个民族与国家身份相互脱钩的问题。”[8]在具有民族、文化和教派多元性的国家内，地区的、小团体的认同正在复兴，“全球化并非仅仅是诸社会、区域和文明通过多种成问题的方式被压缩在一起，而且这种情况日趋剧烈地发生在按民族构成的社会内部……旧的民族认同问题正在被玩用。”[9]全球化从根本上动摇人们心目中的国家形象，民族认同的削弱导致国家认同危机的出现：“国家可能无处不在，其触角可以伸到每一个角落和缝隙，但它的结构、进程和政策可能已经远离公民的认同感、历史感和一致感。”[10]随着民族认同被削弱，新认同不断出现，旧的认同也得到复兴，建立在宗教、族群、地方、语言和其他具体文化形式上的社会认同威胁到了个人作为公民的身份。原来根据民族国家来区分政治认同的传统受到极大质疑，政治和社会力量之间的对比发生变化，关系面临重组；社会力量的崛起往往以传统意识的反弹表现出来，大一统的国家意识被个体民族、族群意识所取代，并与特定宗教和文化认同相结合，成为定义新的集体认同的重要因素。

同时，在体系转型的过程中，“许多国家，特别是那些在非殖民化运动中诞生的国家，暴露出它们不过是‘虚式国家’(pseudo states)的本质。它们不是缺乏稳定的政府机构，就是缺乏内在的凝聚力或民族意识。在这十年里，国际关系紧张的主要来源是国家内部(和国家体制)的分裂与经济、文化和政治一体化进程即全球化之间的冲突。”[11]在这些国家内，民族国家的建构和解构同时进行。在全球化压力之下，民族、教派的对立逐渐取代了多元民族和解，民族分离主义思潮涌动，许多国家出现碎片化趋势，这在中东和非洲地区表现得尤为明显。

(四) 社会发展的严重失衡

全球化的发展使全人类的相互依存达到前所未有的程度，也进一步模糊了国际和国内的界限。全球化在给人类社会带来众多福利的同时，也产生了许多消极的影响。关键一点在于，全球化的力量大大削弱了国家提供宏观经济稳定性及社会保护的能力。

一些欠发达地区在全球化的进程中日益被边缘化，无力跟上全球化的发展潮流。他们非但没有享受到全球化带来的红利，还同样深受全球化的困扰。全球化的一个悖论在于，世界市场越是一体化，财富的分配就越是不均。穷人无力消费，沦为了世界经济的负担和最明显的受害者。[12]政治上，传统的政治体制僵化，独裁和专制限制了正常的政治参与的渠道，任人唯亲和腐败盛行，人民对于政治自主、自由和尊严的要求越来越高。同时，这些国家越来越受到来自外部的要求民主改革和保护人权的压力。经济上，这些国家难以找到自主发展的道路，依然只能依赖依附式的发展和不平衡的发展。同时，收入分配失衡，贫富两极分化严重。社会和文化上，外来文明和本土文明之间的碰撞日渐激化。一方面，面对西方文明的强势入侵，面临着捍卫自身文明的重任；另一方面，本土文明内部的争论没有定论，共识很难达成。在全球化的挑战面前，许多发展中国家的国内治理问题日益突出，国家建设非但没有进步，反而大大倒退到前现代时期；尤其是在发生外部军事干预或内战的时候，索马里式的割据并非个案。

全球化的负面影响同样波及发达国家和经济高速发展的新兴市场国家。对于发达国家来说，尽管全球化的游戏规则主要是由发达国家制定的，但是它首先确保的是大公司和垄断寡头的利益。对于普通民众而言，他们直接体会到的是全球化对其就业岗位的影响，就业安全成为新的挑战。同时，全球化的庞大力量也对传统的文化和价值观产生了冲击，使人们产生了一种对生存状况的忧虑和反思，进而推动了反全球化运动的兴起，对国内治理提出了新的挑战。对于新兴市场国家来说，虽然它们是经济全球化的直接受益者，通过参与全球竞争抓住了经济高速发展的机遇，但是全球化也进一步激化了国家内部的转型矛盾，增加了社会不稳定的因素。

二、极端主义的发展特点和趋势

在全球化的时代背景下，极端主义的发展出现了一些新的特点，一些新的趋势也越来越引起人们的关注。

（一）两分性

在当前全球化的背景下，极端主义思潮和运动表现出明显的全球和地方的两分属性，这主要是由全球化的辩证性驱动的。全球化在驱动世界朝向一体化发展的同时引起了反对它的回应，与全球化针锋相对出现的一个词是全球地方化（glocalization），意味着所有全球范围的思想和物品都必须适应当地环境的方式。在推动全球社会趋同的同时，全球化也在各地引起越来越大的多样性和差异。虽然全球化导致了截然相反的两种趋势，但它实际上是一个整体的两面，并不能机械地加以分割。罗兰·罗伯森(Roland Robertson)认为,特殊性和普遍性是统一的,“两者已经维系在一起,成为一种全球网的一部分。一方面,是经验的普遍性和日益增多的对特殊性的预期;另一方面,是普遍性的经验和日益增多的对普遍性的预期。从这两个方面来看,普遍主义主题和特殊主义主题已经统一。后一方面——普遍主义的特殊化——包含了普遍性的东西被赋予人类具体性这一思想;而前一方面——特殊主义的普遍化——则意味着认为特殊性、独特性、差异和他者性实质上没有限度这一思想的广泛扩散。”[13]乔纳森·弗里德曼(Jonathan Friedman)也认为,“族群的与文化的分裂和现代主义的同质化不是对今日世界上正在发生的事情的两种观点、两种正相对立的看法,而是构成全球现实的两个基本趋向。”[14]简而言之,全球化似乎导致了统一和分化两种相反的趋势,但是两者并不是相互冲突的,而是相辅相成,共同构成了全球化的辩证法。

有学者指出,现在的社会生活展现出一种矛盾的画面。一方面,似乎人类正大步迈向科技所驱动的开放的全球主义、电子商务、好莱坞和抽象的和平,但是另一方面,我们似乎又在倒退回一种左右摇摆和时代错乱的深渊之中,这是一种暴力的新民族主义的部落主义。[15]正是由于全球化的辩证法导致了极端主义思潮和运动的两分性,这包含两层意思。

第一,全球化和本土化两种趋势并存。有的极端主义组织更着眼于全球网络的建设和输出其极端主义意识形态,其目标相对宏大,基地组织就是其中的代表。它针对的对象不是某个具体的国家,而是被其视为“新蒙昧时期”的整个现行的价值体系。而有的组织则有明确的政治和社会诉求,有着特定的政治路线和时间表,巴勒斯坦的哈马斯、黎巴嫩的真主党等都属于这个类型。

第二,意识形态的全球互联和具体行动的本土运作。在当前的全球化时代,不同的极端主义组织和运动尽管目标各有不同,但是在意识形态方面却有不少共同之处,并在现代媒体的推动下出现了相互呼应和鼓励的态势。但是在具体行动上却各自为政,较少关联。特别是“9·11”事件十年之后,随着国际反恐的推进和各国反恐措施的不断加强,协调一致的全球性恐怖主义活动的难度在加大,而本土的恐怖主义和极端主义活动在增加。美国联邦调查局局长罗伯特·穆勒(Robert S. Muller. Ⅲ)2010年4月在国会作证时警告说,“本土和独狼式的极端主义分子”对美国的威胁和基地组织一样大。[16]这并不是美国的特例,在其他西方国家,国内“土生土长”的极端主义分子的威胁同样呈上升趋势。

(二)传导性

在全球相互依赖不断发展的今天,极端主义思潮传播的速度更快,地域分布更广,具有相当强的传导性。

首先,随着世界市场一体化的不断深入,随着国家主权的相对衰落和全球公共领域的不断开放,全球化客观上为自下而上的政治自由化创造了条件和便利,为各种非政府组织和行为体乃至个人提供了更多的行动空间。得益于现代发达的通讯和网络技术,极端主义思潮传播的形式更为隐蔽,组织活动的成本更为低廉,信息的共享几乎达到了实时和同步。在新的条件下,极端主义组织结构更为扁平,更容易形成国际网络,分支机构的复制和扩散也更为容易,出现了极端主义意识形态的核心和各地的人员组织相结合的局面。基地组织从阿富汗逐步扩展到阿拉伯半岛乃至非洲就是一个典型。

其次,当今的全球性问题层出不穷,几乎遍及人类社会各个领域,不管是环保、疾病防治、反腐败还是反贫穷问题,而主权国家在解决这些问题的时候往往力不从心,这为各种非政府组织和公民团体发挥作用打开了空间。尽管不同的公民团体、非政府组织在长期的组织目标上存在不同,甚至存在冲突,但依然可以在某些全球性问题上进行合作或者达成默契。这反映了一种重要的、根本性的文化价值观上的变化。简而言之,他们共同点在于对全球资本主义的不满,尽管其诉求可能并不一致。[17]这种不满往往通过极端的形式表现出来,而全球化的一个特点就是传统边界和差异的消失;作为一种强大的同质化的力量,全球化的发展使得不同领域的极端主义往往能够从对方的活动中找到借鉴和影子,并为自己的极端行为找到合法性的理由,从而产生跨领域的共鸣和传递。

再次，极端主义思潮之所以传播迅速，也离不开由于媒体广泛曝光而产生的放大效应。随着电子科技的迅速发展，媒体的进入门槛大大降低，个人可以通过手机进行拍摄，并通过博客、微博、"脸谱"网站等形式迅速传播开去；一些民间传播的事件由于其自发性往往会造成极其严重的影响，受众面超出了政府控制的范围，成为诱发和刺激极端主义情绪的重要因素。从伊拉克阿布格莱布监狱丑闻的泄露，到中东北非的动乱，再到伦敦的骚乱，媒介的个人化在其中扮演了重要角色。正是由于媒体和通讯科技的进步使得相互矛盾的信息得以绕过主流的审查途径涌入公共领域，而这些审查的管道本来可以过滤到某些特定的图像以及由此可能引发的政治后果。[18]

当代极端主义特别是恐怖主义的一个重要目标是尽可能地产生社会轰动效应或营造恐怖气氛，这与历史上某些神秘主义组织的行事方式有所区别。因此，极端主义组织有意识地将大量杀伤民众或攻击象征性目标作为其首要目的，将制造新闻效应作为其某些行动的首要目标；使情况更为复杂的是，一些极端主义组织将制造公众事件作为其争取国际关注和支持的重要筹码，将其和人权问题挂钩。一些国家出于自身利益考虑，在反恐等问题上采取双重标准，破坏了反恐政策的国际协调和一致性，使反恐脱离了正常轨道，和国际政治斗争交织在一起，这对其他极端主义组织产生了很强的示范效应。

（三）不对称性

不对称性是当前极端主义思潮和运动发展的又一个显著特征，这种不对称性主要体现在三个方面：

首先，与极端主义造成的巨大的政治和社会影响相比，其实际参与的人数是不对称的。在任何一个国家和社会，相信和从事极端主义思潮的都只是一小部分，主流仍然是温和与理性的；但是正是少数派"裹挟"了大多数，在一些国家和地区，少数派掌握了话语权，而其他人沦为"沉默的大多数"。极端主义分子通过各种极端和暴力的活动扮演受害者的代言人，往往通过诉诸宗教、民族等神圣符号，或是通过其所声称的环保、保护动物、反腐败、追求公平等崇高目标来使其极端和暴力手段合法化，力图占据道德和话语权高地。

其次，受到关注的不对称性。新闻媒体有其自身的利益，一些媒体对社会轰动效应的追逐在客观上助长了极端主义组织影响的扩大，两者之间形成了一种畸形的互补甚至是共生关系。媒体对于极端主义组织持续的追踪报道使极端主义活动达到了尽可能吸引全世界注意力的目的。实际上，在媒体的协助下，恐怖主义能够达到更为广泛，有时甚至是全球的受众。那些从事国际政治暴力的人之所以要扩大国际影响，是因为它会对其国内的事业产生有利影响，因为他们认为国际的曝光将会补偿他们受到的所谓的不公正。[19]为此，极端主义组织也经常利用媒体发布各种宣言和公告，如基地组织之于半岛电视台就是一个例子。

最后，追求不对称的杀伤效果。最初的恐怖主义组织曾经有明确的政治目标，甚至严禁杀伤平民。而全球化时代的极端主义组织和历史上的一个重大区别是，它们在理念上受到的约束更少，在大规模杀伤无辜平民方面显得更无所顾忌。在这些极端主义组织，特别是以基地组织为代表的恐怖主义组织眼中，平民不再是附带的损失，而是本身就是合法的目标。当代恐怖主义组织开始追求核弹、脏弹、生化武器等大规模杀伤性武器，致力于实践不对称战争的理念。从 20 世纪 90 年代以来的一系列恐怖主义事件的后果来看，有组织的、以大量杀伤平民为目的的恐怖活动已经成为一种潮流；“9・11”事件更是具有标志性意义，在恐怖主义分子手中，劫持的民航客机成了弹道导弹。[20]

（四）多元化

在全球化的推动下，当前世界的极端主义发展出现了一种多元化的趋势，即活动范围的多元，几乎遍布全球化的各个领域。这主要可以分为三类：宗教极端主义、政治极端主义和社会极端主义。

在全球宗教复兴的大背景下，宗教极端主义思潮与运动的发展最引人注意，这又可以分为三大类。一种是带有明显宗教色彩的恐怖主义组织，他们将自身所遭受的苦难转化为对世界的敌视和仇恨，根据自己对于宗教的片面和极端理解，为实现他们扭曲的宗教理念而诉诸各种暴力和恐怖主义手段。类似基地组织这样的恐怖主义组织不再被那些被狭隘定义的意识形态目标所限制，而是有能力在更宏大的理念如泛宗教主义的旗帜下自主地在全球范围发动他们自己的战争。[21]第二种是强调特定宗教教义的原教旨主义。他们往往集中在某个特定的领域，如基督教原教旨主义中的反堕胎、反种族移民活动等。第三种是同一宗教内部不同派别之间的教派冲突，特别是在伊斯兰教内部的逊尼派和什叶派之间的教派冲突在伊拉克战争和北非中东变局后愈演愈烈。

政治极端主义思潮的发展由来已久，在全球化条件下又有新的发展。首先，冷战结束后，极端民族主义思潮出现回潮，在苏联和南斯拉夫解体的刺激下、在西方国家的人权政策的推波助澜下，一些国家和地区的民族分离主义运动出现新的发展，对国家主权和国际秩序构成新的挑战。民族分离主义分子为实现独立的目的，往往依赖极端民族主义思想，片面强调民族自决权，不惜诉诸暴力等极端主义手段，造成族群关系紧张，甚至造成种族清洗等人道主义悲剧。其次，在全球化带来的挑战面前，许多国家的内部政治也开始出现了极化的倾向，具有极端主义倾向的政党和团体获得越来越大的话语权。如在欧美发达国家，围绕外来移民问题，种族极端主义在抬头，极右翼势力也有所抬头。

随着全球化条件下社会空间的扩大，各种社会思潮也显得十分活跃，为极端主义的滋生提供了丰富的土壤。社会极端主义的特点在于其突发性、自发性、非定向性和可转换性。突发性是指极端社会事件的不可预测性，危机的发生有其深刻的内在矛盾，但是事情的发生往往出乎人们的意料。从希腊骚乱到法国移民骚乱到中东北非变局到伦敦骚乱，其起因都是非常小的社会事件。自发性在于它相对缺乏组织和持久性，爆发得快，但是消失得也快。非定向性是指它缺乏明确的政治目标，有时候只是一种不满和愤怒的宣示，极端无政府主义的回潮就是一个例子。可转换性是指其一旦与其他宗教或政治诉求相结合，性质会发生转变，并对社会稳定造成很大破坏。

（五）分散化

分散化是当前极端主义发展的新趋势，这包括组织的分散化和活动的分散化。组织的分散化与极端主义活动的大背景有关，一方面，极端主义组织的活动日益全球化，极端主义分子越来越能够熟练地运用和掌握现代科技和通讯技术特别是国际互联网来进行联系，同时各国反恐措施的加强也增加了恐怖主义分子从外部渗透的难度和成本。因此极端主义组织更多依靠建立分部和分支机构来扶植当地的成员，而不是从外部输入。另一方面，冷战结束以来，特别是“9·11”之后，各国都加大了打击极端主义和恐怖主义活动的力度，大大打击和削弱了极端主义的组织基础，使他们不得不化整为零。尤其是本·拉登等被美军击毙后，基地组织核心遭到重创，但是其在阿拉伯半岛和非洲等地的分支机构的威胁依然。全球性恐怖主义组织正出现去中心化趋势，其结构趋于扁平，流动性更强，各地的活动的联系更为松散。

活动的分散性是指，极端主义组织的活动缺乏统一的聚焦和目标，没有明确的政治纲领，似乎为了反对而反对，为了破坏而破坏。其针对的对象也日趋分散，国家不再是唯一的目标，某个社会团体如移民群体甚至是个人都能成为极端主义分子针对的目标。按照布热津斯基的说法，“新的现实是一种分散的动荡”。[22]个人化的“独狼式”的极端主义和恐怖主义活动有取代有组织的恐怖主义活动成为主流的趋势。极端主义组织活动日常化的趋势和总体上非国家行为体的发展趋势是一致的。正如有学者观察到的那样，当非国家行为体在全球层面无法获得期待的全球政治变化的时候，他们就更为关注本土的草根的问题，并将这种不满转换到日常生活中，这为他们的政治行动、社会行动提供源源不断的动力。[23]更值得注意的是，极端主义思想的传播和行动也有分离的趋势，极端主义分子更注重极端主义思想的宣传和煽动，使受众更为分散。随着极端主义思想和行为日益成为日常生活的一部分，尽管其单独的破坏性在下降，但是面更广，更加防不胜防。

（六）社会化

与多元化和分散化趋势相联系的是，极端主义思潮和运动的发展出现了去政治化的社会化趋势，开始从政治领域“倒退”回社会领域。这里所说的社会化主要包含如下两方面的意思：

一是极端主义运动的政治和社会属性之间的界限越来越模糊，随着极端主义思潮和运动分散化和日常化趋势的发展，极端主义分子的活动更加隐蔽，活动更为频繁。一些极端主义活动甚至使恐怖主义活动的边界越来越难以界定，甚至混同于一般的社会和刑事犯罪活动，这给反恐执法带来了新的挑战。在全球化负面效应日渐显现的今天，不管是在发达国家还是在发展中国家，社会各种矛盾得到宣泄；在发展中国家，人民需要发泄的是一种绝望，而在发达国家则是一种特权失去后的失衡和落差，过去的政治口号往往被"面包和工作"的口号所取代，社会矛盾的累积往往通过极端主义的社会骚乱和无政府动乱表达出来。在国内政治架构相对稳定的今天，政治参与的热情往往转为一种社会暴力的形式。

二是极端主义的发展逐渐从物质层面的政治暴力向社会心理层面的长期影响转变。经过冷战以来的全球反恐实践，极端主义的政治暴力行为已经丧失了合法根基，极端主义的物质基础受到了极大的打击，但是"破山中贼易，破心中贼难"，全球反恐十年的矫枉过正造成了新的社会对立和隔阂，人为地造成了文明之间的冲突，特别是在伊斯兰国家和西方国家之间。同时恐怖主义在人们心中造成的创伤不会在短期内被治愈，造成的恐怖文化和氛围一时难以消除，这成为极端主义思潮赖以生存和传播的土壤。从近年的发展来看，极端主义思潮开始从直接影响向间接的潜移默化影响社会心理的方向转移，其危害性大大超过了直接的极端主义行动。此外，现代快节奏、高压力的社会生活也造成了一部分人的心理变态和扭曲，在极端主义思想的影响下，往往以非定向的极端的社会暴力的形式爆发出来，全球各地越来越多的校园暴力活动就是一个典型的例子。因此，未来反对极端主义和恐怖主义的斗争首先要改善社会心理，根除造成社会矛盾的种种因素。这将是一个长期的综合治理的过程。

第二节　极端主义思潮与运动对国际关系的挑战与塑造

极端主义思潮与运动的扩散已成为全球化时代国际化社会所面对

的严峻挑战,它不仅对传统的国家主权和国际安全产生了新的威胁,而且从人的安全、社会安全等侧面增加了非传统安全的维度。极端主义和国际关系、各国的外交政策之间的互动日趋多元,极端主义对国际关系的影响越来越突出。

一、极端主义作用于国际关系的主要路径

(一)极端主义尤其是恐怖主义与各国的政策之间存在一种相互塑造和建构的关系,是一种自我实现的预言

从表面来看,极端主义和国家是一种互相敌对的关系,但是具有反讽意味的是,在现实的政治实践中,两者之间形成了一种相互塑造和建构的关系,甚至是相互增强了对方的影响和力量;其中恐怖主义和国际反恐之间的关系最具代表性,正如祖莱卡(Joseba Zulaika)所指出的那样,"现在毫无疑问,关于恐怖主义的话语创造了恐怖主义的现实。"[24]

首先,当前国际反恐的严峻形势和美国的反恐政策有直接联系。冷战结束后,恐怖主义威胁之所以急剧上升,甚至在"9·11"事件之后相当长的一段时间内被当作国际社会面临的最严重的威胁,除了恐怖主义越来越大的杀伤性和危害性之外,一些政府过激的政策应对和国际媒体的过度渲染也要负很大的责任。因为它们客观地拔高了恐怖主义的地位,人为地扩大了其国际影响,"9·11"事件是关键的分水岭。"9·11"事件严重打击了美国的自信心,深刻地影响到美国政治精英和国内民众对于外部威胁的认知。按照小布什总统的说法,"'9·11'事件改变了美国的战略思维",美国将开始一场新的反恐战争。[25]美国将以基地组织为代表的恐怖主义组织视为美国最大的威胁,并将全球反恐作为美国安全战略的首要目标。美国的反恐政策是一种社会建构的产物,正如理查德·杰克逊(Richard Jackson)指出的那样,"与冷战和其他军事干预一样,反恐战争已经在美国政策实践、机构乃至美国的文化中被机制化和正常化,自'9·11'以来,反恐战争已经发展成为一种强大的社会结构(霸权性的话语),它在表达美国利益和身份的同时,共同建构了这种利益和身份。"[26]在这种反恐的氛围下,美国先后发动了阿富汗和伊拉克两场战争,美国热衷于搞反恐的志愿者联盟,热衷于对

恐怖主义发动先发制人的单边主义军事干预行动。从某些方面来说，反恐契合和满足了美国的国家战略需要，美国需要用反恐来使其单边主义做法合法化，美国对使用武力反恐的依赖“重新复活和扩大”了冷战时期的美国国家安全状态。[27]

其次，美国领导的反恐战争并没有根除恐怖主义。具有讽刺意味的是，美国的反恐在打击恐怖主义的同时，又在为恐怖主义的发展提供生存和发展的土壤。从物质层面来说，美国的反恐激化了伊斯兰国家和西方国家之间的矛盾，助长了中东、南亚等地区的反美、反西方情绪，使恐怖主义组织能够更方便地获得人员和资金上的支持。从理念层面上来说，美国以暴易暴的反恐方式事实上与恐怖主义的手段同出一辙，不利于社会内部反暴力和反极端主义力量的发展。此外，在一些宗教恐怖主义组织看来，反恐有利于宗教目的的实现：“这些神圣的罪犯们正试图挑起反恐战争，因为反恐战争不可避免地会将反恐作为其策略之一，这样就会造成一种无尽的愤怒循环。上帝的愿望随后将从废墟中崛起”。[28]

（二）作为与全球化密切相关的一个现象，极端主义思潮的迅速扩张与全球化所导致的负面影响之间存在着内在的逻辑关系，是一种由外而内，再由内而外的过程

极端主义的产生可以被看作全球性问题在国内的一种转换和投射，同时又通过放大和传导效应反向影响国际关系的发展。

从总体上说，极端主义思潮和运动的发展与全球化发展的失衡有着密切的关系，反映了全球化不仅在横向上日益扩展，而且在纵向上进一步向纵深发展。全球化的发展是失衡的，经济全球化的速度远远超过了社会全球化和相关的政治治理机制发展的速度；经济全球化背后存在着强有力的利益集团推动，以跨国公司和金融寡头为代表的力量希望最大限度地扩大他们的影响和利润，而在政治领域，各主权国家仍然受制于国际体系中的生存逻辑，难以推动全球治理机制的发展。在社会领域，尽管非政府组织的作用日趋活跃，但是其力量相对弱小和分散，同时还受到经济和政治力量的侵蚀，难以真正反映出在全球化中遭

受剥夺和陷于无权地位的群体的意见。全球性问题突出和全球治理机制缺失之间的张力是助长极端主义思潮和运动发展的根本原因之一。同时，随着全球相互依赖的迅速发展和地球村效应的不断显现，国际和国内之间的边界日益淡化和模糊，国家的合法性危机凸显，“由财富、科技及权利的网络所发动的全球化及信息化，正在改变我们的世界。它们提升了我们的生产力、文化创造力及传播潜能。同时，它们也削弱了社会组织的权威。当国家制度及公民社会的组织是以文化、历史与地理为基础时，历史节奏突然地加速以及计算机网络中权力的抽象化，正将原有的社会控制及政治再现加以解组。”[29]全球化的压力和挑战在遇到国家边界的阻隔后，被转化为国内的矛盾和不稳定，为极端主义的产生提供了土壤，这种情况并不局限于发展中国家，同样也发生在发达国家。

正是由于全球化时代极端主义产生根源的这种外生性，导致极端主义的影响并不局限于国家和社会内部，而是很容易对国际关系产生外溢的效应，从而完成由外而内，再由内而外的一个循环。从某种程度上来说，这也是一种全球化时代特有的反噬。在当前的背景下，极端主义思潮和运动的传播具有很强的传导性，很容易从一个国家扩散到一个地区，或是得到全球的呼应，究其原因就在于其同源性，都是对全球化负面影响的一种病态的回应。尽管处于不同的国家，尽管社会和文化背景各不相同，但是相似的境遇却将它们统一在一起。更重要的是，在反向传导的过程中，国际化的进程又会产生一定的放大和倍增效应，使极端主义的影响得到超比例的增长。

（三）极端主义既影响国家的传统安全，同时又通过认同政治等方式影响到文化、理念和价值观之争

极端主义对国际社会的威胁是多方面的。从物质层面看，极端主义既影响传统安全，又产生新的非传统安全威胁。宗教极端主义、恐怖主义和民族分离主义对国家的主权、领土和安全造成严重的挑战。例如，不管是在基督教、犹太教还是在伊斯兰教中，都存在一些宗教极端主义组织，它们甚至否认国家主权的合法性，希望以宗教神权来取代主权，祈祷神的国度取代世俗的政权。一些极端的民族分离主义分子以

民族自决权为借口，在某些外部势力的支持下，试图独立建国。恐怖主义也对国家安全造成了严重威胁，一方面，在一些发展中国家，特别是像伊拉克那样经过战乱正经历重建的国家内部，恐怖主义的泛滥容易激化社会族群之间的矛盾，延缓民族和解的进行，使国内有效治理的机制很难建立起来。另一方面，跨国恐怖主义的盛行也使跨国军事干预的可能性大为增加，使所在国的主权和安全被恐怖主义所挟持。同时，作为当前国际社会所面临的最严重的非传统安全威胁之一，极端主义也对人的安全和社会安全构成极大的挑战。当前的极端事件爆发性强，目标分散，甚至带有很大的无政府的性质，对人民正常的生活和社会秩序的和谐稳定的破坏甚大。

除了物质层面的威胁之外，极端主义在理念层面的威胁更大，更持久。随着极端主义威胁的不断上升，全球社会在应对极端主义威胁方面的意识不断加强，经验不断积累，能力不断增强。应该说，在应对显性的极端主义威胁方面，各国在国内治理和国际合作方面都取得了一定的成绩。但与此同时，极端主义的隐性威胁不断上升，一是极端主义思潮的威胁相对更加隐蔽、长期和难以根除，二是经过多年的发展，极端主义的影响正超出物质层面，慢慢沉淀在各国社会和国际社会内部，从社会心理、文化理念等方面潜移默化地影响人民的观念，成为塑造外部社会气氛的重要环境变量。首先，作为全球化负面影响的一种表现和反映，极端主义将全球化所造成的一种对立和冲突内化。全球化进一步加剧了有产者和无产者、得利者和被剥夺者、发达国家和发展中国家、崛起者和失意者之间的对立，极端主义的发展得益于这种对立，同时又进一步加深了这种对立，将其推向大规模冲突的前景。其次，极端主义是人类社会在全球化时代一种对未来不确定甚至是悲观情绪的爆发。西方世界失去了一种积极向上的自我意识，对于衰退的恐惧第一次成为一种现实的背景。特别是在全球金融危机背景下，一种怀疑论在美欧日益发展。“促进和维护自我认同是与拒绝和破坏他人认同紧密联系在一起的。日益模糊的不确定性制造出越来越多的风险，日益加深的敌意仇视带来越来越多的暴力。许多人陷入一种为自身继续生存而与所有人为敌的战争与斗争的逻辑之中。‘异己’被理所当然地看作是敌人与可能的危险根源，至少被看作是对自身生存与认同的挑战。”[30]极端主义通过内化“所有人反对所有人”的理念，严重损害了正常的国际交往，不利于积极的国际规范的建构。

二、极端主义对当代国际关系的挑战

极端主义思潮和运动的发展对全球化时代国际关系的影响是长期和多方面的。首先，极端主义威胁到世界的和平与发展，增加了体系变革的脆弱性和动荡性。其次，极端主义对国际合作特别是大国合作的牵制不容忽视，反对国际极端主义的斗争往往会因为牵涉到地缘政治和各国的利益而趋于复杂化。第三，极端主义影响了文化和文明间的交流、理解和合作，不利于和谐的全球共有规范的构建。

（一）对和平与发展的影响

极端主义的存在对国际和平与稳定产生了直接的威胁，尤其是当前的国际体系正处于深刻的历史性变革时期，各种矛盾相互交织，极端主义存在的长期性使其有可能和体系转型间的各种挑战结合在一起产生叠加效应。从国际体系层面看，极端主义的威胁增加了体系转型的复杂性和脆弱性。极端主义组织的数量不断增多，活动范围不断扩大，这增加了国际体系内行为体的不安全性和易受攻击性，增加了体系的不稳定性。在全球化时代，极端主义思潮和运动的兴起有其深刻的政治、经济和社会原因，对付极端主义没有万灵药，也不可能一蹴而就，必须标本兼治。但是治理极端主义的长期性和系统性要求与当前各国政策的急功近利与各自为政之间存在着相当的差距。极端主义的国际化趋势和传导性特点要求各国的对策协调一致，但是发达国家和发展中国家对于极端主义产生的根源的认识尚不一致，使得国际的统一战线很难建立起来。从地区层面看，极端主义的兴起使得区域性问题的产生更具爆发性和破坏性。在中东、南亚和非洲等地区，一些传统的热点问题久拖不决为极端主义思想的传播和极端主义行为的迅速增多提供了现实土壤。以中东和平进程为例，冷战结束后，随着奥斯陆协议的签署，中东和平一度出现曙光，中东国家开始憧憬一个和平的“新中东”。但是随着和平进程陷入僵局，相信和平的温和派逐渐失去主动，主张武力斗争的激进派开始掌握话语权。尽管突尼斯和埃及的变革为这一地区带去了和平变革的希望，但是只要传统的热点问题没有得到比较公正合理的解决，只要这些国家内部的现代化进程无法真正取得突破，那么极端主义随时可能卷土重来。

极端主义之所以会对世界和平与稳定产生威胁，另一个关键的原因在于，不管是极端主义分子还是反对极端主义的政策，都不可避免地倾向于使用武力或暴力，从而陷入以暴易暴的怪圈而不利于世界和平的维护。极端主义对于国际体系的威胁程度取决于各国的对策，一旦政策失当，其威胁程度会大大上升。从这个意义上来说，极端主义对于国际和平的威胁是通过各国的政策表现出来的。“9·11”事件之后，美国大力反恐，连续在阿富汗和伊拉克发动了两场战争。美国的反恐战争在国际关系中树立了单方动武的反面例子，非但未能彻底根除恐怖主义，反而造成南亚和中东地区的持续动荡，余波至今未平。又如以色列在巴以和谈陷入僵局之后，放弃了“土地换和平”的原则，代之以“安全换和平”，以强硬对强硬，其结果反而是削弱了主谈的巴解组织，增加了哈马斯的民意基础，非但没有解决以色列的安全困境，反而使自身安全环境日趋恶化。

极端主义思潮的蔓延和极端主义活动的扩散对全球发展问题的解决也产生了消极的影响。极端主义，特别是恐怖主义威胁的上升使安全议题的重要性突出，影响到了全球治理领域中更具有根本性意义的发展议题的解决。在全球化时代，全球性威胁的上升和全球治理机制的缺失是导致极端主义产生和发展的重要根源，其深层次原因与经济社会不发达相关联，与发展问题没有得到妥善解决有直接关系；但现在的趋势是用安全领域的诸多观念和方式谋求问题解决之道，带来的一个负面后果就是以解决安全问题的理念去解决极端主义的威胁，必然以牺牲不发达国家的经济社会发展为代价，最后只能是南辕北辙，非但没有改善，反而继续恶化了南北矛盾。

（二）对国际合作的影响

极端主义威胁的上升使世界各国越来越意识到国际合作的重要

性，从而有效促进了各国特别是大国之间的协调。“9·11”事件之后，美国组织起了志愿者同盟，反恐成为大国合作和国际多边合作的重要议题，带动了大国关系的发展。同样，正是在反对国际恐怖主义、宗教极端主义和民族分裂主义这三股邪恶势力的共同目标指引下，上海合作组织促进了中国、俄罗斯和中亚国家之间的合作与交流。但是在充分看到极端主义对于国际合作的积极一面的同时，我们也不能忽视其对国际合作的消极影响。

首先，各国在反对极端主义的国际合作方面受到来自国内政策越来越大的牵制。随着极端主义国内化和社会化的趋势越来越明显，无论是发达国家还是发展中国家，都在国内的政治和社会治理层面受到越来越大的压力。对发达国家来说，随着全球权势转移的加速，新兴大国的群体性崛起，发达国家在国际政治和经济上的垄断地位被逐渐打破；甚至在价值观和发展道路上，西方模式也受到了广泛的质疑。尤其是在当前全球金融危机的形势下，发达国家欲振乏力，失业率上升，社会矛盾激增，促使极端种族主义抬头，并使极右翼势力获得越来越大的支持。目前存在极右翼政党活动的国家基本已经遍及全欧，外来移民，特别是来自发展中国家的移民成为它们攻击的主要对象。无论是英国伦敦的骚乱，还是布雷维克(Anders Behring Breivik)制造的挪威血案，种族极端主义都是根源之一。全球化加剧了国家和社会之间的矛盾，“一方面促进了公共领域的转型，使国家与社会的关系更为紧张；另一方面又将更为广泛而复杂的社会关系急剧地摆在国家面前，使原有的官僚机构无所适从。”[31]对于发展中国家来说，随着参与全球化程度的加深，人民不仅要求获得经济发展的福利，也要求获得更多的政治权利和尊严。但是大多数的发展中国家都处于现代化转型的过程之中，一些国家在全球化的过程中被进一步边缘化，政府越来越无法履行正常的治理功能；一些国家虽然经济上发展迅速，但是同时面临着社会矛盾爆发的压力。社会转型对人民的心理产生了极大的冲击，旧的传统持续瓦解，新的价值共识还没有树立起来，这为各种民族极端主义、宗教极端主义和社会极端主义的滋生创造了条件。极端主义对各国的社会安全、人的安全甚至是基本政治制度安全构成了严重挑战，尽管全球化削弱了国家的主权挑战，但在这些涉及各国核心利益的敏感领域，各国不会轻易放权,为国际合作的展开设置了障碍。冷战结束以来,各国倾向于从外部和物质层面来防范极端主义对国家安全的威胁。在新的形势下,极端主义的威胁将主要来自内部和思想层面,也将驱使各国政策“向内看”,并倾向于采取保护主义的措施,这无疑为国际合作和协调增加了难度。

其次,尽管各国都面临着极端主义的威胁,但是地缘政治和冷战思维仍然根深蒂固,各国的利益考虑导致政策上的双重标准,严重阻碍了真正的国际合作的展开。

在对待极端主义,特别是由极端主义导致的恐怖主义威胁的时候,各国的立场并不一致。一方面,某些西方国家只看到极端主义对自身国家利益所造成的威胁和损失,不考虑发展中国家的利益,以自己的理念强加于人,只治极端主义产生的表,而不治其本。美国等国倾向于用传统的政治和安全手段解决国际极端主义的威胁,而对导致极端主义根源的发展问题置之不理,只满足于将国际极端主义的威胁挡在国门之外,而不考虑其政策对发源地的负面效应。从某种程度上来说,西方国家在试图摧毁极端主义的同时却最终强化了它。美国的反恐战争在减少了恐怖主义分子对美国袭击的同时,却使伊拉克、阿富汗、也门等国成为恐怖主义滋生的温床,影响了地区的稳定。另一方面,一些国家将极端主义当作地缘政治竞争中的重要砝码,试图通过扶持民族分离主义和恐怖主义势力来牵制其他地区大国崛起的势头。美国并没有吸取当年扶持基地组织反苏最后反噬自身的教训,在中亚和南亚地区反恐的时候采取双重标准。一些中东国家为了在地区格局中占得先机,也积极扶持极端主义组织。这种只顾眼前不顾长远,只重局部利益无视全局利益的行为导致许多国家既是极端主义的受害者,同时又是极端主义的支持者,严重损害了国际合作的气氛。

(三)对新的全球规范的影响

当前国际体系的转型是一种全面的转型,不仅政治和经济格局处于变革之中,而且新的全球共有规范也在塑造成型的过程中。和平与发展是时代的主题,政治上追求公正与平等,经济上追求开放与合作,文化上追求对话谅解与和谐共存应该是新的全球规范的题中应有之义，也是国际社会的主流；但是如果极端主义的思想和行动不受到遏制，新的全球规范可能会误入歧途，甚至倒退回历史的老路上去。

极端主义思想的蔓延增加了文明冲突的可能性。文明的冲突并不是一种历史的必然，也不是不可避免的，但是它对人们思想的影响是深远的；极端主义的危害就在于它能够将社会和经济的矛盾转化为宗教、种族和文化之间的对立，最终陷入文明冲突的逻辑之中。当前，种族极端主义和宗教极端主义在西方大行其道，排外的浪潮一浪高过一浪，尤其是在经济危机的大背景下，外国移民往往成为失业率高的替罪羊，被指责抢走了当地人的饭碗。但是如果细究的话，其实外国移民从事的大多是最低端的工作，对就业市场的冲击并不大，排外情绪膨胀的根子在思想上。随着西方实力的相对衰落，随着西方发展模式神话的打破，白人长期的种族优越感逐渐丧失基础，心理逐渐失衡。同时，随着全球交往的深入，世界变得日趋多元，这给西方自身的认同带来了一定的危机。西方国家为了维护自身的认同，就需要寻找一个假想的敌人。极端主义分子利用这种社会心理，强化了这种假想敌的认定，推动社会情绪的极化和族群的对立。最典型的例子莫过于“西方对抗伊斯兰”的两元对立，“9·11”事件之后，美国人不断追问“他们为什么恨我们?”而中东穆斯林则在问:“美国为什么害我们?”极端主义和恐怖主义事件激发了西方对抗伊斯兰地区的历史记忆，并将其投射到现实的冲突和矛盾中，西方的反恐政策又有意无意地强化了这种对立。从这个意义来说，文明冲突也是一种自我实现的语言，你越是相信它并将其付诸实施，它就越成为一种现实，这不利于包容的国际规范的实现。

极端主义增加了西方以促进民主为名义进行人道主义干预和输出价值观的可能性，不利于多元和谐价值观的构建。在全球化的压力下，一些发展中国家面临着越来越大的挑战，甚至陷入被西方国家称之为“失败国家”的境地，即政府已经基本丧失了维护国家主权和领土完整以及维持国内正常政治和法律秩序的能力。国内治理的失败为极端主义的产生和对外扩散暴力创造了条件，西方国家往往以此为借口向发展中国家输出西方式民主。通过民主的政治进程来遏制极端主义的思想在西方自由主义传统中一直可以找到依据，理由是只要将那些原来被排除在政治权力之外的各种政治、社会和经济力量吸纳到政治进程中，使他们分享权力，使他们的利益得到照顾，声音得到关注，这样他们就不再会诉诸极端的暴力手段来传达他们的观点和保护他们的利益了。促进民主的出发点是好的，但是西方仍然摆脱不了欧洲中心主义的窠臼，没有考虑到当今世界是一个文化多元的社会，各国各地区都在寻找最适合自身发展的道路，并不存在放之四海皆准的民主实践。归根到底，西方促进民主的努力是为了继续维持西方的霸权，尤其是在新的国际体系规范建构的过程中抢得先手。金融危机之后，西方价值观和生活方式的吸引力和号召力大为下降，而2010年的西亚北非变局给了西方以很大的激励，西方开始重拾民主化的标语。正如有学者指出的那样，西方所谓民主化改革失败国家的一整套理论的背后实际有着基本的西方意识形态的假设，而且完全掩盖了国际政治经济中的权力不平等关系。在全球反恐的大背景下，西方将南方“安全化”的后果是为所谓的志愿者联盟自上而下地重建发展中国家的国内政治提供了前提。西方无视这些国家内部自身的条件和可能性，其狭隘的世界观阻碍了本土合法权威的崛起，并阻碍了在人的安全问题上自下而上的应对。[32]

第三节　中国的应对

在全球化深入发展的时代背景下，极端主义思潮和运动以及恐怖主义活动都有了新的发展和新的特点。过去被认为只会在发展中国家发生的社会动荡，现在同样发生在西方发达国家。在金融危机的冲击下，“西方经济和政治制度的弊端暴露无遗。”[33]英国及欧洲其他一些国家发生的街头骚乱、美国爆发的“占领华尔街”运动等凸显了西方发达国家的社会矛盾，被认为是“时代骚动的信号”。西方一些舆论指出，现代社会正在制造的由社会不平等和个人主义的协同蔓延、个人和集体生活的商品化、种族主义的复活，以及被特权精英阶层绑架了的民主等四种成分混合而成的高度易燃品，每一种成分里面都蕴含着矛盾；而当它们叠加在一起时，任何一个意外都可能引发大爆炸。[34]而2011年夏天挪威发生死伤惨重的枪击爆炸案更是表明，一直试图实现社会多元化和多元文化融合的西方社会中，激进和排外思想正在抬头，为极端主义和暴力恐怖主义活动滋生蔓延提供了土壤和机会。

全球化时代,国家与国家之间、国内外事务之间的界限被打破。国内问题与全球问题互相纠缠,互相影响。网络等新媒体对舆论影响加重,民意越来越呈现多元分散状态。西亚北非和欧洲一些国家发生局势动荡与这些国家经济衰退、民生困顿、政府腐败、社会不公、贫富差距拉大等诸多问题密切相关。从深层次看,也是因为全球化带来的经济发展方式转变使得这些国家的经济结构和社会结构都有了重要的调整,因此带来了社会利益格局和人们思想观念的深刻变化,进而给全球社会带来一系列新问题和新矛盾。这些新问题和新矛盾与各国原有问题新老掺杂、关联渗透,变得更加错综复杂且敏感易发。由于各国宗教文化价值观及社会发展阶段的差异,社会管理机制及能力不足,以及一些国家决策者在应对全球化挑战时无能为力,造成民心浮动生变,也大大增加了诱发更广泛的社会动荡的可能。

如今,信息技术的高度发达和新媒体的快速发展大大加快了国家间的文化交流与互动。这种交流使不同文化得以跨越地域疆界的限制、摆脱时空障碍的束缚、冲破国家民族的藩篱,既促进了彼此的了解,也使各种社会思潮互相激荡。毋庸置疑,这在很大程度上也加快了极端主义思潮及国际恐怖主义活动在全球的蔓延。需要指出的是,新形势下涌现的极端主义思潮反映出的问题往往带有明显的全球性,因此也更具蛊惑性和危险性。它已不仅仅是需要各国及时应对的现实问题,更是涉及人类文明、文化和理念的深层次问题,是人类必须共同应对的新挑战。

一、标本兼治和根除极端主义及恐怖主义土壤

在应对极端主义和恐怖主义活动过程中,国际社会事实上始终存在着防范与打击和铲除根源两种策略。前者很大程度上只是一种战术行为,更多是运用具体的侦察和军事手段来阻止和打击极端组织及恐怖分子危害国家安全与稳定的行动。后者是一种战略行为,需要采取综合防治措施,并经过长期的努力才可能产生结果。

中国深受极端主义和恐怖主义的危害,是国际反恐合作的主要力

量之一。中国对极端主义和国际恐怖主义的认识和应对建立在自身的价值观和安全观基础之上:坚决反对一切形式的恐怖主义,但强调标本兼治,惩防并举。既要惩治于已然,更要防患于未然。事实上,防范极端主义已经成为国际反恐新趋势。中国认为,一切行动来源于思想,思想源于现实的客观存在。极端主义思想的产生与一个国家政治、经济、社会等发展水平,政府的内外政策及民众在政治、经济、文化、宗教、民族认同方面的差异密切相关。因此,在铲除滋生极端主义和恐怖主义思想根源方面,每一个国家都应该是第一条防线。

中国改革开放三十多年来,国家处于一个持续高速发展的时期。同时也进入了一个经济体制、社会结构、利益格局、思想观念深刻变化的社会转型时期。这一时期的特点是经济持续高速发展,人民生活普遍提高,但经济发展不平衡,许多领域的体制和机制还不完善,地区之间、社会群体之间的分化严重,也带来了社会发展的不稳定,社会矛盾和问题日益突出。金融危机后,中国经济虽然显现出比西方更强的恢复能力,但问题也显而易见,存在通货膨胀率不断攀升,房价、物价居高不下,社会对弱势群体关心不足、相关机制不健全、贫富差距拉大等现象。此外,在党风廉政建设和反腐败斗争方面也面临不少新情况新问题,党员干部违纪违法、损害群众利益的问题突出,不正之风依然比较严重,社会影响恶劣。

上述问题已经成为当今各种社会矛盾的节点和广大民众的强烈诉求,处理不好就有可能孳生极端思想甚至引发社会动荡。西亚北非国家2011年来发生的群体性动荡表明,这些问题在当今全球化时代具有普遍性,尤其对许多正处于转型中的国家而言,这些问题的解决关系到国家的平稳转型,解决不好就会对国家的发展形成内部制约,反过来又会影响国家乃至世界的稳定。因此,中国对于极端主义思潮和恐怖主义的应对之道,主要体现在确保国内稳定和加强国际合作两大方面的政策立场上。

二、中国创建和谐社会是对世界和平的巨大贡献

中国是一个具有全球影响力的新兴大国,中国把国内的事做好,创造出一个和谐的社会,不仅有利于国家的稳定,对国际社会,尤其是转

型中的发展中国家也具有很大的示范效应，对世界的和平稳定也是巨大贡献，“会使这个世界因中国的存在而变得更和谐。”[35]

中国经济在全球化背景下持续高速发展。对于全球化带来的各种挑战及发展中产生的种种不稳定因素，中国政府有着清醒的认识。中国共产党历届领导人都把发展作为党执政兴国的第一要务。但同时又强调保持稳定对发展的重要性，近年来更是提出了“以人为本、全面协调可持续”为核心的科学发展观及把“实现社会公平正义”作为基本特征和重要目标的构建社会主义和谐社会等一系列战略思想，以确保国家的稳定发展和社会的平稳转型。

（一）正确处理改革发展稳定的关系，解决好发展与公正的问题

胡锦涛在庆祝中国共产党成立 90 周年大会上的讲话中指出：“正确处理改革发展稳定关系，实现改革发展稳定的统一，是关系我国社会主义现代化建设全局的重要指导方针。发展是硬道理，稳定是硬任务，没有稳定，什么事情也办不成，已经取得的成果也会失去。”[36]毋庸讳言，这些年来中国的经济发展和社会进步取得了巨大的成就，但社会不稳定因素依然存在，尤其是一些地方发展与社会公正问题始终没有得到很好的解决，导致人们对社会的信心不足，对自己的前途越感渺茫，最终产生对政府的信任危机和社会的极端思潮。一些地方政府和社会矛盾趋于紧张，针对政府以及社会群体间的报复时有发生。对此，中国政府高度重视。党中央提出的科学发展观的一个重要内容就是要统筹兼顾，既重视发展，又重视公正。“要继续推进社会发展就必须下大力气解决不公正问题”。[37]而国家的“十二五”规划纲要也把缩小地区发展差异，注重保障和改善民生，促进分配公平，让民众参与分享经济发展的成果等内容纳入其中，成为国家发展战略的重要部分。

（二）加强和创新社会管理、健全法制和相关机制来适应和管理社会的变迁

加强社会管理对于确保社会既充满活力又和谐稳定具有极其重要

的意义。西亚北非国家发生持续动荡的教训之一就是，一些国家虽然资源丰富，经济发展平稳，但政治上依然被认为是前现代国家。这些国家的一个共同特点就是社会发展和管理机制严重不足，相关制度建设明显滞后于当今时代的发展，民众缺乏通畅的表达利益诉求的渠道和参与社会管理的机会，对政府的满意度很低。

中国经济多年来的快速发展也促进了社会的变迁。中国政府对于社会管理一向予以高度重视，历届领导人在不同的历史时期分别作了大量卓有成效的奠基性和开创性的工作。中央在20世纪90年代就作出了对社会治安实行综合治理的战略决策，初步形成了多方参与、共同治理的中国特色社会主义社会管理体系。因此，中国面对深刻变革和快速发展的国际新形势，能够保持社会大局和谐稳定，“充分证明我国社会管理与我国国情和社会主义制度总体上是适应的。”[38]

当然，新形势下，社会管理领域在发展中也出现了不少新问题和新挑战，我国的社会管理体系面临着理念、理论、机制和方法创新的问题。此外，民众的公平意识、民主意识、权力意识、法制意识和监督意识日益增强，极端个人主义影响也有所上升。对此，中央及时提出了加强和创新社会管理，顺应经济社会发展新形势和新要求的方针。胡锦涛针对当前社会出现的新问题指出：“要遵循社会发展规律，主动正视矛盾，妥善处理人民内部矛盾和其他社会矛盾，不断为减少和化解矛盾培植物质基础、增强精神力量、完善政策措施、强化制度保障，最大限度减少不和谐因素。”[39]这一切充分体现了中国决策层对社会管理的高度重视，也表明未来中国将更多地从制度和政策层面来为人民的利益和民众的合理诉求提供保障，确保社会和谐稳定。

（三）标本兼治、惩防并举，坚持不懈地开展党风廉政建设和反腐败斗争

在这次西亚北非国家动荡中，民众的一个主要诉求就是惩治腐败。政府因为腐败而被要求下台。同时，政府和社会腐败也是滋生极端思想的温床。一些国际恐怖组织也往往利用人们对政府和社会腐败的强烈不满来煽动极端情绪，甚至制造暴力恐怖事件。在中国，虽然改革开

放取得举世瞩目的成就，长期以来，党中央领导的党风廉政建设和反腐败斗争也取得了积极的成效，但是消极腐败的现象依然比较严重，能否坚决惩治和有效预防腐败，已是“关系人心向背和党的生死存亡”问题。所幸的是，我们党“对长期执政条件下滋生腐败的严重性和危险性，对改革开放和社会主义现代化建设全过程都要反对腐败认识是清醒的。”[40]党的十六大以来，党中央就把党的作风建设和反腐倡廉建设作为党的建设的重要组成部分，放在更加突出的位置，确立了“标本兼治、综合治理、惩防并举、注重预防”的战略方针。在当前新形势下，全党对反腐败斗争的重要性及其长期性、复杂性和艰巨性有了更深刻的认识，反腐倡廉更是被提高到制度和体系建设的层面，“与党的思想建设、组织建设、作风建设、制度建设有机统一，纳入经济社会发展和党的建设的全局之中。”[41]

（四）维护民族团结，反对民族分裂主义，促进民族区域长治久安

全球化时代，世界范围的民族和宗教问题日趋严重。对中国而言，民族分裂主义是当前中国新疆等少数民族地区面临的主要危险。历史上民族分裂主义势力多次在新疆等地制造恐怖主义暴乱，给当地的治安带来极大的危害。这些恐怖主义活动有着明显的国际背景，来自中东和南亚地区的泛突厥主义和伊斯兰极端主义思想对中国西部边境的安全构成严重威胁。中国政府对此保持高度警惕，严厉打击分裂破坏、暴力恐怖活动，确保民族自治区域的社会大局稳定。中国政府同时也强调，要全力以赴把新疆、西藏等民族自治区域的经济社会发展搞上去，实现这些地区的跨越式发展和长治久安。从新疆的经验看，自治区政府按照党中央的要求明确提出“反暴力、讲法制、讲秩序”，坚持民族区域自治制度，坚持各民族共同团结奋斗，共同繁荣发展；“始终把保障和改善民生作为全部工作的出发点和落脚点，始终把加强民族团结作为长治久安的根本保障，始终把维护社会稳定作为发展进步的基本前提”，作为推动新疆跨越式发展和长治久安的指导思想，使各项工作取得了突破性进展。

三、倡导文明对话并推动国际合作

（一）推动国际秩序朝着更加公正合理的方向发展

国际社会对极端主义和恐怖主义的界定，从表面看几乎完全是由公众的对其危害性与破坏性的直接或间接的经历和体验来确定的。但进一步观察就会发现，最终的话语权其实一直是掌握在强者手中的。例如"9·11"事件后，美国在认定国际恐怖组织的问题上就拥有绝对的权威。而在现行国际秩序中，行为体的不平等以及一些国家的单边主义和霸权主义行径往往也成为极端主义甚至恐怖主义行动的思想根源。

从现实情况看，冷战后美国和西方国家主导国际秩序，奉行霸权主义和单边主义政策并向世界各国强行推行西方的发展模式和价值观的做法引起许多国家不满，是当今国际极端主义思潮和恐怖主义兴起的一个主要原因。以中东为例，美国长期在阿以冲突中偏袒以色列，冷战结束后，又对阿拉伯国家之间采取离间政策，通过制造和利用矛盾谋取美国在中东与海湾地区的最大利益，推行西方价值观，引起阿拉伯世界极大的不满。"9·11"事件后，美国又将反恐目标锁定在伊斯兰地区，认为要维护世界秩序必须铲除伊斯兰极端势力和"邪恶政权"。公开表示"要用二十至三十年时间改造伊斯兰世界，在伊斯兰世界推进民主化进程。"[42]在处理与伊斯兰国家的关系时，美国也一度以反恐画线，要求这些国家严厉打击本国的伊斯兰极端分子，停止支持所谓的国际恐怖主义。美国在伊拉克战争后曾宣称，西方用自由和民主取代阿拉伯的专制主义和黑暗的努力取得了历史性的进步。但其结果却是让伊拉克和其他阿拉伯国家陷入一种更加难以驾驭的种族、宗教和部落暴力的漩涡之中。这也导致美国与伊斯兰国家和地区矛盾的激化，针对美国的暴力恐怖行动有增无减。

从国际关系角度看，当前国际极端主义和恐怖主义的兴起，在很大程度上依然是与当前不合理的国际秩序及一些国家的霸权主义政策有关。因此，中国更主张努力推进国际行为体的平等化和国际关系的民主化，推动国际秩序朝着更加公正合理的方向发展。同时提倡建立多元和谐的国际社会，尊重他国的文明与文化，以及自己选择发展道路的权利，在国际事务中注重异质的融合与对立的消解，从根源上防止跨国极端主义思潮的产生与传播。

（二）以自己的和平发展促进各国共同发展

极端主义思潮的兴起是一种复杂的文化现象，恐怖主义行为者的诉求也不是单纯为政治或宗教目的。因此，仅仅依靠军事行动或者政治途径并不能有效防止极端主义思潮的兴起和传播。从现实情况看，国际极端主义和恐怖主义依赖的社会基础通常是缺乏社会安全感的弱势群体，其极端主义的态度和行为反映了他们对国家和社会的绝望。2011 年西亚北非动荡的原因多重而复杂，各国的情况不尽相同。但该地区一个共同的问题是，长期以来大部分国家政治、经济和社会发展严重失衡，社会发展机制缺失，大批年轻人无法在国家发展中找到自身应有的位置，政府也不能为他们提供良好的教育和培训机会。他们极易被各种政治力量、极端派别所利用，成为极端组织从事恐怖活动的社会基础。因此，要杜绝极端主义思想的产生，首先要推动这些国家经济和社会的发展。这次西亚北非国家发生的群体性动荡反映了这些国家迫切需要政治经济和社会转型的实质。

在新兴大国崛起之前，许多发展中国家的对外政治和经济关系模式大致只有两种类型：或者高度依附西方，或者和西方互相孤立。而今，新兴国家作为世界经济新的推动力量的出现，正越来越引起世界各国尤其是发展中国家的关注。新兴大国强大的经济实力不仅可以在帮助西亚北非国家恢复经济和稳定地区局势方面发挥积极作用，而且新兴大国的发展模式对这些国家的社会转型也具有积极的参考价值。中国作为最大的新兴国家，已经成为影响国际关系和国际秩序演变的最重要的力量之一。中国外交政策宗旨始终是维护世界和平促进共同发展。当前，中国的综合实力已经有了大幅度提升，中国的发展模式也得到越来越多国家的认同，更应该也更有能力以自己的和平发展促进世界各国的共同发展。中国无疑也可以在促进包括西亚北非地区在内的广大发展中地区和国家经济和社会发展方面发挥重要作用。

（三）积极参与国际热点问题的解决

国际热点问题久拖不决也是引发极端主义思潮和恐怖主义行动的一个主要原因。阿拉伯世界就曾将"9·11"事件后中东地区出现的极端主义思潮和恐怖主义浪潮归因于巴以冲突长期得不到解决和美国不公正的中东政策，并认为美国成为恐怖袭击目标在很大程度上是美国在对待阿拉伯和以色列问题上缺乏公允所致。许多年来，巴以双方发生过无数次暴力冲突，也经过多次谈判，但一直未有结果。巴勒斯坦问题因此常常成为国际极端组织发动恐怖行动的借口。因此，类似巴勒斯坦这样的热点问题的尽早解决可以在很大程度上减少极端思潮和恐怖行为发生的诱发因素。

在很长一段时间内，世界热点问题都是在美国和西方主导的国际框架下处理的，这样的框架有很大的不合理性。以巴勒斯坦问题为例，过去几十年间，解决巴勒斯坦问题的核心结构是由美、以、巴三方组成。在这个结构中，以巴是冲突的两个主角，美国是主导。三者之间的关系是不平衡的，美以是特殊的盟友关系，处于结构的顶端，掌握着绝对权力，是强势的一方。巴勒斯坦只是作为问题的一方"被结构"的，是弱势的一方。美以对巴方的要求可以满足，也可以不满足。而巴勒斯坦对美以则没有实质性的制约力，对于它认为不公正的和谈，唯一能做的就是"躲避"。显然，这是一个建立在强势方共同利益基础之上的框架结构。很难想象，巴勒斯坦问题能在这样一个框架内得到公正、公平、合理解决。

长期以来，这个框架虽不合理却牢不可破。因为在更大的国际格局内，美国是唯一的超级大国，牢牢掌握着处理问题的话语权和主导权。这也使得以色列可以在美国的庇护或者默认下按照自己的原则和方式行事。这就不难理解，为何多年来国际社会围绕巴以问题作出的种种努力要么收效甚微，要么以失败而告终。阿拉伯国家一直就不是这个结构的一部分，因此它提出的倡议也从来未被真正重视，四方机制虽然包含美国，但其他几方也从没进入这个核心结构。

巴以问题要获得公正解决，就必须改变这种不合理的结构。从当前情况看，改变这种结构的外部条件已经相对成熟。一方面，随着新兴大国的群体性崛起，世界政治和经济的权力结构正在发生根本性的改变。国际力量此消彼长的趋势进一步加快。另一方面，金融危机对美国经济的负面影响至今仍未消退，严重的经济困难迫使奥巴马政府加快收缩中东战略的步伐，美国主导中东事务的政治意愿及政策执行能力都有所下降。因此，多边参与的国际机制无疑将会在推动巴以和平上发挥越来越积极的作用。而中国的实质性参与，不仅可以提高中国在维护地区稳定方面的世界形象，也将有利于热点问题的解决。中国在朝鲜问题、缅甸问题和达尔富尔问题上都已发挥了自己的影响力，并取得了积极的成效。未来，中国要积极参与到世界热点问题的解决以及各个国际管理机制，使全球化发展进程更加有序，利益分配更趋均衡，为世界稳定作出自己的贡献。

（四）弘扬中国的和谐理念，尊重别国的文化安全

防范极端思潮和打击国际恐怖主义需要国际合作，而国际合作首先需要有国际共识。虽然历史的经验告诉我们，各国基于共同利益也能合作，但如果没有共识，合作就难以持久。中国要在倡导和协调国际共识上有所作为，必须从两方面着手：第一，弘扬中国的文化理念。中国传统文化中有着非常丰富的关于融合、和平、和睦、和谐的思想和观念，要通过自身的行为，让国际社会认同中国是一个对世界抱有善意、行为负责、尊重别人，谋求与各国平等相待、和谐共处、互利共赢、共同发展的国家；一个坚持走和平发展道路，对各国敞开心扉、坦诚相待、光明磊落，世界可以安心、放心并且有信心与之打交道的国家。[43]同时要充实和细化“和谐世界”理念的内涵，提升理论高度，总结出能形成自己软实力的话语体系，并将其落实在自己的国际行为模式中。还要改善传播手段，加强政策配套，使之成为国际认同的公共物品。第二，充分认识到文化是非传统安全的重要组成部分。对许多发展中国家而言，文化价值观是民族认同的核心和源泉，是保证社会稳定的重要精神保障。因此，中国在综合实力不断增强的今天，更要尊重他国尤其是弱国文化，充分理解这些国家的切实关切，对这些国家的核心和关键利益提供力所能及的帮助，提倡不同文明之间的对话和交流，发展和谐的国际

关系，消除彼此间的敌意，寻求卓有成效的合作。在国际共识之上的国际合作中，中国也必须站在发展中国家一边，坚决维护发展中国家在防极端反恐怖国际机制和行动中的立场与利益，帮助这些国家增强防极端反恐怖的能力，为这些国家营造较为有利的发展环境。

（五）参与国际防极端反恐怖机制和规范建设

中国与国际社会在防极端反恐怖方面的合作不仅体现在行动上，而且体现在机制建构上。从机制上看，作为联合国安理会的常任理事国，中国参加了联合国反恐的机制和规范建设，并在其中发挥了重要作用。中国强调在反恐行动中要注意道德、法律、主权等概念对恐怖主义的含义界定，反对将反恐活动泛化。强调防极端反恐怖合作是为了促进国际安全，不能以牺牲一个国家的安全为代价来满足国际社会少数国家的安全利益。中国坚持国际防极端反恐怖行动需要与国家交往的国际规范结合起来，不能因国际反恐的超主权性而侵蚀国家主权的独立性与至高无上性。中国坚决要求将恐怖主义活动与民族解放运动、游击战争、国内战争等过程中所发生的暴力活动进行严格区分，以避免使用对付恐怖主义的手段打击和遏制一些国家内部声张正义的行动。

中国强调发挥联合国在国际反恐中的主导性作用，但也同许多国家建立了多边和双边合作机制。除联合国外，上海合作组织、亚欧会议、东盟地区论坛、亚太经合组织等中国参加的许多国际和地区合作组织都具有反恐的职能。这些组织大大促进了中国与国际社会在国际反恐中的合作，提升了中国与相关国家的技术合作水平和打击恐怖主义的能力，维护了国际和地区的和平、安宁与稳定。在国际和地区机制以及国家间合作机制中，中国也逐渐掌握了一定的发言权，并通过一系列实际行动，如联合演习、联合行动和配合行动，有效地震慑或打击了国际恐怖主义。这种双边与多边的相互补充不仅促进了中国国际合作反恐的效率，也增强了中国在国际防极端反恐怖行动中的道义基础。

（六）促进中国和平发展的战略新定位

中国参与防极端反恐怖合作是与国家的总体外交目标相一致，为国家的总体外交服务的。积极开展国际防极端反恐怖合作为中国外交战略提供了新的发展空间。当前,各国都在利用各种国际平台发展彼此间的政治、经济关系,而加强非传统安全领域的合作能够使相互间的安全认知发生较大转变,从而使国家间关系更加牢固。近年来,中国在防极端反恐怖方面做了大量努力,形成了许多行之有效的经验与措施,以及既与国际社会接轨,又独具特色的反恐政策,并得到国际社会的认可。对崛起中的中国来说,设定能够符合各国普遍利益的国际议题作为促进国家间关系的黏合剂[44]具有十分重要的战略意义。中国可以通过参与国际防极端反恐怖机制,丰富防极端反恐怖议题的内涵,进而深入参与各种与之相关的国际议题,让中国发展与国际发展深度融合,休戚与共,使中国发展的趋势与国际社会的普遍期望相契合,为中国和平发展提供新的战略定位。

注释

1. Yale H. Ferguson & Richard W. Mansbach, "The Past as Prelude to the Future? Identities and Loyalties in Global Politics," in Yosef Lapid and Kratochwil Friedrich, eds., *The Return of Culture and Identity in IR Theory*, Boulder, Colorado: Lynne Rienner Publishers, 1996, p. 21.

2. Jörg Friedrichs, "The Meaning of New Medievalism," *European Journal of International Relations*, Vol. 7, No. 4, 2001, pp. 475—501.

3. Kennedy Paul and Danks Catherine, eds., *Globalization and National Identities: Crisis or Opportunity?* New York: Palgrave, 2001, pp. 25—26.

4. P. Berger, B. Berger and H. Kellner, *Homeless Mind: Modernization and Consciousness*, New York: Random House, 1973.

5. Paul Tillich, *The Future of Religions*, New York: Harper, 1966, p. 82.

6. 彼得·伯格编著:《世界的非世俗化:复兴的宗教及全球政治》,李骏康译,上海古籍出版社 2005 年版,第 2—3 页。

7. M. Castells, *The Power of Identity*, Oxford: Blackwell, 1997, pp. 8—9.

8. 马丁·阿尔布劳:《全球时代:超越现代性之外的国家和社会》,高湘泽、冯玲译,商务印书馆 2001 年版,第 316 页。

9. 罗兰·罗伯森:《全球化:社会理论和全球文化》,梁光严译,上海人民出版社 2000 年版,第 149 页。

10. 约瑟夫·凯米莱里、吉米·福尔克:《主权的终结?:日趋"缩小"和"碎片化"的世界政治》,李东燕译,浙江人民出版社 2001 年版,第 251 页。

11. 斯坦利·霍夫曼:《全球化的冲突》,《世界经济与政治》2003 年第 4 期,第 64 页。

12. Ibrahim M. Abu-Rabi, Contemporary *Arab Thought: Studies in Post-1967 Arab Intellectual History*, London: Pluto Press, 2004, p. X.

13. 罗兰·罗伯森:《全球化:社会理论和全球文化》,第 146—147 页。

14. 乔纳森·弗里德曼:《文化认同与全球性过程》,郭建如译,商务印书馆 2003 年版,第 152 页。

15. Tom Nairn and Paul James, *Global Matrix*: *Nationalism*, *Globalism and State-terrorism*, London: Pluto Press, 2005, p. 58.

16. "Mueller: Home-Grown Extremists as Threatening as Al Qaeda," *Fox News*, April 17, 2010, http://www. foxnews. com/us/2010/04/17/mueller-home-grown-extremists-threatening-al-qaeda/.

17. Ankie Hoogvelt, *Globalization and the Postcolonial World*: *The New Political Economy of Development*, second edition, London: Palgrave, 2001, p. 267.

18. George Ritzer, ed., *The Blackwell Companion to Globalization*, London: Blackwell Publishing, 2007, p. 392.

19. Gus Martin, *Understanding Terrorism*: *Challenges*, *Perspectives and Issues*, London: Sage Publications, 2003, p. 220.

20. George Ritzer, ed., *The Blackwell Companion to Globalization*, London: Blackwell Publishing, 2007, pp. 650—653.

21. George Ritzer, ed., *The Blackwell Companion to Globalization*, London: Blackwell Publishing, 2007, p. 650.

22. 兹比格涅夫·布热津斯基、布兰特·斯考克罗夫特:《大博弈:全球政治觉醒对美国的挑战》,姚芸竹译,新华出版社 2009 年版,第 4 页。

23. Ankie Hoogvelt, *Globalization and the Postcolonial World*: *The New Political Economy of Development*, *second edition*, London: Palgrave, 2001, p. 267.

24. Joseba Zulaika, *Terrorism*: *The Self-fulfilling Prophecy*, Chicago: The University of Chicago Press, 2009, p. 2.

25. G. W. Bush, National Day of Prayer and Remembrance for the Victims of the Terrorist Attacks on September11, 2001, http://www. whitehouse. gov/news/releases/2001/09/20010913-7. html.

26. Richard Jackson, "Culture, identity and hegemony: Continuity and (the lack of) Change in US Counterterrorism Policy from Bush to Obama," *International Politics*, Vol. 48, 2/3, 2011, p. 392.

27. Robert G. Patman, "Out of Sync: Bush's Expanded National Security State and the War on Terror," *International Politics*, Vol. 46, No. 2/3, 2009, p. 211.

28. Tom Nairn and Paul James, *Global Matrix*: *Nationalism*, *Globalism and State-terrorism*, London: Pluto Press, 2005, p. 230.

29. 曼纽尔·卡斯特:《认同的力量》,夏铸九、黄丽玲等译,社会科学出版社 2003 年版,第 79 页。

30. 里斯本小组:《竞争的极限:经济全球化与人类的未来》,张世鹏译,中央编译出版社 2000 年版,第 90 页。

31. 李鑫炜:《体系、变革与全球化进程》,中国社会科学出版社 2000 年版,第 181 页。

32. Harry Verhoeven, "The Self-fulfilling Prophecy of Failed States: Somalia, State Collapse and the Global War on Terror," *Journal of Eastern African Studies*, Vol. 3, Issue 3, 2009, pp. 405—425.

33. 郭纪:《西方正在经历深刻的制度危机》,《求是》2011 年第 17 期。

34. 《起义报》(西班牙),2011 年 8 月 25 日。

35. 戴秉国:《中国坚持走和平发展道路　并非拍脑袋的产物》,《人民日报》2010 年 12 月 13 日。

36. 参阅《胡锦涛总书记在庆祝中国共产党成立 90 周年大会上的讲话》,《求是》2011 年第 13 期。

37. 李景田:《中国特色社会主义的旗帜上鲜明地写着发展与公正》,《求是》2011 年第 13 期。

38. 周永康:《加强和创新社会管理,建立健全中国特色社会主义社会管理体系》,《求是》2011 年第 9 期。

39. 参阅《胡锦涛总书记在庆祝中国共产党成立 90 周年大会上的讲话》,《求是》2011 年第 13 期。

40. 同上引文。

41. 贺国强:《总结历史经验,坚持改革创新,进一步提高反腐倡廉建设科学化水平》,《求是》2011 年第 16 期。

42. 杨洁勉等:《国际合作反恐:超越地缘政治的思考》,时事出版社 2003 年版,第 191 页。

43. 戴秉国:《中国坚持走和平发展道路　并非拍脑袋的产物》,《人民日报》2010 年 12 月 13 日。

44. 杨洁勉等:《国际合作反恐:超越地缘政治的思考》,第 85 页。

第七章
新兴大国与全球治理

随着新兴大国的崛起和国际体系的加速转型，新兴大国在全球治理的过程中发挥着日益重要的作用，成为全球治理的新角色。新兴大国不仅积极地参与全球治理的实践，而且为全球治理贡献了新的理念，如强调多边主义和合作共赢，尊重文明多样性等。当然，新兴大国在全球治理中也面临着挑战，不仅需要协调好与传统大国的关系，而且要协调好新兴大国内部关系以及新兴大国与广大发展中国家的关系。中国作为最有影响的新兴大国，在新兴大国参与全球治理过程中应该发挥引领作用，在构建解决全球性问题挑战机制的建章立制中，把中国人民的利益与世界各国人民的共同利益结合起来，与国际社会一道共同建设一个持久和平、共同繁荣的和谐世界。

第一节　新兴大国对全球治理的贡献

一、新兴大国崛起对国际体系的影响

（一）新兴大国的群体性崛起

新兴大国崛起是当前国际体系加速转型过程中的最大特点，已经引起国际社会的高度关注。本章所称的新兴大国专指中国、印度、俄罗斯、巴西、南非和墨西哥六国；它们是众多新兴国家中的佼佼者，其经济总量在世界排名中比较靠前，具有相当的国土面积和人口规模，是某个地区有重要影响的国家，并具有良好的发展势头。当然这并不是客观衡量标准，事实上新兴大国的定义在学界也存在着一定的争论；例如俄罗斯究竟是“新兴”大国还是“衰落”大国就有较大争论；甚至以此而论，

中国、印度都可算是“复兴”大国，因此本章将这些国家列为新兴大国更多是便于论述。

新兴大国的崛起与历史上的大国兴起相比有很大的不同。首先是呈现出群体性崛起的态势。历史上，在某个时期只有一两个或少数几个大国的崛起，不具备群体性的特征。17 世纪西班牙的霸权被荷兰打破，18 世纪英国取代荷兰，20 世纪美国取代英国；当然，也有德国、日本挑战英美失败的历史。此次新兴大国的崛起，不论是“金砖国家”还是“发展中五国”，都呈现群体性。同时，新兴大国之间主动地加强协作，营造集体性，以增强自身在国际舞台上的力量。1993 年中国与巴西建立战略伙伴关系，1997 年南非与印度建立战略伙伴关系，1999 年巴西出面组织“二十国集团”，2003 年南非、巴西和印度成立“印度—巴西—南非对话论坛”。2005 年开始，八国峰会邀请 5 个新兴大国与会，形成“8＋5”发达国家与新兴大国对话机制，“发展中五国”机制由此形成。2008 年以后，“金砖四国”合作机制成为新兴大国合作的主要平台：2008 年 5 月 16 日，首次正式召开“金砖四国外长会议”，2009 年和 2010 年相继召开两届“金砖四国”峰会，向世界发出了自己的声音。

其次，与历史上大国崛起大多通过战争改变现有的国际体系不同的是，新兴大国选择了在接受现有国际体系基础上改善和发展的方针，“国际社会首次作出了和平转型的战略选择”。[1]中国坚持走和平发展道路，提出与世界人民携手建设持久和平、共同繁荣的和谐世界。俄罗斯的复兴也选择和平的手段，即便与西方国家有矛盾也是斗而不破，有竞争又有合作。印度主张在和平共处五项原则及联合国宗旨和原则的基础上建立公正合理的国际政治经济新秩序。巴西提倡各国应在遵循国际法准则的基础上开展合作。墨西哥反对单边主义，主张在充分尊重国际法的基础上，通过多边机制解决冲突，实现和平与发展。南非呼吁以联合国等多边国际机制为基础建立多边治理体系。2010 年 4 月，第二届“金砖四国”峰会联合声明指出：“我们深信，深化和拓展四国对话与合作不仅符合新兴市场和发展中国家的共同利益，而且有利于建设一个持久和平、共同繁荣的和谐世界。”[2]

尽管新兴大国的崛起选择了和平的方式，但是，对国际体系产生重大而深远的影响也是在所难免的。国际体系是指国际社会各行为体在共同或相似的价值观指导下，在一定的时期内按照共同规则互动的整体状况。从学理上讲，国际体系的研究主要是指研究国际关系的整体结构；从战略上讲，国际体系的研究主要是研究行为体参与国际社会互动的大环境与应对环境的战略选择。新兴大国的崛起对国际体系结构，乃至国际关系规范的改造都将产生深远的影响。

（二）新兴大国的崛起促进国际力量对比发生变化，推动国际体系朝着更加公正合理的方向发展

新兴大国的崛起是发展中国家改善自身地位努力的一个组成部分，也较有可能对国际体系产生重大影响的进程。发展中国家的兴起，或者以前所称的第三世界的兴起，开始于20世纪中叶，以殖民地和半殖民地的民族解放运动尤其以万隆会议为标志。但那时只是政治上的兴起，在国际体系和治理的范畴内没有多少话语权，更多的时候是自说自话，毛泽东自嘲为“放空炮”。只有到一些发展中国家经济崛起后，才产生了真正意义上的新兴大国。

新兴大国的崛起改变国际经济格局，颠覆中心—边缘结构。新兴大国中除了俄罗斯，其他都是原先的第三世界国家，在资本主义经济体系中处于边缘甚至是外围，经济总量弱小，在国际分工中处于不利的地位。但是，随着经济全球化的发展，这些国家抓住了发达国家产业转移和科技革命的机遇，通过改革开放，主动参与国际竞争，经济发展取得显著的成就，在发展中国家中脱颖而出。1979年中国、印度、巴西、墨西哥、南非五国的经济总量为8 735亿美元，占七国集团经济总量的13.9%，到2006年，上述五国的经济总量为57 384亿美元，占七国集团经济总量的比重上升到20.4%。[3]作为新兴大国的代表，“金砖四国”的国土面积占世界领土总面积的26%，人口占全球总人口的42%，国内生产总值占世界总量的22.3%，贸易额占全球贸易额的13.3%[4]，按购买力平价计算对世界经济增长的贡献率已经超过50%。“金砖国家”是引领世界走出全球金融危机的重要力量，以中印为首的新兴经济体的强劲复苏，带动世界经济走出国际金融危机的阴霾。2009年中国经济增长率破八，达到8.7%，2010年中国经济增长率为10.3%。印

度、巴西和俄罗斯等国的经济在2010年都有不错的表现，分别增长8.3%、7.5%和3.8%。相比之下美国经济增长2.8%，欧盟增长1.7%。2010年中国经济总量超过日本，居世界第二，达397 983亿元人民币，约合6.048万亿美元。中国已经成为引领世界经济发展的火车头。

新兴大国的崛起促进国际政治体系的和平转型。经济基础决定上层建筑，新兴大国的经济崛起促使新兴大国政治影响力的上升，改变现有国际体系中西方与非西方的力量对比，大大推动多极化进程的发展。冷战结束二十多年来，国际体系先后经历了“美国独大”和“一超多强”的过渡性阶段，正在向以“多元多体”为主要特点的多极化发展，新兴大国群体的崛起正是推动国际力量对比的重要因素之一。

新兴大国分别代表着不同地区、不同传统、不同文明，推动着多极化和国际关系民主化。自威斯特伐利亚体系以来，西方一直主导着国际体系。冷战结束后美国成为唯一的超级大国，更使得西方在这一体系中的主导地位空前强大。但新兴大国的群体崛起导致了“没有西方的世界”出现，这个“没有西方的世界”依赖于发展中国家的迅速深化的相互联系——包括货物、货币、人口和观念；它令人吃惊地独立于西方控制，导致了一个新型的、平等的国际体系的发展……崛起的新兴国家正开始讨论一个替代性的制度架构……。[5]当然“没有西方的世界”尚有些言过其实，但是新兴大国的崛起改变了国际力量对比，大大纠正了先前近四百年里国际体系的“发育不良”，使得西方与非西方的力量逐渐向平衡的方向发展。

（三）新兴大国的崛起为世界贡献新的发展模式，使得世界发展模式多样化

新兴大国崛起其实是非西方道路的成功，是一条不同于“华盛顿共识”的新模式的成功，“世界发展模式多样化逐渐成为新的国际现实”。[6]中国改革开放三十多年，经济平均增长率9.8%，从一个一穷二白的国家迅速发展成为经济总量居世界第二的新兴大国。英国学者乔舒亚·库珀·雷默（Joshua Cooper Ramo）把中国发展模式概括为“北京共

识”，认为它是区别于市场原教旨主义的“华盛顿模式”的发展模式：第一，中国经验破除了西方的固有思维，认为发展中国家必须按部就班从低级技术起步，而是把技术创新和使用最新技术放在首位，从而使创造的变化更快，以克服由于变化而带来的问题；第二，中国不单纯以人均国内生产总值这样的陈旧概念来衡量经济的发展，而是把发展的重点放在均衡与生活水平的实质性提高，再次突破了西方固有的认为可持续性与平等只是发达国家才有能力考虑的事情的观念；第三，强调自主决策的能力，坚决抵制任何企图强加于人的霸权。[7]新加坡学者郑永年把中国的经济模式概括为“混合所有权制度”、“出口导向和内部需求”、“政府和市场的关系”等几大特征，他认为中国模式不仅包括经济模式，而且包括政治模式。[8]

中国、印度等东方国家的崛起，引起广大发展中国家的密切关注，纷纷采取“向东看”政策，目的是搭上新兴大国崛起的快车，实现自己的发展。尽管中国模式未必“放之四海而皆准”，中国基于它的文化传统，向来不搞普世主义，不搞唯我独尊，不向别国推销自己的模式，而是采取兼收并蓄的态度，强调从各自的国情出发，选择适合自己的发展道路。作为新兴大国的一员，中国乐见世界发展模式的多样化。

（四）新兴大国崛起对国际组织和规则的影响

就国际政治、经济结构而言，新兴大国的崛起更多是改变了不同行为体发挥影响力的结构。但行为体影响力结构的变化必将体现在对国际组织、规则的改变上。这既包括对既有的国际组织和规则的继承和改革，也包括新的国际组织和规则的创建。

新兴大国的崛起是和平的，在对国际体系内的主导性国际组织和规则的最为关键态度仍是不挑战现有国际体系的根本结构。[9]但这并不意味着新兴大国全然接受现有国际体系结构；恰好相反，新兴大国的战略选择是通过参与，从而对国际组织、规范和规则进行内部改革。这种改革最为重要的两个方面是联合国安理会和布雷顿森林体系的改革。联合国改革，尤其是安理会改革目前仍处于激烈的争论之中，但对改革的共识已经形成。相比之下，对布雷顿森林体系的改革已经开始。

2009年二十国集团在匹兹堡峰会上取得一致立场，决定对新的发展中经济体转移国际货币基金组织5%和世界银行3%的组成份额与相应的投票权重。2010年4月25日，世界银行发展委员会会议落实了该项改革方案，中国在世界银行的投票权重从原先的2.77%提高到4.42%，成为世界银行第三大股东，仅次于美日两国。而世界贸易组织已经顺应了后冷战时期的全球发展，其决策程序基于国家主权平等原则，这无疑源于新兴市场的政治经济要求。

但新兴大国崛起导致的对国际组织、规范和规则的改革很大程度上是西方发达世界，尤其是美国主动提出的，比如二十国集国领导人峰会的召开以及取代八国集团成为世界经济治理的主要平台，对国际金融机构的改革等就是如此。当然，这是基于新兴大国崛起背景下国际力量对比变化的事实，并且是发达国家希望新兴大国在解决全球性问题方面发挥更大的作用。

二、全球治理的新角色

如前所述，全球问题需要在全球层面通过对话、协商、合作，确立一系列有效治理的机制、条约和规范来解决。在当今新兴大国群体性崛起和国际体系加速转型的形势下，尤其需要发挥新兴大国的作用，这是至关重要的。“近些年，人们已经意识到仅凭八国集团是难以应对当今世界的发展问题的，必须将发展中国家，尤其是新兴大国包括在全球治理的决策过程中，20国集团在全球金融危机中的作用就是一个很好的例证。”[10]

（一）新兴大国参与全球性问题的解决是义不容辞的责任

全球性问题的解决离不开新兴大国的参与，是对新兴大国的客观要求；从新兴大国自身而言，参与全球性问题的解决也是主观需要。事实上，新兴大国参与全球性问题解决的愿望不断增强，主要有以下几个方面的原因：

首先，符合国内社会经济可持续发展的需要。全球性问题不是发达国家的专利，不像以前对发展中国家来说全球性问题只是一个后现代的问题，今天，它们已经是非常现实和严峻的挑战。全球金融危机之下，几乎没有一个国家能够幸免，核武器的泛滥威胁地球的生存，还有大气的污染、急速的城市化、流行性疾病的全球蔓延等全球性问题，都对各国社会经济的可持续发展提出了严峻挑战。只有各方通力合作，妥善解决，才能做到可持续发展，这对新兴大国自身也是有利的。

其次，占据道义高地，提高自身的形象和话语权。全球性问题关乎人类发展的未来，现在已经成为全球关注的一个焦点。新兴大国参与解决全球性问题是担负应有责任的最好表现，有利于占据道义高地，提升自己的形象。此外，新兴大国可以借机在应对全球性问题挑战的建章立制中提高自己的话语权。

第三，担负起应有的国际责任，改善与发达国家的关系。新兴大国能否顺利崛起，关键是要处理好与传统大国的关系，在解决全球性问题上，传统大国对新兴大国是有期待的，希望新兴大国发挥更大的作用，甚至会提出超过新兴大国实际能力的要求，如世界经济的再平衡、应对气候变化、反恐等。因此，新兴大国参与全球性问题的解决，担负应有的责任，有利于改善与传统大国的关系，为自身的崛起创造良好的外部环境。

最后，全球性问题是新兴大国进行合作的新空间。新兴大国合作应对全球性问题，有利于捍卫新兴大国和广大发展中国家的利益，使得全球性问题的解决朝着更加公正合理的方向发展。同时，这又是新兴大国多边外交的重要舞台，可以丰富新兴大国多边外交的合作内容。

（二）角色定位

新兴大国是全球治理的新来者。原先，世界上的事情基本上是发达国家说了算，包括国际“游戏规则”的制定，比如国际组织和国际金融机构的制度安排。当然，全球治理的范畴很广，既包括对世界经济的治理，也包括传统安全和非传统安全，还有气候变化，等等。而各行为体对全球治理角度的不尽相同，会不可避免地从各自的利益出发。因此，新兴大国在对全球治理角色定位的时候还应该考虑以下几点。

是主动参与而不是消极应对。新兴大国参与全球治理有一个发展过程，从个别关注到全面参与，从反应式应对到发挥建设性乃至引领性作用。当然，全球性问题复杂繁多，各国各有侧重，所以充满着矛盾和斗争。如在气候变化问题上，新兴大国与传统大国、最不发达国家及岛屿国家都有不同的诉求；新兴大国反对全球治理的过度政治化，主张聚焦于全球经济治理和非传统安全等重点领域，对于主权和不干涉内政的关系、维护人权与人道主义干预等比较慎重，甚至不乏消极应对。但总的来看，新兴大国对于全球治理还是应该持积极参与的态度。

是求同存异而不是另起炉灶。全球治理理论是20世纪90年代欧美学者首先提出来的，也是当年欧洲左翼政党的行动纲领之一，不可否认带有西方的价值观，在发展中国家和新兴大国中受到一定的抵制。新兴大国一方面感到全球治理的必然性、合理性，另一方面对发达国家强调和关注的非领土政治、全球公民社会有较多的保留，对突破联合国和多边主义框架持审慎态度。所以，中国有的学者提出："中国需要一种区别于西方主流全球治理理论的特殊理论视角"，即"把全球治理锁定于全球问题的治理"。[11] 和谐世界理论是中国版的全球治理理论，尚不足以取代全球治理理论。所以，求同存异还是比较现实的选择。

是重要成员而不是唯一成员。全球性问题解决，固然需要发挥新兴大国的作用，但也不能要求过高。现在已经不可能把新兴大国排斥在全球性问题解决的主体之外，从二十国集团峰会到气候变化大会，再到核安全峰会，发达国家都希望新兴大国发挥更大的作用。但是，全球性问题的长期性和复杂性，决定了这些问题的解决是一个相当漫长的过程，即使新兴大国贡献再多的努力，仍离全球性问题的解决有很大的距离。诸如"中国要为世界经济失衡负责"、"中国要为全球气候变暖负责"等各种说法的"中国责任论"就是发达国家对新兴大国过高要求的反映。所以，责任共担更加重要，发达国家在全球性问题的解决上应该担负起更多的责任。气候变化如此，核裁军和核不扩散如此，加强金融监管和反对贸易保护主义也是如此。

三、新兴大国参与全球治理的理念和现实

新兴大国群体性崛起是当前国际体系演变的最大特点，也是促进

国际体系转型的主要动力。新兴大国群体性崛起给全球性问题的解决带来新的机遇。新兴大国不但加入到越来越多的全球性国际组织中，而且通过二十国集团、金砖国家峰会、印度巴西南非对话论坛等机制，以及双边合作推动全球性问题的解决。金砖国家峰会已经召开三次，在全球治理中发挥越来越积极的作用。叶卡捷琳堡峰会更多地关注国际金融改革和监管；巴西利亚峰会的议题更加广泛，扩大到应对气候变暖、反恐、能源开发等内容。[12] 2011 年 4 月 14 日在中国三亚召开的金砖国家峰会是一次很重要的会议，会议正式吸收南非为金砖国家成员国，会议就全球治理的许多方面再次阐明了新兴大国的主张。三亚峰会肯定"金砖国家峰会是各成员国在经济金融发展领域开展对话与合作的重要平台"，"支持二十国集团作为国际经济合作主要论坛，在全球经济治理中发挥更大作用"。三亚峰会重视粮食、能源等大宗商品价格波动，认为这已经"成为当前世界经济复苏面临的新风险"，并提出，"国际社会要相应加强对大宗商品金融衍生品市场监管，防止出现扰乱市场的行为。"三亚峰会关注非洲发展，提出"我们支持非洲国家在'非洲发展新伙伴计划'框架下基础设施建设和工业化进程。"[13]

（一）理念

新兴大国参与全球治理，为全球治理注入了新的活力、提供新的理念，这有利于更加公正、合理地解决全球性问题。西方国家解决全球性问题主要的理论是全球治理理论。全球性问题是超越意识形态的，但是全球治理理论却不然，"全球治理的规制和机制大多由西方国家制定和确立，全球治理难免在很大程度上体现了西方国家的意图和价值。"[14]新兴大国的参与将改变这种状况，"新兴经济体将以不断发展的多边主义为基础，为应对全球性危机和推动国际秩序朝着更加公平、公正、平衡、包容的方向发展作出越来越重要的贡献。"[15]不论是中国倡导的和谐世界理念，还是新兴大国都赞同的"共同但有区别的责任"原则，都是新兴大国解决全球性问题的新理念。新兴大国一般比较强调多边主义，尊重文明多样性，分清发达国家和发展中国家的责任，有利于更加公正合理地解决全球性问题。具体地说，新兴大国参与全球治理的理念包含了五个关键词：和平、合作、包容、平等、共赢。

和平。新兴大国合作不是打造新的集团，与传统大国相对抗。新兴大国在参与解决全球性问题，尤其是热点问题时主张通过和平谈判解决，而非采用战争手段。“我们强调并支持，在国际法治、平等合作、互相尊重、由各国协调行动和集体决策的基础上，建立一个更加民主和公正的多极世界。我们重申支持通过政治和外交手段和平解决国际争端。”[16]中俄在朝核、伊核问题上都有良好的合作。印度巴西南非对话论坛同样主张以和平的手段解决国际争端。

合作。新兴大国主张通过多边主义的合作来应对全球重大挑战和威胁，从而为维护世界和平稳定、促进各国共同发展作出自己的贡献。“在气候变化、粮食安全、能源资源安全、公共卫生安全等全球性挑战面前，任何国家都不可能独善其身。加强国际合作，是应对挑战、确保和睦安宁的必由之路。”[17]各国应该通过对话和协商解决分歧和矛盾；要互利合作，建立健全多边国际合作机制；合作要体现公正公平，统筹考虑各国发展阶段、国情、能力；应该发挥联合国及相关国际组织的作用；要特别关注发展中国家特别是最贫困国家的状况，真诚地帮助他们解决困难。

包容。在解决全球性问题的时候要兼顾发达国家和发展中国家需求，平衡发达国家和发展中国家关切的问题。在文化上不能搞唯我独尊，应鼓励不同文化之间的交流互鉴；在发展模式上不能搞一刀切，尊重别国选择适合自身发展的道路和模式；在应对气候变化问题上，应该考虑发展与减排、历史与现实的辩证关系，切实遵守“共同但有区别的责任原则”。

平等。新兴大国主张全球治理应该由世界各国共同参与。国家无论大小、强弱、贫富，都是全球治理的组成部分，应该以平等身份参与治理过程，并享有相应的代表性、发言权、决策权。平等参与不仅是形式上的，更应是实质内容上和决策过程中的。只有这样，才能体现全球治理的合理和公正，保证全球治理的信誉和成效。

共赢。新兴大国主张在全球治理的过程中实现共赢。共赢有两个层次，一方面，要把新兴大国的利益与传统大国的利益以及其他集团的利益结合起来；另一方面，要把本国利益同他国利益结合起来，把本国发展同各国共同发展联系起来。

（二）实践

首先，新兴大国积极应对全球金融危机、推动国际金融体制改革。2008年全球金融危机爆发后，新兴大国不仅纷纷出台刺激经济的计划，而且通过二十国集团和“金砖国家”峰会等平台加强国际合作，共同反对贸易保护主义，要求加强对国际金融机构的改革和监管，合作应对金融危机。正如胡锦涛主席在金砖四国峰会第二次峰会上所指出的：“在世界经济一片低迷的气氛中，我们四国共同发出推动世界经济尽快复苏的强烈信号，并进行艰苦努力，率先实现经济恢复增长。经过国际社会携手应对，世界经济形势已出现回暖迹象，有望逐步走出国际金融危机的阴霾。”[18]在改革金融体制，增加发展中国家的代表性方面，经过新兴大国的共同努力，已经取得一定的成绩。2010年4月，发达国家向发展中国家转移了3.13个百分点的投票权，使得发展中国家在世界银行的整体投票权从44.06％提高到47.19％。中国在世界银行的投票权由原先的2.77％提高到现在的4.42％，成为世界银行第三大股东，仅次于美国和日本。

其次，新兴大国积极应对气候变化、为世界气候变化大会的成功作出了贡献。新兴大国都制定了应对气候变化的计划。俄罗斯计划到2020年将碳排放量较1990年水平减少20％—30％；印度决定在2020年前，将在2005年基础上减少20％—25％，巴西计划到2020年将温室气体排放量在预期基础上减少36.1％—38.9％。中国1990年至2005年期间，单位国内生产总值二氧化碳排放强度下降46％。在此基础上，中国又提出，到2020年单位国内生产总值二氧化碳排放比2005年下降40％—45％。新兴大国在国际气候变化谈判中进行了良好的合作。2009年12月，中国、巴西、印度和南非结成“基础四国”，表明在气候变化谈判中的立场，要求坚持京都议定书及巴厘路线图，要求发达国家率先大幅度减排，认真兑现向发展中国家提供资金和技术转让的承诺。

第三，新兴大国开展能源资源合作、确保全球能源资源安全。在新兴大国中，中国的能源生产和使用效率较低；印度的能源最为脆弱，既缺乏大型的地下储藏，也缺乏比较富足的土地和水资源，其电力普及率也是“金砖四国”中最低的；俄罗斯尽管是重要的能源输出国，但如何避免“荷兰病”[19]却是个大问题。尽管巴西等国资源相对丰富，但在资金和技术上也有与其他新兴大国合作的必要。事实上，新兴大国能源资源的合作已经取得初步的成效，如中俄能源合作、中南能源合作、中巴能源合作、印俄能源合作等。如中巴“双方将在现有合作基础上，促进和扩大两国在石油贸易、石油勘探开发、融资、工程服务及装备等方面的合作”，“两国重点推进铁、铝、镍、铜、煤炭等矿石合作开采加工”。[20]

此外，在世贸组织多哈回合谈判、粮食安全、军控、裁军、防扩散和维护地区安全等问题上，新兴大国都有很好的合作潜力和空间。

（三）前景

新兴大国合作解决全球性问题需要处理好与外部的关系，既包括传统大国，又包括不发达国家和中小国家的关系。新兴大国合作参与全球性问题的解决，一方面可以提高国际声望，另一方面也是符合可持续发展需要的。但是，如果判断失误，操之过急或者裹足不前，都是要付出代价的。此次全球金融危机爆发之初，发达国家受到重创，但国际力量对比尚未发生根本的变化，西强东弱的格局继续存在。在这样的背景下，“金砖四国”峰会高调提出改革国际金融制度，主张创造一种“新世界货币”，引起了传统大国的警惕和防范。在应对气候变化问题上，新兴大国与不发达国家和中小国家存在矛盾，后者希望新兴大国发挥更大作用，甚至与发达国家一样制定强制减排的目标。

新兴大国合作解决全球性问题需要妥善协调内部关系。新兴大国内部同样存在分歧，巴西和印度两国渴望成为联合国安理会常任理事国，然而它们能否得到中俄的支持依然不确定。在农业补贴方面，巴西赞成农业贸易的完全自由化，而中印更倾向于保护国内市场。在核问题上，南非曾经拥核后来又主动弃核，中俄已加入《不扩散核武器条约》和《全面禁止核试验条约》，但印度至今尚未加入该条约。此外，俄罗斯大量的油气储备去向如何，也可能导致中印之间的竞争。

新兴大国合作应对全球性问题挑战方面还有很大的潜力。当前，全球性问题解决的议程设置权基本掌握在发达国家手里。随着新兴大国力量的进一步上升，新兴大国合作领域将进一步扩大，合作的水平将进一步提高，新兴大国在解决全球性问题上将发挥更大的作用。在重大问题上，新兴大国要明确表示自己的原则立场，占据道义制高点；在制度层面，新兴大国要积极参与国际制度的改革，以使国际制度更加符合应对全球威胁、加强全球治理的需要；在实施层面，新兴大国要量力而行，并注意自己的策略，在国际力量对比尚未发生根本变化，西强东弱的格局继续存在的背景下不能过度刺激传统大国，以免引起它们的警惕和防范，同时，要联合和团结广大不发达国家和中小国家，协调好与各方的关系。

第二节　新兴大国在全球治理中面临的挑战

一、新兴大国参与全球治理的困难与障碍

虽然从长远发展的观点看，传统大国处于相对衰弱阶段，新兴大国处于上升和崛起阶段。但就当前和今后一段时期而言，两者在人均国内生产总值、教育普及率、法制体系等社会发展诸多方面的差距仍然不小；同时，在国际制度与规则的话语权和主导权方面，新兴大国面临诸多困难和障碍。

（一）新兴大国在当代国际体系中处于相对弱势地位

首先，所有新兴大国都没有参与当今国际体系的创建，无论是金融领域的国际货币基金组织和世界银行，还是贸易领域的《关税及贸易总协定》演变而成的世界贸易组织，以及其他重要的国际组织，都是发达国家在“二战”后经济上美元霸权地位确立和政治上自由主义思潮占据统治地位的情况下构建的。这些国际组织机构是否仅仅迎合发达国家的利益需要而完全不考虑发展中国家的诉求，不能下这样的定论；但是发展中国家没有参与创建国际体系的事实决定了发展中国家目前在其中还不可能拥有话语权。新兴大国的崛起或许可能改变这种状况，然而发达国家今天仍然明显处于强势地位。

其次，与发达国家不同，新兴大国的组成比较复杂，其群体本身是一个多元的复合体，包含了差别很大的价值体系、文化系统、社会制度、

对国际体系的期待与观念等。相对而言，目前在国际体系中居主导地位的发达国家的差异性较小，即以“金砖国家”论，中国、印度、巴西、南非及俄罗斯在上述所有领域都存在着巨大的差异。因为这种差异，它们对国际体系的看法和诉求尽管有着很大的共同性，如要求改革目前发达国家占主导地位的现状；但在具体领域应该如何改、要达到什么目标等，却因各国利益的不同而不同。至于如气候变化和降低全球温室效应问题上，不但“金砖国家”之间看法不同，在“金砖国家”和一般发展中国家之间也存在着很大的差异，这导致在关于全球治理的重大问题上发达国家相对来说更易取得一致立场。而新兴大国的诉求更可能有较多的分歧，这些分歧既有和发达国家的，也有发展中国家之间的。

此外，发达国家在战后发展起来的地区一体化进程中取得较大进展，以欧盟为代表的超国家组织在国家联合进程中远远走在发展中国家前面，这使得在讨论任何关于全球治理的议题时发达国家的声音常常较为一致。而新兴大国则在发出同一个声音之前，首先需要取得共识，这往往是一个艰难的过程。现有的新兴大国协商机制如“金砖国家”机制以及二十国集团机制等，对新兴大国提出关于全球问题的共识等方面具有重要的意义，但尚未真正形成如欧盟这样的有机进程。因此在与发达国家的相关讨论中，新兴大国处于劣势。

最后，新兴大国之间的关系也是一个复杂的变数。新兴大国就其组成而言，主要是由历史悠久、文化多元、民族众多的文明古国所组成，因此新兴大国的崛起通常又被解读为古老民族复兴的进程，以中国和印度最为典型。而在这个范畴里，新兴大国的相互关系是一个不容回避的问题。因为无论是在漫长的历史进程中，还是在当代国际政治演进中产生的观念和利益的碰撞，都显示了这些有着古老文明的发展中大国之间确实存在着摩擦和冲突，而且尚没有建立解决它们相互之间分歧的有效机制。新世纪的头十年见证了新兴大国努力建立新的合作机制的进程，如中俄印外长定期会晤机制，“金砖国家”峰会机制等，为新兴大国相互沟通促进理解提供了很好的平台；也表明了新兴大国充分意识到它们相互之间存在的问题，如中国和印度之间悬而未决的领土争端对双方在多边体系中的合作所造成的影响。

新兴大国在当今国际体系中所处的弱势地位是相对于发达国家的

地位而言的。前者的快速发展一方面在迅速改变这种相对弱势地位，另一方面，由于国际规则和机构是由发达国家创造制定的，其对发展中国家的制约是明显的，因此处于上升地位的发展中国家必将谋求改变于己不利的因素，而这未必受到发达国家的欢迎。发达国家为了维护在现行国际体系中的既得利益，必然采取一切手段，包括阻止或延缓新兴大国在国际体系改革进程中获得新的话语权。从全球治理的角度看，发达国家和发展中国家在国际体系中的地位差异和话语权的不同，是导致双方在全球性问题上不易达成共识的重要原因。这或为新兴大国参与全球治理首先面临的困难和挑战。

（二）新兴大国在理念建设方面的不足

全球治理是理念和行动结合的产物，在一定意义上，理念的作用甚至更大，因为新的理念的提出往往成为国际机制改革的先声。而在这方面，新兴大国迄今尚未有足够的准备，甚至也没有提出能为国际社会普遍接受的理念的基础。以非洲国家的发展为例。由于以中国、印度等为代表的新兴大国因经济快速发展对能源和原料的需求大幅上升，因此对非洲大陆的关注和投入在新世纪都有较快增长。非洲曾经被欧洲发达国家视为“后院”，欧洲与非洲的关系被赋予特殊的色彩。当中国等新兴大国在非洲的存在逐渐扩大时，欧洲发达国家以全球治理为理由，认为中国等新兴大国对非洲的兴趣仅仅是建立在对原料和能源的需求之上，对非洲实现“良治”没有兴趣，因而是所谓“新殖民主义”。尽管这种批评反映了欧洲发达国家在非洲影响逐渐消退的事实，但另一方面也不能不看到，自冷战结束后，全球治理逐渐在新自由主义和“华盛顿共识”的理念主导下被引入西方设定的固有模式之中，似乎治理就是西方提倡的“普世价值”得到推广，似乎新兴大国进入非洲并没有相应的理念作为先导，也没有将非洲的变化和发展纳入全球治理的视野，给了发达国家批评新兴大国的理由，这使得新兴大国参与非洲事务处于相对不利的地位。从发展中国家的观点来看，治理的本质就是发展，没有发展，治理只会流于空谈；而发展的核心是经济成长，是使长期处于贫困状态的民众摆脱贫困，是解决数以百万计的民众就业问题，等等。对新兴大国来说，发展更蕴含了使这些有着悠久文明和历史传统的古老国家走向民族复兴的道路，在国际体系中重新取得应有的地位。但这与发达国家在后冷战时期所推行的全球治理并不是同一个理念，后者强调的是新自由主义的政治传统和“华盛顿共识”所倡导的市场原则，是对国家主权绝对性的否定，是美国学者福山提出的“历史的终结”以后世界新秩序的塑造。这种秩序是以西方的民主政体和开放的市场经济体系为蓝本的，其背景则是 20 世纪 80 年代以来，日益扩大的全球化浪潮。以“华盛顿共识”为代表的发达国家关于治理的理念将全球治理与国家在国内政治经济社会问题上可能的选择联系起来，对发展中国家提出了严峻的挑战，可以称之为“三个世界”模型解体以来发达国家和发展中国家在意识形态上最激烈的分歧之一。正如西方学者早就指出的那样，“区隔（发达国家和发展中国家）的界线不仅是领土的，也是思想的和概念的……我们的全球‘观念分布形态’现在需要重新整理。以前的那些基本分类如第三世界或不结盟运动等是否在新的全球秩序重组中仍然有效呢?”[21]而在全球秩序重组中明显占有优势地位的发达国家在理念上确实已经是先行了。新兴大国的群体性崛起是迟至 21 世纪初才出现的现象，尚无可能在思想观念领域提出全新的理念；而没有理念的先导，也就不大可能在全球治理的分化组合中获得话语权。这是新兴大国在参与全球治理中面临的另一层困难和挑战。

最后，应当指出，新兴大国参与全球治理是一个动态的过程，主导这个过程的主要因素是什么，目前还不是很清楚。虽然主流的观点可能会同意国力上升是决定性因素，但国力上升与承担更多的国际责任之间是一种什么样的关系似乎也不是很清楚。当年美国副国务卿佐利克在阐述新时期美中关系性质时曾使用过“利益攸关方”表达美国如何看中国国力上升后在国际体系中的地位问题。[22]这个所谓“利益攸关方”究竟是美国将国力大幅上升的新兴大国视为国际体系中“平等的股东”；抑或是美国认为在其主导国际体系的前提下，新兴大国应承担更多的义务，以继续维持美国领导的国际体系呢？看来，这不仅仅是中美关系中的问题，也是新兴大国参与全球治理的进程中必须找到答案的问题。

二、新兴大国改革国际体系的愿望和途径

全球治理是与现行国际体系的有效性密切联系在一起的。根据罗伯特·考克斯(Robert Cox)的研究,当今国际体系是一个历史结构演进的结果,其中包含了三个主要的因素,即物质力量的发展、思想观念的形成和机构制度的建立。这三个因素既有独立的一面,更有互相影响制约的一面,均为国际体系形成的决定性因素。[23]在全球政治中,上述三大要素的相互作用发生在三个相互联系的层面上,其一是由不同的生产方式所产生的社会力量,其二是不同的社会结构所产生的国家的形式,其三是世界秩序组成的方式。之所以强调这三个层面本身是相互联系的,主要是因为从研究的角度来看,无论研究的重点落实在哪个层面,都必须将这三者的相互影响加以考量,才能得出接近现实的结论。而以我们研究的对象来看,世界秩序是一个非常重要的因素,因而也比较强调世界体系的意义。所谓秩序或体系,所指的就是一种结构,是事情赖以发生的框架。它既不表示该框架有着不可避免的均衡含义,也不意味着没有动荡变化。也就是说,秩序或体系仅可能具备有限的持续性。这个观点包含了一个非常重要的含义,即世界体系永远处于变化之中。考克斯的历史结构主义理论指出了变化是体系的恒久属性,而形成变化的主要因素是物质能力与思想观念,因为国际机构和规范正是这两者结合的产物。但体系形成后同样具有自身内在的动因和制约的力量。在历史的长时段中,国家物质能力的发展和新的思想理念的提出将推动世界体系朝着新的方向发展。当今国际体系的形成即是如此。未来的国际体系应该怎么发展,虽然现在无法预测,但新兴大国国力的急剧提升似乎已经预示着一些新的意义和方向。

首先,现行国际体系蕴含的不合理的政治和经济秩序是建筑在西方发达国家的资本主义生产方式之上的,这种生产方式在世界其他国家的扩散经历了漫长的历史阶段,延至冷战结束之际,由于苏联集团的解体,与这种生产方式抗衡的替代方式宣告结束,而此前的冷战时期,广大发展中国家被称为"第三世界",以对应于发达国家集团的"第一世界"和苏联集团的"第二世界",这种体系使发展中国家似乎在生产方式以及说到底是在发展方式上处于非此即彼的选择状态,这是冷战结束

后新自由主义和“华盛顿共识”占尽优势的主要原因。尽管如此，以自由主义和“华盛顿共识”为基础的国际体系架构为发达国家利益服务的性质并没有改变。今日的世界体系基本上是“布雷顿森林”体系的衍生和发展，在金融、贸易和经济管理上是如此，在政治上也是如此，即发达国家掌握着最充分的话语权，发展中国家处于边缘地位。在这样的体系下讨论全球治理事实上是在肯定现行体系的有效性，以及在现行体系下谋求解决全球问题的改良之道。但这是否真正符合发展中国家的利益呢？尽管新兴大国对这个问题目前尚未形成共识，但随着新兴大国力量的上升，当今国际体系的不合理之处也越来越明显，而新兴大国全面参与全球治理的过程也将伴随着它们对改革现行国际体系的愿望而发展。

其次，战后形成的“布雷顿森林”体系在管理金融体系促进全球经济发展方面持一种相对乐观的态度，认为“二战”后的历史性进展显示了广泛的包容性发展前景，不但发达国家的地位得到巩固，发展中国家的状况也得到很大的改善。例如，世界银行1995年发布的一项关于发展问题的报告认为，“在过去的半个多世纪，发展中国家的人均收入增长了一倍多。一些经济体的国内生产总值翻了两番，在南亚有绿色革命，在东亚则是经济奇迹，拉美基本也克服了债务危机，非洲在卫生和扫盲等领域取得了长足的进步”。[24]同期，联合国1995年在哥本哈根召开的关于社会发展的高峰会议却得出了很不同的结论，“我们在世界范围内确实目睹了有些国家取得了繁荣，但不幸的是这伴随着其他国家状况的进一步恶化，难以接受的贫困”。该报告的结论是全球化正在产生赢家和输家，后者是主要的。[25]这说明在发展问题上，国际社会并没有取得共识，发展中国家的状况特别需要关注。但值得注意的是新兴大国的地位。在全球化浪潮中有大批的“输家”，而且主要是发展中国家，不过这显然不包括新兴大国。无论是“金砖国家”还是其他新兴经济体，尽管在全球化进程中经验各异，但将其归入“输家”显然是不合理的。以中国、印度等发展中大国为代表，新兴大国总体来说是充分利用了经济全球化提供的机会，并且在一定程度上也采纳了发达国家的市场经济实践经验，结合它们各自的具体状况，取得了经济的飞跃。因而在改革现行国际体系的问题上，尽管理论上大部分发展中国家都认为世界经济和政治秩序是不合理的，但从它们各自的利益出发，在具体的改革问题上并无共识，甚至某些改革客观上会导致在发展中国家产生“赢家”和“输家”。这可能加剧发展中国家的分裂，也不利于全球治理。这是新兴大国面临的一个考验。例如二十国集团峰会机制的确立将新兴大国纳入了全球治理的决策圈，其产生的一个成果是国际货币基金组织“特别提款权”和投票权重向中国、印度等新兴大国倾斜。这虽然反映了新兴大国参与全球治理的具体成果，但是否得到其他发展中国家的普遍欢迎仍然存疑。

再者，“北京共识”的提出第一次将后冷战时期可能产生的意识形态纷争提上了议事日程。后冷战时期在全球治理的范畴内，就意识形态而言，新自由主义是占主导地位的，可以和新自由主义观念形成对立的意识形态迄今尚未真正立足，其原因主要是发展中国家在发展问题上实际上并无共识。反全球化运动在理论上提出的挑战五花八门，从单纯反对西方跨国公司到绿色环境保护主义，从主张保护文化多样性到强调维护国家主权至上；各种观点并没有形成内在的统一，只是被标签为“激进主义反对运动”，事实上并无法撼动新自由主义的主流。但新世纪以来新兴大国的发展经验似乎提供了一种新的可能性，那就是被称为“北京共识”的观念。所谓“北京共识”当然不可以被理解为中国要挑战西方的自由主义发展理论，更不是中国要他国照搬的发展模型。“北京共识”只是基于中国独特的发展经验，从实践中汲取发展道路上正反两方面的经验教训而引出的一些新观念。由于这些观念可能背离自由主义经济发展理论的某些固定理念，且中国的高速发展似乎无法证实自由主义观念是普世的，因而引起国际政治经济学界的关注。尽管“北京共识”目前还没有从理论上予以总结，中国在官方层面也没有接受由英国学者雷默所概括的那几条经验就可以指导中国的改革开放，但“北京共识”之所以成为与“华盛顿共识”相对的一套新的理念却可以说明历史远未终结。有些西方学者认为，这是迄今来自“南方”的对西方主流意识形态“最具潜力最严肃的挑战，因为‘北京共识’在意识形态上的吸引力源于中国在过去十多年里取得的非同寻常的经济增长”。[26]

最后，新兴大国更深入参与全球治理的进程是与它们是否具有改造现行国际体系的途径联系在一起的。在世界被分成发达国家和发展中国家两大类的时代，全球治理与发展中国家的诉求能否被接纳并得到正确的回应相关。长期以来，发达国家和发展中国家在政治和经济上被分成“核心”和“边缘”、“北方”和“南方”、“富国”与“穷国”等。无论以什么标签划分，其性质和意义是类似的，即发达国家和发展中国家是两个不同的阵营；并且由于新自由主义和“华盛顿共识”的盛行，进一步将发展中国家的贫困落后归咎于它们本身的问题，认为是发展中国家没有奉行政治上的自由主义和经济上的开放式市场运作。发展中国家在发展问题上话语权的失落，导致冷战结束后新自由主义在西方主导的国际媒体和学界长期占有主宰地位。同时，也因为冷战结束后国际体系发生的真正变化乃布雷顿森林体系的进一步衍生外化，使发达国家占据了主要的舞台，拥有最大的话语权。与此形成对照的是发展中国家在 20 世纪七八十年代尚可以强调的政治与经济诉求也极大地衰退。这种状况之不利于发展中国家是明显的，是一直要到新兴大国走上国际舞台才可能得到改变。正是在这个意义上，新兴大国的崛起并与发达国家平等对话将为发展中国家参与全球治理改革国际体系提供新的变量和途径。新兴大国将首先在全球经济管理体系中加强地位而实现这种参与和改革，如我们已经在国际货币基金组织和世界银行的改革中所看到的，继而也将通过全球政治治理机构的改革提升新兴大国在全球事务中的话语权。这些是新兴大国参与全球治理所需要经历的，也是现实存在的。2008 年爆发的全球金融危机显示了发达国家并不能完全按照他们的思路来治理世界，二十国集团峰会机制的建立已然将新兴大国推上了历史舞台。这个进程远未结束，或者说是刚刚开始。对新兴大国来说，面临的重要问题是在目前形势下是否有可能创建新的国际规制。

2011 年 4 月 14 日，在中国三亚召开了第三次金砖国家峰会。本次峰会由于增加了南非，使该集团在发展中国家的代表性更趋完整。会议发表了《三亚宣言》，对全球性问题提出了一系列主张，包括国际金融机构改革、联合国安理会改革、西亚非洲国家发生的动荡、二十国集团应当承担的使命，等等。这些议题都是当今国际社会高度关注的，也是和国际体系改革密切相关的课题。尽管“金砖国家”提出的主张并不代表一定能取得实质性的进展，但新兴大国组成集团、就一些重大问题提出自己的主张，这本身就有着重要的意义，并且也可以理解为新兴大国通过此类峰会机制，已经形成了和发达国家集团相对应的国家集团。这应该被视为新兴大国寻求改革现行国际体系的重要途径，因为新兴大国形成为集团是新兴大国发挥改革国际体系作用的必要前奏；没有这个前奏，就不可能提出真正的改革主张、创建新的国际规制。

三、新兴大国创建国际规制的现实与可能

创建国际规制是国际体系演变的核心，其中涉及规范、制度、范式、机构等方面。由于所有新兴大国都不是当今国际体系的创建国，因此现行的国际规制是新兴大国被动接受和必须应对的。这并不表示现行国际规制对新兴大国都是不利的，也不能说由于发展中国家在当今国际体系中基本上处于边缘地位，国际规制对发展中国家都是不利的。这里有一个非常重要的悖论：

一方面，在现行国际体系中处于主导地位的发达国家在创建国际规制时虽然打着"普遍性"或"国际公共物品"或别的什么旗号，但其实质却是建立对发达国家有利的规范、机制和机构。事实上发达国家创建国际规制也不是随心所欲的，而是受制于拥有的物质能力和具备的思想理念，这两者都是历史在一定阶段的产物。资本主义从兴起至鼎盛，在国际体系范畴内建立了以资本主义生产方式占主导地位的世界生产体系，以自由主义理念为意识形态的世界政治范式。这推动了技术革命，在生产能力得到极大提高的同时，也必须为庞大的资本寻找新的市场和动力，从而带来了经济全球化的迅猛发展。新兴大国的崛起在很大程度上得益于经济全球化的发展，因而也可以被解释为得益于发达国家创建的国际规制。

另一方面，由于新兴大国都没有参与创建现行国际规制，而是作为被动的接受者与国际规制发生互动，因此不可避免地会和国际规制发生矛盾乃至冲突。就国际规制的现实而言，新兴大国虽然得益于此，例如资本的大规模转移使巨量外国直接投资涌入新兴市场国家，促进了后者的经济起飞，尽管这并不是跨国公司转移资本的初衷，而是在自由

贸易与分工的“普遍性原理”引导下跨国公司攫取巨额利润的途径，但这种产业和产能的巨大转移促进了新兴大国的崛起，包括中国和印度在内的一批发展中大国在西方主导的国际规制下顺势而为，获得发展的机遇。尽管如此，这并没有改变现行国际机制总体上不利于发展中国家的属性。正如前文提及的，经济全球化的结果究竟促进了世界政治和经济朝着更为平等的方向发展还是相反并无定论。但发展中国家相对于发达国家的弱势地位并无根本性好转是国际社会比较一致的看法，以至于冷战结束后在究竟如何判断当今世界体系的性质时，有学者将其归纳为“西方”和“其他国家”，或“富国”和“穷国”两大类。[27]这种世界政治的现实给新兴大国参与全球治理和改革国际规制的进程提出了挑战：作为现行机制的得益者，新兴大国似乎应该站在维护国际体系的一边以继续促进自身利益；而作为发展中国家的一员，新兴大国似乎更应该致力于改变西方国家制定的国际规制以促进国际体系朝着更为平等和民主的方向发展，从而改善发展中国家的整体地位。两者构成的矛盾也许是我们思考新兴大国改革国际机制的一个切入点。

很多学者同意当代国际政治的核心问题是和平与发展，归根结底是发展问题。在战后的半个多世纪，发展的进程是不平衡的，其根源在于“力量之等级差异”，即权力政治决定了发展会更优先朝什么方向倾斜；[28]这解释了发达国家更热衷于全球化，以及反全球化更多出现在发展中国家的现象。然而，权力政治对发展的影响这个课题还没有得到充分的研究和关注。在世界政治的不平衡发展中，发展中国家的问题正被越来越多地归咎于它们自身的问题；发达国家在冷战后基于新自由主义意识形态几乎已经一统天下的状况，对发展中国家的国内政治横加指责，认为没有实行民主政治和开放的市场经济是发展中国家落后的根本原因。从发达国家近年来大力主张的“普世价值”来看，似乎可以推断，发达国家在国际规制的改革和演进方面不大可能有积极的姿态，对“不公正的国际政治和经济秩序”仍然是要维护，因此发达国家在面对新兴大国崛起的现实时更强调让中国印度等国家融入现行体系。我们可以假设发达国家在数十年全球化进程中得到了最大的利益，它们不会自愿放弃。虽然发达国家可能会就发展失衡最严重的方面做部分工作，如防治艾滋病传播和治疗、防控人口贩卖、改善南部非洲状况等，甚至对一些有可能搅动体系规范全局的国家实行拉拢，但“（发达国家）不会认真对待建立公正的国际政治秩序的要求，无论有些政治表态可能有多动听。这方面的进步只有在今后发展中国家通过更为均衡的发展才能实现，其方式是改变国家间的联盟关系，在金融、贸易、环境等领域集中关注现行政策的变化和妥协，并有效动用发展中国家可能拥有的力量，即便这些力量仍然是有限的”。[29]这个观点说出了当今国际政治和全球治理的一个关键点，仍然是国家和国家间的力量对比。而在发展中国家可以动用的力量方面，新兴大国显然处于前列。

就改革国际规制而言，新兴大国最为关注的确实是金融、贸易、环境等领域。2008年爆发全球金融危机后，国际社会作出的迅速反应中最重要的显然是在二十国财长和中央银行行长会议的基础上创建二十国集团峰会机制，这为新兴大国全面参与全球金融和经济管理提供了新的平台。这个平台的存在和发展表明新兴大国的集团性崛起已为发达国家所接受，全球金融和经济管理的规范如果要有效，就必须有新兴大国的参与。这个共识的结果之一是国际货币基金组织协商提升了中国、印度等新兴大国的“特别提款权”和投票权重。但这还不是创建国际规制。从新兴大国的角度来看，真正重要的是就具体的规制范式提出自己的见解，通过协商逐渐在国际社会形成新的共识。例如在本轮国际货币基金组织改革中，中国等虽然获得了更大的投票权重，但由于该机构的规制决定了任何重大问题都需得到85％以上的票数，而美国一国的投票权重就超过15％，实际上决定了美国拥有一票否决权，这个规制才是国际货币基金组织改革的重点。除非将这个规制颠覆，否则单单通过削减其他发达国家的投票权重来增加新兴大国的份额，并没有从根本上改变国际货币基金组织仍由发达国家主宰的本质。但是在这个改革和发展的过程中，新兴大国与发达国家的关系是共存共荣的关系，而不是你死我活的挑战和被挑战关系。也就是说，在国际货币基金组织这类问题上，首先是国际社会主要成员仍然接受其具有管理、调整和控制国际金融促进全球经济发展的合法性，这样才能进一步讨论如何改革和扩大新兴大国在其中的话语权问题。这个思想在“金砖国家”三亚峰会后发表的宣言中得到了明确的阐述，即新兴大国改革现行国际体系的要求是建立在与发达国家谋求合作的基础上的，强调“支持二十国集团作为国际经济合作主要论坛，在全球经济治理中发挥更大作用。期待2011年举行的戛纳峰会在经济、金融、贸易、发展等领域取得新的积极成果，支持成员稳定国际金融市场，实现强劲、可持续、平衡增长，支持全球经济增长和发展”。[30]期待国际社会更好地合作，使新兴大国参与创建国际规制成为一个有现实意义的课题。

还有学者认为，新兴大国如积极参与新的国际规制的创建，意味着新兴大国要求与发达国家平起平坐，有平等的话语权，这可能导致出现多方共治的局面，其结果可能是从二十国集团转化为权力真空(G0)，即“没有任何国家或国家联盟有能力有意愿制定并执行全球经济议程”。[31]出现这种状况的主要原因是传统的发达国家缺乏足够的政治共识和经济资源来主导和推动国际经济议程，而以中国、印度、巴西等为代表的新兴大国无论自身经济条件还是发展阶段，都不具备主导全球经济治理的能力，因为它们更关心的是自身经济发展问题，而不是投入资源创建新的国际规制。就新兴大国参与全球治理而言，从八国集团向二十国集团的转变当然是一个进步，然而观察自2008年二十国集团首次华盛顿峰会以来的进程，可以察觉，二十国集团虽然是当下大国协调经济政策的论坛，但由于各国经济复苏情况各异，利益诉求逐渐分化，在一些重要问题上新兴大国之间也不易取得共识，因而这个平台似乎已经从相对有效的对付危机的场所转变为大国角力的舞台。2010年11月在韩国首尔举行的峰会显示了这个比较消极的趋势。有学者担心二十国集团最终也可能“象征意义大于实际意义，经济领域的争端协调也会像气候谈判一样陷入僵局”。[32]这个现象也许反映了新兴大国谋求创建国际规制将是一个长期的进程，其中有着充满变数的过渡阶段，所谓二十国集团转变为权力真空的“零国集团”可能正是这样一个阶段。

从乐观的角度看，或许可以说新兴大国参与改革国际体系创建新规制的进程可能已经开始。“9·11”事件以来，国际体系已经在发生缓慢但坚定的变化：美国虽仍居主导地位，但在连续发动两场战争后其霸权地位已现颓势；欧盟与其说在国际体系层面发挥重要作用，不如说更关心其内部的纠葛与整合；日本则在国际舞台上日益显出其不确定性，是一个没有明确方向的角色。与此形成对照，包括中国、印度、巴西在内的新兴大国则显示出越来越强劲的势头，这在总体上也给其他弱小贫困的发展中国家带来了希望，使它们也更积极地在现行的国际政治权力体系中寻求有利于它们的操作空间。这最终将加快国际体系朝着新的方向演变，尽管究竟是什么方向，目前还很难预测。在三亚举行的"金砖国家"峰会虽然没有明确要求对具体的国际规制进行改革，但从发表的《三亚宣言》来看，新兴大国对未来国际体系的改革范畴覆盖面很广，举凡政治、安全、经济发展、贸易体制、气候变化、环境控制等，在这个宣言中都已提到。这说明新兴大国对创建国际规制是有想法的，但尚未形成体系，这可能和新兴大国迄今仍没有对国际体制的沿革从理论上进行归纳，并提出新的理念体系有一定关系。目前，新兴大国已经具备了一定的力量，也形成具有结构意义的集团，说明这股力量对国际体系内原有的力量对比已经形成冲击，但其力量显然又没有大到可以重新构筑国际体系的均衡，目前仍是一个过渡时期。

第三节　中国的应对

一、中国对全球治理的理论贡献

理论是为指导实践服务的，有什么样的理论就有什么样的实践。全球治理理论是欧美学者在20世纪90年代全球化深入发展的背景下提出的解决全球性问题的主要理论。该理论的基本要义有：人类政治的重心正在从统治走向治理，从善政走向善治，从政府的统治走向非政府的治理，从强制性、等级性管理走向协商性、平等性管理，从民族国家的政府统治走向全球治理。全球治理理论重视非国家行为体，如公民社会和非政府组织的作用。不可否认，全球治理理论建立在西方价值观的基础之上，因为全球治理主体中的国际组织和全球公民社会组织在很大程度上为美国为首的西方发达国家左右，全球治理的规制和机制大多由西方国家制定和确立。因此，全球治理理论是欧美一家之言，是为解决全球性问题开具的一种药方，但不是唯一的药方。随着新兴大国的崛起和国际力量对比的变化，新兴大国在全球治理领域的声音必将从无到有、由弱到强。

事实上，作为新兴大国代表的中国在参与全球性问题解决实践的同时，也在解决全球性问题的理论建设方面进行了不懈探索。由于全球治理有其政治倾向性，起初中国主张把全球治理锁定为对全球性问题的治理，也就是国际社会共同努力一起来解决诸如气候变化、能源安全、非传统安全的挑战等威胁全球利益的具体问题。随着中国日益走向世界的中心，中国对全球治理的态度发生了巨大的变化，不再讳言全球治理，而且试图在全球治理理论层面加入中国的理解和主张。例如2009年7月9日八国集团同发展中国家领导人对话会议的拉奎拉会议上，国务委员戴秉国代表国家主席胡锦涛出席对话会议，并就全球经济治理的目标、主体、治理方式、治理机制等问题首次全面阐述了中国政府的原则立场。[33]

中国学者也在学理层面对全球治理的理论进行了有益的探索，提出了全球共治理论和新民主治理等主张。全球共治理论认为，“在全球化时代，国际政治向全球政治转型，需要构建一种全球共治的新理论；这种理论的核心原则是全球所有角色的共治，即全球多边主义合作基础上的共同治理”。“全球共治成功的关键是贯彻多边主义原则和实践原则。”[34]这一理论的矛头指向当时美国小布什政府的单边主义和西方在全球理论问题上价值观的垄断，在新兴大国兴起、国际体系加速转型的背景下有一定的现实意义。新民主治理是相对于“全球治理”和“民主治理”提出来的一种治理模式，是对西方全球治理和民主治理的超越。它的主要内涵有：(1)新民主治理的主体是以广大发展中国家人民为主的世界人民；(2)新民主治理以维护世界最广大人民的利益为目标；(3)新民主治理超越传统的革命思维，具有最广泛的包容性；(4)新民主治理是法治下的民主治理；(5)新民主治理以联合国为重要平台，在改革中维护和加强联合国的权威；(6)新民主治理的前景是构建和谐世界。[35]新民主治理的落脚点在于和谐世界，强调发挥广大发展中国家在全球治理中的积极作用，但它忽略传统大国发挥应有的作用，所以该治理方式的包容性还不够。

中国对全球治理理论贡献最大的是提出和谐世界理论。和谐世界理论是中国参与全球治理的根本理论框架，是中国版的全球治理理论，是以胡锦涛为总书记的党中央关于解决全球性问题的指导思想和最高理想。

和谐世界理论基于对全球化趋势的正确和客观的判断，强调“和平、发展、合作”的时代主题。和谐世界理论为全球治理提供了一种理想的远景，它是一个从发展中国家的经验和立场出发，以中国文化中和合、包容、兼收并蓄等传统价值观为基石的全球治理理论。该理论尊重各国人民自主选择社会制度和发展道路的权利，促进国际关系民主化；致力于同各国深化合作、互利共赢，促进世界普遍繁荣；致力于促进不同文明之间的交流、相互促进，倡导世界多样性；致力于同各国加深互信、增强合作，共同应对人类面临的各种全球性问题，促进和平解决国际争端，维护世界和地区安全稳定。

和谐世界理论是对全球治理理论的超越，它不像西方全球治理理论那样追求同一种普世“全球共同价值”观。和谐世界理论强调“和而不同”及“求同存异”，比“全球治理”理论更具包容性。因此，中国“建设和谐世界”既是参与又是超越“全球治理”的过程，这是中国对解决全球性问题的最大贡献。

中国参与全球性问题的解决是一定历史阶段的产物，只有当中国逐渐融入国际体系之后，在中国日益崛起、全球意识不断增强的基础上，才有可能积极参与全球性问题的解决。改革开放以来，中国的全球意识逐渐完善，从邓小平的“三个面向”依稀可见领导人敏锐的国际视野，从两个市场、两种资源到统筹国内国际两个大局，再到中国共产党第十七次全国代表大会十七大提出的“把中国人民的利益同各国人民的共同利益结合起来”，标志着中国作为新兴大国全球意识的大发展。所谓全球意识，“也叫人类意识，是相对于狭隘的民族意识而言的，是指从全球、全人类角度认识当代世界性问题的思维方式和人类对这些问题的基本观点。”[36]全球意识主要包含共存意识、和平意识、发展意识和合作意识等，这些也是中国参与解决全球性问题的思想基础。

“和谐世界”是中国参与全球治理的根本理论框架，是中国对全球治理理论的最大贡献。这一理论能否为国际社会接受，一方面取决于该理论本身是否具有道义的力量，是否具有可操作的政策和措施。和谐世界理论站在人类共同利益的基础之上，占据着人类道义的高地，但它有待进一步的发展与升华，将它从原则和理念的层面细化为可执行的具体政策和措施。另一方面取决于中国的软硬实力。2005年中国超过英国和法国成为世界第四大经济体，2007年中国超过德国跃居世界第三大经济体，2010年中国的经济总量超过日本居世界第二，这是比较重要的背景。中国在国际上的影响力具备了强大的物质基础，但更重要的是中国软实力的提升。中国坚持韬光养晦走和平崛起的道路，在解决领土领海争端时实行"搁置主权、共同开发"，实行新安全观，采取睦邻、安邻、富邻政策；对发展中国家的援助不干涉别国内政；在应对气候变化方面，主动减排，自我设限等。然而中国仍然经常被外界错误解读，"新殖民主义论"、"傲慢论"、"中国责任论"不绝于耳。由此可见，提高中国软实力，建设和谐世界是一个漫长的历史过程。

二、中国参与全球治理的政策规划

改革开放以来，随着中国与外部世界关系的日益密切和中国越来越融入主流国际体系之中，中国参与全球性问题解决的程度也在不断深化和发展，从个别关注到全面参与，从反应式应对到发挥建设性作用乃至引领性作用。中国是最早通过《21世纪议程》、最早制定《节能减排综合性工作方案》和《应对气候变化国家方案》的发展中国家，向世界表明了走可持续发展道路的决心和诚意。中国于1992年3月加入《不扩散核武器公约》，1996年9月签署《全面禁止核试验条约》。中国积极参加联合国维和行动，迄今"已先后向亚洲、非洲等地区的联合国维和行动派出8 000多人次的维和部队及军事观察员"。[37]中国在应对全球金融危机方面的杰出表现和在哥本哈根气候变化大会上的建设性作用有目共睹，在解决朝核、伊核和非洲热点问题上也发挥了独特的作用。当然，中国参与解决全球性问题时机遇和挑战并存。

就挑战而言，首先，"中国责任论"甚嚣尘上。2008年国际金融危机使中国提前进入世界舞台的中央，中国同发达国家和发展中国家的关系都进入了重新调整的新阶段。西方国家为了打压中国，抛出形形色色的中国责任论，如汇率责任、顺差国责任、债权国责任、能源消费大国责任、二氧化碳排放大国责任等；在它们的眼里，中国仿佛成了全球性问题的矛盾焦点。因此，它们在中国减排目标上无理施压，在人民币汇率问题上再三说事，甚至还要中国负担所谓世界经济失衡的责任等。

其次，在应对全球性问题上，中国和其他新兴大国既有合作又有矛盾，如中印在联合国安理会改革问题、中俄在能源合作问题、中巴（西）在人民币汇率问题、中南（非）在贸易问题等都有分歧和摩擦。一些发展中国家对中国也有超出实际的期望，要求中国在解决全球性问题时承担更多的领导责任，甚至希望中国成为它们抗衡美国的中坚力量。

第三，解决全球性问题需要多边合作，对中国在驾驭和运筹多边外交方面提出了更高的要求，特别是在提高多边外交的合理性、合法性和有效性方面要求中国作出更大的贡献。

第四，理论研究相对滞后。相对于中国参与解决全球性问题的实践，理论研究方面显得相对滞后。尽管中国政府早在2005年已经提出了建设和谐世界的宏伟蓝图；2008年国际金融危机爆发之后，中国政府先后在国际舞台上提出了世界经济领域进行全球治理的方案。但是学界对中国参与解决全球性问题的理论缺乏全面深入的研究，缺乏理论的总结和探索，更缺乏可供决策层参考的战略和政策建议。此外，中国的人才和智力储备尚不充分，中国主动应对全球性挑战的综合能力还有待提高。据联合国开发计划署《2010年中国人类发展报告——迈向低碳经济和社会的可持续未来》报告指出，中国实现未来低碳产业的目标，至少需要六十多种骨干技术支持，其中有42种是中国目前不掌握的核心技术。

总的来看，中国参与全球性问题解决的机遇大于挑战。就机遇而言，首先，已形成初步共识。全球性问题是人类社会所面临的共同而严峻的挑战，各国已将解决全球性问题列入议事日程，并达成初步的共识：首先是加强国际合作，尤其是发挥新兴大国在解决全球性问题方面的作用，于2009年9月匹兹堡峰会上决定由二十国集团取代八国集团，成为全球经济治理的主要平台。其次，在气候变化问题上确立“共同但有区别的责任原则”。第三，解决全球性问题还需要依据国际法和相关法律、条约，强调以法治理。

其次，全球性问题的解决正处在建章立制的关键时期。目前联合国仍然是解决全球性问题的主要国际组织，并且已经在解决国际争端、维护世界和平等方面作出了积极贡献，但由于联合国机构众多、议程复杂，削弱了它的工作效率。因而像二十国集团和“金砖国家”这样的国际机制应运而生，在解决全球性问题方面正发挥着越来越大的作用。二十国集团和“金砖国家”等集团正处在国际新体系建章立制的关键时期，中国可以借机在构建解决全球性问题机制的进程中，代表新兴大国和广大发展中国家的利益，提高自己的话语权乃至主导权，使之成为中国多边外交的重要舞台。

第三，现在是新兴大国群体性崛起的机遇。当前，新兴大国群体性崛起是国际体系演变的最大特点，也是促进国际体系转型的主要动力。新兴大国群体性崛起给全球性问题的解决带来新的机遇：新兴经济体经济比重的上升，一是有利于从根本上解决全球经济发展失衡的问题。二是有利于增加解决全球性问题国际机构（如二十国集团）的代表性与合法性。三是有利于提高参与全球性问题解决的自觉性和主动性。例如，中国从两个市场、两种资源到统筹国内国际两个大局，再到中国共产党第十七次全国代表大会提出的“把中国人民的利益同各国人民的共同利益结合起来”，标志着中国国际意识日趋成熟。四是有利于更加公正合理地解决全球性问题。

第四，全球性问题可以成为中国和其他国家进行领域合作的新空间。伴随着中国的成长，原先作为“压舱石”的经贸关系却日益成为中国同外界产生矛盾摩擦的多事之地。诸如人民币汇率、中国的巨额贸易顺差、中国的外汇储备等无不与之有关。在此情况下，开辟中国同外部世界新的合作增长点，不仅应该，而且非常必要。中国可以，而且应该在能源和资源安全、共同打击恐怖主义和海盗、防疫抗灾和气候变化等问题的具体应对和机制建设方面，同其他国家增加共识和加强合作。

参与解决全球性问题既是国际社会对迅速崛起的中国的期盼，又是中国日益融入国际体系之后的主观要求。积极参与全球性问题的解决有利于中国塑造负责任的形象，有利于提高中国的软实力，有利于中国自身的可持续发展。

第一，加强理论研究。针对学界对全球性问题的研究相对滞后的现实情况，应该大力加强理论研究，系统构建中国参与全球性问题解决的理论体系，总结中国参与解决全球性问题的成功经验，回应近年来国际上盛行的“中国责任论”，在全球性问题研究领域建立中国的话语权，同时为中国参与解决全球性问题的实践提供理论支撑。中国在应对全球性问题上是负责任的大国，是应对气候变化的积极推动者，是《联合国气候变化框架公约》的首批缔约方之一。目前，中国已跃居世界第二大风能市场。中国还是世界上最大的太阳能光伏设备制造国。对此，应该及时总结中国参与全球性问题的实践，把它上升到理论层面，并通过媒体影响公众，少说多做的传统已经不适合全球化时代的需要。加强理论研究就不能在全球性问题的解决上人云亦云。一些西方学者和政客把人权问题当作全球治理的主要着力点，鼓吹人权高于主权，借人权问题干涉别国内政，显然把全球治理引入歧途。西方学者弱化主权国家在全球治理中的作用，大谈非政府组织的作用。我们应该反对全球治理"政治化"，防止全球治理"去国家化"倾向；[38]应该通过研究，为中国参与全球性问题的解决提供前瞻性的战略和政策建议。

第二，加强与其他新兴大国的合作。中国在走向世界强国的进程中需要多重战略依托，而新兴大国是"中国强国之路的战略新依托"。[39]从历史上来看，大国的崛起势必与传统大国发生利害冲突。尽管中国强调自身的和平崛起，不挑战别国的霸权，但是，传统大国对崛起中的中国的防范和遏制是必然的，况且中国还是一个社会主义国家。所以，种种中国"威胁论"和"责任论"的泛滥就不足为奇。那么，中国到底该依靠谁，团结谁？在当今发展中国家加速分化的背景下，中国加强与新兴大国的合作显得十分重要，合作得好能够缓解中国崛起过程中的压力。同样，在解决全球性问题的时候，中国与其他新兴大国的合作也是非常有必要和有意义的。当然，中国与其他新兴大国同样存在分歧，关键是要从大局出发，消除分歧、协调立场、先易后难、稳步推进。当前，中国与新兴大国可以在推动国际金融机构的改革、加强对国际金融的监管、稳定粮食和能源等大宗商品的价格、加强全球经济治理、推动国际关系民主化、提高新兴国家和发展中国家在国际事务中的发言权等方面进行合作。目前，全球性问题解决的议题设置权基本掌握在发达国家手里，这就要求中国和其他新兴大国在不对抗的条件下通过和平外交方式逐步实现相关权益的重新分配。随着新兴大国的进一步崛起，在设置议题，制定方案，联合应对全球治理的难题等方面将发挥越来越大的作用。

第三，坚持若干原则。中国在参与解决全球问题时，应该继续坚持以下一些的原则：(1)提倡基于主权和平等的国际关系民主化，维护联合国的权威性和普遍性。尽管联合国存在这样和那样的问题，但是联合国最大的优势在于它的合法性。因此在全球性问题解决的过程中，联合国的权威性高于其他机构，联合国的协调还是容易为大多数国家所接受，比如在联合国领导下的维和行动和应对气候变化的谈判等，都已经发挥了积极的作用。(2)坚持通过和平谈判解决国际争端的原则。在非传统安全问题不断涌现的今天，传统安全问题依然存在；无论是领土领海争端还是核不扩散问题，和平谈判仍然是一条重要的原则，动辄以威力相威胁，对问题的解决无补。(3)坚持“共同但有区别的责任原则”。应对全球性问题的重大挑战是世界各国责无旁贷的共同责任。由于历史和现实的原因，各国在应对全球性问题挑战时的责任是不同的。比如在应对气候变化的问题上，发达国家应该完成《京都议定书》确定的减排任务，继续承担中期大幅量化减排指标，并为发展中国家应对气候变化提供资金和技术的支持；发展中国家应该根据本国国情，在发达国家资金和技术转让支持下，努力适应气候变化，尽可能减缓温室气体排放。(4)坚持共同促进世界经济协调、持续发展的原则。全球性挑战和威胁从根本上讲是发展问题，要兼顾发达国家和发展中国家的利益和需求，加强和完善全球经济治理，促进世界经济协调、持续发展。倡导包容性增长，推动平衡增长。如果没有发展中国家的经济发展，应对全球性挑战和威胁的努力“就是无本之木”。国际社会应该把推动发展中国家发展作为一项重要任务加以落实，使发展中国家形成自我发展、可持续发展和抗风险能力。

第四，构建多元多层模式。解决全球性问题的根本出路在于健全与完善全球治理体系。中国应当利用参与全球性问题解决的机遇促进国际体系的重组，构建多元多层模式。多元多层模式，即多元行为体参与、多层次治理的模式。所谓多元行为体参与，包括主权国家、政府间国际组织、跨国公司、非政府组织和公民社会等；要充分发挥多元行为体在解决全球性问题方面的积极作用，实现国家行为体和非国家行为体、纵向和横向、高政治和低政治多层次的治理。中国作为负责任的大国，应该积极参与各种机制、法规、规范等的制定和落实，推动当前国际体系改组、国际规范重建，在解决全球性问题方面更加符合全人类的根本利益。在多元多层模式中尤其应该发挥联合国和二十国集团在全球治理中的积极作用，在民主基础上加强其普遍性；在公正基础上加强其权威性；在务实基础上强化其施政功能；在共识基础上扩大其职权范围。同时，发挥中国模式的独特魅力，与世界各国尤其是广大发展中国家共建持久和平、共同繁荣的和谐世界。

三、中国与其他新兴大国合作的前景

在参与全球治理的进程中，中国和其他新兴大国是站在同一条起跑线上的。由于全球治理是一个涉及国际制度规范沿革与发展的有机进程，因此也必定涉及逐步深入参与的新兴大国各自的利益，以及对国际制度规范的看法。显然，在所有关于全球治理和国际规范的问题上，新兴大国各自所追求的利益不同，持有的观念也不同，而且更重要的是，新兴大国之间的关系也存在着这样那样的问题。而我们讨论新兴大国合作的前景，也正是基于这样一种认识：即新兴大国在快速发展的进程中，尽管面对现行国际体系，在身份认同和识别上确实有着一定的共性，但新兴大国的互相关系仍然是遵循国际关系的一般准则发展的，这首先就不排除它们相互之间也存在矛盾和分歧，因为国家在国际体系中追求的目标仍然是维护自身的合法利益，提升自身的国际地位，改善自身的国际形象，扩大自身的国际影响等。从这个角度论证新兴大国的合作意味着，就国际关系而言，新兴大国和国际社会其他国家是一样的，并不因为新兴大国的快速崛起就改变了它们在国际体系中的根本性质，因而新兴大国也不构成一个特殊的群体。

中国和其他新兴大国的关系是中国与发展中国家关系的一个组成部分，而且是有着重要意义和独特性的部分。就与发展中国家关系而言，中国与其他新兴大国的关系均有着悠久的历史，在新中国成立后，中国的对外政策始终将与发展中国家的关系置于十分重要的地位，新兴大国如印度、巴西、墨西哥等，因其相对地位显然更重要，因此中国对外战略对如何发展与它们的关系也赋予了更多的关注。中国外交政策中有着极高地位的“和平共处”五项原则就是在中国与印度的交集中产生的，也是中国以成熟姿态走向世界的重要标志。进入21世纪以来，随着新兴大国的群体性崛起，中国与其他新兴大国的关系也进入一个新的阶段。虽然中国与新兴大国的关系仍然是基于国际关系的基本规律而发展的，但由于新兴大国的固有特点，这种关系也呈现新的特点，其主流是合作协调。

首先，中国与其他新兴大国具有类似的国际身份。新兴大国的群体性崛起是以发达国家在国际体系中的优势地位为参照系的。因此，尽管新兴大国有着各自的历史和文化特征，但在这一点上却具有高度类似性，即中国和其他新兴大国都有着发展中大国身份。这个特点的主要意义在于发展中大国具有两个平行的特征，对于全球治理和国际体系沿革都有重要的含义，即这个群体都是发展中国家，也都是大国。强调这个群体都是发展中国家意义在于，它们在当今国际体系中都不占主导的地位，因而也都不具备全球治理进程的话语权；强调它们都是大国，意义在于和其他同样处于边缘地位的中小发展中国家不同，它们的地位和潜力可能将极大地影响国际体系改革的方向，因而也将对全球治理进程施加越来越大的影响。这些特征决定了中国与其他新兴大国合作的基础。

其次，中国和其他新兴大国有着类似的国家发展战略，即将经济发展视为国家目前及今后相当一个时期内最重要的战略目标，因而是当之无愧的“发展中”国家。与发达国家不同，新兴大国的发展阶段均处于经济起飞的初级阶段，都有着底子薄、人口多、工业基础不完备、不掌握核心创新技术等缺陷，在资金、技术、管理等方面都与发达国家不是处在一个水平上。这导致新兴大国和发达国家在一些涉及全球治理的核心问题，如防止气候变暖、保护环境、减少碳排放等问题上不易取得共识；同时新兴大国之间则因国家使命和战略目标的类似而更易找到共同利益和立场。例如2009年12月在哥本哈根举行的全球气候峰会上，中国和印度等新兴大国面对发达国家咄咄逼人的压力，虽互相间并无事先协商，仍采取了相对一致的立场，甚至一向对中印关系持比较消极看法的印度主要媒体也不禁认为这是对“印中关系极具正面意义的事件”。[40]这种因利益和目标的相近而产生的合作或协调，将成为中国和其他新兴大国在国际体系范畴内发展合作的重要基础，同时也是合作有着较好前景的现实理由。“金砖国家”峰会机制的逐渐成熟标志着中国与其他新兴大国的合作已走上机制化和集团化的道路。和传统的结盟关系不同，“金砖国家”之间的合作主要是就全球治理和改革国际体系以及跨界的全球性议程进行讨论，提出建立在一定共识基础上的观点和建议，但并不寻求具有法律约束力的政策主张，因此可以说这种合作目前还停留在较初步的阶段。从“三亚峰会”的进程来看，新兴大国之间就重要的全球性问题达成共识的基础正在不断扩大，如果这种趋势进一步衍生到二十国集团的发展中国家之间，则对国际体系的改革可能起到较大的促进作用。

此外，中国与其他新兴大国的合作可能有利于缓和乃至消除它们相互间存在的矛盾摩擦。如上所述，中国发展和其他新兴大国的关系首先遵循的是国际关系的一般准则，因此也不可避免地存在着矛盾摩擦，有些甚至是比较激烈的分歧。例如中国与印度的政治安全关系因双方存在着尚未解决的领土争端而经常会出现波折；中国和巴西近年来快速发展的经贸关系也蕴含着一些潜在的矛盾，如巴西制造业经常抱怨中国产品的强大竞争力使巴西企业面临困境，尽管中巴贸易的常态是巴方因向中国出口巨量矿产品享有贸易盈余。诸如此类的矛盾摩擦，一方面可能会影响中国与它们在国际体系内的合作；另一方面也应看到，双方在国际舞台上加强合作有利于缓和双方的分歧。从中国的角度来看，应该致力于与新兴大国的合作，因为这是与中国的和平发展道路的方向同向而行的，具体的合作领域可能包括以下方面。

第一，中国与新兴大国合作的方向应该是自上而下的。所谓自上而下，意在显示新兴大国最可能合作的领域首先是在国际体系中，特别是在国际组织机构和国际规制的创建等方面。一个明显的例子是2008年国际金融危机爆发后，发达国家主宰的国际金融管理机构暴露出一系列严重的问题，与此同时，新兴大国因其实力的上升，抵御国际金融风险的能力也随之得到提高。这使得国际货币基金组织和世界银行这两个战后最重要的国际金融管理机构第一次面临来自新兴大国要求改变机制设定和转移投票权的压力。尽管2009年以后这两个机构在份额构成和投票权重方面的改革仍然是在发达国家主导下完成的，但这种改革的根本动因是新兴大国力量的上升，且改革的基本目标也是朝着扩大新兴大国的话语权的方向发展的，这使得新兴大国之间磋商下一步改革的具体事项的紧迫性愈益突出；而从中国与其他新兴大国合作出发，遵循先易后难的原则，似乎应将重点首先放在国际体系和机构上，以突出中国与其他新兴大国的共同性。2011 年，国际货币基金组织前总裁卡恩因丑闻辞职后，中、印、巴、南非等成员国联合声明要求改变该总裁候选人必出自欧洲国家的游戏规则。这显示了“金砖国家”在这些重大的国际机构组成和议程设置方面将首先显示出团结合作的前景。

第二，通过合作促进地区进程是中国与其他新兴大国合作的另一重要途径。地区合作在当今国际政治和经济领域发展最为快速，而发达国家在这方面显然走在新兴大国的前面，如欧洲的联合在冷战结束后获得空前进展。但在地区层面，最具发展潜力和前景的恰恰是发展中国家密集的亚非拉地区，新兴大国也都处在这些地区。目前，新兴大国在它们各自所处区域的地区进程中都发挥着重要的作用，如中国在东亚、印度在南亚、南非在非洲、巴西和墨西哥在拉美的作为等。但这些地区同时也是地区合作进程发展相对缓慢的地方。由于历史遗留的矛盾、意识形态的差异、社会制度和文化传统的不同等原因，尽管地区合作进程对改善发展中国家的边缘地位、发挥各自的比较优势等都有着重要的意义，但要形成地区合作进程的有机合力仍然存在着一定的困难。亚洲是一个特别明显的案例。同时，在经济全球化迅速发展的过程中，新兴大国抓住了机遇，充分利用自己的优势参与世界市场的竞争，已经取得了明显的成效。如印度在近年来的发展中有着不凡的增长速度，而且在南亚的地区合作进程中也具有举足轻重的作用，但由于不能处理好与南亚其他邻国的关系，在巨大的政治制约因素下，印度在地区进程中显得难有作为。这对新兴大国在国际体系的合作内容提出了新的命题：中国及其他新兴大国应就地区合作展开讨论，充分利用已有的机制，如中俄印三边会议和“金砖国家”峰会等，深入探讨新兴大国在相关地区进程中可以推进的合作，如中国在南亚地区和印度合作以推动中国在该地区的参与，减少猜疑、提高互信，进而使中国和印度的快速发展融入南亚地区合作进程。又如中国和印度在非洲有着重要的参与前景，而南非及其他非洲大国则是非洲地区进程的主事者。显然，如果中国以积极开展与非洲新兴大国的合作为基础推进中国在非洲发展的参与，应可取得新的成绩。

第三，中国的和平发展和谐世界理念不仅是针对发达国家的公关工作，更应该是中国与其他新兴大国发展合作的先声。一直以来，世界对中国崛起的误解在中国被广泛理解为发达国家对中国的担忧，近年来诸多情况似已显示，类似的担忧在新兴大国中也同样存在，主要是因为新兴大国在发展过程中因类似的经济结构和发展战略，如将发达国家市场视为主要市场，也极力引进外国直接投资等，因而很容易将中国的快速发展视为竞争的对手，甚至也附和西方的说法，主张对中国加以遏制。此类见解在中国与新兴大国的关系中虽然不是主流，但应引起中国的警惕，如处理不当，也同样会破坏中国的国际环境。

综上所述，中国与其他新兴大国的合作前景是客观存在的，但并不会自动实现，需要各方共同努力。而中国的政策和行为又具有特别重要的意义，理由很简单：中国在新兴大国行列中有着最重要的地位，中国怎么做，对新兴大国的整体地位和相关行为都可能具有标志性意义。由此可以得出，中国与其他新兴大国的合作需要建立在战略性和前瞻性的观念上，这需要摒弃过于狭隘和短期的利益考量，将中国的政策建立在可持续的战略基础上。

注释

1. 杨洁勉：《新兴大国群体在国际体系转型中的战略选择》，《世界经济与政治》2008年第6期，第6—12页。

2. *BRIC Summit Joint Statement*, April 2010, http://www.cfr.org/publication/21927/bric_summit_joint_statement_april_2010.html.

3. World Bank, *World Development Indicators*(WDI).

4. *World Economic Outlook*, October 2009.

5. Nazneen Barma, Ely Ratner, and Steven Weber, "A World Without the West," *The National Interest*, Vol. 90, July/August 2007.

6. 尹承德：《新兴大国的崛起与国际秩序的重构》，《南京政治学院学报》2009年第1期，第77—81页。

7. Goldman Sachs, "Dreaming with BRICs: The Path to 2050," *Global Economics Paper*, No. 99, October 2003.

8. 郑永年：《国际发展格局中的中国模式》，《中国社会科学》2009年第5期，第20—28页。

9. Andrew Cooper, Richard Higgott and Kim Nossal, *Relocating Middle Powers*:

Australia and Canada in a Changing World Order, Vancouver, BC: University of British Columbia Press 1993, pp. 20—21.

10. 秦亚青等:《国际体系与中国外交》,世界知识出版社 2009 年版,第 34 页。

11. 蔡拓:《全球治理的中国视角与实践》,《中国社会科学》2004 年第 1 期。

12. *BRIC Summit Joint Statement*, April 2010, http://www.cfr.org/publication/21927/bric_summit_joint_statement_april_2010.html.

13. 《三亚宣言》,《人民日报》2011 年 4 月 15 日,第 3 版。

14. 俞可平主编:《全球化:全球治理》,社会科学文献出版社 2003 年版,第 30 页。

15. 《中华人民共和国和巴西联邦共和国联合新闻公报》(2010 年 4 月 15 日),http://world.people.com.cn/GB/41214/11380471.html。

16. 《"金砖四国"领导人俄罗斯叶卡捷琳堡会晤联合声明》,2009 年 6 月 16 日。

17. 胡锦涛:《同舟共济　共创未来——在第 64 届联大一般性辩论时的讲话》,2009 年 9 月 23 日,美国纽约,http://news.xinhuanet.com/world/2009-09/24/content_12103701.htm。

18. 胡锦涛:《合作开放互利共赢——在"金砖四国"领导人会晤时的讲话》(2010 年 4 月 15 日),巴西利亚,http://politics.people.com.cn/GB/1024/11385748.html。

19. 有关自然资源"诅咒"或"荷兰病",参阅 Xavier Sala-I-Martin and Arvind Subramanian, "Addressing the Natural Resource Curse: An Illustration from Nigeria," *IMF Working Paper 03/139*, Washington, DC: The International Monetary Fund, 2003。

20. 《中华人民共和国政府与巴西联邦共和国政府 2010 年至 2014 年共同行动计划》(2010 年 4 月 22 日),http://www.mfa.gov.cn/chn/gxh/tyb/zyxw/t684715.htm。

21. Bahgat Korany, "End of History, or Its Continuation and Accentuation?" *Third World Quarterly*, Vol. 15, No. 1, 1994, pp. 7—15.

22. Deputy Secretary of State Robert Zoellick's speech on September 21, 2005 at the National Committee on US-China Relations.

23. Robert W. Cox, "Social Forces, States and World Order," *Millennium: Journal of International Studies*, Vol. 10, No. 2, 1981, pp. 126—155. 罗伯特·考克斯在该文提出了国际政治研究中的"历史结构主义"方法,将这三个因素归纳为体系形成的主要力量,是为"批评的政治经济学",Anthony Payne, *The Global Politics of Unequal Development*, New York: Palgrave Macmillan, 2005, pp. 16—17。

24. *The World Bank Annual Report 1995*, Washington DC, World Bank.

25. United Nations Research Institute for Social Development, *States of Disarray: The Social Effects of Globalization*, Geneva, 1995.

26. Anthony Payne, *The Global Politics of Unequal Development*, New York: Palgrave Macmillan, 2005, p. 97.

27. Ibid., pp. 236—247.

28. J. H. Mittelman, *The Globalization Syndrome: Transformation and Resistance*, Princeton: Princeton University Press, 2004, p. 5.

29. Anthony Payne, *The Global Politics of Unequal Development*, pp. 246—247.

30. 《三亚宣言》,新华网 2011 年 4 月 14 日。

31. Ian Bremmer & Nouriel Roubini, "A G-Zero World," *Foreign Affairs*, January 31, 2011.

32. 《学者争论:G20 能否避免变成 G0》,《解放日报》2011 年 2 月 16 日。

33. 《戴秉国代表胡锦涛出席 G8 峰会并阐述中方原则立场》,《人民日报》2009 年 7 月 10 日。

34. 俞正樑、陈玉刚:《全球共治理论初探》,《世界经济与政治》2005 年第 2 期,第 8—15 页。

35. 钮汉章主编:《世界的新民主治理》,世界知识出版社 2009 年版,第 1—7 页。

36. 韩清恩:《关于全球性问题与全球性意识》,《社会主义研究》2001 年第 4 期,第 78 页。

37. 中国联合国协会编:《联合国与和谐世界》,四川人民出版社 2008 年版,第 64 页。

38. 李景治:《全球治理的困境与走向》,《教学与研究》2010 年第 12 期,第 32—40 页。

39. 杨洁勉:《论“四势群体”和国际力量重组的时代特点》,《世界经济与政治》2010 年第 3 期,第 11—12 页。

40.《印度欢呼与中国在哥本哈根同仇敌忾》,《环球时报》2009 年 12 月 22 日。

结　语

从现在起至本世纪中叶还有近四十年的时间，这将是现行国际体系向新的国际体系转型的关键时期。由于各种原因，这一过程可能难以一帆风顺。但是，在日益增多的全球性问题和体系风险面前，任何维护和退回传统国际体系的尝试都将是徒劳和危险的，将只会将人类推向共同毁灭的边缘。因此，在日益紧迫的全球性挑战面前，国际社会和世界各国只能认清形势、构建共识、通力合作、相互配合，推动现行的基于自我利益的国际体系向追求共同利益的共同体转型。这种新的国际体系必须以多元多极的力量结构为基础，以法治和合作为治理方式，以民主、包容和能动为规范和制度；因为只有这样，新的国际体系才能动员和汇聚起所有各方的力量，携手解决人类所面临的困境。

一、多元多极的新结构与国家的核心作用

冷战结束以后，随着大国关系的缓和和经济全球化的进一步发展，越来越多的非国家行为体开始活跃在国际舞台上，在国际事务中扮演更加重要的角色。与此同时，一些不同于传统地缘竞争的跨国问题开始引起更加广泛的关注和担忧。这些问题超越了任何国家可以单独应对的范围，既要求国际合作，又对国家主导国际事务的能力构成挑战。这样，在后冷战时代，随着经济全球化的发展，国际体系开始超越国家行为体独大的局面，朝着多种行为体并存的多元格局发展。另一方面，就国家行为体而言，经济全球化虽然是个普遍过程，但不同国家的收益并不相同，国家之间的权力分配在全球化时代出现新的变化。美国虽然保持了超级大国地位，但它掌控世界事务的能力相对下降，世界多极化的趋势更加明显；以中国、印度、巴西等为代表的新兴市场国家成为

国际体系中的上升因素，国际力量对比朝着比较均衡的方向发展。这样，在过去的20年间，国际体系已经表现出明显的多元多极倾向，并且有望在未来几十年间完成国际体系的最终转型。与传统的国际体系相比，以多元多极为基本结构的未来国际体系将具有以下特点：

（一）从体系状态来看，未来的国际体系将呈现政治权威分散化、议题关注复合化以及国际关系扁平化的特点

就当前的国际体系而言，处理国际事务的政治权威实际上掌握在国家以及以主权国家为基础的政府间组织手中。但是，随着多元多极结构的发展，在未来的国际体系中政治权威有可能向多个层面分散。首先，从国家的角度来看，正如美国学者理查德·哈斯所指出的，其政治权威向上受到来自全球性或地区性组织的挤压，向下受到次国家行为体的冲击，在侧翼还受到与其平行的其他非国家行为体的挑战。国家在国际事务中将不得不更多地考虑其他行为体的立场和要求。其次，从政府间组织的角度来看，一方面，它们可能受到非政府组织以及非国家行为体的挑战；另一方面，随着全球性事务的增多，国际舞台上也可能诞生新的、专业性更强的政府间组织，从而削弱或者转移原有政府间组织的政治权威。联合国、国际货币基金组织、世界银行、八国集团等在当前的处境相当生动地说明了这一点。第三，从国家间关系来看，随着多极化的发展，国家间的权力分布也将向着比较均衡的方向发展，当然，在相当长的一段时期内，美国仍将在其中占据最大的权重。

从议题设置来看，多元多极的国际体系将面对大量复合性问题。首先，关注的焦点将从冷战时期比较单纯的政治和军事安全问题向经济、社会、文化、生态等各个方向扩展。国家安全虽然仍占据着国家议程的核心位置，但人的安全、人类的安全将受到越来越多的关注，将在国际议程中占据越来越重要的份额。其次，随着焦点议题在数量上的增多、在范围上的扩大，各焦点议题之间相互交织、相互影响，形成更加复杂的局面。比如说，经济问题政治化、政治问题经济化、生态问题安全化，传统安全问题中蕴含着非传统因素，而非传统安全问题又增添了地缘政治因素等。第三，许多焦点问题虽然不像军事对抗那样会引发

武力冲突，但它们仍然可以造成十分严重的政治、经济、社会、安全后果。而且，全球化背景下的各种问题具有非常明显的溢出效应，其后果可以迅速地由一个领域延伸到另一个或另几个领域，从一个国家、一个地区蔓延到几个国家、几个地区乃至全球。因此，在未来的国际体系中，人们将要面对大量具有综合的、立体的、多侧面的以及跨领域特点的问题，提出的课题也更加复杂。

鉴于未来的国际体系将进一步分散政治权威，并同时出现各种各样的焦点问题，当前国际体系中比较明显的等级秩序将有可能随着国际体系的转型而发生变化，并最终为更加扁平的多中心网络结构所替代。首先，政治权威的分散化缩小了国家之间以及国家与非国家行为体之间在主导国际事务上的权力差距，促使国家之间的关系以及国家与非国家行为体之间的关系由纵向主导型向横向联系型发展。其次，随着人的安全在国际议程中占据更加重要的位置，国家不得不打破其在维护国家安全时形成的各种等级，以更加迅速和有效地将保护的责任落实到个人。第三，由于多种焦点问题将同时存在，各国和非国家行为体将根据其关心的议题分化组合，形成以议题为中心的各种群体。这些群体虽然关注的议题不同，但在国际体系中的地位相似，它们之间相互联系共同构成了管理全球性事务的网状结构。

因此，未来的国际体系将呈现许多不同于今日的特征，对各国提出了许多新的要求。

（二）从体系角色来看，未来的国际体系仍将由国家发挥核心作用，但它必须积极调整其内部及其与其他行为体的关系

面对经济全球化和日益增多的全球性问题，国家一度处于比较被动的局面，以至于有人直接喊出了“没有政府的治理”的口号。但是，随着更加广泛和深入地参与到应对全球性挑战的进程中，人们逐渐认识到，国家不仅不能被排除在全球治理之外，而且仍然应该在全球事务中发挥核心作用。

全球治理虽然在最初兴起时确实偏重于非国家行为体和全球公民社会的作用，但就其目标来说，全球治理其实并非针对国家，并非一定

要将国家排除在外，尽管有些时候在有些问题上，全球治理可能要求国家进一步让出一部分主权。因此，全球治理在对国家施加压力、提出新的挑战的同时，也为国家提供了新的平台、展现了新的机遇。如果能够紧紧抓住并充分利用这一机遇，国家则有可能在国际体系转型和各种关系的重新调整中处于更加有利的地位。

实际上，对于全球化的发展、对于国际体系的转型，国家可以作出的选择其实并不多，消极抵抗无异螳臂当车，避而不见则是自欺欺人。只有积极适应，主动调整，才有可能在这历史进程中取得更加有利的地位。国家必须找到新方式、新途径来解决它所面临的新问题。

与其他行为体相比，国家其实更具优势。首先，国家拥有比较丰富的资源和财富。虽说有些非国家行为体富可敌国，但是够得上这一标准的非国家行为体毕竟有限；相反，国家虽然大小不一、贫富各异，但大多数国家多多少少都有些堪为一用的人力、财力或物力。国家作为一个整体控制着世界上绝大部分的资源，国家相较于其他行为体更加强大。其次，国家具有比较完备的组织体系。经过几百年的发展，经历了各种各样的艰难困苦，各个国家都发展起了一整套组织和动员各种资源的体系。虽然这些体系和组织结构未必相同，但它们都为国家在必要时采取行动提供了制度性保证。第三，国家的一个基本特征就是它拥有暴力机构，这是非国家行为体难以比拟的。因此，一旦全球治理中出现需要强制力执行的情况，国家就会显现出远远领先于非国家行为体的优势。因而，国家一旦将全球治理视为其可以也应该发挥作用的领域，它就有可能超越其他行为体，重新在全球治理中占据核心地位。

当然，当全球治理成为国际政治的中心议题时，国家所面对的国际环境发生了实质性的变化，国家不得不调整心态，以新的思路来对待它与体系以及与其他成员之间的关系。首先，国家必须认识到，国家虽然仍是国际体系的核心成员，但非国家行为体已经对全球事务产生了实质性的影响。国家一方面要肯定非国家行为体中的积极因素，积极有效地将一部分非国家行为体纳入全球治理进程；另一方面，国家又要十分重视非国家行为体中的消极因素，找到应对这些问题的适当途径和手段。其次，国家必须认识到，全球化的发展将世界连成了一个整体，以往排他式的求生和发展方式已经不再适应时代的要求。国家必须学会在相互依存的国际体系中生存和发展,既参与这一体系的规制建设,又在实践中建立遵守国际规制的意识,接受国际规制的管理。第三,在与其他国家的关系中,国家也必须意识到,全球化时代的到来实质性地改变了国家间的关系。全球化时代固然没有自动形成一个"世界政府",但是巨大的全球性挑战确实可以使各国形成"同在一条船上"的伙伴意识。在新的全球环境中,各成员间结成了共赢或共输的利益共同体,各国应超越冷战对抗模式,建设非零和的伙伴关系。

二、全球治理的新规范和新制度

如果说国际体系转型是全球化时代国际社会各种力量的重新分化组合,那么这种力量重组必然要求与之相适应的新模式、新规范和新制度。

(一)新的国际体系将超越强权政治管理模式,形成以法治和合作为核心概念的全球治理模式

与多元多极的国际体系相适应,强权政治在未来的国际舞台上将越来越没有市场。这从根本上说,是因为强权政治无法解决问题。强权政治的基本特征是使用以武力为后盾的"硬权力"来处理问题;但是,当前遇到的问题越来越多地具有非传统性质,更加需要政治、经济、社会、文化等解决方案。武力干预在很多时候不仅没有解决问题,反而破坏合作,使问题变得更加复杂和棘手。军事干预的消极后果已经一次次地显现,这预示着强权政治在未来的国际舞台上将更加没有吸引力。当然,应对全球性问题并非绝对地排斥强制力;但是,强制力作为各种政策选项中的一种,必须受到法律和制度的严格制约。当强制力不再为强权政治所利用,强权政治就将更没有施展的余地。

与强权政治相对立,多元多极的国际体系需要改变管理国际事务的方式,以治理代替统治,通过合作和法治来应对全球性问题。首先,在全球化时代,由于越来越多的国际事务不具有军事对抗的性质,不能用高压手段消除,而需要以经济、社会、文化等柔性措施来加以疏导和

解决；所以，以合作和法治为内核的治理方式将更加适应新时代的需要。其次，正如许多人已经反复指出的，全球性问题不可能由任何一个国家单独解决，需要集合各种力量共同应对，国际合作成为一种必须，任何违背这一趋势的尝试都将产生反噬后果。第三，合作不仅仅是共同参与，还意味着各方对共同利益的认同，愿意为达成共同目标而作出贡献。这样，合作应该是参与方独立地表达其参与并配合的意愿，这从本质上与将主导国家意志强加于人的强权政治相排斥。合作需要更加中立的法律和制度来维护其稳定与持续。

因此，未来的国际体系要求以横向联系的治理取代纵向管控的统治。而与这种新的管理模式相伴随，新的国际体系也必将要求在国际事务中树立新规范，形成新制度。

（二）新的国际体系要求树立新型政治观、新型安全观、新型发展观、新型文明观，实现国际关系民主化

在新的国际体系和历史使命面前，国际社会将不得不在政治、安全、经济、文化等各个方面更新观念，形成新的规范。

政治上，相互尊重，平等协商。新的国际体系拥有更多的成员和比较平衡的权力结构，应该更有条件推行主权平等原则；推动各成员在相互尊重对方核心利益和重大关切的基础上，通过平等协商找到解决全球问题的途径和方法。当然，历史地看，随着时代的变迁、各国利益的发展、人们认识的更新，主权的范围和内容在不同时期会发生一些变化，但是主权平等作为原则性立场不应受到任何质疑。否则，不管是相互尊重也好，平等协商也罢，都将成为无本之木，无源之水。

安全上，同舟共济，和平解决。在安全领域，你输我赢的零和博弈向来是主导性观念。但是在经济、通讯、交通、环境等各个方面日益紧密地连为一体的今日，各国如果仍然秉承传统的利益争夺理念，那么各国最终难免落得个共输的下场。因此，在构建未来的国际体系的进程中，国际社会应该十分注意培育“同在一条船上”的命运共同体意识，促使各国、各成员从“共同安全”的角度来看待其处境以及彼此之间的关系。只有这样，各国才有可能从延续至今的安全困境中逃离出来，赢得

实现最终安全的可能性。当然，在纷繁复杂的现实中，各国、各成员间出现矛盾和摩擦有时候也在所难免。但是，出于更加重要的共同利益，在新的国际环境和时代背景下，以和平手段解决分歧有可能得到更多的认同和落实。

经济上，机会均等，互利共赢。2008 年金融危机以后，世界普遍意识到原有的经济模式存在问题，原有的经济制度已经无法解决所遇到的问题。新兴经济体作为增长性力量，不仅仅是世界经济中的另一道风景，更为世界经济的发展提供了新动力，为世界经济问题的解决提供了新思路，为世界经济秩序的重建提供了新机遇。但是，作为世界经济舞台上的后来者，新兴经济体在参与世界经济合作中遇到很多障碍，例如参与平台有限、合作环境不友好、加入条件不公平，等等。世界经济需要新的力量，更需要为新力量的融入创造条件。为此，未来的国际体系不仅要更加公平地为各经济体的参与和合作提供条件，而且要引导各经济体走上可持续发展的道路，引导各经济体以互利共赢的方式营建它们之间的关系。这样，世界各国才有可能逐渐摆脱消极竞争的窠臼，最终发展起建设性互动的关系。

文化上，兼容并蓄，和谐共处。第二次世界大战结束以来，更多不同类型的国家走上了现代化道路。这些国家在社会结构、政治传统、法律习俗和经济基础等方面都与第一批走上现代化道路的西方国家有较大的不同。在第二次世界大战后的几十年间，这些国家虽然努力效仿西方的现代化模式，但遇到了很多困难，实践效果也并不理想。2008 年金融危机以后，人们更是对现代化是否只有“自由市场经济＋西方民主制”一条途径提出了质疑。可以预见，在未来的一段时期内，人们将以更加开放的态度看待和探索各种发展道路。这一进程要求未来的国际体系更加开放和宽容地对待各种文化和发展模式，承认各种文化和发展模式中的合理部分，并在这种承认中学会和平共处、相互借鉴和共同发展。

因此，可以看到，在未来的国际体系中，与新的权力结构和治理模式相伴随将产生许多新的观念和新的规范。为此，现行的许多国际机制也必须作出调整和更新。

（三）新的国际体系要求国际机制更加开放包容、更加能动专业、更加起到引领作用

当前的国际体制基本上是第二次世界大战结束后在雅尔塔体制的基础上建立起来的。随着雅尔塔体制的瓦解，这一机制不断地作出调整和改革，试图适应新的环境和时代的需要，但是其努力显然还不够。全球化时代的到来和国际体系的演变令当今的国际机制更加捉襟见肘：一方面，国际多边合作的呼声日益高涨；另一方面，目前的国际机制既无法成为全球新议程、新行动的发起者和倡导者，又无法在团结国际力量、实施国际合作方面发挥核心和保障作用。国际机制已经成为全球治理中的薄弱环节。要改变这种情况，必须多管齐下，进一步对现行机制进行改造和升级。

首先，从成员构成来看，未来的国际机制应该更加开放、更加包容。与传统的多边合作不同，未来的多边合作将在真正意义上实现全球各种力量的互动与协作。这样，未来的国际机制就不仅仅要容纳国家，而且将成为非国家行为体和国际公民社会促进全球议程的首要平台。因此，未来的国际机制除了要以新的理念、新的规范重新平衡与协调国家之间的关系，还必须以更加开放和包容的心态接纳各种各样的非国家行为体，处理好国家与全球公民社会的关系。可以预见，非国家行为体和全球公民社会将给国际舞台上带来更加多元的利益诉求、行为方式和思维模式，这些都要求未来的国际机制具有更大的包容力和开放度。

其次，从组织和运行程序来看，未来的国际机制应该更加专业更加能动。能否高效有序地动员和组织起全球力量以应对全球性问题，是衡量国际机制是否成功的重要指标，这也是当前的国际机制颇受诟病的主要原因之一。从这方面来看，未来的国际机制可能面临更加严峻的考验，因为未来的国际机制一方面将容纳更多、更多元的成员，另一方面又要面对更加广泛和复杂的议题。在此背景下，未来的国际机制如果要在全球治理中发挥应有的作用，就必须在组织和运行程序等方面作出调整：其一，国际机制的运行程序应该更加灵活更有弹性，以便能够尽早、尽快地介入全球性事务；其二，国际机制的组织结构应该更加专业，因为只有这样，才能更有针对性地介入各种问题，提供建设性

意见;其三,国际机制还必须在法律制度和司法程序等方面不断提高与各国国内制度的衔接,努力增强在全球事务中的行动能力和执行能力。

第三,从议题内容来看,未来的国际机制应该更加前瞻和积聚才智,起到引领国际议程的作用。与当前的政府间组织不同,未来的国际体系实际上要求国际机制在全球议程设置上扮演更加重要的角色。这是因为,第一,与国家行为体不同,国际机制有可能超越单个国家的利益,从比较贴近时代、贴近全球公民社会的角度来界定全球性问题及其优先顺序;第二,与单个国家相比,国际机制还有可能集聚更多、更广泛领域的有识之士,从而能以更加前瞻、更加全面的视野看待国际和全球事务。展望未来,全球治理语境下的国际机制实际上将调整它与国家之间的关系,更加主动和积极地塑造国际和全球议程。

三、中国与未来的国际体系

新世纪以来,国际体系转型的步伐有所加快。新兴经济体以及其他一些非传统力量开始在国际事务中发挥更加重要的作用,国际力量对比开始朝着比较均衡的方向发展,国际舞台上开始出现更多非传统和全球性命题,全球治理也开始更多地成为应对全球问题的途径。但是,所有这些变化都仍处于初始阶段,国际体系的转型尚未完成,其发展方向仍可能存在多种变数。在此关键时期,国际社会应该清醒地认识到转型期间的风险与挑战,以建设性的态度推动国际秩序向着平稳有序的方向发展。

中国作为国际事务的重要参与者,应该支持、鼓励、推动国际体系向多元多极方向转型,积极建设更加公平、公正、合理的国际新秩序。改革开放以来,中国坚定地参与国际事务,在与世界的密切互动中壮大了经济实力,提高了政治威望,扩展了文化影响,是国际合作和经济全球化的获益者。为此,中国虽然仍是发展中国家,仍然需要国家主权的保护,但是在总体上应该支持经济全球化的发展,因为只有在经济全球化的推动下,国际体系才会朝着更加多元、更加平衡、更加民主的方向发展,中国才能在经济全球化和国际关系民主化的大潮中获得更加健康和友好的发展环境。因此,中国应当以更加积极的姿态参与、建设和塑造未来的国际体系及国际秩序。

首先，随着中国参与世界事务的程度不断加深，随着中国的综合国力不断提升，中国有条件为国际体系转型、为国际新秩序的建设作出更大贡献。中国拥有的多重身份使之特别适合促进多元融合、兼容并蓄。政治上，中国无论在地域上、人口上、经济总量上、历史记忆上都是公认的大国，但又是前半殖民地国家；因此中国既有大国的胸怀和视野，又能理解弱小国家的担忧和不满，可以比较理性地看待这两者之间的矛盾，为弥合它们之间的矛盾提供帮助。经济上，中国既是发展中国家，又是新兴经济体中比较具有代表性的成员，还在经济总量上挤入了先进国家的行列；这样，中国有可能在这三个集团中同时找到其位置和表达意见的平台，这在世界其他国家少见。在文化上，中国既对外开放，积极学习和借鉴西方的经济理论和管理模式，又在国家制度上保持自己的特色，在社会层面具有明显的东方特色。因此，中国是个具有多重身份的国家，在历史上就具有多元融合、兼容并蓄的传统，在未来多元多极体系建设中可以发挥其他国家所没有的优势和特点。

其次，中国有能力为世界作出更大贡献。中国在经济上虽然仍是发展中国家，但它不仅解决了国内十几亿人口的温饱问题，而且为世界制造了大量的产品，率先走出全球金融危机，成为世界经济发展的重要推动力量。随着中国国力的进一步提升，它应该可以为世界增加更多财富，为世界带来更多利益。中国作为联合国安理会常任理事国在维护世界和平和稳定方面肩负着特殊使命，不仅在劝和促谈、热点降温、合作反恐、防止大规模杀伤性武器扩散等各种传统和非传统安全问题上积极作为，而且在西方国家以战争形式处置国际关系时高举和平发展合作的大旗，与国际社会一起捍卫了世界的总体和平与稳定。中国作为大国有比较强大的经济物质能力、比较丰富的人力资源、比较高效的政治决策能力，这些都使它在危急情况下具有行动能力，而这也是国际社会在许多公共项目中急需的。因此，中国在国际维和、打击海盗、抗灾救援等方面的贡献和作用已经越来越受到期待和肯定。

第三，中国有较好的政治信誉，可以为全球规范重建提供精神财富。新中国成立以来，中国已经为世界提供了许多思想产品，比如说，中国早在 20 世纪 50 年代就与印度、缅甸等国一起提出了和平共处五项原则。事实证明，当这些原则得到遵照执行，国家之间的关系就比较平顺，国际和地区局势就比较和平稳定；当这些原则遭到破坏，国际关系中就会出现摩擦和冲突。和平共处五项原则至今仍是国际关系中的重要指针。又比如，中国在首次核试验后就提出了不首先使用核武器、不对无核武器国家使用核武器、彻底完全全面消除核武器的主张，这不仅在当时，而且在当下都是非常先进的理念。再比如，中国强调根据各国国情探索本国的发展道路，强调以建设性的态度参与国际合作等，在国际实践中都被证明是非常有先见之明且十分正确的理念。因此，中国应该充分认识其在政治和价值观方面的优势，总结经验，树立信心，为世界的发展提供新的视角，新的理念。

2004 年 9 月，中国共产党十六届四中全会号召“构建社会主义和谐社会”，这是中国第一次将“和谐”概念提到了战略层次。2005 年 4 月，胡锦涛在出席纪念万隆会议 50 周年时，首次向国际社会提出了和谐世界的理念；9 月他在纪念联合国成立 60 周年大会上对此作了进一步的阐述，奠定了中国关于和谐世界的基本看法。至此，中国形成了对内构建和谐社会、对外推动建设和谐世界的指导新时期内政外交的理论思想。和谐世界理念成为中国在新时期向国际社会提供的重要公共物品。具体而言，在未来几十年的国际体系转型和国际规范重建中，中国应该有步骤、有重点地推进和谐世界的建设。

首先，中国要把自己的事情，把中国周边的事情做好。经济发展、社会稳定、人民群众的支持是中国在国际舞台上发挥更大作用的基础，没有国民经济的发展，没有本国的长治久安，就根本谈不上国际规划或国际战略。因此，统筹国际、国内两个大局，确保国内政治经济社会文化的发展，从根本上来说也是中国提升国际地位、发挥国际影响的组成部分。与此相类似，中国想要在更广阔的世界舞台上发挥作用就必须保持其周边地区的稳定和繁荣。如果中国的经济政治文化影响不能辐射到周边，就很难想象她可以在更遥远的其他地方真正发挥作用。

其次，中国要更加积极地参与国际事务，促使国际体制朝着有利于均衡、平等、民主的方向发展。历史经验证明，中国只有参与世界进程才能更好地发展自己，闭关锁国只能使中国走向衰弱和失败。因此，更加积极地参与国际事务是中国在未来的唯一选择。但是，以何种方式、何种途径参与世界事务则可能有多种选择。中国应该进一步明确其发展中国家的身份，在各种多边活动中进一步更新和创制机制，努力提高发展中国家和新兴经济体在国际事务中的代表权和发言权，确保国际体系朝着和平、民主、多元的方向发展。

第三，中国要主动设置国际议题，促使国际关系超越冷战思维和实现合作共赢。在经济全球化和社会信息化大潮的影响下，国际关系的主题虽然向着经济、民生、非传统安全等方向发展，但是这一趋势并不巩固，不少西方国家仍然怀有根深蒂固的帝国思维和意识形态斗争的倾向。中国应该更加积极地介入议题和议程的设计，强调发展和非传统安全问题的重要性，在有效解决全球性议题的进程中证明合作优于对抗，引导世界走出敌对分裂情绪，促进世界共同进步。

最后，中国要努力将中华民族的伟大复兴和推进和谐世界建设密切结合，实现国际体系和平转型与国际规范重建。中国在实现现代化的进程中，富有远见地提出分步走的战略规划，并取得了举世公认的成果。但是，超越本国的疆域和传统的思维而推动全球范围的体系改组和规范重建，是中华民族面临的历史新任务，我们显然实践不够，理论不足，队伍不强。因此，开始这一新进程时，更要发扬建国初期时的虚心学习精神，发扬改革开放初期学习世界的态度，增强实践自觉和理论自觉，在实践中成长，在学习中进步，从而真正成为国际体系改组和规范重建的主要动力之一。

总之，中国在国际体系转型的关键时期，不仅要把自己的事情办好，还要在物质和精神等各个方面为国际社会作出更大贡献，推动国际体系和国际秩序朝着更加公正、合理和平等的方向继续前进。

参 考 文 献

中 文 著 作

[德]乌尔里希·贝克和哈贝马斯等著:《全球化与政治》,王学东、柴方国译,北京:中央编译出版社,2000 年版。

[加蓬]让·平:《非洲之光》,侯贵信、朱克玮等译,北京:世界知识出版社,2010 年版。

里斯本小组:《竞争的极限:经济全球化与人类的未来》,张世鹏译,北京:中央编译出版社,2000 年版。

[美]约瑟夫·奈、约翰·唐纳胡主编:《全球化世界的治理》,王勇等译,北京:世界知识出版社,2003 年版。

[美]R. J. 文森特:《人权与国际关系》,黄列译,北京:知识出版社,1998 年版。

[美]保罗·肯尼迪:《大国的兴衰——1500—2000 年的经济变迁与军事冲突》,王保存等译、朱贵生校,北京:求实出版社,1988 年版。

[美]彼得·卡赞斯坦、罗伯特·基欧汉和斯蒂芬·克拉斯纳编:《世界政治理论的探索与争鸣》,秦亚青、苏长河、门洪华、魏玲译,上海:上海人民出版社,2006 年版。

[美]彼得·卡赞斯坦主编:《国家安全的文化:世界政治中的规范与认同》,宋伟、刘铁娃译,北京:北京大学出版社,2009 年版。

[美]彼得·伯格编:《世界的非世俗化:复兴的宗教及全球政治》,李骏康译,上海:上海古籍出版社,2005 年版。

[美]布鲁斯·琼斯、卡洛斯·帕斯夸尔、斯蒂芬·约翰·斯特德曼:《权力与责任:构建跨国威胁时代的国际秩序》,秦亚青、朱立群、王燕、魏玲译,北京:世界知识出版社,2009 年版。

[美]戴维·S. 兰德斯著:《国富国穷》,门洪华等译,北京,新华出版社,2001 年版。

[美]汉斯·摩根索:《国际纵横策论——求强权,争和平》,卢明华等译,上海:上海译文出版社,1995年版。

[美]基辛格:《大外交》,顾淑馨和林添贵译,海口:海南出版社,1998年版。

[美]罗兰·罗伯森:《全球化:社会理论和全球文化》,梁光严译,上海:上海人民出版社,2000年版。

[美]马丁·阿尔布劳:《全球时代:超越现代性之外的国家和社会》,高湘泽、冯玲译,北京:商务印书馆,2001年版。

[美]玛莎·费丽莫:《国际社会中的国家利益》,袁正清译,杭州:浙江人民出版社2001年版。

[美]玛莎·芬尼莫尔:《干涉的目的:武力使用信念的变化》,袁正清、李欣译,上海:上海人民出版社,2009年版。

[美]曼纽尔·卡斯特:《认同的力量》,夏铸九、黄丽玲等译,北京:社会科学出版社,2003年版。

[美]乔纳森·弗里德曼:《文化认同与全球性过程》,郭建如译,北京:商务印书馆,2003年版。

[美]苏珊·斯特兰奇:《国家与市场》,杨宇光译,上海:上海人民出版社,2006年版。

[美]威廉·汉得森:《国际关系:世纪之交的冲突与合作》,金帆译,海口:海南出版社,2004年版。

[美]约翰·易斯·加迪斯:《长和平——冷战史考察》,潘亚玲译,上海:上海人民出版社,2011年版。

[美]约瑟夫·奈和约翰·唐纳胡主编:《全球化世界的治理》,王勇等译,北京:世界知识出版社,2003年版。

[英]戴维·赫尔德、安东尼·麦克格鲁、戴维·戈尔德布莱特和乔纳森·佩拉顿:《全球大变革——全球化时代的政治、经济与文化》,杨雪冬等译,北京:社会科学文献出版社,2001年版。

[英]巴瑞·布赞、[丹麦]奥利·维夫、[丹麦]迪·怀尔德:《新安全论》,朱宁译,杭州:浙江人民出版社,2003年版。

[英]戴维·赫尔德、安东尼·麦克格鲁主编:《治理全球化:权力、权威与全球治理》,曹荣湘、龙虎等译,北京:社会科学文献出版社,2004年版。

蔡拓等:《全球问题与当代国际关系》,天津:天津人民出版社,2002年版。

陈凤英、赵宏图主编:《全球能源大棋局》,北京:时事出版社,2005年版。

崔大鹏:《国际气候合作的政治经济学分析》,北京:商务印书馆,2003年版。

国防大学战略研究所:《国际战略形势分析》,北京:时事出版社,2006年版。

李少军主编:《当代全球问题》,杭州:浙江人民出版社,2006年版。

李慎明、王逸舟主编:《2005年:全球政治与安全报告》,北京:社会科学文献出版社,2004年版。

李慎明、王逸舟主编:《全球政治与安全报告(2008)》,北京:社会科学文献出版社,2008年版。

李鑫炜:《体系、变革与全球化进程》,北京:中国社会科学出版社,2000年版。

梁守德、洪银娴:《国际政治学理论》,北京:北京大学出版社,2000年版。

钮汉章主编:《世界的新民主治理》,北京:世界知识出版社,2009年版。

潘家华、庄贵阳、陈迎:《减缓气候变化的经济分析》,北京:气象出版社,2003年版。

气候变化国家评估报告编写委员会编著:《气候变化国家评估报告》,北京:科学出版社,2007年版。

秦亚青等:《国际体系与中国外交》,北京:世界知识出版社,2009年版。

时殷弘:《全球性挑战与中国》,长沙:湖南人民出版社,2010年版。

时殷弘:《新趋势、新格局、新规范》,北京:法律出版社,2000年版。

苏长和:《全球公共问题与国际合作:一种制度的分析》,上海:上海人民出版社,2009年版。

王铁崖主编:《国际法》,北京:法律出版社,1995年版。

王逸舟:《当代国际政治析论》,天津:天津人民出版社,1997年版。

王逸舟:《全球化时代的国际安全》,上海:上海人民出版社,1999年版。

王逸舟:《全球政治和中国外交:探寻新的视角与解释》,北京:世界知识出版社,2003年版。

薛荣久:《世界贸易组织概论》,北京:高等教育出版社,2006年版。

杨洁勉:《国际合作反恐:超越地缘政治的思考》,北京:时事出版社,2003年版。

杨洁勉等:《对外关系与国际问题研究》,上海:上海人民出版社,2009年版。

叶江:《大变局——冷战、全球化与当代国际政治经济》,上海:上海三联书店,2004年版。

叶江:《全球治理与中国的大国战略转型》,北京:时事出版社,2010年版。

于宏源:《环境变化和权势转移:制度、博弈和应对》,上海:上海人民出版社,2011 年版。

俞可平:《全球化:全球治理》,北京:社会科学文献出版社,2003 年版。

中国联合国协会编:《联合国与和谐世界》,成都:四川人民出版社,2008 年版。

朱建民:《国际组织新论》,台北:正中书局,1985 年版。

庄贵阳、陈迎:《国际气候制度与中国》,北京:世界知识出版社,2005 年版。

英 文 著 作

Abu-Rabi, Ibrahim M. *Contemporary Arab Thought: Studies in Post-1967 Arab Intellectual History*. London: Pluto Press, 2004.

Barnett, Thomas P. M. *The Pentagon's New Map*. New York: Putnam and Sons, 2004.

Beetham, David. *Democracy and Human Rights*. Cambridge: Polity, 1999.

Berger, P., B. Berger and H. Kellner. *Homeless Mind: Modernization and Consciousness*, New York: Random House, 1973.

Boutros-Ghali, B. *An Agenda for Peace: Preventive Diplomacy, Peace-making and Peacekeeping*. New York: United Nations, 2000.

Bryden, Alan & Marina Caparini, eds. *Private Actors and Security Governance*. Vienna & Berlin: LIT Verlag, 2006.

Bull, Hedley. *The Anarchical Society: A Study of Order in World Politics*. London: Macmillan, 1977.

Buzan, Barry. *People, States and Fear: An Agenda for International Security Studies in the Post-Cold War Era*, 2nd edition. Hemel Hempsted: Harvester Wheatsheaf, 1991.

Cassese, Antonio. *Self-Determination of Peoples: A Legal Reappraisal*. Cambridge: Cambridge University Press, 1999.

Castells, M. *The Power of Identity*. Oxford: Blackwell, 1997.

Chesterman, Simon. *Just War or Just Peace? Humanitarian Intervention and International Law*. Oxford: Oxford University, 2001.

Collier, Paul, et. al. *Breaking the Conflict Trap: Civil War and Development Policy*. Washington, DC: The World Bank and Oxford University

Press, 2003.

Cooper, Andrew, Richard Higgott and Kim Nossal. *Relocating Middle Powers: Australia and Canada in a Changing World Order*. Vancouver, BC: University of British Columbia Press 1993.

Cortright, David, George A. Lopez. *The Sanctions Decade: Assessing UN Strategies in the 1990s*. Boulder, CO: Lynne Rienner Publishers, 2000.

Fennmore, Martha. *National Interests in International Society*. Ithaca: Cornell University Press, 1996.

Florini, Ann. *The Coming Democracy: New Rules for Running a New World*. Washington: Island Press, 2003.

George, Alexander L., and William E. Simons, eds. *The Limits of Coercive Diplomacy*. Boulder, Colorado: Westview Press, 1994.

Hewson, Martin, and Timothy Sinclair, eds. *Approaches to Global Governance Theory*. Albany, NY: State University of New York Press, 1999.

Hoffmann, Matthew J., and Alice D. Ba, eds. *Contending Perspectives on Global Governance: Coherence, Contestation and World Order*. London: Routledge, 2005.

Holsti, K. J. *International Politics: A Framework for Analysis*, 3rd edition. Englewood Cliffs, N. J.: Pritice-Hall, Inc., 1977.

Homer-Dixon, Thomas F. *Environment, Scarcity, and Violence*. Princeton: Princeton University Press, 1999.

Hoogvelt, Ankie. *Globalization and the Postcolonial World: The New Political Economy of Development*, second edition. London: Palgrave, 2001.

Isenberg, David. *A Fistful of Contractors: The Case for a Pragmatic Assessment of Private Military Companies in Iraq*. London: British American Security Information Council, 2004.

Jakobsen, Peter Viggo. *Western Use of Coercive Diplomacy after the Cold War: A Challenge for Theory and Practice*. New York: St. Martins Press, Inc., 1998.

Katzenstein, Peter J. *The Culture of National Security Norms and Identity in World Politics*. New York: Columbia University Press, 1996.

Kennedy, Paul, and Danks Catherine J., eds. *Globalization and Nation-*

al Identities: Crisis or Opportunity? New York: Palgrave, 2001.

Keohane, Robert O. *After Hegemony: Cooperation and Discord in the World Political Economy*. Princeton: Princeton University Press, 1984.

Keohane, Robert. *International institutions and State Power*. London: Westview Press, 1989.

Khagram, Sanjeev, James V. Riker and Kathryn Sikkink, eds. *Restructuring World Politics: Transnational Social Movements, Networks, and Norms*. Minneapolis: University of Minnesota Press, 2002.

Kissinger, Henry. *On China*. New York: Penguin Group Inc. 2011.

Klingebiel, Stephan, ed. *New Interfaces between Security and Development: Changing Concepts and Approaches*. Bonn: German Development Institute Publication, 2006.

Lapid, Yosef, and Kratochwil Friedrich, eds. *The Return of Culture and Identity in IR Theory*. Boulder, Colorado: Lynne Rienner Publishers, 1996.

Malone, David, ed. *The UN Security Council: From the Cold War to the 21st Century*. Boulder: Lynne Rienner Publishers, 2004.

Martin, Gus. *Understanding Terrorism: Challenges, Perspectives and Issues*. Sage Publications, 2003.

Miles, Donna. *Military Response to Katrina Intensifies*. Washington, D. C.: Department of Defense, 2005.

Miller, David, and Sohail H. Hashmi, eds. *Boundaries and Justice*. Princeton: Princeton University Press, 2001.

Mittelman, J. H. *The Globalization Syndrome: Transformation and Resistance*. Princeton: Princeton University Press, 2004.

Moore, Michael. *A World without Walls: Freedom, Development, Free Trade and Global Governance*. Cambridge University Press, 2003.

Nairn, Tom, and Paul James. *Global Matrix: Nationalism, Globalism and State-terrorism*. Pluto Press, 2005.

Nye, Joseph S., Jr. *Soft Power: The Means to Success in World Politics*. New York: Public Affairs, 2004.

Nye, Joseph, and Donahue, eds. *Governance in Global World*. Washington: Brookings Institute Press, 2000.

Opello, Walter C., Jr. and Stephen J. Rosow. *The Nation-State and Global Order: A Historical Introduction to Contemporary Politics*. New York: Lynne Rienner Publisher, 1999.

Payne, Anthony. *The Global Politics of Unequal Development*. London: Palgrave Macmillan, 2005.

Ritzer, George, ed. *The Blackwell Companion to Globalization*. Blackwell Publishing, 2007.

Rosenau, James N. *Governance without Government: Order and Change in World Politics*. Cambridge: Cambridge University Press, 1955.

Ruggie, John Gerard. *Multilateralism Matters: The Theory and Praxis of an Institutional Form*. Columbia: Columbia University Press, 1993.

Savage, Stephen, and Lynton Robins, eds. *Public Policy under Thatcher*. Basingstoke: Macmillan, 1990.

Schelling, Thomas C. *Arms and Influence*. New Haven: Connecticut: Yale University Press, 1966.

Schiffer, Michael, and David Shorr, ed. *Powers and Principles*. Stanley Foundation, 2006.

Singer, Max, and Aaron Wildawsky. *The Real World Order: Zones of Peace, Zones of Turmoil*. Chatham, NJ: Chatham House Publishers, 1993.

Smith, J., C. Chatfield, R. Pagnucco. *Transnational Social Movements and Global Politics: Solidarity beyond the State*. Syracuse: Syracuse University Press, 1997.

Tillich, Paul. *The Future of Religions*. New York: Harper, 1966.

Ullman, Richard. *Security Europe*. Princeton, N. J.: Princeton University Press, 1991.

Whitman, Jim. *The Limits of Global Governance*. New York: Routledge, 2005.

Zook, Daird H., and Robin Higham. *A Short History of Warfare*. New York: Twayne, 1966.

Zulaika, Joseba. *Terrorism: The Self-fulfilling Prophecy*. The University of Chicago Press, 2009.

后　　记

在迎接龙年到来的阵阵爆竹声里，《体系改组与规范重建——中国参与解决全球性问题对策研究》终于全书完稿，掩卷之时，一千多个日日夜夜的情景再次浮现眼前。记得在2008年底起开始准备国家社会科学基金重大项目申请，2009年1月21日在京西宾馆向评审组陈述申请并获得首肯。这一题为“体系改组与规范重建——中国参与解决全球性问题对策研究”国家社会科学基金重大项目（项目批准号08&ZD054），经过课题组整整三年的努力，终于全面完成并通过评审而得以结项（结项证书号2011&J039）。

其实，作为课题组首席专家所在单位的上海国际问题研究院自十余年前便已开始系统性地、团队性地研究国际体系的转型与国际规范的修正，有关专家学者曾出版和发表过多部专著和论著，为本项目的圆满顺利完成奠定了坚实基础。在本项目研究过程中，课题组成员齐心协力，多次召开国际和国内学术研讨会，在国家重要期刊上公开发表了8篇学术论文，其中一篇被《新华文摘》转载，两篇被人民大学复印资料《国际政治》转载，两篇获得上海市社联2011年学术年会优秀论文奖；两篇“成果要报稿”被全国社科规划办录用；向中央和有关部门提交研究报告6篇，并得到积极反馈。

全球性问题已成为人类社会严峻挑战和国际多边外交的重大议题，呈现出诸如日益泛化、政治化、尖锐化、复杂化和聚焦化等新特点。全球性问题不仅关乎人类的整体利益和未来，而且影响着中国的可持续发展和负责任的国际形象，应该引起我们的高度重视。以中国为首的新兴大国群体性崛起给全球性问题的解决带来了新机遇，在世界经济可持续发展、全球治理机构改革、提高全球意识，以及提供解决全球性问题的新理念等方面贡献良多。

在和平环境下进行国际力量的重组以及实现国际体系的转型将是一个长期的、复杂的和曲折的过程，国际社会对此应有充分的思想和物质准备。加强与新兴大国的合作是中国强国之路的战略新依托。中国走向世界强国的道路上还需要将新兴大国群体作为自身发展的战略依托,从而争取在世界事务中拥有更大的话语权和主导权。未来国际力量对比的发展变化主要还是建立在硬实力基础之上,但是,软实力的对比和分布日趋重要,将成为推动国际力量对比演进的重要驱动力。

本书研究的是一个很大的选题,研究的内容非常丰富;更何况全球性问题仍然在发展之中,远远没有到了彻底解决的时候,体系改组与规范重建的道路还非常漫长。因此,本课题的研究具有长期性和发展性,现在只能是取得了阶段性成果,尚需深入研究的问题还有很多。比如中国如何在全球性问题解决上发挥更大的作用,如何把参与全球性问题的解决与中国的和平发展有机地结合起来,如何把参与全球性问题的解决与提高中国的软实力和国际影响力结合起来,等等。

本书的完成得益于课题组成员的大力支持和无私奉献。本人作为课题组首席专家,策划和设计了课题框架和研究重点,主持了研讨会和研究协调会,撰写了导言、结语和后记,并负责全书的统稿工作。本书各章的执笔者均为本院研究人员,他们是:第一章俞正樑教授,第二章叶江研究员,第三章张春副研究员和陈东晓研究员,第四章李新研究员和张海冰副研究员,第五章于宏源研究员,第六章李伟建研究员和叶青副研究员,第七章赵干城研究员和张忠祥研究员。在成稿的不同阶段对本书作出了建设性贡献的本课题组成员还有:国防大学战略部前部长杨毅少将、上海交通大学王曦教授、上海外国语大学朱威烈教授、上海社科院徐明棋研究员。此外,本院的吴莼思副研究员、牛海彬助理研究员和刘欣助理研究员为本书的出版也作出了不可替代的贡献。

我们要感谢国家社科基金办公室对本项目的指导,感谢上海国际问题研究院对本项目的积极支持,感谢上海人民出版社及责任编辑王子夔对本书出版的帮助。

诚然,鉴于时间和水平的限制,本书一定存在不少疏漏,乃至错误之处,敬请各位同行和读者不吝赐教,以便我们在对本课题进行后续研究中予以补正和提高。

杨洁勉
2012 年 1 月 27 日
农历壬辰年正月初五日于
上海国际问题研究院

图书在版编目(CIP)数据

体系改组与规范重建:中国参与解决全球性问题对策研究/杨洁勉等著.—上海:上海人民出版社,2012
ISBN 978-7-208-10622-2

Ⅰ.①体… Ⅱ.①杨… Ⅲ.①对外政策-研究-中国②国际问题-研究 Ⅳ.①D820②D815

中国版本图书馆CIP数据核字(2012)第055511号

责任编辑 王子夔
封面装帧 羽 衣

体系改组与规范重建
——中国参与解决全球性问题对策研究
杨洁勉 等著
世纪出版集团
上海人民出版社出版
(200001 上海福建中路193号 www.ewen.cc)
世纪出版集团发行中心发行
常熟新骅印刷厂印刷
开本635×965 1/16 印张21.5 插页4 字数314,000
2012年5月第1版 2012年5月第1次印刷
ISBN 978-7-208-10622-2/D·2052
定价48.00元